大清一統志

第十册

山東（二）

山東（二）

目録

萊州府圖……六一三九
萊州府表……六一四二
大清一統志卷一百七十四　萊州府一……六一五〇
大清一統志卷一百七十五　萊州府二……六一七八
武定府圖……六二二一
武定府表……六二二四
大清一統志卷一百七十六　武定府……六二三〇
沂州府圖……六二七五
沂州府表……六二七八
大清一統志卷一百七十七　沂州府一……六二八五
大清一統志卷一百七十八　沂州府二……六三二五
泰安府圖……六三六三
泰安府表……六三六六

大清一統志卷一百七十九　泰安府一……六三七一
大清一統志卷一百八十　泰安府二……六四一六
曹州府圖……六四五三
曹州府表……六四五六
大清一統志卷一百八十一　曹州府一……六四六五
大清一統志卷一百八十二　曹州府二……六五〇七
濟寧直隸州圖……六五五三
濟寧直隸州表……六五五六
大清一統志卷一百八十三　濟寧直隸州……六五五九
臨清直隸州圖……六五九三
臨清直隸州表……六五九六
大清一統志卷一百八十四　臨清直隸州……六五九九

萊州府圖

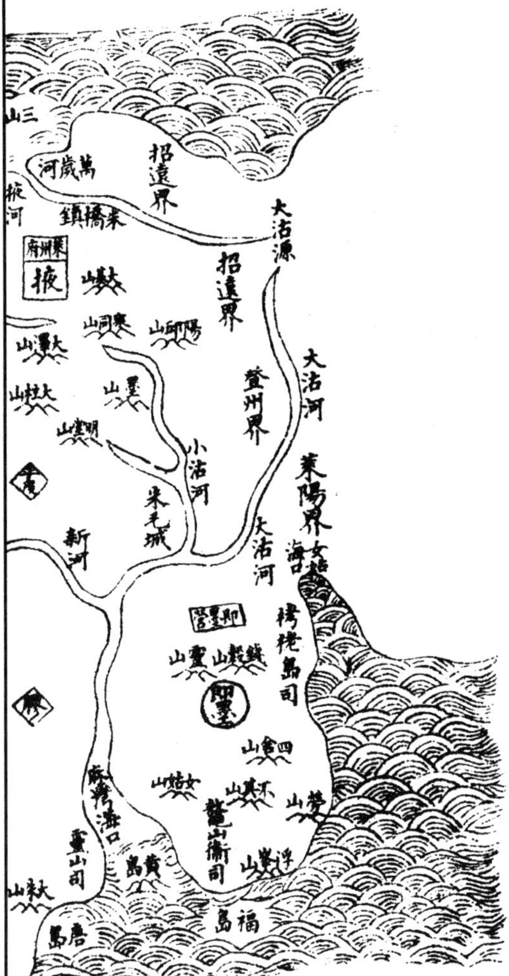
萬歲河
招遠界
米橋鎮
大沽源
萊州府
掖
招遠界
大沽河
登州界
小沽河
米毛城
新河
萊陽界
大沽河
海口
即墨營
靈山
鰲山衛
福島
唐島
黃島
靈山司

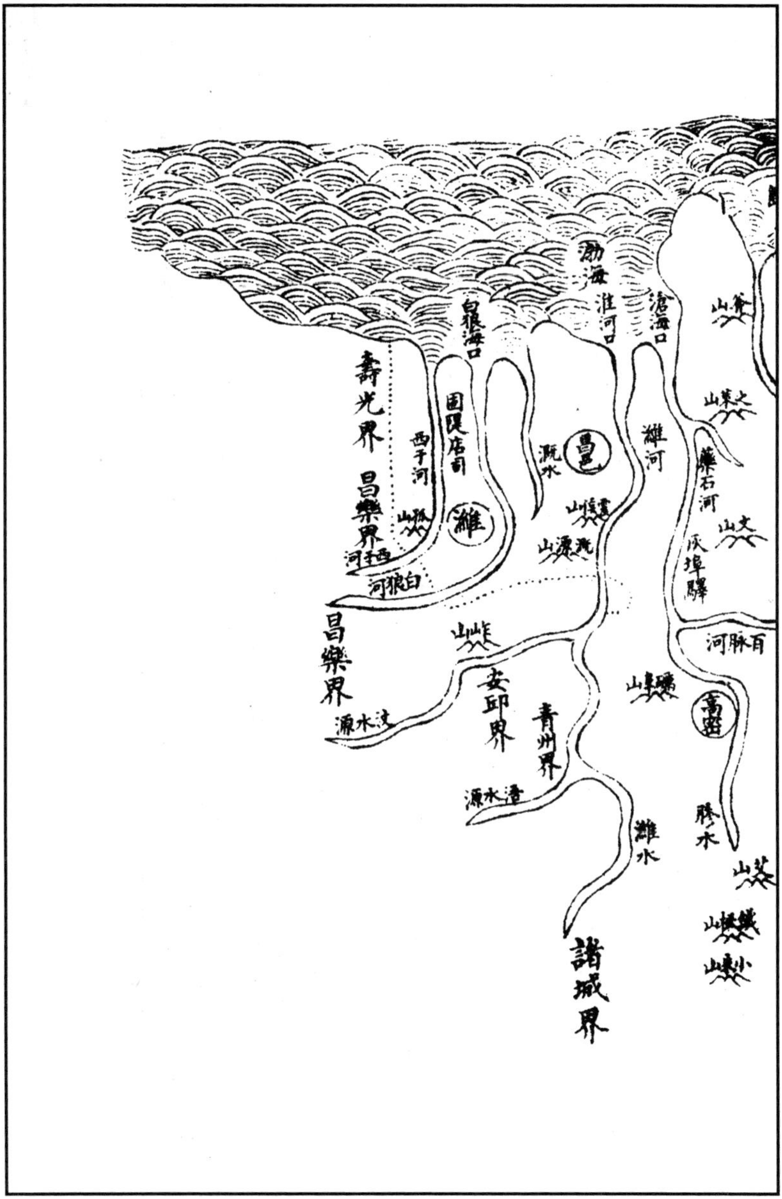
渤海
白狼海口
淮河口
滄海口
壽光界
昌樂界
固隄店司
濰
昌邑
濰河
白狼河
昌樂界
安邱界
青州界
濰水
諸城界
高密
百脈河
膠水

萊州府表

	萊州府	掖縣
秦	齊郡地。	
兩漢	東萊郡高帝置，治掖。後漢徙治黃。	掖縣前漢郡治。後漢屬東萊郡。 曲成縣屬東萊郡。
三國	東萊郡	掖縣 曲成縣
晉	東萊國改國，還治掖。	掖縣國治。 曲成縣
南北朝	光州東萊郡宋復郡。魏皇興四年置州。	掖縣宋屬東萊郡。魏爲州、郡治。 西曲成縣宋爲郡治。魏加「西」字，屬東萊郡。齊省。
隋	東萊郡開皇初郡廢。五年改曰萊州。大業初復爲郡。	掖縣郡治。
唐	萊州武德四年復置州，屬河南道。	掖縣武德四年爲州治。又分置曲臺縣，六年省。 武德四年復置曲成。六年省。
五代	萊州	掖縣
宋金附	萊州宋屬京東東路。金屬山東東路。	掖縣
元	萊州初屬益都路。至元二年屬般陽路。	掖縣
明	萊州府洪武九年升府，屬山東布政司。	掖縣府治。

續表

	平度州
當利縣 屬東萊郡。 陽石縣 屬東萊郡。後漢省。 陽樂縣 屬東萊郡。後漢省。 臨朐縣 屬東萊郡。後漢省。	膠東國 文帝置，治即墨。後漢省。 郁秩縣 屬膠東國。後漢改名膠東，屬北海郡。
當利縣	膠東縣
當利縣	膠東縣
當利縣 魏屬長廣郡。齊省。	長廣縣 魏移長廣郡來治。齊廢爲縣。
	膠水縣 仁壽元年改名，屬東萊郡。
	膠水縣 屬萊州。
	膠水縣
	膠水縣
	膠水縣
	平度州 洪武二十二年置，屬萊州府。省入州。

	濰縣
即墨縣 前漢國治。後漢屬北海郡。 盧鄉縣 屬東萊郡。 平度縣 屬東萊郡。後漢省。	平壽縣 屬北海郡。
即墨縣 盧鄉縣	平壽縣
即墨縣 盧鄉縣	平壽縣
即墨縣 魏屬長廣郡。齊省。 盧鄉縣 齊省。	高陽郡 魏移北海郡治平壽。齊改名。 下密縣 齊移置，郡治。 平壽縣 魏爲郡治。齊省。
	開皇初郡廢。十六年置濰州。大業初廢。 北海縣 大業初改名，屬北海郡。
	武德二年復置濰州。八年廢。 北海縣 屬青州。 武德二年復置，屬濰州。六年省。
	北海縣
	濰州 宋乾德三年復置，屬京東東路。金屬山東東路。 北海縣
	濰州 屬益都路。 北海縣
	濰縣 洪武九年廢州爲縣，屬平度州。隸萊州府。 省入州。

	昌邑縣
斟縣 屬北海郡。後漢省。 桑犢縣 屬北海郡。後漢省。	都昌縣 屬北海郡。 密鄉侯國 屬北海郡。後漢省入淳于。 平城侯國 屬北海郡。後漢省。
	都昌縣
	都昌縣 屬齊郡。
膠東縣 魏置，屬北海郡。齊省。	宋省。
下密縣 開皇六年復置，改曰濰水。大業初又改。	
武德八年省入濰州。	武德二年置訾亭縣，屬濰州。六年省。
	昌邑縣 宋建隆三年改置，屬濰州。
	昌邑縣
	昌邑縣 洪武九年改屬萊州府。二十一年屬平度州，仍隸府。

續表

	膠州
下密縣 屬膠東國。後漢初省。安帝復置，屬北海國。	黔陬縣 屬琅邪郡。後漢屬東萊郡。 計斤縣 屬琅邪郡。後漢省。 却縣 屬琅邪郡。後漢省。
下密縣	黔陬縣
下密縣	黔陬縣 初屬城陽郡。元康十年改屬高密郡。
下密縣 齊徙廢。	黔陬縣 宋初爲高密郡治，後改屬北海郡。魏還屬高密郡。
	大業初省入膠西。
	膠西縣 宋元祐三年置，屬密州。
	膠西縣
	膠州 太祖置，屬益都路。 膠西縣 州治。
	膠州 洪武九年改屬萊州府。 省入州。

續表

	高密縣
柜縣 屬琅邪郡。後漢屬北海國。 祓縣 屬琅邪郡。後漢省。	高密國 大帝十六年分置膠西國。本始元年改名，治高密。後漢建武十三年省。 夷安縣 屬高密國。後漢屬北海國。
	夷安縣
	夷安縣 初屬城陽郡。元康十年屬高密國。
	高密郡 魏延昌中置，治高密。齊徙廢。 夷安縣 宋屬北海郡。齊省。
	高密縣 武德六年移治，屬密州。
	高密縣
	高密縣
	高密縣 改屬膠州。
	高密縣 初屬青州府。洪武九年改屬膠州，仍隸萊州府。

	即墨縣
高密縣 前漢國治。後漢屬北海國。 稻侯國 屬琅邪郡。後漢省。 高陽侯國 屬琅邪郡。後漢省。 膠陽侯國 屬北海國。後漢省。	
高密縣	
高密縣 初屬城陽郡。元康十年屬高密國。	長廣郡 咸寧二年置。
高密縣 宋屬北海郡。魏爲郡治。齊屬高密郡。	長廣郡 宋泰始四年分置東青州。魏徙郡治膠東。
高密縣 大業末廢。 膠西縣 開皇十六年置，屬高密郡。	即墨縣 開皇十六年改置，屬東萊郡。
武德三年於義城堡置縣。六年徙廢。 武德六年省。	即墨縣 屬萊州。
	即墨縣
	即墨縣
	即墨縣 太祖改屬膠州。至元二年省入掖、膠水二縣。尋復置。
	即墨縣 初屬青州府。洪武二年改屬膠州，仍隸萊州府。

續表

續表

不其縣 屬琅邪郡。後漢屬東萊郡。	皋虞侯國 屬琅邪郡。後漢省。	壯武縣 屬膠東國。後漢初省。安帝復置，屬北海國。
不其縣		壯武縣
不其縣 郡治。		壯武縣 初屬城陽郡。元康十年屬高密國。
不其縣 魏屬長廣郡。齊省。		宋省。

大清一統志卷一百七十四

萊州府一

在山東省治東北六百八十里。東西距二百九十里，南北距四百三十里。東至登州府招遠縣界六十里，西至青州府壽光縣界二百三十里，南至海三百五十里，北至渤海八十里。東南至海三百五十里，西南至青州府諸城縣界二百六十里，東北至登州府招遠縣界八十里，西北至海倉口七十五里。自府治至京師一千四百里。

分野

天文虛、危分野，玄枵之次。

建置沿革

禹貢青州之域，春秋爲齊、萊、介、州四國地，戰國屬齊。秦屬齊郡，漢高帝始分置東萊郡。寰宇記：以萊在齊之東陲，故名東萊。後漢爲東萊郡地。時郡徙治黃縣，爲今登州府。晉爲東萊國。宋曰東萊郡。

後魏皇興四年置光州。寰宇記：取界内光水爲名。隋開皇初郡廢，五年改光州爲萊州，大業初復曰東萊郡。唐武德四年復曰萊州，天寶初復曰東萊郡，乾元初復曰萊州，屬河南道。五代因之。宋屬京東東路。金曰萊州，置定海軍節度，屬山東東路。元初屬益都路，中統五年屬淄萊路，至元二年屬般陽路。明洪武九年升爲萊州府，屬山東布政使司。本朝因之，屬山東省。領州二，縣五。

掖縣。附郭。東西距一百四十五里，南北距一百里。東至登州府萊陽縣界六十五里，西至昌邑縣界八十里，南至平度州界四十里，北至渤海六十里。東南至平度州界五十五里，西南至平度州界六十里，東北至登州府黄縣界八十里，西北至海口四十里。春秋萊國地，戰國齊夜邑。漢置掖縣，爲東萊郡治。後漢爲掖侯國，屬東萊郡。晉爲國治。宋屬東萊郡。後魏皇興四年兼爲光州治。隋仍爲東萊郡治。唐爲萊州治，五代、宋、金、元皆因之。明爲萊州府治，本朝因之。

平度州。在府城南少西一百里。東西距一百五十五里，南北距一百三十里。東至登州府萊陽縣界七十七里，西至昌邑縣界七十八里，南至膠州界七十七里，北至掖縣界五十五里。東南至即墨縣界七十五里，西南至高密縣界七十五里，東北至登州府招遠縣界二百里，西北至昌邑縣界八十里。漢置膠東國，治即墨，領郁秩縣。後漢爲侯國，屬北海郡。晉、宋因之。後魏爲長廣郡治。北齊廢郡爲長廣縣。隋仁壽元年改曰膠水縣，屬東萊郡。唐屬萊州，五代、宋、金、元皆因之。明洪武二十二年置平度州，省膠水縣入之，仍屬萊州府。本朝因之。

濰縣。在府城南少西二百八十里。東西距八十五里，南北距一百二十里。東至昌邑縣界六十里，西至青州府昌樂縣界二十五里，南至昌樂縣界四十里，北至海八十里。東南至青州府安丘縣界六十里，西南至青州府昌樂縣界四十里，東北至昌邑縣治八十里，西北至青州府壽光縣界四十里。漢置平壽縣，屬北海郡。後漢及晉、宋因之。後魏爲北海郡治。北齊改曰高陽郡。隋開皇初郡廢，改置下密縣。十六年於縣置濰州。大業初州廢，改縣曰北海，屬北海郡。唐武德二年復置濰州。八年州廢，以縣屬青州。五代因之。宋建隆三年於縣置北海軍，乾德三年復升爲濰州，屬京東東路。金屬山東東路。元屬益都路。明洪武初以州治北海縣省入，九年廢州爲濰縣，十九年改屬平度州，隸萊州府。本朝屬萊州府。

昌邑縣。在府城西一百一十里。東西距八十里，南北距一百九十里。東至平度州界五十里，西至濰縣界三十里，南至高密縣界一百里，北至海九十里。東南至高密縣界六十里，西南至青州府安丘縣界六十里，東北至掖縣界七十里，西北至濰縣界五十里。漢置都昌縣，屬北海郡。後漢因之。晉屬齊郡。宋省。唐武德二年置訾亭縣，屬濰州。六年省。宋建隆三年始於故縣界改置昌邑縣，屬濰州。金、元因之。明初屬青州府，洪武九年改屬萊州府，二十一年屬平度州，仍隸萊州府。本朝屬萊州府。

膠州。在府城南二百二十里。東西距五十五里，南北距一百七十里。東至即墨縣界三十里，西至高密縣界二十五里，南至海一百二十里，北至平度州界五十里。東南至海二十五里，西南至青州府諸城縣界三百二十里，東北至即墨縣界七十里，西北至高密縣界三十里。春秋介國。戰國屬齊。漢置黔陬縣，屬琅邪郡。後漢爲黔陬侯國，屬東萊郡。晉初屬城陽郡，元康十年改屬高密郡〔一〕。宋初爲高密郡治。孝武廢郡，改屬北海郡。魏仍屬高密郡。隋開皇初郡廢，十六年改置膠西縣。大業初省黔陬縣入焉，屬高密郡。唐武德六年省膠西入高密。宋元祐三年復置膠西縣，兼臨海軍使，屬密州。金因之。元太祖始於縣置膠州，屬益都路。明洪武初省膠西縣入州，屬青州府。九年改屬萊州府。本朝因之。

高密縣。在府城南少西一百五十五里。東西距八十里，南北距一百里。東至膠州界三十里，西至青州府安丘縣界五十里，南至青州府諸城縣界六十里，北至平度州界四十里。東南至膠州界二十五里，西南至青州府諸城縣界六十里，東北至平度州界五十里，西北至昌邑縣界二十五里。漢初置高密縣，屬齊國。文帝十六年分置膠西國。元封三年國除，爲膠西郡。本始元年改置高密國，治高密，兼領夷安縣。後漢建武十三年省高密國，二縣皆屬北海國。晉初屬城陽郡。元康十年復置高密國〔二〕，二縣屬之。宋孝武仍併屬北海。後魏延昌中復置高密郡，治高密，領夷安。北齊徙郡治東武，省夷安縣入之。隋屬高密郡。唐屬密州。武德六年移縣治夷安城。五代及宋、金因之。元改屬膠州。明初屬青州府。洪武九年改屬膠州，仍隸萊州府。本朝屬萊州府。

即墨縣。在府城南少東二百五十里。東西距一百八十里，南北距一百六十里。東至海一百二十里，西至膠州界六十里，南至海九十里，北至登州府萊陽縣界七十里。東南至海六十里，西南至膠州界七十里，東北至登州府萊陽縣界八十里，西北至平度州界七十里。戰國齊即墨邑地。漢置不其縣，屬琅邪郡。後漢爲不期侯國，屬東萊郡。晉仍曰不其。咸寧二年置長廣郡於此。劉宋因之，泰始四年又分置東青州於此。後魏徙長廣郡治膠東，以不其爲屬縣。北齊縣廢。隋開皇十六年始改置即墨縣，屬東萊郡。唐屬萊州。五代及宋、金因之。元太祖二十二年改屬膠州。至元二年省入掖、膠水二縣，尋復置。明初屬青州府，洪武二年改屬膠州，仍隸萊州府。本朝屬萊州府。

形勢

土疏水闊，山高海深。寰宇記。羅山亘其東，濰水阻其西，神山距其南，渤海枕其北。内屏青、齊，外控遼、碣。舊志。

風俗

人性剛强，志氣緩慢，此水土之風也。寰宇記。男有魚鹽之利，女有織紡之素。澹泊自足，不尚文飾。元志。

城池

萊州府城。周五里有奇，門四，池廣四丈。明洪武四年築。本朝康熙年間屢修，乾隆二十一年、六十年重修。掖縣附郭。

平度州城。周五里有奇，門三，池廣一丈八尺。明洪武二十二年修。本朝乾隆五十八年增修。

濰縣城。周九里有奇，門四，池廣二丈。明崇禎十二年增築。本朝乾隆十三年修。

昌邑縣城。周五里，門三，池廣二丈。明萬曆五年增築，崇禎十三年甃甎。本朝乾隆五十八年修，嘉慶二十五年重修。

膠州城。周四里，門三，池廣二丈五尺。明初築，洪武八年甃甎，萬曆年間增修。本朝順治十六年修，康熙七年、五十一年、乾隆三十二年重修。

高密縣城。周三里有奇，門四，池廣二丈。元舊址，明嘉靖二年修。本朝順治、康熙年間屢修，乾隆三年重修。

即墨縣城。周四里，門三，池廣二丈。正德二年修，萬曆二十八年甃甎。本朝康熙二十六年修，四十三年、六十一年、乾隆十五年、五十八年重修。

學校

萊州府學。在府治東南。宋明道間建。明成化初修。本朝順治十五年修，康熙五年重修。入學額數二十名。

掖縣學。在縣治西南。舊在城南，明成化初圮於河，遷今所。本朝順治十四年修，康熙二十七年、四十八年、乾隆二十一年重修。入學額數二十名。

平度州學。在州治東北。元元統間建。明洪武十六年修。本朝順治年間屢修。入學額數十五名。舊額十二名，嘉慶十四年增三名。

濰縣學。在縣治東南。元延祐元年建。明洪武三年修。本朝康熙九年修，乾隆六年重修。入學額數十五名。

昌邑縣學。在縣治東。金大定間建。明洪武三年修。本朝順治三年修，十七年、乾隆六年重修。入學額數十五名。舊額十二名，嘉慶二十三年增三名。

膠州學。在州治東南。金承安間建，元末燬，明洪武八年重建。本朝順治、康熙年間屢修，乾隆十六年重修。入學額數二十名。又歸併靈山衛學五名，共二十五名。

高密縣學。在縣治東南。元至元三年建。明洪武初重建。本朝康熙二十六年修。入學額數十五名。

即墨縣學。在縣治東。元至元間建。明洪武九年重建。本朝康熙九年修，十二年重修。入學額數十五名。又歸併鼇山衛學八名，共二十三名。

北海書院。在府治東。舊爲推官署。本朝康熙五十六年按察使黄炳改建。

海山書院。在府治南。本朝康熙三十年，海防道丁蕙建。

膠東書院。在平度州東。本朝乾隆二十六年建。

膠西書院。在膠州城内。本朝乾隆五十二年建。

靈山書院。在膠州南靈山衛城内。本朝乾隆五十二年建。按：舊志載東萊書院在府治西南，明正德間遷府學之東，祀宋儒吕祖謙。又東萊小學在府治南，明萬曆三十年知府魏文明建。蔡文忠書院在平度州東，明正統間爲宋蔡齊建。太泉之南有太泉書院，明正德六年知府官賢建。兩髻山中有兩山書院，明嘉靖二年建。麓臺書院在濰縣西南二十里，相傳漢公孫弘讀書於此，明尚書劉應節建。四知書院在昌邑縣南門外，本漢楊震祠，明隆慶間改建。東崖書院在即墨縣治東，明成化間侍郎藍章建。鄭公書院在即墨縣東南二十里不其山下，舊有鄭康成祠，明正德間改建。今並廢。

户口

原額人丁二十三萬一百八十二，今滋生男婦大小共三百三十七萬四千十七名口，計民户共十七萬四千一百二十七户。

田賦

田地二萬六千六百四十七頃四十三畝一釐有奇，額徵地丁正、雜銀三十萬零五千七百七十一兩七錢四分四釐，米二千六百六石二斗四升七合七勺，穀七百三十一石二斗九升九合八勺。

山川

雄山。在掖縣東七里。

大基山。在掖縣東二十里。于欽齊乘：上有道士谷，流泉花竹，地占高敞，郡之甲勝。

高望山。在掖縣東南十五里。府志：峯巒秀特，可以望遠。稍東爲筆架山。又南五里爲南山。舊志：平度州西北四十五里亦有高望山，下有寒巖石，俗呼爲海眼石。

寒同山。在掖縣東南十五里。府志：俗名神山。有洞七，俱極幽勝。元和志：掖水源出此。

陽丘山。在掖縣東南三十里。亦名馬鞍山。漢書地理志：曲城有陽丘山，沽水所出。

黄山。在掖縣南四十里。府志：産白石如玉。

斧山。在掖縣西北五里。俗名福山。魏書崔挺傳：除光州刺史。掖城西北有斧山，挺於頂上欲營觀宇，故老言龍道不可久立。挺遂營之，數年果無風雨之異。既代，即爲風雹所毁。相近有禄山對峙。

六曲山。在平度州東五十里。州志：上有膠東康王陵。一名靈臺山。

金泉山。在平度州東南三十五里。魏書地形志：長廣有金泉山。寰宇記：在州東南四十里。

三户山。在平度州西南七十里。漢郊祀志：宣帝神爵元年，以方士言，祠三户山於下密。魏書地形志：即墨縣有三户山，今訛爲三固山。

文山。在平度州西十八里。州志：其西有武山對峙，世傳秦始皇東巡，集文武於此，因名。下有秦王河。

大豁山。在平度州西北二十五里。晏謨齊記：盧鄉城東南有豁口，又有小豁山相連，故曰大豁山。州志：二山相對，中通驛路，蘇村河出焉。

之萊山。在平度州西北五十里。曹學佺名勝志：漢人祀月之處。山有秦篆懸崖間，人莫能辨。

公沙山。在平度州北十八里。州志：相傳漢公沙穆故居在此。

天柱山。在平度州北五十里。府志：絶頂巉巖，聳立如柱。魏光州刺史鄭道昭銘曰：「孤峯秀峙，高冠霄星。實曰天柱，鎮帶萊城。懸崖萬仞，峻極霞亭。據日開月，麗景流精。」按北齊書鄭述祖傳：述祖父道昭爲兗州，於城南小山起齋亭，刻石爲記。述祖時年九歲。及爲刺史，往尋舊迹，得一破石，有銘云：「中岳先生鄭道昭之白雲堂。」述祖對之嗚咽。及考魏書、北史鄭道昭傳，皆言歷光、青二州刺史，未嘗莅兗也。北史又云，述祖父於鄭城南小山起齋亭，兗無鄭城，鄭城在高密縣鄭康成故里，去天柱山不遠。山有二碑，一曰魏故中書令鄭文公之碑，故吏主簿程天賜等撰，永平四年刊；一曰天柱山銘，使持節都督光州諸軍事、車騎大將軍、儀同三司、光州刺史滎陽鄭述祖撰，齊天統元年刊〔三〕。此尤足證兗州之誤也。

大澤山。在平度州北七十里。有瑞雪峯。府志：峯頂半巖疊石爲城，謂之皇城頂，赤眉故砦也。下有白虎溪。乳泉河出焉，西南流入膠水。

明堂山。在平度州北。隋書地理志：膠水有明堂山。齊記：盧鄉城東三十里有明堂山〔四〕，與巨青山相連，出烏頭、天雄。又名藥石山〔五〕。寰宇記：在膠水縣東北四十八里。州志：在天柱東，有藥石水出焉。

兩髻山。在平度州東北十三里。府志：山椒排列，如綰雙髻，現河出焉。

固山。在平度州東北十五里。其北有桃花洞，相近爲石屋山。

魚脊山。在平度州東北二十五里，跨即墨縣界。

嵖岈山。在平度州東北三十里，與天柱、大澤山相接。

雲山。在平度州東北五十里。有雲河出焉。

墨山。在平度州東北六十里。寰宇記：石色如墨，有墨水出焉。

青山。在平度州東北六十里。上有瀑布泉。州志：其陽爲漢膠東王太子讀書處。半巖有殘碑。相近者爲紅山、落葉山。

溉源山。在濰縣東南四十里。即古覆甑山也。漢書地理志：桑犢縣覆甑山，溉水所出。水經注亦謂之塔山。寰宇記：唐天寶六載，敕改爲溉源山。

岞山。在濰縣南八十里。濰水經流其下。縣志：界於峽、陸二山之間。金人置砦於此。宋建炎三年，張劭使金至濰州，金人執送密州，囚於岞山砦，即此。

峽山。在濰縣南九十里。縣志：接安丘縣界。狀如伏虎，俯臨濰水。上有雲眼，雲出即雨。有仙洞數處，爲一邑之勝。

程符山。在濰縣西南二十里。名勝志：相傳公孫弘貧時牧豕處。

孤山。在濰縣西四十里，接昌樂縣界。

東山。在昌邑縣東二里。縣志：俗名東景埠，長亘數里。司馬光通鑑：後漢建安初，袁譚敗北海相孔融於都昌，融敗走東山。

青山。在昌邑縣東南二十里。縣志：俗呼爲青石埠。上有東鎮廟。

霍侯山。在昌邑縣南。寰宇記：在縣南四十里。名勝志：漢書霍光爲博陸侯，封於北海。顏師古注：「博陸，古鄉聚之名。」其山本名陸山，唐天寶六載敕改爲霍侯山。

石臼山。在陸山之左。縣志：山巔石臼九，世傳麻姑搗藥於此。西坡有仙姑池。

徐山。在膠州東南九十里。齊乘：膠州南有東徐山。秦時徐市於此入海采藥，不返。

靈山。在膠州東南一百二十里海中。府志：先日而曙，先雨而雲。又即墨縣北四十里亦有靈山。

蜈蚣山。在膠州南三十里。府志：産礪石。

大珠山。在膠州南一百二十里。杜佑通典：高密、諸城縣有古長城，起自齊西防門，東逾泰山、穆陵，至朱山海濱而絶。齊乘：大朱山旁有小朱山，錯水州志：又名玉泉山，山椒有石門，下有泉，迸若噴珠，名曰玉泉。折而東，爲獅子峯，與石門相對。而出。州志：在西南九十里。山東南峭石壁立，下有泉極甘美，稱山中第一泉。

艾山。在膠州西南三十五里。水經注：柜艾水出柜縣西南柜艾山，即齊記所謂黔艾山也。州志：艾山東西各五里許，兩山對立，俗名東西石耳。

白蜆山。在膠州西南一百里。齊乘：風水所出，東入海。

小竹山。在膠州西南一百二十里海濱。縣志：山之東有龍泉，禱雨輒應。

膠山。在膠州西南一百二十里。桑欽水經：膠水出黔陬縣膠山。魏書地形志：出梁鄉縣五弩山。寰宇記：出諸城縣東蜷山。齊乘：出膠西縣西南鐵橛山，北流經鹵山，古名五弩山，蓋皆膠山之異名也。府志：上有滴水巖。

松山。在膠州西南一百二十里。州志：因産松，故名。山麓有歲寒亭。

王子山。在高密縣南五十里。柜城河源出此。

礪阜山。在高密縣西北。寰宇記：鄭康成葬礪阜。齊乘：縣西北五十里劉宗山産礪石，古礪阜也。水經注謂之碑産山。

按：水經注康成墓在濰水西雁阜，今屬安丘縣界，碑産山乃在濰水之東，非一山也。

天井山。寰宇記：在即墨縣東十三里。頂上有井，極甘，號天井。

四舍山。在即墨縣東四十里。府志：四峯峻起如舍宇，惟一徑可登陟。一名四社山。

陰山。在即墨縣東南。寰宇記：上有石池，深三寸，水旱不增減。池東石上有馬蹄迹。又有五石人，廣數圍，高一丈。相傳始皇至琅邪立馬於此，遣石人驅勞山不動，遂立於此。其石人今海濱山上往往有之。舊志有華樓山，與勞山相連。山巔有石似樓，故名。齊乘：疑即陰山。

中祠山。在即墨縣東南。唐書地理志：即墨有祠山。寰宇記：即不其九祠之一。府志：在女姑山東。

不其山。在即墨縣東南二十里。漢書武帝紀：太始四年夏四月，幸不其。顏師古注：「山名，因以爲縣。」水經注：逢萌浮海至遼東，復還，在不其山。李朏三齊記曰：鄭康成嘗教授此山。山下生草，大如薤，葉長尺餘，堅韌異常，士人名曰「康成書帶草」。山下舊有鄭康成祠，明正德七年，知縣改建鄭公書院。今廢。

三標山。在即墨縣東南二十五里。又東南五里爲鐵旗山。

石城山。在即墨縣東南三十里。名勝志：狀如城垣，淮涉水出焉。其南爲石門山，山狀如門，天欲雨則雲自門出。

勞山。在即墨縣東南六十里，濱海。府志：山有二：一曰大勞山；一差小，曰小勞山。二山相連，高二十五里，周八十里。元和志：晏謨齊記曰：「太山自言高，不如東海勞。」府志：有清風嶺、碧落巖、王喬觀、玉女盆、明露洞諸勝。白沙河源出此。

按：勞山之名，齊乘以爲登之者勞，又云一作「牢」。若魏書地形志、唐書姜撫傳、宋史甄棲真傳、金史地理志並作「牢」；南史「明僧紹隱於長廣郡之嶗山」，本草「天麻生泰山、嶗山」，則又作「嶗」。魏書高祖紀、釋老志並仍作「勞山」。詩「山川悠遠，維其勞矣」，鄭箋云「勞勞廣闊」，則此山或取其廣闊而名之。

浮峯山。在即墨縣南九十里海濱。縣志：其山高峻，有雲氣上浮。

天室山。在即墨縣西南三十里。漢郊祀志：神爵元年，祠天室山於即墨。地理志：即墨有天室山祠。

女姑山。在即墨縣西南四十里。漢書地理志：不其有太乙仙人祠九所及明堂，武帝所造。寰宇記：山北舊有基，相傳此爲明堂。

單山。在即墨縣西南五十里。縣志：一山獨立，故名。

馬山。在即墨縣西二十里。魏書地形志：長廣有馬山祠。隋書地理志：即墨縣有馬山。

鏡容山。在即墨縣東北一里。府志：相傳遇水漲則山益高。

錢穀山。在即墨縣東北五十里。府志：山形陡險，昔人嘗運錢穀於山以避兵，故名。北十里有米粟山。

三山島。在掖縣北。史記封禪書：八神，四曰陰主，祠三山。漢書地理志：曲城有參。注：索隱曰「參即三山也」。郊祀志：宣帝祀參山八神於曲城。寰宇記：在掖縣北五十里。

蜉蝣島。在掖縣西北一百里。元和志：遥望在海中若蜉蝣然，故名。齊乘：俗名芙蓉島。

黄島。在膠州東南六十里。

薛家島。在膠州東南九十里。州志：明永樂中，島人薛禄累建功績，晉爵陽武侯，世襲。族人聚居於此。

唐島。在膠州南一百里。州志：相傳唐太宗征高麗，駐蹕於此，故名。宋紹興三十年，金主亮分遣一軍由海道襲海州，舟泊唐島，宋將李寶擊敗之。

竹槎島。在即墨縣東一百里。其相近有嶢島、營島，俱在縣東海中。

福島。在即墨縣南五十里。其相望又有香島、塔沙島、積穀島、車牛島，俱在縣南海中。

顏武島。在即墨縣北一百里。

田横島。在即墨縣東北。漢書田横傳：漢初與其徒屬五百餘人入海，居島中。北史楊愔傳：愔避居田横島。寰宇記：在即墨縣東北一百里。四面環海，去岸二十五里，可居千餘家。府志：島方三十餘里，平廣可耕。按：史記正義「田横所居島山在東海縣，去岸八十里」，即今海州東小鬲山。未詳孰是。

荆坡。在平度州北七里。又名紫荆山。

密埠。在昌邑縣東三十里。水經注：下密故城東有密埠。

長流埠。在昌邑縣南十五里。延袤數百里，西南接青州諸山。

塔兒埠。在昌邑縣南九十里。其形如塔。

新郭埠。在昌邑縣西二里。縣志：亦名西巖。中有洞，曰天根、月窟。

子騫埠。在昌邑縣西北十里。寰宇記：上有閔子廟。又，伯牛埠在縣西北十二里。

掖水。亦名掖河，在掖縣南。隋書地理志：掖縣有掖水。元和志：掖水出寒同山。縣志：西北流逕縣南二里，折而西北，注於海。又有南陽河，亦出寒同山，西流入掖河。

白狼水。亦名白狼河，在濰縣東門外。自青州府昌樂縣流入，又東北入海。水經注：白狼水，上承營陵下流，又東北逕平壽城東，西入別畫湖，亦曰朕懷湖〔六〕。唐志：長安中，北海令竇琰於故營丘城東北穿渠〔七〕，引白狼水曲折三十里溉田。齊乘：水逕濰州東門外，又東北經寒亭，合溉水入湖，由湖入海。然所謂別畫湖，今不可考。

溉水。自濰縣東南溉源山北流，至昌邑縣境入海。水經注：水出覆甑山，亦曰鹿孟水，亦曰戾孟水。北流經斟亭西北合白狼水，又北逕寒亭西。齊乘：溉水即今東虞河也。舊志謂之東丹河。

柜艾水。在膠州南，亦名洋河。漢書地理志：柜縣有柜艾水。水經注：水出柜艾山，東北流逕柜縣故城西，又謂是水爲洋水矣。又東北經黔陬城，又東入海。

膠水。源出膠州之膠山，流至州西南七十里，北流至高密縣東，又北流至平度州西、昌邑縣東，又北流至掖縣西七十五里，又北至海倉口入海。漢書地理志：郱縣，膠水出，東至平度入海。水經：膠水出黔陬縣膠山，北逕其縣西，又北過夷安縣東，又北過當利縣西北入於海。注：膠水出五弩山，北流經祝兹縣故城東，又經扶縣故城西，又北經黔陬縣故城西，又東北會張奴水，又東北經下密縣故城東，又東北經膠東縣故城西，又北經平度縣〔八〕。縣有土山，膠水北歷土山，入於海。齊乘：水出膠州西南一百一十里鐵撅山，北經高密、平度、昌邑界入海。梁武帝天監五年，輔國將軍劉思效敗魏青州刺史元繫於膠水〔九〕，即此。

張奴水。在高密縣東。水經注：水出夷安縣東南阜下，西北流，歷膠陽縣，注於膠水。齊乘：張奴水，一名墨水。水側有張奴店。府志有張魯河，在縣東二十五里，流逕都濼。即張奴之訛也。

密水。在高密縣西南。自青州府諸城縣流入濰。水經注：應劭曰：「縣有密水，故有高密之名。」世所謂百尺水，蓋密水也。水有二源，同瀉一壑，古人以堨溉田。齊乘：濰水東北至巴山，密水入焉。

濰水。自青州府諸城縣流入高密縣西南，又北至青州府安丘縣界，又東北流入濰縣，又東北逕昌邑縣界入海。禹貢：濰、淄其道。左傳襄公十八年：晉侵齊，及濰。史記：漢四年，韓信追齊王田廣於高密，楚將龍且與廣合兵拒信，夾濰水而軍。即此。水經注：濰水北逕高密界，密水注之，亂流逕縣西碑産山西，又東北，水有故堰，斷濰水，激通長渠，東北逕高密故城南十里，蓄以爲塘，方二十餘里，散流下注夷安澤。濰水自堰又北逕高密故城西，即韓信斬楚將龍且處。水西有雁阜。又北至昌安。又濰水自合汶水，又北逕平城亭西，又東北逕密鄉亭西，又東北逕下密故城西，又東北逕逢萌墓，又北逕都昌縣故城東，又東北入於海。以防淮涉水。

淮涉水。在即墨縣南一里。源出石城山，西南流入海，即陰高海口也。唐書地理志：縣東南有堰，貞觀十年令仇源築，

墨水。在即墨北半里，流經縣西，合淮涉水。元和志：即墨城臨墨水，故曰「即墨」。按：舊志水出馬欄嶺，疑即縣之馬山。册説有近西河在縣西半里，遠西河在縣西一里，俱南合淮涉水，疑即墨水也。

海。府境濱海之州縣五：自登州府招遠縣西至掖縣北五十二里，昌邑縣北九十里，濰縣北一百里，西接青州府壽光縣界；自青州府諸城縣東至膠州南百里，即墨縣南百里，東北接登州府萊陽縣界，掖及膠州、即墨，皆元人海運所經也。册説：掖有石灰灣、三山島、小石灣、海廟、虎頭崖、海倉諸海口，膠州有古鎮、麻灣、守風灣、唐家灣諸海口，即墨有會及、陰島、女姑、天井灣、董家灣、登窯、松林鋪、鵝兒、陳家夼、周疃、大任諸海口，皆居民捕魚、煎鹽之所。自西南而東北，四環皆海。

杲村河。在掖縣西三十里。又，上官河在縣北二十里。皆北流入海。

萬歲河。在掖縣東北三十五里。俗名大王河。

白沙河。有二：一在掖縣南四十里，源出大勞山，西北流入海；一在即墨縣南四十里，源出大勞山。縣志：水勢洶湧，産仙胎魚。西流入海，即女姑海口也。

沽河。有二源：一自登州府黄縣蹲犬山南流，逕萊陽縣入平度州界，名大沽河；一自掖縣馬鞍山南流，至平度州東七十七里，名小沽河。至州東南朱毛城東合流，逕即墨、膠州至麻灣口入海。左傳昭公二十年「姑、尤以西」，注：「沽水、尤水皆在陽城郡東南入海。」齊乘：姑即大姑河，尤即小姑河。姑水起北海至南海，行三百餘里，絶齊東界，故曰「姑、尤以西」。

現河。源在平度州兩髻山，西南流，合蕭場河入膠萊新河。

蘇村河。在平度州西北三十里。源出大谿山，西流入膠水。

槳石河。在平度州北五十里。寰宇記：源出明堂山，合石瀆河。按：縣志有逢家莊河，源出大澤山，西流會槳石河入膠水，蓋即石瀆河也。

西于河。在濰縣西二十里。即古西虞河也。亦名大于河。自青州府昌樂縣流入，下流合東于河入海。東于河在縣西十里，亦名小于河。按：俗謂溉水爲東丹河，因謂此爲西丹河，遂與昌樂之丹水相混。

媒河。在昌邑東四十里。府志：東通膠水，西通濰水。世傳膠翁、濰母。

寒浞河。在濰縣東北三十里。源出車留莊，北流寒亭西入海。唐置寒水縣，以此名。

張固河。在昌邑縣南二十里。西北流，逕縣西會浮塘河入海。

低河。在昌邑縣西北二十里。北流入海。又有小龍河，在縣北二十里；孟良河，在縣北四十里。皆北流入海。

膠萊新河。自膠州東南三十里麻灣海口北流，合沽河，又西北經平度州西南合膠水，又北至掖縣海口倉入海。元史：至元十七年，萊人姚演獻議開新河，由膠西縣東陳村海口西北達於膠河，出海倉口，由海道達直沽以通漕，謂之膠萊新河。從之。二十二年，詔罷膠萊所鑿新河。明河渠志：正統六年，昌邑民王坦言河故道宜濬。由掖浮海抵直沽，可避東北海險數千里。部覆寢。嘉靖十一年，巡按御史方遠宜復議開新河，以馬家濠數里皆石岡，議復寢。十七年，巡撫胡纘宗請鑿馬濠，副使王獻焚以烈火，石燼波流，踰年復濬。水勢深闊，設九閘，置浮梁，而分水嶺難通者尚三十餘里。三十一年，給事中李用敬言，今淮舟已直抵麻灣，其當疏濬者僅半，宜亟開通。隆慶五年，給事中李貴和復請。詔給事中胡檟會山東撫按議。檟言王獻所鑿渠多流沙，所引白河細流不足灌注；他若現河、小膠河、張魯河、九穴都泊，皆潢汙不深廣；膠河地勢東下，不能北引；諸水皆不足資。巡撫梁夢龍亦言渠身太長，春夏泉涸，無所引注，秋冬暴漲，無可蓄洩，南北海沙易塞，舟行滯而不通。乃復罷。萬曆三年，南京工部尚書劉應節、侍郎徐栻復議海運，言自膠州以北，楊家圈以南，濬地百里，可通海潮。命栻往相度，則膠州旁地高峻，不能通潮，惟引泉源可成河。然其道二百五十餘里，鑿山引水，估費百萬。復命應節往勘。山東巡撫李世達駮應節議通海之謬。遂召應節、栻還，罷其役。崇禎十六年，尚書倪元璐復請由膠萊河轉餉，未行。本朝雍正三年，吏部尚書朱軾奏請復開膠萊新河運道。詔内閣學士何國宗會同山東巡撫陳世倌察看，亦以南海口潮水止至陳村閘，北海口潮水止至新河閘，兩地相隔二百餘里，潮水難通；又以百河、膠河及百脈湖三水不足以濟運道，議不果行。

雲河。在膠州南門外。源出州西南五里，東流由唐家灣入海。

朱陽河。在膠州南四十里。源出小朱山，北流經逄猛鋪，西折而東，流入海。又有車家河、柘溝河，並在州南東入海。

碧溝河。在膠州北二十里。東流入膠州河。

柜城河。在高密縣西南三十里。源出王子山，北流入九穴泊。

五龍河。在高密縣西二十里。河有五歧，故名。

秀水河。在高密縣西三十五里。俗呼爲秀女河。

渠河。在高密縣北六十里。明洪武間濬，以殺濰水。

長直河。在即墨縣西北三十里。源出靈山，西流入膠萊河。

渭水溪。在濰縣東五十里。源出東留莊，東北流入濰。府志：世傳太公嘗釣於此。

夷安潭。在高密縣北。水經注：張奴水歷膠陽縣注於膠水之左，東北爲澤，水渚百許里，謂之夷安潭。周四十里，亦濰水枝津所注也。元和志：夷安潭在縣北二十里，多麋鹿、蒲葦。齊乘：有都濼者，水經注謂之夷安潭。秦地圖謂之劇清池。府志作都泊。册說：百脉湖在縣北十里。蓋其故瀆也。

八角池。在濰縣東北二十五里。府志：本名膏潤泉，清湛不竭，旁有龍祠。

聖水池。在昌邑縣東二十五里。俗呼爲祓泉。又有子游池。寰宇記：在縣東十五里。

芙蓉池。在昌邑縣西北二十里。縣志：有紅白蓮、菱、芡、魚、鰕，甚蕃盛。

五龍泉。在掖縣西三里。府志：瀦而爲池水相連。

漱玉泉。在平度州西十八里門村社，出石罅中。

鹹水泉。在濰縣東三十里。

白龍泉。在昌邑縣東南二十五里。源出青山西北隅，下流一里入濰河。

濯硯泉。在膠州西北七里。州志：其泉兩眼湧出，南流入雲河。相傳漢庸生談經，每濯硯於此泉。泉後有路，曰庸生道；泉西有村，曰庸生村。

馬蹄泉。在膠州東北五里。州志：源出石孔，狀如馬蹄。

温泉。寰宇記：在即墨縣東北三十里。平地三穴湧出，若有風從西北來，則湯極熱。

渴檄泉。在即墨縣東南三十里。

玉液泉。在即墨縣南三十里。又四十里有金液泉。

萬里沙。在掖縣東北。漢書郊祀志：天子乃禱萬里沙。注：應劭曰「萬里沙，神祠也。在東萊曲成」。又地理志：曲成有萬里沙祠。孟康注：「沙經三百餘里。」蕭德言括地志：萬里沙在掖縣東北三十里。寰宇記：夾萬歲水兩岸皆沙。舊志謂之萬歲河。其入海處即小石灣海口也。

馬家壕。在膠州東南百里。長三里餘，夾兩山中，南北俱接海口。

鈴鐺溝。在昌邑縣東南三十五里。縣志：溝石皆圓，水湍激，聲如鈴鐺，故名。

吴兒溝。在昌邑縣東南五十里。縣志：明永樂五年，因水潦爲患，開溝三十五里，北入膠水。

洩河溝。在昌邑縣西北一里。縣志：明洪武十五年，因水潦，邑人王士儀開渠十五里，北入海。亦名王老義溝。今淤。

九穴泊。在高密縣西北二十五里。

五道泊。在即墨縣西六十里，西流入沽河。

定渚渠。在平度州南七十里，西流入膠水。

輪井。寰宇記：在掖縣東北十里。石穴下洞口如車輪，自然而成，故號天井。能興雲雨，人多祈祭。

古蹟

夜邑故城。即今掖縣治。齊襄王以封田單者也。戰國策：王益封安平君以夜邑萬户。又，田單攻狄，三月不克，問魯仲子。仲子曰：「將軍東有夜邑之奉。」劉向説苑作掖邑。漢書歐陽歙傳：建武九年，更封夜侯。註：「今東萊掖縣。」按：古「掖」、「夜」字通用。

曲臺故城。在掖縣東南。唐武德四年置縣，屬萊州。六年廢。見舊唐志。新唐志作「貞觀元年廢」。

當利故城。在掖縣西南。漢武帝置縣，屬東萊郡。史記：元狩中以衛長公主妻欒大，更名其邑曰當利。後漢爲侯國。晉、宋因之。後魏改屬長廣郡。北齊省入掖縣。唐武德四年復置，屬萊州。六年又廢。寰宇記：故城在州西南二十六里。

臨朐故城。在掖縣北。漢縣，屬東萊郡。王子侯表：臨朐侯奴，菑川懿王子。元朔元年封在東海。當即此縣。而東萊訛爲東海也。地理志：縣有海水祠。師古曰：齊郡已有臨朐，而東萊又有此縣，蓋各以所近爲名也。後漢省。寰宇記：故城在州北二三里，又北去海二十里，南去海神祠約五六里。

曲成故城。在掖縣東北。漢高帝六年封蟲達爲曲成侯。孝武封中山靖王子爲曲成侯。後爲縣，屬東萊郡。後漢封劉建爲侯國，仍屬東萊。晉因之。劉宋爲郡治。後魏皇興中分東界置東曲成縣，因謂此爲西曲成縣，皆屬東萊郡。北齊並廢入掖縣。武德四年復置曲成縣，屬萊州。六年又廢。寰宇記：故城在縣東北六十里。其東曲成在今招遠縣。按：北齊廢曲成縣，見隋志；寰宇記作「大業二年廢」。武德六年廢曲成縣，見舊唐志；新唐志作「貞觀元年廢」。

膠水故城。今平度州治。漢書地理志：王莽改膠東國曰郁秩，蓋移國治此也。後漢書賈復傳：建武十三年更封膠東侯，食六縣，首郁秩。建初元年國除，更封復少子邯爲膠東侯，蓋即改郁秩爲膠東也。晉、宋因之。後魏爲長廣郡治。隋書地理志云：膠水舊曰長廣。仁壽元年更名。唐膠水縣屬萊州。元和志：縣北至萊州府一百里。歷宋、金、元至明，始省入州也。

即墨故城。在平度州東南。故齊邑。史記田敬仲世家：威王召即墨大夫，封之萬家。註：正義曰「萊州膠水縣南六十里，即墨故城是也」。湣王時，燕將樂毅伐齊，下七十餘城，惟莒、即墨不下。漢元年，項羽徙齊王田市爲膠東王，都即墨。尋復爲即墨縣，屬齊國。文帝十六年，封悼惠子白石侯熊渠爲膠東王，都即墨。景帝四年，封子徹爲膠東王。中二年改封子寄。後漢建初元年，封賈復子宗爲即墨侯國，屬北海郡。後魏屬長廣郡。北齊廢。隋復置即墨於不其縣界，非故縣也。齊乘：沽水經朱毛城，即故即墨城也。舊志：土人名爲康王城。

盧鄉故城。在平度州西北。漢置縣，屬東萊郡。元始五年封陳鳳爲盧鄉侯國。後漢琅邪王京傳：永平二年，以東萊之盧鄉益琅邪，而郡國志仍屬東萊。宋書：晉武帝太康八年，木連理生東萊盧鄉。北齊廢。寰宇記：在膠水縣西北五十里。齊天保七年省併膠東。隋復置，在今萊陽縣界。舊志又有膠東廢縣，在州東南。隋末置。唐初屬萊州，武德六年省。

平度故城。在平度州西北六十里。漢縣也。漢書五行志：東萊平度出大魚，膠水經此城北入海。孝武封菑川懿王子爲平度侯，即此。元和志：膠水縣平度故城在縣西北六十七里。

桑犢故城。在濰縣。漢置縣，屬北海郡。後漢省。水經注：桑犢亭，故高密郡治，世謂之故郡城。寰宇記：濰州桑犢縣在州東三十里。

平壽故城。在濰縣西南。漢置縣，屬北海郡。後漢初，張步爲耿弇所敗，自劇奔平壽。後魏爲北海郡治。北齊廢。唐武德二年復置，屬濰州。六年省。元和志：北海縣，本漢平壽縣。寰宇記：濰州，平壽故城在州西南三十里。

下密故城。漢縣。在今昌邑縣東界濰縣界。有二下密，皆隋時所徙置也。漢置下密，屬膠東國。後漢省。安帝復置，改屬北海國。晉、宋、後魏因之。北齊廢。隋書地理志：北海郡下密，舊曰膠東。齊廢。開皇六年復置，改爲濰水。大業初改名焉。唐書地理志、隋志：北海郡，開皇三年罷，置下密於廢郡城。大業二年改爲北海縣。武德二年於縣置濰州。八年廢。寰宇記：濰州，西下密在州西二里，大業二年併入北海；東下密在州東四十五里。按：漢志下密有三户山。水經注謂膠水經下密城西，又北至膠東當利，今昌邑東南七十里，當膠水之西，與平度州三户山相近。又出膠東當利之南，地理恰合。又水經注濰水經下密故城東，有密埠。今密埠在縣東三十里。又有古城社，在縣東二十里，當是其遺址。但二地道里不同，疑即安帝所移置也。隋大業時，以下密改北海者，蓋唐初之濰州即寰宇記所云西下密；其以濰水改下密者，蓋唐初濰州所領之下密，即寰宇記所云東下密也。合昌邑、濰縣界凡四下密云。

密鄉故城。在昌邑縣東南十五里。左傳隱公二年：紀子伯、莒子盟於密。註：「密，莒邑。城陽淳于縣東北有密鄉。」漢建始二年封膠東頃王子林爲密鄉侯國於此，屬北海郡。後漢省入淳于。水經注：自平城亭又四十里，有密鄉亭，故縣也。

平城故城。在昌邑縣南。漢元朔元年封河間獻王子禮爲平城侯。建始二年封膠東頃王子邑爲侯國於此，屬北海郡。後漢省。應劭曰：「淳于縣東北六十里有平城亭。」

訾亭故城。在昌邑縣西。即古鄑邑也。「鄑」、「訾」同音。春秋莊公元年：齊遷紀郱、鄑、郚。注：「都昌縣西有訾城。」唐書地理志：武德二年置訾亭縣，六年省。寰宇記：訾城在縣西北十五里，是唐之訾亭縣也。今稱訾亭社。名勝志：瓦亭社在縣西三十里，是鄑邑故址也。

都昌故城。在昌邑縣西二里。晏子春秋：齊景公封晏子以都昌，辭不受。漢高帝六年，封朱軫爲都昌侯。後爲縣。建安初，北海相孔融以黄巾之亂，出屯都昌。劉宋徙治青州，此城遂廢。後宋改置爲昌邑縣。按：昌邑縣南五里有大營城，北五里有小營城。齊乘：南城即古都昌，其曰營城者，或因孔融與黄巾相距屯兵遺址而名。後漢書注：故城在臨朐縣東北，乃宋徙治之都昌，非漢舊縣。章懷註誤也。

膠西故城。今膠州治。宋縣也。宋史地理志「密州膠西」，註：「元祐三年，以板橋鎮爲縣。」元太祖於縣置膠州。明洪武初省入州，遂爲州治。按：隋開皇中置膠西縣。唐廢。在今高密縣界。

計斤故城。在膠州西南。古介根邑。左傳襄公二十四年：齊崔杼帥師伐莒，侵介根。註：「介根，莒邑。」今城陽黔陬縣東北計基城是也。漢爲計斤縣，屬琅邪郡。地理志：莒子始起此，後徙莒。師古曰：「計斤即計基，左氏傳所謂介根也。」後漢省。寰宇記：計斤城在高密縣東南四十里。齊乘：有兩塔對立，曰東、西計斤。

柜縣故城。在膠州西南。漢置縣，屬琅邪郡。後漢屬北海國。水經注：柜艾水出柜艾山，東北流逕柜縣故城西，世謂之王城。按：柜艾水，今在州南。其城又在黔陬之南，當在今州西南界。寰宇記謂在高密縣西南二十里，疑誤。

黔陬故城。有二：一在膠州西南，古介國。春秋僖公二十九年：春，介葛盧來。漢置黔陬縣。地理志：琅邪郡黔陬，故介國。水經注：膠水又北，逕黔陬故城西。晏謨、伏琛並云，縣有東、西二城，相去四十里。寰宇記：東陬城在諸城縣東北一百十里，故介國也。後移於膠水西，去故城三十里，時人謂之西黔城，在諸城東北九十五里膠水西。高齊天保七年省。

夷安故城。今高密縣治。古夷維邑。史記：晏平仲，萊之夷維人。漢置夷安縣，屬高密國。後漢永平元年封鄧禹子珍爲侯國。永初六年改封珍少子康。水經注：夷安城西去濰水四十里。唐武德六年移高密縣治此。章懷太子曰：「夷安亦曰上假密。史記曹相國世家從韓侯擊龍且於上假密是也。」府志：有舊土城，在縣西北一里。

高密故城。在高密縣西南。故齊邑。史記：漢三年，齊王烹酈生，東走高密。文帝十六年封齊悼惠王子卬爲膠西王，都高密。後漢建武十三年封鄧禹爲高密侯。舊唐書地理志：高密，漢縣。隋末廢之。武德三年於義城堡置高密縣。六年，併高密、膠西兩縣，移就故夷安城，而此城廢。括地志：在縣西北二十里。

稻縣故城。在高密縣西南。漢元朔四年，封齊孝王子定爲稻侯國於此，屬琅邪郡。後漢省。寰宇記：故稻城在縣西南故濰水堰側，漢時於此立堰造塘，溉稻穀數千頃，縣因此以名。齊乘：高密西南濰水堰，土人呼爲趙貞女防。南有高隄，即稻城遺迹，亦謂之鄭城。

高陽故城。在高密縣西北。漢元始元年，封淮陽憲王孫並爲侯國，屬琅邪郡。後漢省。寰宇記：在高密西北三十四里。齊志：今有高陽村。

膠陽故城。在高密縣西北。漢置縣，屬北海國。後漢省。水經注：膠水又北，逕膠陽東。晏、伏並謂之東亭。自亭結路，南通夷安。地理風俗記曰，淳于縣東南五十里有膠陽亭，故縣也。

不其故城。在即墨縣西南。漢高祖七年封呂種爲不其侯。武帝太始四年幸不其。後漢建武六年封伏湛爲侯國。北齊廢。隋開皇中併入即墨縣。寰宇記：即墨縣，不其故城在縣西南二十七里，周十餘里。縣志：今爲不其社。

壯武故城。在即墨縣西。漢文帝元年封宋昌爲壯武侯，後爲縣，屬膠東國。後漢初省。安帝復置，屬北海國。晉初封張華爲壯武侯，屬城陽。元康十年改屬高密〔一〇〕。劉宋省。北史房法壽傳：「歸魏，賜爵壯武侯。」蓋縣廢而名存也。括地志：故城在縣西六十里。

皋虞故城。在即墨縣東北。漢元封元年封膠東康王子建爲皋虞侯國於此，屬琅邪郡。後漢省。寰宇記：即墨縣皋虞故城在縣東北五十里。縣志：今名皋虞社。

陽石廢縣。在掖縣南。漢縣，屬東萊郡。武帝紀：征和二年，陽石公主坐巫蠱死。成帝陽嘉四年封膠東共王子慶爲陽石侯。後漢省。十三州志：「當利縣東有陵石城。」「陵」即「陽」字之誤，其地在今掖縣南。

陽樂廢縣。在掖縣西南。漢置陽樂侯國，屬東萊郡。王子侯表：「樂陽侯獲，膠東頃王子，建始二年封。」蓋即陽樂之訛〔一一〕。後漢省。十三州志：陽樂在當利縣東北二十里。寰宇記：其地蓋在今萊州西南二十里內。

廢斟縣。在濰縣東。古斟尋國也。左傳襄公四年：魏絳曰：「寒浞使澆用師滅斟灌及斟尋氏。」漢置斟縣，屬北海郡。地理志：斟縣，故國，禹後。後漢北海王威傳：永光二年封斟鄉侯威爲北海王。應劭曰：「平壽縣有𣁋城，古𣁋尋。」杜預左傳注：「平壽縣東南有斟亭是。」京相璠曰：「斟亭西去灌亭九十里。」寰宇記：在州東南五十里。

廢祓縣〔一二〕。在膠州西南。漢置祓侯國，屬琅邪郡。後漢省。齊乘：「祓」音「廢」。故城在膠州西南七十里，俗曰肥城，音之轉也。縣志亦謂之木馬城。

廢邦縣。在膠州西南。漢置，屬琅邪郡。後漢省。水經注：膠水逕扶縣故城西。漢文元年封呂平爲侯國，又曰西黔陬，疑即邦縣。

樂毅城。在平度州東南。寰宇記：在故即墨縣城北。樂毅攻田單時所築。

祝兹城。在膠州西南。漢書功臣表：高后四年，封徐厲爲祝兹侯。元封元年，封膠東康王子延年爲侯國。水經注：膠水逕祝兹縣故城東。齊乘：兩漢無此縣，蓋是鄉聚之名，平津、博陸之類。

龍且城。在高密縣西南。元和志：楚將龍且所築。齊乘：在濰水東岸。水西即且塚，南曰梁臺，即韓信囊沙壅水之地。亦曰城陰城。

萊州廢衛。在府治東。明洪武三年建，本朝順治十六年裁。

靈山廢衛。在膠州東南九十里。明洪武二十一年置，本朝雍正十二年裁。

鼇山廢衛。在即墨縣東四十里。明洪武二十一年置，本朝雍正十二年裁。

過鄉。在掖縣北。左傳襄公四年：魏絳曰：「寒浞處澆於過。」註：「過，國名。東萊掖縣北有過鄉是。」括地志：故過鄉亭在萊州掖縣西北二十里。

棠鄉。在平度州東南。左傳襄公六年：萊共公浮柔奔棠。注：「即墨縣有棠鄉。」又，孟子：國人皆以夫子將復爲發棠。

鄭公鄉。在高密縣西北。後漢書鄭康成傳：國相孔融告高密縣，爲康成特立一鄉，曰鄭公鄉。可廣開門衢，令容高車，號爲通德門。寰宇記：高密縣西有鄭康成宅，亦曰鄭城。

三山亭。在掖縣北。縣志：世傳漢武帝建。以其可望海中蓬萊、瀛洲、方丈三神山也。

古寒亭。在濰縣東。左傳襄公四年：魏絳曰：「羿用寒浞。」註：「寒，國名。」後漢書郡國志：寒亭，古寒國。浞封此。水經注：溉水逕寒亭西。寰宇記：在濰州東二十三里。縣志：縣東北三十里有寒亭集。

古介亭。在膠州南七十里。後漢書郡國志：黔陬有介亭。水經注：故介國也。

幸臺。在府城南門。府志：漢武帝東遊海上，訪安期生，登此臺。

燕臺。在掖縣東北二里。寰宇記：南燕慕容德移青州理掖城所築。府志：即今海山亭是也。

仙人臺。在平度州東北。列仙傳：膠東公沙宿，飲白鶴泉得仙，嘗遊石臺之上。寰宇記：在縣東北五十里青山下。

望海臺。在濰縣東北。水經注：巨洋水逕望海臺西。伏琛、晏謨並以爲平望亭，在平壽縣故城西北八十里古縣。又或言秦始皇升以望海，因名。

甘棠社。在昌邑縣南八十里。相傳爲古棠邑。

太公堂。在濰縣東南五十里。縣志：即太公避紂所居之處。

萬疋梁。在高密縣西北。述征記：鄭康成墓側有稻田十萬頃，斷木造魚梁，歲收億萬，因號萬疋梁。

墜星石。寰宇記：在掖縣東北七十里。又有盞石，在縣北五十七里，北臨大海，方圓五步。上有汙罇狀，世傳秦始皇鑿之，以盛酒醢，祈祭百神。

校勘記

〔一〕元康十年改屬高密郡　乾隆志卷一三八萊州府建置沿革（下同卷簡稱乾隆志）同。按，元康僅九年，此當有誤。然晉書地理志亦有「元康十年」之文，蓋以永康元年爲元康十年。

〔二〕元康十年復置高密國　乾隆志同。按，此承晉書卷一五地理志之文，然元康僅九年，蓋以永康元年爲元康十年也。

〔三〕齊天統元年刊　「天統」，原作「大統」，大統爲西魏文帝年號，顯誤，據乾隆志及通志卷七三金石略改。

〔四〕盧鄉城東三十里有明堂山　「明」，原作「名」，據乾隆志及齊乘卷一山川改。

〔五〕又名藥石山　乾隆志同。按，齊乘山川原文爲「又云藥石水出此，合石瀆水北入於海」，未明言明堂山又名藥石山，蓋史臣揣測之辭。

〔六〕亦曰朕懷湖　此五字原在上文「白狼水」下，乾隆志同（「湖」字訛作「河」），據水經注卷二六巨洋水移正。

〔七〕北海令竇琰於故營丘城東北穿渠　「琰」，原作「棪」，據乾隆志及新唐書卷三八地理志改。

〔八〕又北經平度縣　「縣」，原作「州」，據乾隆志及水經注卷二六膠水改。按，平度置州在明洪武二十二年，此引水經注改「縣」爲「州」，顯然未當。

〔九〕輔國將軍劉思效敗魏青州刺史元繫於膠水　「效」，原作「曜」，乾隆志同，據梁書卷二武帝本紀及資治通鑑卷一四六梁紀改。

〔一〇〕元康十年改屬高密　乾隆志同。按，元康僅九年。參本卷校勘記〔一〕、〔二〕。

〔一一〕蓋即陽樂之訛　「陽樂」，原作「樂陽」，據乾隆志及文意乙正。

〔一二〕廢祓縣　「祓」，原作「袚」，據乾隆志及漢書卷二八上地理志改。下文同改。

大清一統志卷一百七十五

萊州府二

關隘

固隄店巡司。在濰縣北四十里，即固底鎮。金志：北海縣有固底鎮。

靈山巡司。在膠州南一百十里。

鼇山衛巡司。在即墨縣南一百二十里。本朝雍正十二年設。

栲栳島巡司。在即墨縣東北八十里。明洪武四年設巡司。

海倉口鎮。在掖縣西七十里，即膠河入海之口，爲濱海要地。有鹽場。明置巡司，本朝乾隆七年裁併歸縣。

朱橋鎮。在掖縣東北七十里。舊有遞運所，明萬曆中裁。本朝乾隆五十二年移縣丞駐此。

亭口鎮。在平度州西南七十里，即膠萊河所經。明洪武二十三年置巡司，今裁。

逢猛鎮。在膠州南四十里。洪武八年置巡司，本朝雍正十二年裁。

古鎮。在膠州西南一百二十里大珠山前。明洪武八年置巡司，本朝乾隆三十七年裁。金志：膠西縣有張倉、梁鄉、陳村三鎮。此鎮以「古」名，蓋即梁鄉之遺址也。

即墨營。在即墨縣北十里。舊置於縣南七十里金家嶺寨，明宣德八年移置，爲登、萊三營之一營，城周四里。今廢。

馬埠寨。在掖縣西二十五里。明初置百户所，轄墩三，曰馬埠、海廟、扒埠。

柴胡寨。在掖縣北五十里。明置巡司，本朝雍正十三年裁。

竈河寨。在掖縣北五十里。城周二里有奇。明初置百户所，轄墩三，曰單山、三山、竈河。

王徐寨。在掖縣東北八十里。城周二里。明洪武初置百户所，嘉靖中改千户所，轄墩六，曰高沙、虎口、兹口、莊頭、王徐、識會。

馬停寨。在掖縣東北一百六十里。明初置百户所，轄墩五，曰河口、界首、黄山、鹽場、零當望，今俱廢。

夏河寨。在膠州西南九十里。城周三里有奇。有備禦千户所，屬靈山衛。

蕭旺莊寨。在即墨縣東南五十里。

王家莊寨。在即墨縣東南九十里。

棲山寨。在即墨縣南四十里。

金家嶺寨。在即墨縣南七十里。

張家寨。在即墨縣西南五十里。

大港寨。在即墨縣東北六十里。

田家莊寨。在即墨縣東北七十里。

走馬寨。在即墨縣東北九十里。舊有城，今廢。

武蘭莊。在高密縣西北五十里，接昌邑縣界，往來要道也。

西由場。在掖縣北五十里。有鹽大使。金史地理志：萊陽舊有西由鎮。元傅夢弼西由場文廟記：萊之北鄙僅五十里曰西由鎮，建鹽司，司總八場，歲辦鹽筴凡二萬五千計。

石河場。在膠州東南二里。有鹽大使。

曲裏鹽場。在即墨縣。金志：即墨有曲裏鹽場。

沙河店。在府城南三十里。舊設遞運所，久革。

王耨店。在昌邑縣西南二十里。舊設遞運所，久革。

魚兒鋪。在昌邑縣北五十里。明初設巡司，崇禎時廢。

城南驛。在掖縣南關。明萬曆中裁。

灰埠驛。在平度州西北七十里，掖縣、昌邑二縣界。舊置驛丞，本朝康熙十六年裁。嘉慶六年移州同駐此。

古亭馬驛。在濰縣東北三十里。今廢。

夏店馬驛。在昌邑縣東北十五里。明初設，隆慶中裁。

浮山所。在即墨縣西南九十里。本朝雍正十二年裁千總，置巡司。乾隆三十八年移駐東平州彭家集。

雄崖所。在即墨縣東北一百里。本朝雍正十二年裁千總，置巡司。十三年移駐福山縣海口。

津梁

掖河橋。在掖縣西二里。

郎村橋。在掖縣西二十里。

沙河橋。在掖縣西五十里。

萬歲橋。在掖縣東北三十里。俗呼爲萬河橋。

朱河橋。在掖縣東北六十里。

沽尤橋。在平度州東八十里。明統志：橋跨沽河，蓋以左傳「姑尤以西」得名。

雙鳳橋。在平度州城西。

新河橋。在平度州西北八十里。州志：膠河河水隨海潮消長，舊聯舟爲浮橋。明嘉靖十年，副使王猷欲通海運，置新河橋。

石橋。在平度州城北。

青龍橋。在濰縣東門外。

流飯橋。在濰縣西北二十里。

東于河橋。在濰縣東北五里。

陶埠橋。在昌邑縣東八里。又東北五里有石灣橋，皆跨濰水。
王耨橋。在昌邑縣西南二十里，跨浮塘河。
沽河橋。在膠州東二十五里。
海寧橋。在膠州南門外。舊名唐灣橋。明天順六年甃以石，改名雲溪。本朝順治九年修，易今名。
洋河橋。在膠州南三十里。
王黨橋。在高密縣東十里。
張魯橋。在高密縣東二十五里。
柳溝橋。在高密縣西十五里。
張落橋。在高密縣西六十里。
天橋。在即墨縣西南十五里。有石出於水上，天然可渡。
潑石橋。在即墨縣西五十里。
長直橋。在即墨縣西北三十里。

隄堰

泥隄。在掖縣西五十五里。高厚如埠，東西長二十里許。世傳爲元時築。

沽河隄。在平度州東七十里。明萬曆十三年築。又新沽河隄，在膠州東三十里。

白狼河隄。在濰縣東門外。舊爲沙隄，萬曆十五年以三合土築，始堅，隄長里許。本朝康熙四十七年修。

濰水隄。在昌邑縣東五里。一名紅崖隄。宋初築，以防濰河泛溢。明隆慶三年，水溢增修。本朝順治十八年、康熙五十二年、五十五年、雍正十年屢加修築。

土龍隄。在昌邑縣南二里。東接東山，西連鳳凰隄。一名護城隄。明嘉靖間築。

兩河隄。在膠州東三十里利涉鄉。明洪武間巡撫李輔築，隄延袤三十餘丈，以禦沽河、新河之水。亦曰李公隄。

陵墓

周

甯戚墓。在平度州西。寰宇記：膠水縣甯戚冢在縣西六十里，俗呼爲鳴角阜。明統志：寧戚冢在平度州西六十里。名勝志、齊紀云：甯戚墓因山爲墳，有雙松盤踞於上。

逢丑父墓。在昌邑縣南。寰宇記：齊頃公以都昌爲逢丑父采邑，有墳在縣南五里。

漢

膠東王墓。在平度州東五十里靈臺山下。

公孫弘墓。在濰縣西。元和志：北海縣公孫弘墓在縣西。寰宇記：在濰州西三十里。高二丈三尺。冢後有泉曰補生泉，在程符山東北麓。今稱爲麓臺。

公沙穆墓。在平度州北公沙山之陰。

庸生墓。在膠州西七里庸村。按：漢書儒林傳作庸生，後漢書儒林傳作庸譚。

婁敬墓。在膠州西北三十里。

鄭康成墓。在高密縣西北五十里。元和志：鄭康成墓在縣西七十里。

義士冢。在即墨縣東一百里田横島中。縣志：世傳爲五百義士冢。

王吉墓。在即墨縣東北。

三國　魏

徐幹墓。在濰縣東。魏書地形志：都昌有徐偉長冢。寰宇記：在州東五十一里。俗呼爲博士冢。

唐

王君适墓。在平度州西關外。州志：唐太宗時將，征遼道卒，因葬焉。相傳曰王將軍墓。

華蓋劉仙人墓。在即墨縣東北一里。名勝志：杜甫詩「昔謁華蓋君」，即此。其冢年久不培而固，牛羊狐兔不入其中。

宋

蔡齊墓。在平度州北九里。

雙女冢。在膠州計斤城南。

明

黄福墓。在昌邑縣西三里。

祠廟

我師祠。在府治内。祀漢楊震、明崔恭。

貧女祠。在平度州東六十里。明統志：貧女不知何許人，世傳其夫行戍，女裹糧從之。夫死，遂自殺。人爲立祠祀之。

孔融祠。在濰縣治内。明統志：宋政和四年建。碑刻尚存。續文獻通考：成化間重修孔融廟，增祀北海諸賢。

逢萌祠。在昌邑縣西二里。明隆慶間改建養志書院，今廢。

董相祠。在膠州治東。祀漢董仲舒。

晏子祠。在高密縣東南三十里。

先賢祠。在即墨縣學。元秦裕伯記畧：古莘董侯治即墨，改建孔子廟，以故廟西廡改爲先賢祠。自戰國及兩漢，以功名著茲土者，得九人焉：曰即墨大夫者三，史逸其名；曰安平君田單；曰齊王田横；曰諫議大夫王吉；曰京兆尹王駿；曰膠東相王成；曰不其令童恢。皆假像而祀之。

劉將軍廟。在府治東。名勝志：祀晉東萊太守劉公，逸其名，有德於萊，郡人祀之。有宋許籌碑記。

東海神廟。在府城西一十八里。祀四海之一也，載在祀典。漢書地理志：臨朐有海神祠。元和志：掖縣海神祠在縣西北十七里，隋大業間建。本朝雍正四年重建。

六灣龍神廟。在府城北三十里。明統志：廡下有潭，世傳有龍潛焉，祈禱皆應。

夷齊廟。在濰縣南孤山。有伯夷、叔齊二廟。元時封爵碑刻存焉。按：縣志孤山夷齊廟，云伯夷避紂，居北海之濱，後人因祀之。統志因之。考漢地理志，夷齊孤竹城在遼西令支縣，今屬永平，不應在東萊也。今永平郡亦有孤山，後人或因此而附會其説耳。且前古蹟「太公望」注云即太公避紂所居之處。東海、北海，更不應在一縣境内，因削去之。

孫子廟。在昌邑縣西三十里。齊乘：訾城南有孫子廟，内有古槐甚奇。廟祀孫臏。又謂臏食邑都昌。

四知廟。在昌邑縣治東北。祀漢楊震。又縣志南門外亦有楊震祠，明隆慶間改建四知書院，今廢。按：今之昌邑，於漢爲都昌，非漢之昌邑也。漢舊縣在今金鄉縣界，後人以其名同，遂建斯廟。

陽武侯廟。在膠州治南。祀明薛禄。

庸生廟。在膠州西北七里。塚在廟傍。

婁敬廟。在膠州西北三十里。墓在廟後。

柏欄將軍廟。齊乘：在膠州北二十里。史逸其姓名。秦二世時爲將。韓信下齊，假道於柏欄，柏欄不忍背秦，力戰死。

鄉人哀之，立廟祀焉。

鄭司農廟。在高密縣北五十里。祀漢鄭康成。

田横廟。在即墨縣東一百里。

寺觀

廣固寺。在掖縣東。

妙覺寺。在掖縣東南二里。

資聖寺。在掖縣西南里許。山東通志：金大定間建。有石刻卧佛。又西二十五里有廣嚴寺。

圓明寺。在平度州西南。山東通志：唐爲普濟院。金大定間賜今額。

觀法寺。在平度州東北。名勝志：漢明帝十年建。

石佛寺。在濰縣治東南。府志：宋咸平三年建。中有布袋真儀石刻，爲宋崔白筆，蘇軾題記。

崇聖寺。在昌邑縣治東。

崇福寺。在昌邑縣南十里。

洪福寺。在膠州治南。

茂林寺。在膠州南四十里。北齊建。

玉泉寺。在膠州南九十里。元泰定五年建。

黔陬寺。在膠州西南七十里。名勝志：黔陬城，今爲黔陬寺。

慈雲寺。在膠州治西。唐大順元年建。

感化寺。在高密縣治東北。

慶成寺。在即墨縣治東。元泰定元年建。

興國寺。在即墨縣東。

先天觀。在掖縣東二十里。府志：大基山道士谷，後魏鄭文公修真於此。仙去，丹竈、棋局、印石宛然。元至元間賜額。

青羅觀。在府城南。舊名迎祥觀。

德真觀。在平度州治東北。

雲臺觀。在平度州兩髻山。

太微觀。在膠州城南。元中統間建。

迎真觀。在即墨縣治南。元元統間建。

萬壽宫。在掖縣東南十五里寒固山下。

玉清宫。在濰縣治北。山東通志：元至正二年，丘長春弟子尹清和建〔一〕。長春有貽清和書，石刻存焉。

王母宫。在昌邑縣東二里東山西麓下。

紫薇宫。在昌邑縣南三里。

玉真宮。在昌邑縣西北。金太和中建。
延真宮。在昌邑縣東北四十里。
黄石宮。在即墨縣東南六十里勞山下。又聚仙宮在勞山上。
上清宮。在即墨縣大勞山。齊乘：五代末，華蓋仙人識宋太祖於側微，宋人爲建此宮。
禪窟院。在平度州東五十里。
逍遥菴。在掖縣東南七里。

名宦

漢

董仲舒。廣川人。武帝時使相膠西王。膠西王聞仲舒大儒，善待之。仲舒正身以率下，數諫争，教令國中，所居而治。
闕門慶忌。鄒人。中公弟子。爲膠東内史。中公弟子爲博士者十餘人，周霸膠西内史，徐偃膠西中尉。其治官民，皆有廉節。
王成。不知何郡人也。爲膠東相。治甚有聲，勞來不怠，流民自占八萬餘口。宣帝下詔褒之，賜爵關内侯。
張敞。河東平陽人。宣帝時，渤海、膠東盜賊並起，敞自請治之，徵拜膠東相。敞到膠東，明設購賞，開羣盜令相斬捕除罪。吏追捕有功，上名尚書〔二〕。繇是盜賊解散，國中遂平。

薛宣。東海郯人。元帝時不其丞。琅邪太守趙貢行縣，見宣，甚説其能，遷樂浪都尉丞。

童恢。琅邪姑幕人。和帝時不其令。吏人有犯違禁法，輒隨方曉示。若吏稱其職，人行善事者，皆賜以酒肴之禮，以勸勵之。耕織種牧，皆有條章。一境清静，牢獄無囚，流人歸者二萬餘户。青州舉尤異，遷丹陽太守。

楊震。弘農華陰人。安帝時遷東萊太守，道經昌邑，王密懷金十斤以遺震，曰：「暮夜無知者。」震曰：「天知，神知，我知，子知。何謂無知？」密愧而出。

吴祐。長垣人。桓帝時遷膠東侯相。政惟仁簡，以身率物。民有争訴者〔三〕，輒閉閤自責，然後斷其訟。吏人懷而不欺。嗇夫孫性私賦民錢，市衣以進其父。父怒曰：「有君如是，何忍欺之？」促歸伏罪。安丘男子毋丘長，道遇醉客辱其母，長殺之而以械自繫。祐問長：「有妻子乎？」對曰：「有妻，未有子也。」即逮長妻到，使同宿獄中，妻遂懷孕。至行刑，長泣謂母曰：「若妻生子，名之吴生，屬兒以報吴君。」祐在膠東九年，遷齊相。

杜密。陽城人。桓帝時北海相。宦官子弟爲令長有奸惡者，輒捕案之。行春到高密縣，見鄭康成爲鄉佐，知其異器，即召署郡職。

第五種。長陵人。永壽中拜高密侯相。是時，徐、兖二州盜賊羣輩，高密在二州之交，種乃大儲糧稸，勸吏勵士。賊聞，皆憚之，桴鼓不鳴，流民歸者歲至數千家。以能换爲衛相，遷兖州刺史〔四〕。

王脩。營陵人。初平中守高密令。高密孫氏素豪俠，民有相刼者，賊入孫氏，吏不能執。脩將吏民圍之，孫氏懼，乃出賊。由是豪强懾服。時膠東多賊寇，復令脩守膠東令。膠東人公沙盧宗强，自爲營塹，不肯應發調，脩獨將數騎徑入其門，斬盧兄弟。公沙氏驚愕，莫敢動。脩撫慰其餘，由是寇少止。

晋

石苞。南皮人。明帝時歷東萊、琅邪太守，所在皆有威惠。

南北朝　魏

崔挺。安平人。太和中光州刺史，風化大行。高祖幸兖州，召挺赴行在所，問以臨邊之略，顧謂侍臣曰：「擁旄者皆如此，何憂哉？」及散騎常侍張彝巡行風俗，謂曰：「彝受使省方，採察謡訟，入境觀政，實愧清使之名。」掖縣有人自稱得一美玉，藏之海島，垂六十歲，欣逢明治，今願奉之。挺不受。景明初見代，老幼涕泣追隨，縑帛贈送，挺悉不納。既卒，光州故吏莫不悲感，共鑄八尺銅像於城東廣固寺。

楊逸。華陰人。明帝末光州刺史。時災儉連歲，逸欲以倉粟賑給，而所司懼罪不敢。逸曰：「以此獲罪，吾所甘心。」遂出粟，然後申表。又於州門造粥飼之，濟者以萬數。逸爲政愛人，尤憎豪猾。廣設耳目，善惡畢聞。其兵出使下邑，皆自持糧。人或爲設食者，雖在闇室，終不敢進，咸言「楊使君有千里眼，那可欺之？」在州政績尤美。

李元忠。平棘人。天平中光州刺史。時州境災儉，人皆菜色。元忠表求賑貸，被報，聽用萬石。元忠以爲少，遂出十五萬石以賑之。事訖表陳，朝廷嘉而不責。

隋

高勱。渤海蓨人，齊清河王岳之子。開皇中光州刺史，上取陳五策。

宇文愷。本朔方人，徙京兆。高祖時拜萊州刺史，甚有能名。

唐

王義方。漣水人。顯慶初以御史貶萊州司户參軍，歲終不復調。往客昌樂，聚徒教授。

竇琰〔五〕。中宗時北海令，甚有治聲。穿渠引白狼水，曲折三十里以溉田，時號竇公渠。

崔神慶。武城人。武后時累遷萊州刺史。以歷官有佳政，擢拜并州刺史。

五代　梁

張歸霸。清河人。光化初萊州刺史，有威惠。

顏衎。曲阜人。龍德中授北海主簿，以治行聞。

周

李萬超。太原人。太祖時萊州團練使。連移蘄、登二州，所至有善政。

宋

許仲宣。青州人。太祖時知北海軍。仲宣度其山川形勢可以爲州郡，因畫圖上之，遂升爲濰州。

楊美。文水人。建隆時北海軍使。政尚簡易，民皆德之。及召還，民數百詣闕乞留。

李斌。青州人。淳化中領萊州團練使。勤於政理，人服其清慎。

曹瑋。靈壽人。乾興初知萊州。瑋以宿將爲丁謂所忌，即日上道，從弱卒十餘人，不以弓韔矢箙自隨。

郭勸。須城人。仁宗時通判萊州。州民霍亮爲仇人誣罪死，吏受賕傅致之，勸爲辨理得免。

張掞。歷城人。明道中知掖縣。民訴旱於州，拒之。掞自奏聞，詔除登、萊税。

張燾。臨濮人。仁宗時知濰州。濰多圭田，率計畝徵絹而蠲河役。燾不肯踵例，廢法還其役，入損於舊五之四，且命吏曰：「吾知守己而已，無妨後人，勿著爲式。」

仇悆。益都人。徽宗時爲高密丞，攝縣事。剖决如流，事無淹夕，民至懷餅餌以俟决遣。猾吏楊蓋每陰疏令過，脅持爲姦，悆暴其罪，黥之，無不悦服。州闕司録，命悆攝事。既行，邑氓萬餘邀留，至擁歸縣廨。寇起萊、密間，戒其黨無犯高密境，民賴以安。

宗澤。義烏人。知掖縣。部使者得旨市牛黄，澤報曰：「方時疫癘，牛飲其毒則結爲黄。今和氣横流，牛安得黄？」使者怒，欲劾邑官。澤曰：「此澤意也。」獨銜以聞。

韓浩。安陽人，丞相琦孫。守濰州。建炎初，金兵攻城，浩率衆死守。城陷，力戰死。通判朱庭傑身被數箭亦死。權北海縣丞王允功、司理參軍王薦皆全家陷没。浩特贈三品官，官其家三人；庭傑〔六〕、允功、薦各官其家一人。

金

劉仲洙。宛平人。明昌初爲定海軍節度使。歲飢，仲洙表請開倉，未報，先爲賑貸。有司劾之，罪以贖論。

王維翰。龍山人。貞祐初爲定海軍節度使。至鎮，無兵備，鄰郡皆望風奔潰，維翰以孤城不可守，乃縱百姓避難。率吏民願從者，奔東北山，結營自守。力窮被執，不肯降，妻姚氏亦與俱死。詔贈中奉大夫，姚氏芮國夫人，謚貞潔。

元

劉秉恕。邢州人。至元初爲萊州總管。有死囚六人，獄已具，秉恕疑之，詳讞得其實，六人賴以不死。所至俱有惠政。

明

趙禮。洪武中知膠州。膠爲商舶輻輳之地，吏多倚税爲奸。禮禁絶之，遠近皆悦服。凡州之城郭、公署、學宫、壇壝，皆禮所建置。

吴履。蘭谿人。洪武中知濰州。山東民多以牛羊代税，履與民計，易以輸粟，濰人德之。居濰二年，以愛民爲本。有訟，召而面直之，不忍置於獄，獄屢空。

馬伯行。洪武中昌邑縣丞。廉潔自守，布衣糲食，澹如也。其妻子乘間言：「公居官乃澹薄如是！」伯行怒曰：「爾欲使我爲善耶？欲使我爲非耶？」

王真。鼇山衛指揮。永樂中，妖賊唐賽兒率黨衆圍諸城，真率兵一百五十人擊賊衆，盡戮之，械首惡送京師。擢真都指揮僉事。

仇鎮。汾西人。正統中知膠州。膠州地鹹薄，民多逋逃，居者有包納之累。鎮奏除荒地三千九百餘頃，蠲税糧一萬七千餘石，歲爲定額。其後賦税易完，野田日闢。

崔恭。廣宗人。正統中擢萊州知府。循行屬邑，奬善良，去貪暴，增繕學宫，勤諸生訓課。又善辨冤獄。歲大旱蝗，親督捕焚瘞。發倉賑貸，奏免逋租，全活甚衆。萊人歌頌，比之漢楊震。

蕭昱。山陰人。成化中知高密縣。招流亡，爲鑄農器，使耕曠地。緣河修隄濬溝，人得盡力耕墾。卒於官，百姓號泣送之。

李棨。任丘人。弘治中知萊州府。捕劫盜六十餘人，招徠流亡數千人。時勾稽屯地，多議牧馬於萊，棨力争獲免。民飢輒發粟施粥，暇則修葺學舍，勵諸生以行業。萊人爲刻石頌德。

蔡顯。萊州衛人。正德中本衛指揮僉事。土賊入境，顯禦之，兵潰，與三子淇、英、順俱戰死。事聞，贈顯都指揮僉事，淇等並贈官。

雷子堅。綏德州人。正德中知平度州。值土寇劫掠，繕城池，治器械，賊引去，州賴以全。

于仕廉。金壇人。萬曆中分守萊州海右道參議。以倭警，與萊州守王一言、掖縣令衛三省築郡城，備守禦。後李九成寇萊州，攻圍七月，城堅不破。萊人追德之，爲刊其萊城議畧行世。

沈九疇。鄞縣人。萬曆中分守萊州海右道參議。平度飢民鼓煽，九疇單車赴之，擒治渠魁，事賴以定。

朱萬年。黎平人。崇禎中知萊州府。叛將李九成等陷登州，率衆犯萊，被圍數月。賊詭乞降，萬年往受，爲賊所執。萬年曰：「爾執我無益，可以精騎從我呼守者出降。」賊果以五百騎擁至城下。萬年大呼曰：「我被擒，誓必死。賊精鋭盡在此，急發砲擊之！」砲發，賊死過半。萬年遇害。事聞，贈太常卿，賜祭葬，有司建祠，官其子。

陳所聞。文安人。崇禎中知平度州。李九成攻州城，所聞率衆死守。城破，不屈，遂遇害。事聞，贈太僕卿，廕子入監。

盧宏引。廣平人。崇禎中平度州州同，署知州事。大兵下平度，宏引死之。同時殉者，吏目房增偉。

李萃秀。東鹿人。崇禎中知昌邑縣。大兵下昌邑，萃秀死之。

本朝

徐大用。奉天人。任萊州府知府。清廉惠民，尋以參議道分守萊州。順治十年，膠鎮海時行爲逆，逼大用同入海，不從，遂遇害。州人建憫忠祠祀之。

李煌。宣城人。爲萊州推官。海時行爲逆，召之。煌至，大罵不屈死。

吴友名。商丘人。順治十年任膠州營遊擊。時鑒於海逆之變，嚴肅隊伍，輯和兵民。與守土官協衷撫恤，盡力保障。後升即墨營參將。與膠唇齒相依，前後凡五年，恩澤沾溉，民至今感頌之。

康霖生。磁州人。康熙初任即墨縣知縣。清釐賦役，夙弊頓除。城北向係曠野，無居民，霖生捐俸爲立廛市。不數年，闤闠櫛比，邑資保障焉。

盧豫。鑲紅旗舉人。康熙五年任濰縣知縣。留心民事，常單騎走田野間，諮詢疾苦。遇士子則講論終日，人不知其爲長吏也。在任六年，濰人感而祀之。

人物

漢

蓋公。膠西人。孝惠初，曹參爲齊丞相，聞蓋公善治黄老言，使人厚幣請之。蓋公爲言治道，參於是避正堂舍蓋公焉。

王仲。不其人。好道術，明天文。諸呂作亂，齊哀王襄謀發兵，而數問於仲。及濟北王興居反，欲委兵師仲。仲懼禍及，乃浮海，東奔樂浪山中。

王吉。皋虞人。少好學明經，舉賢良，爲昌邑中尉。王好遊獵，吉上疏諫，甚得輔弼之義。久之霍光迎昌邑王，吉即奏書戒王。王既廢，昌邑羣臣皆誅，惟吉與龔遂以忠直數諫得減死。復徵博士、諫議大夫，上疏言得失。宣帝以其言迂濶，不甚寵異，遂謝病歸。吉與貢禹爲友，世稱「王陽在位，貢公彈冠」，言其取舍同也。元帝初即位，遣使者徵貢禹與吉，吉年老道病卒。上悼之，復遣使者弔祠云。

費直。東萊人。治易爲郎，至單父令。長於卦筮，亡章句，徒以彖、象、繫辭十篇文言解說上、下經。

庸生。膠東人。孔氏有古文尚書，孔安國以授都尉朝，都尉朝授庸生，庸生授清河胡常少子。

房鳳。不其人。以射策乙科爲太史掌故。太常舉方正，爲縣令都尉。王根薦鳳明經通達，擢爲光禄大夫，遷五官中郎將。劉歆白左氏春秋可立，哀帝以問諸儒，皆不對。鳳移書責讓太常博士，上出鳳九江太守，至青州牧。

王駿。吉子。初，吉兼通五經，能爲騶氏春秋，以詩、論語教授。好梁丘賀説易，令子駿受焉。駿以孝廉爲郎。左曹陳咸薦駿賢，父子經明行修，宜顯以厲俗。光禄勳匡衡亦舉駿有專對才，遷諫議大夫。帝欲大用之，出駿爲京兆尹，試以政事。尋爲御史大夫，卒。子崇，以父任爲郎，歷刺史、郡守，治有能名。累官大司空，封扶平侯。謝病乞骸骨，避王莽也。

鄭崇。高密人。少爲郡文學史，至丞相大車屬。傅喜爲大司馬，薦崇，哀帝擢爲尚書僕射。數求見諫争，上初納用之，每見曳革履，上笑曰：「我識鄭尚書履聲。」久之，上欲封祖母傅太后從弟商，崇諫。又以董賢貴寵過度諫，由是重得罪。尚書令趙昌奏崇與宗族通，疑有奸。上責崇曰：「君門如市，何以欲禁切主上？」崇對曰：「臣門如市，臣心如水，願得考覆。」上怒，下崇獄窮治，死獄中。

逢萌。都昌人。家貧，爲亭長。既而嘆曰：「大丈夫安能爲人役哉？」遂去，之長安學，通春秋經。避王莽，解冠挂東都城門。歸，將家屬浮海，客於遼東。光武即位，乃之琅邪勞山，養志修道，人皆化其德。後詔書連徵不起，以壽終。

王扶。掖人。少修節行，客居琅邪不其縣，所止聚落化其德。國相張宗謁請不應，太傅鄧禹辟不至。後拜議郎，會見，恂恂似不能言。扶性沈正，不可干以非義，當世高之。永平中，劉復著漢德頌，盛稱扶爲名臣云。

公沙穆。膠東人。家貧賤，習韓詩、公羊春秋，尤銳思河洛推步之術。居建成山中，以林阻爲室。時暴風震雷，有聲於外，呼穆者三，頃自牖而入，音狀甚怪。穆誦經自若，時人奇之。後舉孝廉，以高第爲主事，累遷遼東屬國都尉，善得吏人歡心。六子皆知名。

王章。曲成人。「八廚」之一也。位少府卿。

鄭康成。高密人，崇八世孫。少爲鄉嗇夫，不樂爲吏。西入關，事扶風馬融。三年辭歸，融喟然曰：「鄭生今去，吾道東矣。」家貧，客東萊，學徒數百千人。及黨事起，遂隱修經業，杜門不出。國相孔融深敬之，爲特立鄭公鄉通德門。袁紹總兵冀州，舉康成茂才，表爲左中郎將，皆不就。後逼使隨軍，不得已，載病到元城縣，卒。自郡守以下，嘗受業者，縗絰赴會千餘人。康成所注凡百餘萬言，經傳洽熟，稱純儒，齊、魯間宗之。子益恩，孔融舉爲孝廉。及融爲黄巾所圍，益恩赴難隕身。

三國　魏

王基。曲成人。少孤，叔父喬撫養甚篤，基亦以孝稱。黄初中察孝廉，除郎中，擢中書侍郎。明帝盛修宫室，上疏諫。累官荆州刺史。擊吴，移其降民置夷陵縣。高貴鄉公即位，封常樂亭侯。毌丘儉、文欽作亂，以基爲行監軍，進兵逼項，欽衆遂敗。封安樂鄉侯。上疏求分户二百賜叔父喬爵關内侯，以報恩，有詔特聽。諸葛誕反，基以本官行鎮東將軍事。淮南定，進封東武侯。

卒，追贈司空，謚曰景侯。　按：舊統志登州府人物載三國王基，考登州府所屬招遠縣爲漢曲成地，屬東萊郡，今在縣治西四十里。元魏以其地置東曲成，而漢之曲成縣歷三國、晉俱爲郡治，後分爲西曲成，省入掖縣。王基本三國時人，似當載入掖縣。今從志内王章例，改入萊州府。

晉

劉毅。掖人。幼有孝行，勵清節。魏末辟司隸都官從事，京邑肅然。咸寧初爲司隸校尉。糾正豪右，時人方之諸葛豐、蓋寬饒。毅夙夜在公，言議切直，爲朝野所式瞻。然以峭直，故不至公輔。年七十告老，以光禄大夫歸第。卒，武帝撫几驚曰：「失吾名臣，不得生作三公！」即贈儀同三司。

劉暾。毅子。正直有父風。武帝時累官侍御史。武庫火，尚書郭彰率百人自衛而不救火，暾正色詰之。彰伏，不敢言。遷太原内史。趙王倫假征虜將軍，不受，與三王共舉義。惠帝復阼，爲左丞，正色立朝，三臺清肅。五爲司隸，允協物情。王彌入洛，百官殲焉。彌以暾鄉里宿望，故免於難。後至東阿，爲石勒遊騎所獲，遂遇害。

劉敏元。北海人。厲己修學，好星曆、陰陽術數。永嘉末自齊西奔。同縣管平，年七十餘，隨敏元西行。及滎陽，爲盜所刼。敏元已免，乃還謂賊曰：「此公孤老，敏元請以身代。」有一賊瞋目叱曰：「吾不放此公，憂不得汝乎？」敏元奮劒曰：「吾豈望生耶？當殺汝而後死。」前將斬之，盜長遽止之，而相謂曰：「義士也，害之犯義。」乃俱免之。後仕劉曜，爲中書侍郎、太尉長史。

南北朝　北齊

趙僧巖。北海人。寥廓無常，人莫能測。劉善明爲青州，欲舉爲秀才，大驚，拂衣而去。後棲遲山谷，常以一壺自隨。一且謂弟子曰：「吾今夕當死。」至夜果亡。時人以爲知命。

周

唐永。平壽人。少有將帥才。讀班超傳，慨然有萬里之志。正光中爲北地太守。永善馭下，士人競爲之用。在北地四年，與賊數十戰，未嘗敗北。永所營處，至今猶稱唐公壘也。累加衛將軍，封平壽伯。卒，贈司空。子陵，少習武藝，頗閑吏職。位大都督、應州刺史、車騎大將軍、儀同三司。陵子悟，美風儀，博涉經史，文詠可觀。周大象中，位至内史、下大夫、漢陽公。

唐瑾。永子。年十七，周文聞其名，因召拜尚書員外郎，累遷尚書右丞、吏部郎中。於時魏室播遷，庶務草創，朝章國典，瑾並參之。遷户部尚書，轉吏部。于謹南伐江陵，以爲元帥府長史。軍中謀畧，多出瑾焉。江陵既平，衣冠仕伍并没爲僕隸，瑾察其才行，有片善者，輒議免之。軍還，唯載書兩車歸。論功進爵爲公，屢進司宗、中大夫兼内史。卒，謚曰方。瑾性方重有風格，又好施與，禄賜常散之宗族，朝野稱之。

隋

段文振。北海人。少有膂力，膽氣過人。性剛直，明達時務。爲宇文護親信，授中外府兵曹。武帝攻齊海昌王尉相貴於晉州，文振有力焉。後歸高祖，伐陳，授大將軍。大業初，以功進位右光禄大夫。遼東之役，卒於師。贈尚書右僕射、北平侯，謚曰襄。

松贇〔七〕。北海人。性剛烈，重名義。爲石門府隊正。大業末，賊楊厚來攻北海縣，贇輕騎覘賊，爲厚所獲。厚令贇謂城中云「郡兵已破，宜早歸降」。贇僞許之。既至城下，大呼曰：「我爲官軍覘賊，邂逅被執，非力屈也。今官軍大來，賊徒寡弱，旦暮擒翦，不足爲憂。」賊以刀築齎口，斬斷其腰。城中望之，莫不流涕。北海卒完。户曹郎郭子賤上表奏之，贈朝散大夫、本郡通守。

唐

張允濟。北海人。任隋，爲武陽令。以愛利爲行，舉政尤異，遷高陽郡丞。郡缺太守，獨統郡事，吏下畏悦。貞觀初，累遷刑部侍郎，封武城縣男，擢幽州刺史。

蔣欽緒。膠水人。工文辭，擢進士第，累遷太常博士。中宗始親郊，國子祭酒祝欽明建言皇后應亞獻，詔禮官議。衆曲意阿徇，欽緒獨抗言不可，諸儒壯其節。開元中，以御史中丞録河南囚，宣慰百姓，賑窮乏。徙吏部侍郎，歷汴、魏二州刺史，卒。性孤潔自守，惟與賈曾、郭利貞相友云。

蔣沇。欽緒子。博學，少有名。以孝廉授洛陽尉，遷監察御史。與兄演、溶，弟清，俱爲才吏，有名天寶間。沇累遷大理卿，持法明審。德宗出奉天，沇奔行在，爲賊所拘，欲誘署僞職。沇絶食不應命，竄伏里中不復見，京師平乃出。擢右散騎常侍，卒。

蔣清。沇弟。舉明經中第，調鞏丞。東京留守李憕賢之，表爲判官。與憕同死安禄山亂，贈禮部侍郎。太和初追謚曰忠。

郭航。萊州人。李師道叛，郭旰爲繒書藏衣絮間，使航間道見李愿，請兵擣賊。愿白諸朝，不得報。航還旰所。未幾師道召航，旰疑事露，欲引決。航曰：「事覺，吾獨死，君無患。」卒自殺。

宋

王廷義。掖人。開寶二年領横州團練使，從征太原。親鼓士乘城，矢中其腦而卒。贈建雄軍節度。

鞠常。高密人。少好學，善屬文。漢乾祐進士。開寶中擢著作佐郎。時任此官者，惟常與楊徽之、李若拙、趙鄰幾四人，皆有名於時。

徐承珪。掖人。幼失父母，與兄弟三人及其族二十口同甘藜藿，衣服相讓，歷四十年，不改其操。所居崇善鄉緝俗里，木連理，瓜瓠異蔓同實。乾德初，詔改鄉名義感，里名和順。

呂昇。萊州人。父權失明，剖腹探肝以救父疾，父復能視，而昇不死。淳化中，下詔賜粟帛。

祁暐。膠水人。淳化進士。天禧中知濰州。母卒，葬州城南。暐就墳側構小室，號泣守護，蔬食經六冬，有白烏、白兔馴繞墳側。州人異之，以狀聞。詔賜粟帛，令長吏每月存問。

蔡齊。其先洛陽人。曾祖綰爲膠水令，因家焉。齊舉進士第一，儀狀俊偉，舉止端重，真宗見之，顧宰相寇準曰：「得人矣！」詔金吾給七騶傳呼以寵之。狀元給騶自齊始也。仁宗時，累遷侍講學士。太后修景德寺，命齊爲記，齊久之不上。錢惟演附丁謂，樞密題名輒削去寇準姓氏，齊言於仁宗，遽令磨去。拜禮部侍郎，參知政事。卒謚文忠。齊方重有風采，性謙退，不妄言，有善未嘗自伐。所薦龐籍、楊偕、劉隨、段少連，後率爲名臣。

孫祖德。北海人。進士及第，累官尚書、屯田員外郎，通判西京留守司。方冬苦寒，詔罷内外工作，而錢惟演督修天津橋，格詔不下。祖德曰：「詔書可稽留耶？」卒白罷役。入爲殿中侍御史，請章獻太后還政。擢知諫院。言郭后不當廢，獲罪。久之遷天章閣待制，累除吏部侍郎，致仕卒。

宋摶。掖人。開寶中得第，累遷司封員外郎、河東轉運使。在任凡十一年，經制漕運，以幹治稱。連徙他州郡，輒乞留。累秩刑部郎中。使遼，會疾，遼主以車迎之。二年卒。

吴奎。北海人。性强記，於書無所不讀。舉五經，策賢良方正入等。擢太常博士，歷拜樞密副使。神宗初參知政事。御史中丞王陶以論事詆韓琦，奎狀其過。陶疏奎阿附，出知青州。司馬光諫曰：「奎名望清重，今爲陶絀奎，恐大臣皆不自安。」乃召歸中書。及琦罷相，奎竟出知青州。卒，謚文肅。

林廣。萊州人。以捧日軍卒累立戰功，拜衛州防禦使、馬軍都虞候。爲人有風義，輕財好施。學通左氏春秋，臨事持重，長於料敵。以智損益八陣圖，又撰約束百餘條列上，邊地頗推行之。其名聲聞於西夏。

王仲寶。高密人。初爲刑部吏，補章丘尉。以捕盜有功，歷官東上閤門使。元昊寇延州，仲寶將兵至賀蘭谷，敗蕃將羅逋於長雞嶺。遷涇原路總管、安撫副使，兼管勾秦鳳路軍馬事。與西羌戰六盤山，俘馘數百人。時任福大敗好水川，別將朱觀被圍，仲寶以兵救之。徙環慶路副都總管，再徙澶州。范仲淹以仲寶武幹未衰，奏留之。明年，除左屯衛大將軍，致仕，卒。

蔡延慶。齊從子。中進士第，累拜天章閣待制、秦鳳等路都轉運使。以應辦熙河軍需功，進龍圖閣直學士。王韶進師河州，羌斷其歸路，延慶檄兵赴救，羌解去。詔入朝，延慶攝熙帥。元夕張燈，羌乘隙伏兵北關下，遣其種二十九人僞請來屬，將舉火內應。延慶覘知，悉斬以狥，伏者宵潰。歷官工部、吏部侍郎。延慶有學問，平居簡默，遇事能別白是非，所至有惠政。既爲伯父齊後，齊晚得子，乃歸其宗，籍家所有付之，萊人義焉。

劉闐。北海人。以拳力爲軍校，從文彦博討貝州。議者欲穿地道入，闐曰：「穴地積土，賊且知之。城瀕河，若晝囊土而夜投諸河，宜無知者。」彦博以爲然。穴成，闐持短兵先入，衆始從登陴，引繩而上，遲明師畢入。貝州平，功第一。屢擢冀州駐泊總管，以左金吾大將軍致仕。

侯蒙。高密人。進士及第，屢擢殿中侍御史。星變求言，蒙疏十事，徽宗有大用意。西將高永年死於羌，帝怒，親書五路將帥姓名，敕蒙往秦州逮治。既至，奏釋劉仲武等不問。累進尚書左丞、中書侍郎。忤蔡京，罷知亳州。宋江寇京東，蒙上書言不如赦江，使討方臘以自贖。帝曰：「蒙居外不忘君，忠臣也。」命知東平府，未赴而卒。

綦崇禮。高密人，後徙濰之北海。幼穎邁，十歲能作邑人墓銘。登重和元年上舍第。高宗時，召試政事堂，爲制誥三篇，不淹晷而就。辭翰奇偉，拜中書舍人，除吏部侍郎，兼權直學士院。時省曹簿書殘毀幾盡，崇禮執銓法，熟於典故，吏不得容其私。尋除翰林學士，凡所撰詔命數百篇，深得代言之體。以寶文閣直學士知紹興府。金人入侵，崇禮得便宜行事，七州晏然。期年上印綬，退居台州，卒。

周中。濰州人。建炎中金兵攻城，率家人乘城拒守。中弟辛，盡散其財帛以享戰士。城陷，中闔門百口皆死。紹興中贈官朝議大夫。

辛次膺。萊州人。幼孤，俊慧力學。甫冠，登政和進士第，累遷吏部郎。高宗召見，首言救世之弊。上敕所奏榜朝堂，擢右正言。屢劾秦檜妻兄王仲嶷、王㬇，章留中，求去。除直秘閣、湖南提刑。檜死，屢起，擢權給事中。每章疏出，天下韙之。歷拜參知政事，以疾力祈免，除資政殿學士，提舉洞霄宫。次膺孝友清介，立朝蹇諤。仕宦五十年，無絲毫挂吏議。爲政貴清静，先德化，所至人稱其不煩。善屬文，尤工於詩。

金

錫占暉。其先附於遼，後家萊州。暉慷慨有志畧。遼季授禮賓副使，領萊、隰、遷、潤四州屯兵。天輔六年降，仍領其衆。宋人乘間陷海州，帥府以登、萊、沂、密四州委暉經畫，敵無敢窺其境者。爲定海軍節度使，遷尚書右丞，累封榮國公，卒。「錫占暉」舊作「赤盞暉」，今改正。

徒單克寧〔八〕。本名習顯。其先金源縣人，後占籍萊州。克寧資質渾厚，寡言笑。善騎射，有勇畧。大定初，歷左翼都統，討遼。遼平，除太原尹。尋治兵伐宋，遂取楚州。兵罷，屢擢樞密副使。世宗幸上京，克寧留輔太子，行左丞相事。太子薨，克寧嚴飭禁衛。章宗時爲郡王，克寧召太子侍讀完顔匡謹視，勿去左右。世宗還京師，表請立皇太孫以繫天下望。世宗嘆曰：「社稷臣也。」封延安郡王。章宗立，累進太師，封淄王，薨。遺表言不及私，謚曰忠烈，配享世宗、章宗廟廷，圖像衍慶宮。

元

王國昌。高密人。初爲膠州千户，中統初入覲。世宗察其能，遷左武衛親軍千户，召問軍旅之事，奏對甚悉，帝嘉之。人有上書言高麗境内黑山海道至宋境爲近，帝命國昌往視之。泛海千餘里，風濤洶湧，從者恐，勸還，國昌神色自若，遂至黑山乃還。會遣使入日本，命國昌屯於高麗之義安郡，以爲援。卒於軍。

張緝。膠人。性孝友，能詩文。至正中領鄉薦，由澤州儒學正轉泰州幕職，棄之，養親居揚州。會亂，賊突入卧内，舉槍欲刺母姬氏。緝以身蔽，槍中緝脇，三日而死。

明

隋贇。即墨人。洪武初授英山主簿。擒陳友諒餘孽王玉兒，送京師。太祖召見，賜宴勞之。累擢廣東按察使。

侯庸。平度人。生七歲，父坐事謫閩南。稍長，母告之。庸悲痛，誓贖父罪。洪武間，舉進士，拜吏科給事中，請納官代父，辭甚哀切。上憫之，詔還其父，庸至謫所迎歸。尋升吏部侍郎。

呂讓。平度人。洪武進士。官行人，使安南。國王饋黄金及諸貨幣，讓卻之，曰：「尉佗以區區之越，與天子抗衡，是召禍者也；陸賈受金以分諸子，是苟利者也；王顧以尉佗自處，而以陸賈處人，何其陋哉？」後擢御史。終陝西僉事。

鄧燧。高密人。洪武舉人。任南和教諭，署縣事。燕兵起，堅城固守。後坐謫戍興州以死。

薛禄。膠人。起行伍。從成祖起兵，功最著。累擢右都督，封陽武侯。仁宗立，加太子太保，予世券。宣宗時，加太保。

卒贈鄞國公，謚忠武。禄有勇而好謀，紀律嚴切。又善撫士卒，人樂爲用，巋然爲時宿將。

張信。掖人。以孝行聞。永樂初，命爲尚寶司丞，升少卿。凡上表奏、翰林書辭，用寶函封畢，授尚寶以鬆版夾護，然後行。一日所上鬆版内夾敝故紙，命召問之。其同官教之援翰林以覬倖免，信曰：「不敢自欺，况敢欺君父乎？」廷論重之。

儀智。高密人。洪武末舉耆儒。歷知高郵州、寶慶府，並有聲。累遷禮部左侍郎，久之，侍皇太孫講讀。智有學行，議論必持正。年八十致仕，卒。季子銘，歷官兵部尚書，兼詹事。孝友正直，士論許之。

黄福。昌邑人。洪武中，以太學生歷金吾前衛經歷。工書，論國家大計，太祖奇之，超拜工部右侍郎。成祖初，既郡縣交阯，命福以尚書兼掌布政、按察二司事。福在交十九年，威惠兼行，交人感服。仁宗立，召還。宣德初，交阯復叛，命福佐師征之。失利，交人獲福，拜且泣，護送出境。英宗時，加少保，參贊南京守備，卒。福歷事六朝，公忠廉恕，憂國忘家，老而彌篤。兵部侍郎徐琦使安南回，福與相見石城門外。或指問安南來者曰：「汝識此大人否？」對曰：「南交草木亦知公名，安得不識？」成化初，贈太保，謚忠宣。

戴綸。高密人。永樂中自訓導擢禮科給事中，簡侍皇太孫講讀。太孫好馳獵，綸數諫諍，深恨之。及即位，由洗馬擢兵部侍郎，又以諫獵忤旨，出贊交阯軍務。未幾，坐怨望，逮下詔獄。帝親鞫之，綸抗辨立撞死。

欒瑄。膠人。正統進士，官刑部員外。有中貴逮獄，同官不敢鞫。瑄按之，卒置之法，衆推服。尋出知大同府，境内晏然。

官廉。平度人。成化進士，官户部郎中。景州有民田萬頃，界接東宫莊田，爲内侍冒占，遣廉往勘。内侍語廉曰：「田如歸我，講讀官可得也。」廉曰：「以萬人命易一官，吾所弗能。」竟以所占田歸之民。

藍章。即墨人。成化間進士。擢御史，屢遷左僉都御史。忤劉瑾，左遷撫州通判。瑾敗，復起，巡撫陝西。時蜀保兒寇掠漢中，章選將練兵，殲其首惡，餘黨悉平。終南京工部侍郎。

李介。高密人。成化進士，選庶吉士，改御史。陳時政數事，帝多採用之。弘治初，巡撫宣府，歷兵部左、右侍郎。北寇謀犯大同，命介往督軍餉。介選將練兵，大修戎備，先後條上便宜十二事。卒，贈尚書。

毛紀。掖人。成化進士。正德中累遷禮部尚書，尋爲大學士，入預機務。武宗南征，紀佐楊廷和居守。世宗即位，録定策功，加伯爵，再疏辭免。嘉靖初，帝欲追尊興獻，閣臣執奏忤旨，紀疏救之。傳旨切責，遂乞歸里。紀有學識，居官廉静簡重。卒，贈太保，謚文簡。

匡翼之。膠人。成化進士。擢御史，累官四川副使。時威、茂土番寇擾，翼之單騎詣營，諭以禍福，悉歸順。以忤劉瑾，謫知桐廬縣。瑾既敗，起廣東按察使。

高迪。膠人。弘治舉人，歷太僕丞。奉使宣、大二鎮，守令賂以金，迪却之。守臣曰：「例也。」迪笑曰：「以却金爲例，於後不亦可乎？」時稱其廉介。

藍田。章子。正德進士，擢御史。争大禮被杖。張璁掌都察院，考察其屬，落職歸。先後論薦三十餘疏，終不起。

翟瓚。昌邑人。正德進士，授工科給事中，有直聲。出爲河南僉事。青羊寇反，瓚首破賊巢。歷升湖廣巡撫，平安鄉巨寇。以憂歸，屢薦不起。

王邦直。即墨人。嘉靖中，由明經爲鹽山丞。上書條奏十事，優旨褒答。平生精研律吕，著樂書正聲四十卷。

劉應節。濰人。嘉靖進士。隆慶中，以兵部右侍郎總督薊、遼、保定軍務。奏罷永平、密雲、霸州采礦，又議通漕密雲，與清軍補兵之策，一切規畫，俱防邊要政。累擢刑部尚書，卒。

張鯉。膠人。萬曆中，由明經歷知内鄉、芮城二縣，遷鄭府審理冢宰。陸光祖舉天下清苦官，鯉與焉。升周府長史。

王漢。掖人。崇禎進士。知高平縣，調河南。屢擒巨寇，以計解李自成之圍。尋授御史，監左良玉軍。救開封，追賊朱仙鎮，連戰皆捷。擢右僉都御史，巡撫河南。總兵官劉超叛，漢密疏請討，爲兵部所洩，巷戰死。詔贈兵部尚書，建祠致祭。

錢祚徵。掖人。崇禎時舉人。歷官汝州知州，蕩平土冠，民賴以安。十四年，李自成來寇，祚徵乘城死守，身中流矢，罵賊而死。本朝乾隆四十一年，賜謚節愍。

宋明佐。昌邑人。舉人。撫後母弟，友愛備至。崇禎十五年，大兵下昌邑，死之。本朝乾隆四十一年，賜入忠義祠。

王曦如。即墨人。邑諸生。李自成陷京師，曦如衣冠詣文廟，長號再拜，以母老不敢即死。八月母歿，曦如營葬畢，乃自縊。本朝乾隆四十一年，賜入忠義祠。

何復。平度人。崇禎進士，知高縣。有却賊功，歷知保定府。時李自成遣其黨出固關，正定同知邵宗元集議守城。復聞之馳至，相與僇力備禦。賊攻益厲，雉堞盡傾。火箭中城西北樓，焚死。本朝乾隆四十一年，賜謚烈愍。

高宏圖。膠人。萬曆進士，官御史。天啓初，巡按陝西。澄清吏治，風裁肅然。以忤魏忠賢罷職。崇禎中歷遷工部右侍郎。以争中官張彝憲坐制，復削籍歸。福王時，宏圖以户部尚書與姜曰廣協心輔政，爲馬士英、阮大鋮所嫉，遂謝政，流寓會稽。後絶粒而卒。本朝乾隆四十一年賜謚忠烈。

本朝

法寰。膠人。明天啓進士。好讀書，授徒墨水之濱，多所裁成。本朝除静海知縣，有惠政。膠鎮海時行叛，時寰里居，罵賊而死。二子爽、選皆遇害。

張宏範。膠人。庠生。家貧授徒，至性孝友。年五旬乏嗣，妻趙氏爲置一妾，將就寢，詢知妾故有夫，緣被重累，不得已自鬻。遂危坐達旦，即遣還之。爲士論所推。卒祀鄉賢祠。

姜汝俶。掖人。順治元年，由貢生授河間府推官。五年，遷懷慶府通判。未去任，值姜瓖叛，以運糧抵安郭驛，聞賊至，慨然曰：「我當以死拒之。」解佩刀殺數賊，力絀遇害。

劉方至。掖人。順治元年，以恩貢授紹興府推官。清介公明，署上虞縣事。山寇陷城，不屈死之。

張愫。掖人。順治二年，以貢生授紹興知府。時海寇陷城，死之。

藍潤。即墨人。順治丙戌進士。自庶吉士歷徙侍從。督學江左，務拔寒畯。轉福建右參政。值海寇攻榕城，率衆守之，城得完。又補廣東左參政，招降蘆田、横水諸寇，尋秉臬江南，轉楚藩。坐前罣誤事，削職歸。

郭琇。即墨人。少厲志清苦，讀書深山中。康熙庚戌進士，知吴江縣。循聲第一，擢監察御史。時江南困於水患，琇首疏特參河臣，累遷都察院左都御史，風紀肅然。以事放歸田里。已卯起副都御史，總制湖廣。請改折南糧，奏銷緩征，減更名田租等疏，天下受其賜。以五疏乞休，卒。

單烺。高密人。乾隆己未進士。初知龍門縣，勸民墾種，改其專事畜牧之俗，民便之。歷宛平及西路同知，復知廣平府與銅仁府，皆有政聲。嘗言「民爲邦本，愛民即所以報君也」。在廣平日，民有議立烺生祠者，斥止之，民詣署羅拜去。銅仁苗民多田土獄，烺釐剔宿弊，入其巢穴，諭勿恃險爲患，皆感遵約束。烺有至性，能任事。好學，工詩。著有大崑崙山人集。

韓夢周。濰人。乾隆丁丑進士。知安徽來安縣，有實政。有文集行世。

胡邦佑。昌邑人。父有亮，官湖廣衡州協副將。乾隆八年，邦佑由廕生歷任浙江、貴州知府。緣事革職。再選雲南永北同知。三十一年，緬甸用兵，轉餉軍中。城陷遇害，贈道銜。

王文章。掖人。由行伍洊升貴州鎮遠右營守備。嘉慶四年，隨勦賊匪，力戰死。

李毓昌。即墨人。嘉慶戊辰進士，江蘇即用知縣。是年秋，委查淮安府山陽縣賑務，以不肯扶同侵冒爲知縣王伸漢毒斃。事聞，得旨加知府銜，即照知府例賜卹，有御製憫忠詩三十韻勒碑墓左。其叔泰清，給武舉；嗣子希佐，給舉人，准其一體會試。十七年，入祀鄉賢祠。

流寓

漢

公孫弘。菑川薛人。少家貧，牧豕海上。濰縣西南二十里程符山之麓有讀書臺在焉。武帝時，對策擢第一。歷丞相，封平津侯。

淳于恭。淳于人。善説老子，清静不慕榮名。建武中，郡舉孝廉，司空辟，皆不應。客隱琅邪黔陬山，遂數十年。

宋

明僧紹。平原鬲人。明經有儒術。永光中，鎮北府辟功曹，不就，隱長廣郡嶗山，聚徒立學。

列女

晉

韋逞母宋氏。不知何郡人，家世以儒學稱。宋氏幼喪母，及長，父授以周官音義。後徙山東。宋氏與夫推鹿車，背負父所授書，依膠東富人程安壽。逞時年少，宋氏晝則樵採，夜則教逞，逞遂學成名立，事苻堅爲太常。堅憫禮樂遺闕，時博士奏宋氏傳父業，可以傳授後生，於是就家立講堂，置生員百二十人，隔紗幔而受業，號爲宣文君。

宋

王氏雙女。膠人。靖康中從母避亂，被執。女紿曰：「縱母還，當從汝。」母既免，二人俱赴海。里人葬其屍海岸，號曰雙女塚。

金

相琪妻欒氏。濰人。琪爲司吏，貞祐三年，賊陷城，琪與欒氏及子俱爲所得。賊見欒，悦之，殺琪及其子而誘欒。欒奮起，以頭觸賊而仆，罵曰：「我豈爲犬彘所污者哉！」賊怒殺之。追封西河縣君，謚莊潔。

李英妻張氏。濰人。英爲監察御史，貞祐初，元兵取濰州，入其家。張氏俱以所有財物與之。既而令張上馬曰：「汝品官妻，當復爲夫人。」張曰：「我死則爲李氏鬼。」頓坐不起，遂見殺。追封龍西郡夫人，謚莊潔。

明

劉倫聘妻趙氏〔九〕。膠人。年十八。正德六年土寇猝至邑，趙在室擣衣自如。一賊突入，欲犯之。趙怒，以衣杵擊賊，遂遇害。

馬堂妻欒氏。膠人。年十七適堂。正德六年，土賊入寇，以兵脅之。欒抗聲辱罵，爲賊所害。

李棟妻王氏。昌邑人。正德七年土寇至，王攜兒藏地窖中，爲賊所獲，欲污之，威以刃，王罵不絶口。賊怒，繫樹上支解之。

劉山女。昌邑人。父山爲陰陽生，縣遣隸呼之，山適他出，隸戲以手曳女云：「父不往，汝往應之。」女泣罵曰：「奴何敢污我乎？」因自縊死。

王東有妻杜氏〔一〇〕。昌邑人。年十七歸東有，甫四閲月，值歲大飢，翁姑無奈，以氏易富室之米，氏欣然往。米至，遂投井死。

毛欒聘妻姜氏。掖人。年十五，未嫁而欒卒。姜聞之，誓不他適。會有來聘者，父將奪其志，遂自縊。

孫氏女。平度人，孫伯光女。年十四，守正捐軀。奉詔旌表。

張鴻儒妻江氏。即墨人。鴻儒卧病，江許以死殉。及鴻儒死之日，已不食四日矣。越七日餓死。

解應科妻江氏。即墨人。應科爲諸生，以疾卒。江不食數日亦死。

本朝

于升妻夏氏。濰人。順治初，升挈妻孥避山賊之難，道遇賊，殺升。夏與僕于忠大罵不絶，賊并殺之。今稱三烈冢。

張可發妻陳氏。濰人。夫死，遺一子一女。陳守節三年，其舅與兄堅欲嫁之，陳遂攜其女投水死。同縣劉成祥妻吴氏，李廷斌妻孫氏、妾趙氏〔一一〕，孔萬年妻丁氏，宋仲妻高氏，張士諤妻魏氏，譚昕妻周氏，王騮妻周氏，胡永基妻王氏，夏琮妻徐氏，唐希俊妻王氏，陳夢契妻吴氏，馮廷彦妻王氏，劉珍妻吴氏，張進才妻王氏，劉汲妻程氏，俱夫亡殉節。

王慜妻夏氏。昌邑人。同縣陳光顯妻邵氏、于珩妻馮氏、王策妻劉氏、楊垓妻宋氏〔一二〕，俱夫亡殉節。

欒瑛甫妻高氏。膠人。順治十年，海時行叛，氏爲亂兵所刧，大罵不屈死。同州郭自華妻崔氏、欒昇妻宋氏、欒檀妻高氏〔一三〕、高自卑妻王氏、劉仲祥妻郭氏、于成龍妾逄氏，俱聞變死難。

韓士楷妻張氏。膠人。夫亡自縊。同州李沅妻薛氏、高時妻紀氏、紀湄妻張氏〔一四〕、夏大亨妻李氏、法象爔妻張氏、董之瑛妻李氏、雒獻圖妻張氏、匡慕盛妻薛氏〔一五〕、高玻妻崔氏、薛竹兆妻唐氏、高昆妻張氏、李蕡妻王氏、周大椿妻高氏、王淇度妻高氏、張鳳儀妻鄭氏、紀于璋妻張氏、薛希玠妻趙氏、趙伯恭妻李氏、張喬年妻高氏、談必中妾楊氏，俱夫亡殉節。

王文烺妻鄭氏。高密人。文烺，邑諸生。順治元年，山賊入城焚掠紳士，氏不受辱，與夫同被殺。

單嘉猷妻李氏。高密人。嘉猷惑於孌嬖，不同寢食，李奉事惟謹。夫病，禱以身代，夫亦愧悔。及夫死，遂自縊。同縣李仙品妻高氏、單儼妻王氏〔一六〕、李世深妻單氏、李嶸妻劉氏、鄧瑢妻趙氏、曹恒吉妻王氏、傅廷遇妻單氏、孫選妻倪氏、趙理妻李氏、管植妻高氏、范梅妻宋氏、姚佃君妻郭氏、劉淳妻馬氏、欒三滿妻李氏，俱夫亡殉節。

江滸妻黄氏。即墨人。夫亡自縊。同縣牛希昌妻趙氏、江從周妻孫氏〔一七〕、宋德忬妻黄氏、孫貞理妻張氏、孫日休妻楊氏、孫崇妻張氏、張弘松妻王氏〔一八〕、黃貞復妻張氏、黃培妾劉氏、江兆綜妻王氏、朱紹祖妻孫氏〔一九〕、孫肯構妻王氏、孫道方妻姜氏、周祚晉妻孫氏、周喬齡妻孫氏、李爾炳妻江氏、江范妻甯氏、李貞妻孫氏、孫應中妻王氏、江兆鎏妻周氏、黃爵妻遲氏、劉漢妻尹氏，俱夫亡守節。

陳三義妻王氏。掖人。未嫁，氏失明。父以女瞽辭婚，三義曰：「吾聘時未瞽也。」竟娶之，三年而目復明。三義客死於外，氏聞之曰：「夫不負吾，吾豈負夫者！」乃自縊。同縣烈婦潘璉妻霍氏、錢纘美妻李氏，節婦周學古妻王氏，均康熙年間旌。

張典繼妻王氏。平度人。夫亡，遺一子。前妻子長己子十四歲，而穎悟過之。每課督，輒撻其子以示儆。後二子皆得成立。同州烈婦王能充妻冷氏、于廣生妻楊氏、于養定妻葛氏，均康熙年間旌。

杜良彥妻譚氏。濰人。夫亡，撫遺腹子世昌入庠，娶郭氏，生孫履亨而世昌歿。及孫履亨娶于氏而孫又夭。三世孀居，一門苦節。同縣節婦吳士鸞妻張氏、劉夢德妻李氏、陳維城妻王氏、丁誌妻韓氏、韓濬妻王氏、郭汝舟妻譚氏、秦之標妻李氏、譚洽妻張氏、王廷瑜妻牟氏，均康熙年間旌。

解玟妻張氏〔二〇〕。即墨人。年二十，玟亡。欲以殉，翁曰：「吾家寒名微，不能爲汝邀旌典，奈何？」張曰：「爲夫而死，豈爲旌表而死乎？」遂自縊。同縣烈婦藍啓先妻呂氏、周綜潞妻何氏、紀僼妻王氏、王馨妻江氏、周昌印妻江氏、江大珠妻劉氏，均康熙年間旌。

張續清妻匡氏。膠人。夫亡殉節。同州烈婦宋承宗妻王氏、仇文玉妻邱氏、鄧世鐵妻宋氏、楊範妻劉氏、樊印昌妻徐氏、崔爲連妻江氏、王之奎妻任氏、趙業鴻妻潘氏、紀振蛟妻張氏、于賡妻高氏、王念妻高氏、劉榮妻殷氏、傅良棟妻張氏，均雍正年間旌。

呂景岱妻薛氏。高密人。守正捐軀。同縣王法學妻孟氏，亦守潔遇害。均雍正年間旌。

周惠吉妻霍氏。掖人。嫁期年而寡，撫遺腹子至十餘歲，乃曰：「吾可以下報夫子矣。」於夫亡日，舉酒酹墓自經死。同縣烈婦宋之清妻吴氏、毛良棟妻李氏、姜三辰妻趙氏、孫文郁妻王氏，節婦趙玉堪妻王氏、李進妻張氏、張宗黼妻錢氏、謝國典妻張氏、姜爲楨妻王氏、孫洞妻王氏、鄒毓化妻孫氏、杜珣妻史氏、杜浡妻原氏、劉經漢妻王氏、翟泳妻楊氏、侯賜輅妻翟氏，均乾隆年間旌。

李永杭妻姜氏。平度人。夫亡殉節。同州節婦官其志妻竇氏、史桂妻戴氏、馬士傑繼妻陳氏、戴元澄妻崔氏、崔述妻馬氏、某妻姜氏、馬重焕妻段氏，烈女孫小嫚，均乾隆年間旌。

丁岠妻譚氏。濰人。岠亡，無子，氏誓以身殉。翁姑防之嚴，且曰：「嫂氏方娠，若生男，當與汝爲嗣。」氏忍泣聽之。未幾，娠者生女，氏乘隙自縊。同縣節婦吕廷緒妻唐氏、王之佐妻高氏、李佐妻陳氏、姜文喚妻姚氏、郭鐄妻蘇氏、陳秉正妻裴氏〔二一〕、張光宗妻曹氏、陳夢騏妻郭氏、陳獻恂妻王氏、胥緒祖妻劉氏、田光閭妻趙氏、譚之竹妻裴氏、王駉妻裴氏、李河妻劉氏、孫廷樞妻宋氏、丁天福妻王氏、莊更新妻田氏、宋一盛妻劉氏、王舫妻崔氏、王世俊妻張氏、蔣爾盈妻李氏、姜淳夫妻劉氏、韓樸妻時氏、畢晉妻甯氏、嵇元蓋妻路氏、陸誥妻林氏、郎大廉妻王氏、姚欽妻高氏，烈女單行可女，均乾隆年間旌。

黄德祥妻郝氏。昌邑人。夫亡守節。同縣張廷棟妻李氏、于輝青妻李氏、劉濟生妻張氏、楊偉妻于氏、劉珥妻曹氏，烈女張氏女，均乾隆年間旌。

法果妻單氏。膠人。夫亡殉節。同州節婦法若巽妻葉氏〔二二〕、法楠妻張氏、劉子錡妻楊氏、匡子銑妻尚氏、張縉基妻高氏、張洪鈞妻高氏、譚恂妻高氏、張允恭妻范氏、宋官緒妻王氏、鄧垓妻李氏、宋孝先妻高氏、李勳妻高氏、孫肇洽妻王氏，法克平妻高氏、妾臧氏，劉照妻姬氏、王與齡妻宋氏、蔡逢春妻陳氏，烈女遲小嫚，均乾隆年間旌。

薛應紹妻范氏〔二三〕。高密人。夫亡守節。同縣李繼祖妻馮氏、傅恂初妻綦氏、單務時繼妻秦氏〔二四〕、王格先妻單氏〔二五〕，均乾隆年間旌。

江顯祖妻郭氏。即墨人。夫感時症，合巹日僅能成禮，未幾卒。氏投繯死，距于歸方八日耳。同縣烈婦黃如深妻楊氏、董仁鑑妻袁氏、安仁吉妻韓氏、王茂白妻汪氏、李士杞婢女春喜，節婦周效妻孫氏、藍潤妻張氏、江天發妻周氏、黃奎妾吳氏、黃貞彝繼妻楊氏、周宗汭妻孫氏、張廷瑄妻黃氏、江芬妻李氏、江如珩妻王氏、黃德世妻趙氏、毛從商妻崔氏、陳績妻李氏、遲公正妻王氏、李藎妻呂氏、馮檖妻薛氏、于文宜妻傅氏、林士鳳妻李氏、周知湓聘妻江氏，均乾隆年間旌。

羅淳妻劉氏。掖人。夫亡絕食，慷慨殉節。同縣節婦宿錫純繼妻姜氏、馬兆成妻陶氏、郭天成妻劉氏、瞿儒妻王氏、翟冠繼妻李氏，烈女趙青生女，均嘉慶年間旌。

李耀吉妻倪氏。平度人。夫亡守節。同州李秉仙妻季氏、倪思聰妻李氏、官作室妻崔氏、竇士玉妻金氏、尚維祺妻于氏、許之棟妻尚氏、馬府修繼妻李氏，均嘉慶年間旌。

劉氏女。濰人，名梅姐。守正捐軀。同縣節婦張鉉妻譚氏、王克峻妻石氏、唐皓妻吳氏、譚存寬妻戴氏、郭埧妻張氏、張名碧妻李氏、韓封妻王氏、高汝培妻董氏，烈女劉冬姐，均嘉慶年間旌。

傅丕顯妻徐氏。昌邑人。夫亡守節。同縣朱德熹妻祝氏、孫元果妻郭氏、傅爛妻劉氏，均嘉慶年間旌。

高敬立妻王氏。膠人。夫亡，視殮畢，次日即自經。同州烈婦高攀雲妻王氏、李懷源妻張氏、牛七妻呂氏、王小辰妻王氏，節婦邱肇岐妻蔡氏、高蔚趁妻周氏、逢克淳妻周氏，均嘉慶年間旌。

張氏女。高密人。張星焯女。守正捐軀。嘉慶年間旌。

侯思紋妻王氏。即墨人。夫亡，囑弟婦曰：「奉雙親，實汝夫婦之責。」視殮畢，即自縊。同縣烈婦賈立興妻欒氏、仇銘妻蔡氏、陳廣興妻紀氏、解慶妻嵇氏、林宏烈妻張氏、劉雲晴妻紀氏、房永期妻劉氏、江用健妻周氏、毛攷妻萬氏、江煥彤妻袁氏、姜薦妻劉氏、江輝妻藍氏、王朴妻張氏，節婦毛敦妻藺氏、侯傳妻金氏、黄如玫妻周氏、辛世桂妻藺氏、周中孚妻姜氏、周嘉德妻張氏、范廷輅妻江氏、袁景信妻王氏、藍允潔妻孫氏，均嘉慶年間旌。

仙釋

唐

明浄。高密人。少出家，後南遊天台。日至村中化食回，值羣虎皆張口閉目，若有飢相。浄乃以匙抄飯納其口中，人皆異之。貞觀三年旱，召浄至京祈雨，大獲甘霖。後還義勝寺，莫測其所終云。

宋

徐問真〔二六〕。濰州人。有道術，與歐陽修善。一日求去甚力，曰：「我友罪我與公卿遊。」修使人送之。果有鐵冠丈夫，長八尺餘，俟於道傍，以瓢覆酒於掌中以飲，忽俱不知所在。

土產

鹽。漢書地理志「都昌、曲成」註：俱有鹽官。金史地理志「即墨」註：有鹽官。明統志：鹽，即墨縣出。地理通釋：鹽官，東萊郡曲成縣。今膠州有石河鹽場，掖縣有西由鹽場，俱設大使治之。

石器。唐書地理志：萊州土貢石器。宋史地理志：萊州貢石器。齊乘：掖縣西北斧山出温石，可爲器皿。明統志：温石五色，俱掖縣出。

牛黄。掖縣出。唐書地理志：萊州土貢牛黄。宋史地理志：萊州貢牛黄。明統志：牛黄，掖縣出。

文蛉。膠州、昌邑、即墨、濰縣出。唐書地理志：萊州土貢文蛉。宋史地理志：萊州貢牡蠣。

海藻。膠州、昌邑、即墨、濰縣出。宋史地理志：萊州貢海藻。

絹。濰縣出。宋史張熹傳：濰産絹。元和志：萊州賦絹。

綿。元和志：萊州賦綿。

烏頭。明統志：平度州出。按：舊志載，元和志：萊州賦貲布〔二七〕。唐書地理志：萊州土貢貲布、水葱席。謹附記。

校勘記

〔一〕元至正二年丘長春弟子尹清和建　「至正」，乾隆志、雍正山東通志卷二一秩祀志同。按，丘長春爲宋元之際人，其有貽清和書，則尹清和亦屬元初人，不應元末尚存。疑「至正」爲「至元」之誤。前至元二年，丘長春去世三十餘年，尹清和蓋亦垂垂老矣。

〔二〕吏追捕有功上名尚書　「名」，原作「召」，據乾隆志及漢書卷七六張敞傳改。

〔三〕民有爭訴者　「訴」，原作「訢」，據乾隆志改。

〔四〕遷兖州刺史　「史」，原作「吏」，據乾隆志改。

〔五〕竇琰　「琰」，原作「棪」，據乾隆志及雍正山東通志卷二七宦績志改。按，本志避清仁宗諱改字也。

〔六〕庭傑　「庭」，原作「廷」，據乾隆志及宋史卷四四八韓浩傳改。

〔七〕松贇　乾隆志同。按，隋書卷七一有松贇本傳，北史卷八五作杜松贇。

〔八〕徒單克寧　「寧」，原作「安」，據乾隆志及金史卷九二徒單克寧傳改。按，本志蓋避清宣宗諱改字也。下文同改。

〔九〕劉倫聘妻趙氏　「聘」，乾隆志無。

〔一〇〕王東有妻杜氏　「王東有」，乾隆志及雍正山東通志卷二九列女（下簡稱山東通志）作「王東友」。

〔一一〕妾趙氏　「趙」，乾隆志作「胡」。

〔一二〕楊垓妻宋氏　「宋」，乾隆志及山東通志作「王」。疑此誤。

〔一三〕欒檀妻高氏　「檀」，乾隆志作「文」。

〔一四〕紀湄妻張氏　「張」，乾隆志及山東通志作「宋」。疑此誤。

〔一五〕匡慕盛妻薛氏　「慕」，乾隆志及山東通志作「基」。疑此誤。

〔一六〕單儼妻王氏　「儼」，山東通志同，乾隆志作「嚴」。

〔一七〕江從周妻孫氏　「江」，乾隆志及山東通志作「姜」。疑此誤。

〔一八〕張弘松妻王氏　「弘」原作「宏」，乾隆志同，據山東通志改。「松」，原脱，據乾隆志及山東通志補。

〔一九〕朱紹祖妻孫氏　「朱」，乾隆志作「宋」，未知孰是。

〔二〇〕解玟妻張氏　「玟」，乾隆志及山東通志作「玫」。「張氏」，原作「黃氏」，據乾隆志及山東通志改。按，本條下文亦作「張曰」，可見「黃氏」爲誤刻。

〔二一〕陳秉正妻裴氏　「陳」，乾隆志作「程」。

〔二二〕同州節婦法若巽妻葉氏　「巽」，乾隆志作「選」。

〔二三〕薛應紹妻范氏　「紹」，乾隆志作「詔」，山東通志作「詰」，莫知孰是。

〔二四〕單務時繼妻秦氏　「時」，乾隆志及山東通志作「嗣」。疑此誤。

〔二五〕王格先妻單氏　「格」，乾隆志作「恪」。

〔二六〕徐問真　「問」，原作「間」，據乾隆志及明一統志卷二五萊州府仙釋、東坡志林卷二改。

〔二七〕萊州賦貲布　「賦」，原脱，據乾隆志補。

武定府圖

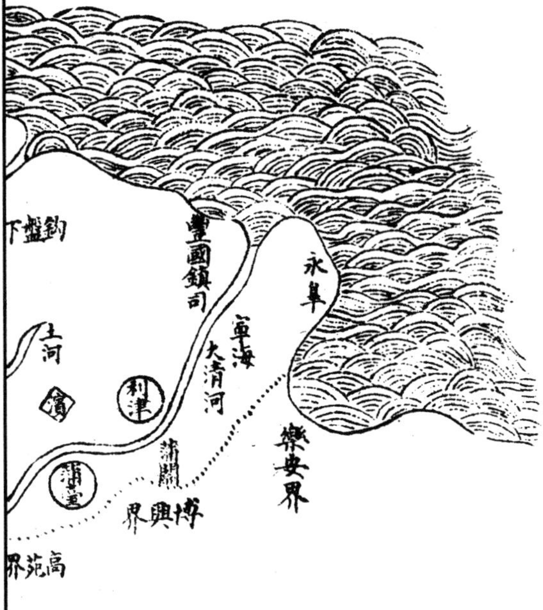

釣盤下
豐國鎮司
永阜
寧海
大清河
土河
濱
利津
蒲臺
樂安界
博興界
高苑界

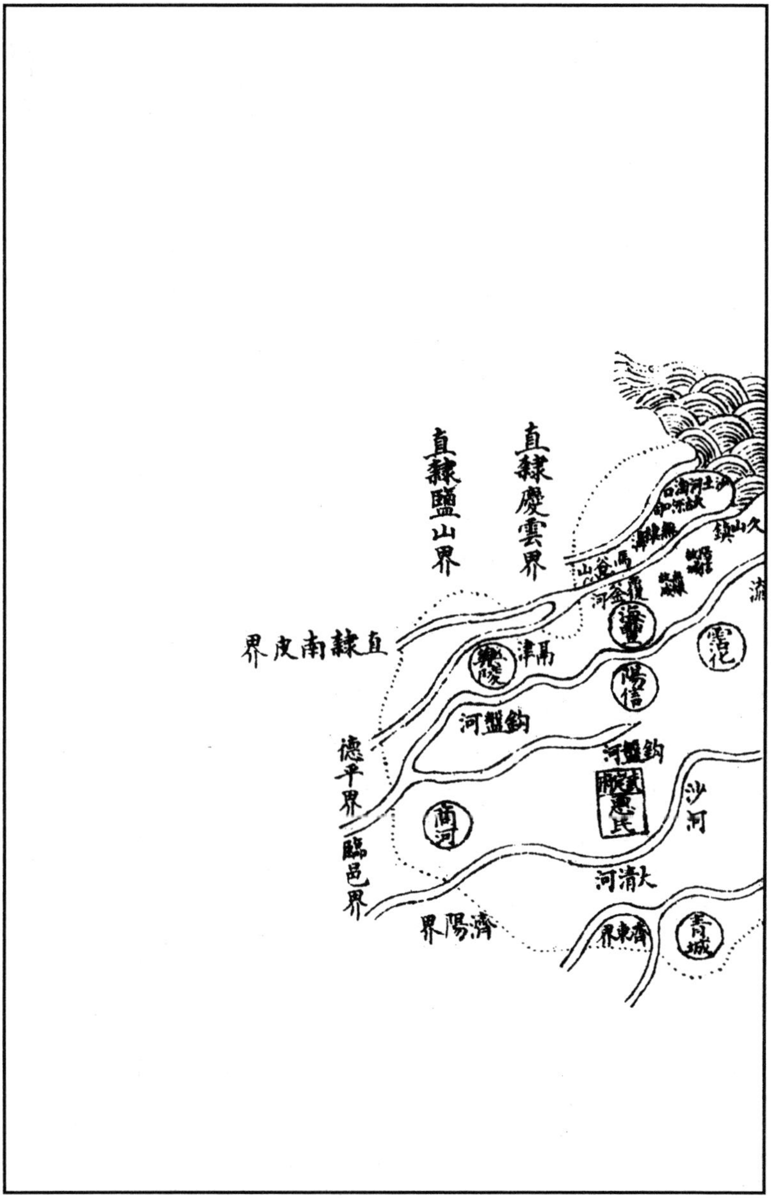
直隸鹽山界
直隸慶雲界
直隸南皮界
沙土河海口
馬谷山
覆釜河
久山鎮
海豐
霑化
陽信
樂陵
鉤盤河
鉤盤河
德平界
臨邑界
商河
武定府惠民
沙河
大清河
濟陽界
齊東界
青城

武定府表

	武定府	惠民縣
秦		厭次縣
兩漢	千乘、渤海、平原三郡地。	厭次縣 前漢改富平侯國,屬平原郡。後漢永平五年復故名。
三國		厭次縣
晉		徙。
南北朝		
隋	棣州 開皇六年分置,治陽信。	
唐	棣州 武德六年州廢。貞觀十七年復置,屬河南道。	厭次縣 初屬棣州,後屬德州。貞觀末爲棣州治。
五代	棣州	厭次縣
宋金附	棣州 宋屬河北東路。金屬山東東路。	厭次縣 宋大中祥符八年移今治。
元	棣州 中統三年置濱棣路。後罷,屬濟南路。	厭次縣
明	武定州 洪武六年改曰樂安州。宣德元年又改屬濟南府。	省入州。

續表

	青城縣	陽信縣
	東鄒縣屬千乘郡。後漢省。	陽信縣地。
	鄒縣復置，去「東」字，屬樂安國。	樂陵國移治厭次。
	宋省。	
厭次縣開皇十六年復置，屬渤海郡。		渤海郡開皇六年置棣州。大業二年改滄州。三年改郡。
	青城鎮。	武德四年復置棣州。六年廢。陽信縣屬滄州。貞觀十七年復屬棣州。
		陽信縣
		陽信縣宋大中祥符八年移今治。
	青城縣太宗七年置。初屬濟南路，後屬河間路。	陽信縣
	青城縣洪武初省入鄒平、齊東二縣。十四年復置，屬濟南府。	陽信縣屬濟南府。

續表

	海豐縣	樂陵縣
	陽信縣 屬渤海郡。後漢初省。延光元年復置。	平原都尉 後漢建安末改置樂陵郡。
	陽信縣	樂陵郡
厭次縣 移置，郡治。	陽信縣 屬樂陵國。	徙治厭次。
陽信縣 齊廢厭次改置。	陽信縣 魏屬樂陵郡。齊徙廢。	樂陵郡 宋復移來治。
陽信縣 郡治。	無棣縣 開皇六年置，屬渤海郡。	開皇初廢。
	無棣縣 屬滄州。貞觀六年省。八年復置。	
	保順軍 周顯德五年置。	
	無棣縣 宋治平中移治。	
	無棣縣 分縣之半爲東無棣縣，屬棣州。	
	海豐縣 永樂初改名，屬武定州。	樂陵縣 洪武二年移今治，屬濟南府武定州。

續表

	樂陵縣 屬平原郡，爲都尉治。後漢建安末爲樂陵郡治。		重合縣 屬渤海郡。
	樂陵縣		重合縣
	樂陵縣 屬樂陵國。		重合縣
	樂陵縣 宋郡治。		重合縣 魏正平元年并安陵。太和十八年復置。熙平中屬樂陵郡，後屬安德郡。後齊省。
	樂陵縣 屬渤海郡。	鬲津縣 開皇十六年分置。大業初省。	
	樂陵縣 武德四年屬棣州。六年屬滄州。	鬲津縣 武德四年復分饒安地置。貞觀初省。	
	樂陵縣		
樂陵縣 宋熙寧二年移治。			
樂陵縣			

續表

商河縣	濱州	利津縣
枋縣屬平原郡。後漢省。	千乘郡濕沃縣地。	濕沃縣地。
滴河縣開皇十六年改置，屬渤海郡。	蒲臺縣地。	
滴河縣屬棣州。	渤海縣垂拱四年析置，屬棣州。	渤海、蒲臺二縣地。
滴河縣	濱州周顯德三年置。 渤海縣	
商河縣宋改「滴」爲「商」。	濱州渤海郡宋大觀二年置郡，屬河北東路。金屬山東東路。 渤海縣	利津縣金明昌三年置，屬濱州。
商河縣	濱州初別爲濱棣路。至元二年省，屬濟南路。 渤海縣	利津縣屬濟南路。
商河縣屬濟南府。	濱州屬濟南府。 省入州。	利津縣屬濱州，隸濟南府。

續表

霑化縣	蒲臺縣
濕沃縣地。	濕沃縣屬千乘郡。後漢省。
	濕沃縣魏復置。
	濕沃縣屬樂陵郡。
	濕沃縣齊省。
蒲臺縣地。	蒲臺縣開皇十六年改置，屬渤海郡。
	蒲臺縣貞觀六年省入高苑。七年復置，屬棣州。
	蒲臺縣周顯德中屬濱州。
霑化縣宋慶曆三年置招安縣。熙寧六年省入渤海。元豐二年復置，屬濱州。金明昌六年改名。	蒲臺縣宋大中祥符五年省。金復置。
霑化縣	蒲臺縣中統五年改屬般陽路。
霑化縣	蒲臺縣還屬濱州，隸濟南府。

大清一統志卷一百七十六

武定府

在山東省治東北二百里。東西距二百八十里，南北距二百七十里。東至青州府樂安縣界一百四十里，西至濟南府德平縣界一百四十里，南至濟南府齊東縣界八十里，北至海一百九十里。東南至青州府博興縣界一百五十里，西南至濟南府臨邑縣界一百六十里，東北至海二百十里，西北至直隸天津府南皮縣界一百四十里。自府治至京師七百里。

分野

天文虛、危分野，玄枵之次。

建置沿革

禹貢兖州之域，春秋、戰國齊地。漢爲平原、渤海、千乘三郡地，建安末分置樂陵郡。治樂陵縣。晉爲樂陵國。治厭次。宋亦曰樂陵郡。還治樂陵。後魏因之。隋開皇六年分置棣州，治陽信。大業二年改滄州，三年爲渤海郡。唐武德四年復置棣州，六年廢。貞觀十七年復置棣州，初治樂陵，尋治厭次。天寶元年改樂安郡。乾元元年復曰棣州，屬河南道。宋亦曰棣州樂安郡，屬河北東路。金曰棣州，屬山東東路。元中統三年置濱棣路。至元二年罷，以州屬濟南路。明洪武六年改曰樂安州。宣德元年平漢王高煦，又改曰武定州，屬濟南府。本朝雍正二年升爲直隸州。十二年又升爲府，屬山東省。領州一、縣九。

惠民縣。附郭。東西距九十里，南北距九十五里。東至濱州界五十里，西至濟南府德平縣界四十里，南至濟南府齊東縣界九十里，北至陽信縣界五里。東南至蒲臺縣界一百二十里，西南至商河縣界三十五里，東北至霑化縣治七十里，西北至樂陵縣治九十里。秦置厭次縣。漢改富平侯國，屬平原郡。後漢永平五年復曰厭次。晉徙爲樂陵國治。齊廢。隋復置，屬渤海郡。唐武德四年屬棣州。六年州廢〔一〕，屬滄州。貞觀元年屬德州。十七年爲棣州治。天寶元年爲樂安郡治。五代爲棣州治。宋大中祥符八年移治八方寺。金、元因之。明洪武元年省入州。本朝初因之。雍正十二年升武定爲府，設惠民縣爲府治。

青城縣。在府東南六十里。東西距二十八里，南北距三十里。東至青州府高苑縣界二十里，西至濟南府齊東縣界八里，南至濟南府鄒平縣界十二里，北至惠民縣界十八里。東南至濟南府長山縣治九十里，西南至濟南府章丘縣治一百里，東北至濱州治九十里，西北至惠民縣治九十里。漢置東鄒縣，屬千乘郡。後漢省。晉復置鄒縣，屬樂安國。宋省。後魏爲臨濟縣地。唐、宋爲青城鎮。元太宗七年置青城縣，屬濟南路。中統中改屬陵州。至元二年又屬河間路。明洪武二年省入鄒平、齊東二縣。十四年復置，屬濟南府。本朝初因之。雍正十二年改屬武定府。

陽信縣。在府東四十里。東西距九十里，南北距五十里。東至霑化縣界三十五里，西至濟南府德平縣界五十五里，南至惠民縣界三十五里，北至海豐縣界十五里。東南至濱州界四十里，西南至商河縣界六十里，東北至海豐縣界十五里，西北至樂陵縣界五十里。漢置陽信縣，在今海豐縣界。晉移厭次縣於此，爲樂陵國治。宋、後魏因之。北齊廢厭次，改置陽信縣。隋開皇六年於縣置棣州。大業二年改曰滄州，三年改爲渤海郡。唐武德四年復置棣州，尋廢，還屬滄州。貞觀十七年改置棣州於厭次，以陽信爲屬縣。宋大中祥符八年移今治。金、元因之。明屬濟南府。本朝初因之。雍正二年分屬武定州，十二年屬武定府。

海豐縣。在府東北六十里。東西距三十八里，南北距一百五十五里。東至霑化縣界二十五里，西至直隸天津府慶雲縣界十三里，南至陽信縣界五里，北至大沽河海口一百五十里。東南至陽信縣界八里，西南至樂陵縣治七十里，東北至霑化縣界九十里，西北至天津府鹽山縣界九十里。漢置陽信縣，屬渤海郡。後漢初省。延光元年復置。晉改屬樂陵國。後魏屬樂陵郡。北齊徙廢。隋置無棣縣。唐因之。五代周顯德五年分縣南置保順軍。宋治平中又移無棣縣治保順軍，仍屬滄州。元初割縣之半屬棣州，曰東無棣縣。明永樂初改曰海豐，屬濟南府武定州。本朝初因之。雍正十二年改屬武定府。

樂陵縣。在府西北九十里。東西距七十五里，南北距八十五里〔二〕。東至陽信縣界三十五里，西至直隸河間府寧津縣界四十里，南至商河縣界七十里，北至直隸天津府鹽山縣界二十五里。東南至惠民縣界四十里，西南至濟南府德平縣治八十里，東北至直隸天津府慶雲縣界二十五里，西北至直隸天津府南皮縣界五十里。漢置樂陵縣，屬平原郡，爲都尉治。後漢建安末爲樂陵郡治。晉初徙郡於厭次，以樂陵爲屬縣。宋還爲樂陵郡治。後魏因之。隋開皇初郡廢，屬渤海郡。唐武德四年屬棣州。六年屬滄州。宋、金、元皆因之。明洪武初改屬樂安州，後屬濟南府武定州。本朝初因之，雍正十二年改屬武定府。

商河縣。在府西南九十里。東西距一百四十里，南北距二百里。東至惠民縣治八十里，西至濟南府臨邑縣治六十里，南至濟南府濟陽縣治九十里，北至樂陵縣治一百一十里。東南至濟南府齊東縣治九十里，西南至臨邑縣界七十里，東北至陽信縣界七十五里，西北至濟南府德平縣治五十五里。漢置朸縣，屬平原郡。後漢省。隋開皇十六年改置滴河縣，屬渤海郡。唐武德四年改屬棣州。六年還屬滄州〔三〕。貞觀元年屬德州。十七年仍屬棣州。宋改曰商河。金、元因之。明屬濟南府。本朝初因之。雍正二年分屬武定州，十二年屬武定府。

濱州。在府東九十里。東西距七十五里，南北距五十八里。東至利津縣界二十里〔四〕，西至惠民縣界四十里〔五〕，南至蒲臺縣界二十八里，北至霑化縣界三十里。東南至利津縣界四十里，西南至青城縣治九十里，東北至霑化縣界三十里，西北至陽信縣界三十五里。漢千乘郡濕沃縣地。晉、宋、魏屬樂陵郡。隋爲渤海郡蒲臺縣地。唐垂拱四年析置渤海縣，屬棣州。五代周顯德三年，始於縣置濱州。宋大觀二年賜名渤海郡，屬河北東路。金屬山東東路。元初別爲濱棣路。至元二年省，屬濟南路。明洪武初省渤海縣入州，屬濟南府。本朝雍正二年升爲直隸州，十二年改屬武定府。

利津縣。在府東一百五十里。東西距六十里，南北距一百三十里。東至青州府樂安縣界四十里，西至濱州界二十里，南至蒲臺縣界十里，北至海一百二十里。東南至青州府博興縣界三十里，西南至蒲臺縣界二十五里，東北至海一百二十里，西北至霑化縣界三十里。漢千乘郡濕沃縣地。隋渤海郡蒲臺縣地。唐棣州渤海、蒲臺二縣地。宋屬濱州。金明昌三年升永利鎮爲縣，屬濱州。元屬濟南路。明屬濱州，隸濟南府。本朝雍正十二年改屬武定府。

霑化縣。在府東北七十里。東西距九十五里，南北距四十五里。東至利津縣界八十里，西至陽信縣界十五里，南至濱州界三十里，北至海豐縣界十五里。東南至濱州界三十五里，西南至惠民縣界六十里，東北至海一百四十里，西北至海豐縣界二十五里。漢千乘郡濕沃縣地。隋渤海郡蒲臺縣地。宋慶曆三年升招安鎮爲縣。熙寧六年省入渤海。元豐二年復置，屬濱州。金明昌六年改曰霑化。元屬濟南路。明屬濱州，隸濟南府。本朝雍正十二年改屬武定府。

蒲臺縣。在府東一百二十里。東西距七十里，南北距三十七里。東至青州府樂安縣界六十里，西至濱州界十里，南至青州府高苑縣界三十五里，北至濱州界二里。東南至青州府博興縣界三十里，西南至青城縣界五十里，東北至利津縣治六十里，西北至濱州界五里。漢置濕沃縣，屬千乘郡。後漢省。魏復置。晉屬樂陵郡。北齊廢。隋開皇十六年改置蒲臺縣，屬渤海郡。唐武德初屬鄒州。八年州廢，屬淄州。貞觀六年省入高苑。七年復置。十七年割屬棣州。五代周顯德中屬濱州。宋大中祥符五年省。金復置，仍屬濱州。元中統五年改屬般陽路。明初還屬濱州，隸濟南府。本朝雍正十二年改屬武定府。

形勢

四際廣平，中區特起，爲用武之地。通志。南連青、濟，北接滄、瀛，左環渤海，右拱平原，所以屏蔽畿甸，權衡南北。舊志。

風俗

人性樸實，敦崇禮教。舊志。

城池

武定府城。周二十里，門四，濠廣五丈。宋舊址，明嘉靖中甃甎。本朝康熙二十七年修，乾隆九年重修。惠民縣附郭。

青城縣城。周三里，門六，池廣二丈。元至正中築。明萬曆六年增築、甃甎。本朝乾隆五十七年修。

陽信縣城。周六里，門四，池廣一丈八尺。元至正間築。明嘉靖六年重建。本朝乾隆三年修，五十八年重修。

海豐縣城。周三里，門四，池廣三丈。元至正中築。明洪武、正統、嘉靖間屢加修葺。本朝順治五年修，乾隆九年重修。

樂陵縣城。周三里，門四，池廣一丈。明洪武間築，後屢修。本朝順治十六年修，康熙九年、二十一年、二十七年重修。

商河縣城。周三里餘，門四，池廣一丈六尺。唐武德中舊址，明成化二年重築。正德六年，知縣陳皎創建外城，周九里。嘉靖、萬曆間屢修。本朝乾隆五十六年修。

濱州城。周九里，門四，池廣二丈。元至正中築。明嘉靖十一年甃甎，有護城隄十餘里。本朝乾隆三十五年修。

利津縣城。周七里，門四，池廣一丈五尺。金明昌中築。明正德、嘉靖間修，萬曆中增置甕城、敵樓。本朝乾隆三十二年修。

霑化縣城。周五里，門四，池廣丈餘。金明昌中建。明成化二年、嘉靖十七年修，後圮。本朝乾隆十九年重建。

蒲臺縣城。周三里餘，門四，池廣二丈。隋舊址，明成化二年增築，正德八年甃甎，萬曆七年修。本朝康熙三十二年修，乾隆五十七年重修。

學校

武定府學。在府治東南。宋大中祥符間建。金、元、明屢修。本朝雍正十二年修。入學額數二十名。

惠民縣學。附府學。入學額數二十名。

青城縣學。在縣治東。元至元間建。明天順元年重建，後屢修。入學額數十二名。

陽信縣學。在縣治南。元時建。明洪武三年修，後屢修。本朝順治十六年修，乾隆七年重修。入學額數十五名。

海豐縣學。在縣治東。元時建。明洪武三年重建，後屢修。本朝順治十三年修，康熙十七年重修。入學額數十五名。

樂陵縣學。在縣治西北。明洪武二年建，萬曆五年改建北城外，十五年復還今所。本朝順治、康熙間屢修。入學額數十五名。

商河縣學。在縣治東。元至元四年建。明洪武三年改建，後屢修葺。本朝康熙六年修，乾隆二十一年重修。入學額數十五名。

濱州學。在州治東南。元至元中建。明洪武二十八年修，天順後屢加修葺。本朝康熙十八年修，乾隆五年重修。入學額數二十名。

利津縣學。在縣治東北。元至元三十年建。明代屢加修葺。本朝順治九年修，康熙十三年、雍正六年、乾隆八年重修。入學額數十五名。

霑化縣學。在縣治東南。明洪武初建，成化四年增修。本朝康熙四十一年修，雍正十二年、乾隆二十二年重修。入學額數十五名。

蒲臺縣學。在縣治東北。元大德六年建。明成化十五年改建。本朝康熙二十一年修，二十六年重修。入學額數十二名。

敬業書院。在府學西南隅。本朝乾隆十三年，武定府知府姚興滇建。

文津書院。在樂陵縣南關外里許。按：舊志載齊雲書院在霑化縣，又名南湖書院，今廢。謹附記。

户口

原額人丁二十七萬七千九百五十六，今滋生男婦大小共二百十九萬一千三百八十九名口，計民户共三十七萬三千八百八十一户。

田賦

田地七萬八百八十三頃三十九畝九分五釐有奇，額徵地丁正、雜銀三十萬九千三百七十一兩四錢七分八釐，米四萬五千六百二十六石六斗三升七合八勺，麥一百十二石三斗七升二合八勺，穀七十七石五斗六合。

山川

騮山。在海豐縣西北一百里。一名小山。齊乘：小山在無棣縣西北百二十里。府志：絶頂高一里，西北勢漸卑下，形如環帶，延袤十里，草木蕃茂。上有望海亭、青龍寺，寺北一里爲七龍口。

馬谷山。在海豐縣北六十里。一名大山。齊乘有大山，在無棣縣東北八十里。山東通志：山西南半麓有洞，廣二丈餘，深不可測。相傳古有龍馬從此出，故以爲名。山多石，無樹木。顧炎武肇域記以爲即古之碣石山也。

于家山。在霑化縣東北五十里，西接海豐縣界。

久山。在霑化縣東北七十里，亦接海豐縣界。山東通志：世傳秦始皇築此以鎮海口。其陰有久山鎮。又縣東北五十里有孤山，六十里有魚山，八十里有敖家山。

擔山。在霑化縣東北九十里。山東通志：上生金頂艾。又季春山在擔山之北。

海。府境東北海豐、霑化、利津三縣皆濱海。東北接青州府樂安縣界，北接直隸天津府鹽山縣界。元和志：大海在渤海縣東一百六十里，蒲臺縣東一百四十里。海畔有沙阜，高一丈，周二里，俗呼爲鬭口淀，是濟水入海之處。海潮與濟相觸，故名。潮雖大，淀終不没，百姓於其下煮鹽。管子「齊有渠展之鹽」，即此。顧祖禹川瀆異同考：大海自樂安西北，經蒲臺縣東，西至縣一百四十里，在濱州東北八十里，自利津縣，又北經霑化縣，在縣東六十里。利津縣志：海在縣東北百二十里。元及明初海運皆由此達，大清河口乃漕艘經泊處。按：元和志所云沙阜在今利津縣界。

古黄河。自濟南府德平縣流入，經商河、樂陵二縣界，又東經惠民縣界，又東經濱州界，又東經蒲臺，至利津縣入海。水經注：河水自安德城東北，經般縣、樂陵、枌鄉、厭次縣南，右逕漯陰縣故城北，又東北爲濕沃津，又東逕千乘城北，又東過黎城縣北，又東分爲二水：枝水東逕甲下城南，又東南注濟；河水東北流，逕甲下邑北，又東北入於海。元和志：黄河在滳河縣南十八里、厭次縣南三里、蒲臺縣西南七十三里。寰宇記：黄河在渤海縣西北六十里。景福二年後，河水移道，今涸。舊志：舊黄河，今曰土河，亦曰徒駭，在武定州南五十里。自濟陽高橋東北流入州界，經聶索鎮，又經古城西北，陷棣州南，又東經濱州、霑化入海。其聶索鎮東西河腹高於岸，明成化間嘗經疏鑿，後漸淤塞。本朝乾隆年間，河決館陶，於十四年、十八年、二十三年俱動𦄼挑濬，居民得耕種如故。至聶索鎮河，亦令隨時疏濬焉。按：漢紀成帝建始三年，河決館陶，遂溢入平原、千乘界中。河平三年，河決平原，流入濟南、千乘，使隄塞之。東漢永平中，河流合汴，泛濫兖、豫。明帝使王景治之，自滎陽東至千乘海口，十里立一水門，令更相回注。蓋自此遂爲河之經流，歷魏至隋、唐時猶然。雖或少有遷徙，大約不離千乘界中也。胡渭禹貢錐指：「自厭次以下，有新、舊二道，舊東北逕蒲臺縣南，又東北入海。景福以後，自厭次縣界決而東北流，逕渤海縣西北，又東北至無棣縣東南，而東注於海。」又按：陽信、海豐亦有黄河。水經注云，屯氏別河北瀆，又東入陽信縣，渤海之屬縣也，今無水。又東爲咸河，東北流經陽信縣故城北，東注於海。金志：陽信有黄河。舊志：海豐縣北有古黄河隄，西抵樂陵，蓋即屯氏別河北瀆之遺迹也。

大清河。自濟南府齊東縣流入，經青城縣北十八里，與惠民縣分界。又東北流經濱州南二十八里，與蒲臺縣分界。又東北經利津縣入於海。水經注：漯水自鄒平又東北經東鄒縣城北，又東北經建信縣北，至千乘縣，即此河所經。舊志：青城縣東北一帶多窪地，每遇淫雨爲災。明萬曆四年，知縣李繼美行視原隰，見縣東北十八里董家口及新城鎮兩旁高阜，勢若重岡，中一夾道如壑，直達大清河，去窪地二里許，遂請開爲渠，水患乃息。

古商河。自濟南府臨邑縣流入，經樂陵縣南、商河縣北，東流經惠民縣南，又東流經濱州北入海。今堙。水經注：商河自昌平縣故城南，又東經般縣故城南，又東經樂陵縣故城南，又東經朸鄉縣故城南，沙溝水注之。又東北流經馬嶺城西北，屈而東注，南轉經城東，又東北經富平縣故城北，又分爲二水：南水謂之長聚溝，北水謂之白薄瀆。東北流注於海。元和志：滴河在厭次縣南四十里，滴河縣北十五里。漢鴻嘉四年，河水泛溢，河隄都尉許商鑿此河通海，故以「商」爲名，後人又加「水」焉。舊志：即臨邑大土河之下流也。

沙河。自濟南府臨邑縣流入，經商河縣北，東流經惠民縣東桑落墅，入陽信縣界。又東北至霑化縣坌河，合土河入海。俗指爲馬頰河。寰宇記：馬頰涸河，在棣州滴河縣二十里〔六〕。舊志：今積沙無水，雨甚則桑落墅西南一帶皆窪潦。今每遇春融，隨時疏濬。

鉤盤河。自濟南府陵縣東南、臨邑縣西南分爲二：一由德平、商河之間東流，逕陽信縣南，又東復瀦，經霑化縣東南劉家道口入海；一由德平縣西北，流逕樂陵、海豐南，又東北經霑化縣，至久山鎮入海。後漢書公孫瓚傳：瓚出軍屯槃河。注：「即爾雅九河之鉤盤河。其涸河在今滄州樂陵縣東南〔七〕。」元和志：鉤盤河在陽信縣北四十里。寰宇記：在樂陵縣東南五十里，自平昌縣流入。河勢曲如鉤盤，故名。陽信縣志：鉤盤河至城西南二十里截河鋪爲屯氏河，至城南十里紅廟爲信河。縣之取名以此。樂陵縣志：鉤盤河爲樂陵要害之衝，今城正坐其腹。

篤馬河。即馬頰河，亦名陷河。水經注：屯氏別河南瀆，自平原城北首受大河故瀆東出，亦通謂之篤馬河。自西平昌縣故城北，東經樂陵縣故城北，又東北經陽信縣故城南，又東北入海。齊乘：東無棣縣北有陷河，闊數里，西通德、棣，東入海。寰宇記：馬頰河在樂陵縣東六十里，從商河縣北界來，即古篤馬河也。舊志：在陽信縣南，海豐、樂陵縣北。本朝雍正十三年，挑陽信故城南欽風鎮河二千九百餘丈。乾隆九年、十四年、十七年、二十三年，河身淤塞，復動帑濬治，距今順流如故。按：今輿圖陽信在海豐之南，樂陵之東南，若如舊說，河道紆曲已甚，恐不可據。

鬲津河。寰宇記：樂陵有鬲津涸河〔八〕，在縣西三里。東北流經饒安縣界入海。金史地理志：無棣有鬲津河。縣志：河故道東由德州、吳橋、寧津、南皮境，至樂陵北三十里舊縣鎮南，又東過慶雲，南經海豐馬谷、騮山之間，北至海閏場大沽河口入海。又覆釜河即鉤盤北派，自慶雲流入，經海豐西棗園橋，又東北抵馬谷山前，抵閏國場界沙土河海口入海。按：九河故道漢世得其三，唐人得其六，歐陽忞輿地廣記又得其一。或新河而載以舊名，或一地而互爲兩說，而王橫以爲九河之地，爲海所漸，酈道元、程大昌皆從其說。今姑據舊志，畧存遺迹云。

大灣。在惠民縣西南四十五里，廣十餘頃。西南通臨邑八道河，西通商河，東通聶索河。其北有隄橫亘。

白龍灣。在青城縣西北十八里。大清河所匯也。

黄龍灣。在海豐縣北七十里。其水雖旱不涸，下流入海。

惠民溝。在惠民縣東南二十里古黄河之北。河溢則北流於黑窪瀦焉。府志：明景泰中，黑窪溢，開溝東北三里，導窪水入沙河。歲久而堙。嘉靖二十四年大水，再加疏濬，民皆賴之，因名曰惠民溝。

無棣溝。在海豐縣西北十五里。自覆釜分流，又東北入海。詳見直隸滄州。

菑子溝。在濱州南四十五里，接青城、高苑二縣界。

八方泊。在惠民縣西北五里。凡經雨潦，西南商河縣界之水自沙河鎮來注，東南府城北壕之水自北關來注於泊。泊北有遥隄，穴爲水道，達於陽信縣界，截河東流，經霑化北青泥溝入海。

豆子䴚。故鹽澤也。在惠民縣境，與陽信、海豐連界。通鑑：平原東有豆子䴚，負海帶河，地形深阻，自高齊以來，羣盗多匿其中。唐書王世充傳：厭次賊格謙爲盜，在豆子䴚中。

龍湖。在蒲臺縣東一十五里。府志：俗呼曰龍灣，廣數頃。明萬曆間涸。

黑水潭。在商河縣東南三十里。久旱不竭，其水黑，故名。

五龍塘。在濱州南五里。府志：相傳此地井中嘗出龍，故名。

聶家窪。在商河縣西。舊志：縣界有七十二窪，遇豐倍收，遇潦則一苗不遺，故諺有「十年九不收，一收勝十秋」之語。

聖水池。在利津縣西北一百里，瀕海。府志：旱澇不盈涸，禱雨輒應。

甘井泉。在陽信縣東一里。縣志：明宣宗征高煦駐此，飲之而甘，賜名甘泉。

古蹟

厭次故城。秦置縣，漢改曰富平，後漢復故。明省。漢書地理志：富平，侯國。注：應劭曰「明帝更名厭次」。又，東方朔傳：朔，平原厭次人。注：師古曰「高祖功臣表有厭次侯爰類」。是則厭次之名其來久矣。水經注：厭次舊名非始明帝，蓋復故耳。蕭德言括地志：富平故城在陽信縣東南四十里。五代史華温琪傳：棣州河水爲患，徙於新州。寰宇記：高齊天保七年，馬嶺城爲陽信縣治，而縣在州北六十里。蓋隋、唐之厭次改置於南界，而故縣則併入陽信矣。宋史李士衡傳：真宗時爲河北都轉運使。棣州苦水患，士衡奏徙州北七十里，既而大水没故城丈餘。按：舊志厭次自古凡六徙。明統志載厭次在陵縣東北三十里，即今神頭鎮，此秦及西漢之厭次也。漢明帝更富平爲厭次縣，山東通志云富平在陽信東南三十里，即改封張延壽於平原郡之富平，乃今桑落墅，此東漢之厭次也。晉厭次治馬嶺城，元魏因之，山東通志云馬嶺城在陽信東十里，此晉暨元魏之厭次也。北齊廢厭次，隋開皇間復置，唐貞觀間置棣州於厭次，而厭次爲州之附郭縣，此隋、唐之厭次也。後梁華温琪徙棣州於今之故城，厭次既爲附郭，即隨州以徙，此五代之厭次也。宋大中祥符再徙棣州於陽信之高氏莊，而厭次又隨州徙，今州之東察院本厭次縣治也，中有史良臣縣廳壁題名記。明制，凡州皆不設附郭縣。洪武元年，省厭次入州。今州東察院乃宋、元以來之厭次也。舊志本採劉氏繼先説，徵考爲詳。惟首條西漢厭次在今陵縣之説，遍考水經注、元和志、杜佑通典、寰宇記諸書，俱不載，未詳明統志何據。

陽信故城。在今縣南。漢置縣，在今海豐縣界。北齊移治馬嶺城。隋時又移治於此。唐屬棣州。元和志：縣南至州六十里。宋大中祥符間，棣州北徙於陽信界，陽信因亦北徙今治。寰宇記：故城在無棣東南三十里。齊乘：在陽信縣西南七里，俗呼城子務。縣志：城子務在縣西南五里，東南去州城三十里。又有信城，在海豐縣東北十七里，今名信城里。按：寰宇記所云，蓋漢縣故址。

重合故城。在樂陵縣東。漢置縣，屬渤海郡。征和二年嘗封莽通爲侯邑。後魏正平元年併安陵，太和十八年復置。熙平中屬樂陵，後屬安德郡。北齊省。章懷太子注：「重合故城在今樂陵縣東。」元和志：在今樂陵縣東二百步。

鬲津故城。在樂陵縣西北。隋開皇十六年析樂陵置縣，大業初廢。唐武德四年又分饒安地置縣，屬滄州。貞觀元年省入樂陵。

朸縣故城。今商河縣治。漢置縣。文帝四年封齊悼惠王子辟光爲朸侯。應劭曰：「般縣東南六十里有朸鄉，故縣也。」元和志：商河縣東北至棣州八十里，本漢朸縣。寰宇記：商河縣在州西南六十里，隋於朸縣故城置。按：通鑑注云「滴河，漢千乘濕沃縣地」，誤。

渤海故城。在濱州東北。唐置縣。元和志：渤海本蒲臺縣地。垂拱四年置縣，屬棣州。天寶五年，以土地鹹鹵，自縣西移四十里，就李丘村置縣，即今治也。

利津故城。在今利津縣東。金史地理志：濱州利津，明昌三年以永利鎮升置〔九〕。縣志：故城在縣東一里大清河岸側。

濕沃故城。在蒲臺縣西北。漢置縣。後漢省。三國魏復置。北齊省。水經注：地理風俗記曰，千乘縣西北有大河，河北有濕沃城，故縣也。魏改爲後部亭。今俗遂名之曰右輔城。隋書地理志：滴河有後魏濕沃縣，後齊廢。按：地形志後魏未嘗改置縣，其在滴河縣地者，去今蒲臺縣稍遠，疑三國時復置於此，非漢之故也。

樂陵舊城。漢初置縣。地節四年嘗封史高爲侯邑。後漢建安末置郡。三國魏韓曁傳：建安中遷樂陵太守。又三國魏志諸王傳：武帝子樂陵王茂，正始五年自曲陽徙封。蓋初置爲郡，後改爲國也。元和志：縣北至滄州一百三十五里。本樂毅攻齊所築。宋史地理志：熙寧二年徙治咸平鎮。舊志：明洪武二年又徙治富平鎮，即今治也。有舊樂陵，在縣西南三十里，其墟嶺高丈餘，周三里。又有故縣，在縣西北二十五里，蓋即宋時所徙之咸平鎮也。

東鄒廢縣。在青城縣。漢置。以在鄒平之東，故加「東」也。晉志：樂安國復領鄒縣，蓋即故東鄒矣。或以「鄒」爲「鄒平」者，誤。

羊闌城。在惠民縣東南。魏書地形志：厭次有羊闌城。北史傅豎眼傳：父靈越，文成拜青州刺史，鎮羊闌城〔一〇〕。宋乃以靈越叔父乾愛爲樂陵太守。樂陵與羊闌隔河相對。

蛤蜊城。在惠民縣南。有鹽池。舊唐書李納傳：棣州有蛤蜊鹽池，歲出鹽數十萬斛。

馬嶺城。在陽信縣東。水經注：馬嶺城在河曲之中，東海王越斬汲桑於此。魏書地形志：厭次治馬嶺城。齊乘：馬嶺城在陽信縣東十里。

雲城。漢書王子侯表：雲侯信，齊孝王子。元封四年封〔一一〕。水經注：商河經富平故城北，水側有雲城，漢武帝封劉信爲侯國也。寰宇記：陽信縣有瑗城，在縣東北五里。一名運城，蓋即「雲城」之訛也。

千童城。在海豐縣西南境。寰宇記：秦始皇遣徐福將童男千人入海求蓬萊不死之藥，築此城以居之。漢置縣，屬渤海郡。水經注無棣溝東南逕千童縣故城東，是也。

無棣城。在海豐縣西北境。管子所云「北至於無棣」是也。五代周置保順軍。宋移無棣縣治此。元爲東無棣縣。

廣武城。在海豐縣北八十里鬲津河東。縣志：相傳漢初李左車所築，故名。今半爲河流所没。又龍且城在縣北二十里，地勢高峻，形勝屹然。

東鄉城。在樂陵縣東。魏書地形志：樂陵有東鄉城。

麥丘城。戰國時齊邑。史記：趙惠文王十九年，趙奢將兵攻齊麥丘，取之。舊志：麥丘城在商河縣西北。

王彦章城。在商河縣東二十里。相傳彦章所築。

大塋城〔一二〕。在濱州西二十五里。齊乘：金人屯兵所築，號鐵門關，故丁河口也。

官竈城。有二：一在利津縣東北七十里。府志：舊時煮鹽之所。昔嘗屯兵於此，因置城戍守。一在霑化縣東七十里，延袤三十餘里。府志：世傳秦始皇築，或曰劉智遠築。臺階門垣，遺址宛然。

達達營。在濱州三十里。元時蒙古人屯壘處。

保順軍。今海豐縣治。宋史地理志：周置保順軍於無棣縣南二十里。開寶二年又以滄、棣二州界保順、吴橋二鎮地益焉。治平中，移縣治保順軍，即今治也。舊志：元分其地屬滄、棣二州，而以故縣屬棣州。齊乘謂之東無棣，故城在縣西北，覆釜河經其西，無棣河繞其南。

黄巾寨。在陽信縣東南二十五里。山東通志：漢末青、徐之間黄巾爲亂，濟北相鮑信等迎東郡太守曹操追擊，黄巾降，得精兵三十餘萬，爲營此地，故名。

榷鹽務。五代志：五代之際，置榷鹽務於海傍，後爲贍國軍。周因置濱州。齊乘：在州北門外。遺迹尚存。

喬氏莊。舊志：宋大中祥符中，移州治於陽信縣界之喬氏莊。新志：即今喬子頭也。

迷馬莊。在霑化縣西十五里。縣志：土腴林茂，地勢紆迴。相傳金海陵乘馬行迷於此，故名。

謝恩臺。在惠民縣北三里。山東通志：相傳爲金章宗賑卹饑民，民因築臺以謝恩。

茅焦臺。在濱州治。齊乘：有真祐廟在濱州城内，祀茅焦兄弟。宋大觀三年賜額。金末廢。土人呼爲茅神臺。

秦臺。在濱州東。即古蒲臺。水經注：海側有蒲臺，高八丈，方二百步。相傳秦始皇東遊海上，於臺下蟠蒲繫馬，故名。

今東去海三十里。冊說：在州東北十五里。

段干木臺。在濱州治西隅。

晴雲臺。在霑化縣東六十里富國場。元至正二年建。又有因山樓，在縣東七十里永利場。元元統三年建，廢址猶存。

三姑臺。在蒲臺縣東南二里。山東通志：相傳漢蒲茂三女守貞養父，各築一臺，至今鼎峙。

萃賢亭。在樂陵縣。縣志：宋呂頤浩登第，扁其亭曰萃賢。因縣治北遷，故廢。

真味堂。在海豐縣境內。山東通志：宋尚書李之純建。

致廣野軒。在惠民縣西郭。山東通志：宋劉擴讀書處。蓋取「中庸致廣大」意。

王祥店。在蒲臺縣東三十里。縣志：其地有王祥廟。

關隘

通海故關。元和志：在厭次縣西南四十里。

蒲關。在蒲臺縣東汀河口。有批驗所大使駐此。

大沽河口巡司。在海豐縣東北一百五十里。明置巡司，本朝移置大山。

豐國鎮巡司。在利津縣東北七十里。金志：屬渤海郡。後割屬。明置巡司，今存。

清河鎮。在惠民縣東南九十里。金志：厭次有清河、歸化、達多、永利、脂角五鎮。舊志：明洪武中置巡司於此。又歸仁鎮在州南七十里，接商河縣界，亦置巡司。今裁。

聶索鎮。在惠民縣南五十里。即宋時河決聶家口之地。

淄角鎮。在惠民縣西南四十里。即金志「脂角」之訛也。

田鎮。在青城縣東二十里，接青州府高苑縣界。金置，屬長山縣。元割屬新城縣。明初改屬。又有花溝鎮，在縣南十二里，接鄒平縣界。新城鎮在縣東北二十五里。

欽風鎮。在陽信縣東南四十里。金志：陽信有欽風、西界二鎮。

分水鎮。在海豐縣西北四十里。金志：無棣縣有分水鎮。

舊縣鎮。在樂陵縣西北三十里。明置巡司，本朝雍正十二年裁。又金志：樂陵縣有會寧、永利、東中三鎮〔一三〕，後廢。

蒲臺鎮。金志：渤海縣有豐國、寧海〔一四〕、濱海、蒲臺、安平五鎮。舊志：蒲臺鎮在濱州東南三十里，南枕大清河，接蒲臺縣界。安平鎮在州南三十里。

招安鎮。即今霑化縣治。宋慶曆二年升爲縣。金明昌六年更名霑化。

永豐鎮。金志：霑化縣有永豐、永阜、永利三鎮。舊志有永豐里，在縣東，即故鎮也。永利鎮後改置利津縣，其永阜亦割屬之。

久山鎮。在霑化縣東北七十里。明置巡司，本朝乾隆三十一年裁。

龍混鎮。亦名龍居店，在蒲臺縣東十里。相傳宋太祖微時嘗潛寓於此。

安定鎮。在蒲臺縣南三十里。金志：蒲臺有安定、合波二鎮。

流波務。在陽信縣西二十五里。舊志：縣界共有十八務，而流波爲最大。

永阜場。在利津縣東北五十里。舊置鹽大使。

永利場。在霑化縣東三十五里。舊置鹽大使。

富國場。在霑化縣東六十里。舊置鹽大使。按：舊志載元張醇晴雲樓記：國初因仍舊政，盡海濱之野爲十一場，各置司令、司丞，典其鹽政。大德初，又立富國場，總十有二。本朝初年立鹽場七，霑化自富國外，置永利、豐民、利國三場，利津置永阜、豐國、安海三場，俱設大使管理。康熙十六年裁豐民場歸併永利，利國場歸併富國，豐國、安海二場歸併永阜。乾隆二十年，以富國場大使移駐萊州府昌邑縣之瓦陳村，以利國併永阜，富國併永利管轄，場名仍舊。謹附記。

桑落墅。有二：小桑落墅在陽信縣東南四十里；大桑落墅在縣東南四十五里，即府境之永利鎮。舊志以此爲古富平縣治。元置巡司。明初移清河鎮。

津梁

普濟橋。在惠民縣東南二十里。

聶索橋。在惠民縣西四十里。

棗園橋。在海豐縣西北十二里，跨覆釜河。延袤十里，爲京畿孔道。

美政橋。在樂陵縣南十里，跨鉤盤河。通惠民、陽信、商河等處。俗名大橋。又有善化橋，在縣西南十三里，跨徒駭河，俗名小橋。

郭鎮橋。在欒陵縣北門外，跨鈎盤河。縣志：晉杜預建。

岳橋。在商河縣東南三十里。

土河橋。在商河縣東南三十里。

沙河橋。在霑化縣東南三十里。

廣濟橋。在蒲臺縣北，跨大清河。

隄堰

秦隄。在蒲臺縣北。相傳秦始皇所築。

金隄。在陽信縣西四十里。今謂之夾隄圈。

陵墓

古

雙冢。在商河縣北三十里。府志：高數丈，不知何人所築。相傳有發之者，黑氣岔出，數日不絶。衆懼，塞之。

周

廉頗墓。在惠民縣東南二十里。舊志：頗爲趙將，三伐齊，過此不爲虐。死而人哀之，因葬其遺物，後人遂傳以爲墓。並有祠。

藺相如墓。在陽信縣東南二十五里。齊乘：陽信縣有廉頗、藺相如、李牧祠，在縣西北界。蓋齊人慕趙將相之賢而祠之。云有墓者，非是。

段干木墓。在濱州西北十里。

楚

龍且墓。在海豐縣北十八里。相近有魏王豹墓。

漢

李左車墓。在海豐縣北三十里。

五代

馬隱孫墓。在商河縣東三十里。

宋

牛保墓。在惠民縣西南二十里。舊志：保，宋工部尚書。修棣州城訖，卒，遂葬於此。

張安上墓。在陽信縣南四十里。

元

焦文炳墓。在青城縣東南一里。

宋益齊墓。在青城縣南四里。

董積躬墓。在青城縣西北。

張琪墓。在海豐縣東。

韓佑墓。元縣尹。墓在海豐縣東二十里。

高仁墓。在海豐縣西五里。有黃溍碑記。

董全墓。在商河縣西南九里。

明

李濬墓。在惠民縣西南三十里。

郭氏四女墓。在陽信縣南二十里。

祠廟

許逵祠。在樂陵縣南門外。明嘉靖中立祠。

忠良祠。在濱州治東北。府志：祀茅焦、龔遂。

段子明祠。齊乘：子明，齊將。有墓在蒲臺。宋元符三年賜祠額曰「善應」，建中靖國元年封善應侯。

李烈女祠。在霑化縣東三十五里。府志：祀明烈女李葉兒。

王將軍祠。在霑化縣北。府志：祀明參將王杲。正德辛未，畿南盜起，霑化被圍，杲率卒來援，破賊全城。後至武清戰死，邑人建祠祀焉。

東嶽廟。在海豐縣東七十里。

寺觀

資福寺。在府城東南。府志：宋大中祥符間建。有元趙孟頫所書碑記，額曰「資福禪寺」。

大覺寺。在海豐縣東南。府志：舊名普照，明洪武初改。中有古塔十三級，唐貞觀中建。本朝乾隆二十二年修。

鎮海寺。在海豐縣之黎敬莊。府志：明弘治三年建。掘地得白石佛二，有「東魏武定四年」字，蓋古刹也。

普静寺。在蒲臺縣東南三十里。府志：唐廣德二年建。

福田寺。在蒲臺縣南二十里。舊志：縣南福田寺，東南迎仙觀，皆唐、宋時建。有古碑。

三教寺。在蒲臺縣西南。府志：明洪武十五年建。相傳爲辟支佛道場。

高尚觀。在濱州西南五十里。府志：宋時建。

名宦

漢

龔遂。山陽南平陽人。宣帝時渤海太守。時歲饑盜起，遂至，敕屬縣悉罷捕盜吏，單車至府，郡中翕然，盜賊皆罷。齊俗奢侈不田作，遂躬率儉約，勸務農桑，吏民富實，獄訟止息。數年，徵拜水衡都尉。

許商。成帝時爲河隄都尉。縣南河水泛溢爲害，商鑿河注於海，故名商河。

周盤。安成人。和帝初遷重合令，有惠政。

晉

劉亮。懷、愍時渤海太守。以王浚謀將僭號，亮諫不從，遇害。

南北朝　魏

蘇淑。武邑人。熙平中除欒陵内史。在郡二年，謝病乞解，民吏老幼訴留者甚衆。淑清心愛下，當時稱爲良二千石。

北齊

房豹。清河人。欒陵太守。哀矜貧弱，囹圄空虛。郡瀕海，水味多鹹苦，豹命鑿一井，遂得甘泉，遐邇以爲政化所致。豹罷歸後，井味復鹹。

隋

裴藴。聞喜人。高祖時棣州刺史。有能名，考績連最。

唐

員半千。全節人。武后時詔擇牧守，除棣州刺史。

曹華。楚丘人。憲宗時，吴元濟平，進棣州刺史。州與鄆比，時賊據滴河，華逐賊，斬二千級，復其縣。又募羣盜可用者，貸死補屯卒，使據孔道。賊至，輒擊卻之，不敢北。

欒濛。文宗時棣州刺史。李同捷叛，濛密上變。事洩，爲所害。

邵播。昭宗時棣州刺史。朱全忠陷棣州，播不屈，死之。

五代 梁

華温琪。下邑人。爲棣州刺史。棣州苦河水爲患，温琪徙於新州以避之，民賴其利。

張錫。閩縣人。梁末爲棣州判官。棣爲鄆屬郡，郡有麴務，鄆以牙將主之，頗横恣，嘗盜麥造麴。事覺，悉置於法。

宋

何繼筠。河南人。太祖時命繼筠領棣州，以拒北敵，多致克捷。

周渭。恭城人。開寶初知棣州。監軍傅延翰謀作亂，渭擒之。在郡以簡肅稱，及還，吏民遮道泣留。詔賜錢百萬〔一五〕。

路振。祁陽人。太宗時知濱州。遼兵至城下，衆謂振文吏，無戰禦方畧，環聚而泣。振乃親加撫諭，堅壁自守，遼人遂引去。

吕夷簡。壽州人。祥符中知濱州。代還，奏農器有算，非所以勸立本也。由是天下農器皆弗算。

孫沖。平棘人。大中祥符中河决棣州，寇準請徙州治陽，命沖往按視。還，言：「不若塞河爲便。」遂以沖知棣州。自秋至春，凡四決，沖皆塞之。及準爲樞密使，卒徙州陽信。沖復上疏言徙州非便，著河書以獻。

張洞。祥符人。仁宗時知棣州。河北地當六塔之衝者，歲决溢病民田。水退，强者冒占，弱者耕居無所。洞奏一切官爲標給，蠲其租以綏新集。河北東路民富蠶桑，遼人謂之「綾絹州」。

周沆。益都人。仁宗時知渤海縣。歲滿，縣人請留。既報可，沆以親老，求監州税。

高若訥。榆次人。仁宗時知商河縣。時有職分田，牛與種皆假於民，若訥獨廢不耕。

李迨。東平人。神宗時調渤海縣尉。時州縣團練鄉兵，民起田畝中，不閑坐作進退之節，或譁不受令。迨立賞罰以整齊之，累月皆精練，部伍如法。刺史薦之朝，累遷通判濟州。

金

巴達喇木布。奚五王族人。太宗時爲濱州刺史，廉入優等。喇木布凡調官，行李止車一乘，婢奴數人而已。「巴達喇木布」舊作「伯德特離補」，今改正。

楊伯仁。藁城人。世宗時除濱州刺史。郡俗，有遺奴出亡，捕之以規賞者。伯仁至，責其主而杖殺其奴，如是者數輩，其弊遂止。

完顔永元。宗室子。世宗時爲棣州防禦使。泰寧軍節度使張弘信通檢山東，專以多得民間物力爲功，督責苛急。永元面責之，弘信無以對。於是棣州賦税得以實自占。

劉仲誨。宛平人。世宗時爲棣州防禦使。厭次縣捕得盜數十人，詣州希賞。仲誨疑其有冤，緩其獄。同僚請悉寘之法，仲誨乃擇其老穉者先釋之，未幾獲真盜。

元

姜彧。萊陽人。中統時知濱州。時行營軍士多占民田爲牧地，縱牛馬壞民禾稼桑棗。彧言於中書，遣官分畫疆畔，捕强猾者寘之法。乃課民種桑偏野，人名爲「太守桑」。

明

周原。繁昌人。洪武中知蒲臺縣。有商被盜，疑其主人，已誣服。原緩其獄而察之，果得真盜。飛蝗入境，禱於神，一日大風雨，蝗盡死。

杜濩。洪武中爲霑化典史。廉幹得民。坐事當徙，民詣闕稱其賢，帝歎曰：「小吏耳，而得民如此，良吏也！」還之。

白旼。保定人。永樂中爲陽信丞。莅官五年，治稱第一。秩滿，邑民八千餘人詣闕請爲令，許之。旼益厲風節，勸農桑，戒游惰。九年之内，增四千一百户。

何淡。廣東順德人。天順中知濱州，有善政。尋以憂去，士民醵錢二十萬爲賻，淡固卻之。

朱大用。句容人。弘治中知青城縣。值歲饑，請發粟賑給，全活者衆。秩滿，復留三載。飛蝗四起，獨不入境。

許逵。固始人。正德中知樂陵縣。時土寇劉七等方熾，逵慨然爲戰守計。賊至，設伏斬獲無遺。事聞，超擢兵備僉事，駐武定。至則築城鑿池，設樓櫓，置巡卒。賊數犯，數卻之，威名大著。

唐侃。丹徒人。正德中知武定州。會清軍籍，應發遣者至萬二千人，侃曰：「武定户口三萬，是空半州也。」力争之。章聖梓宫道山東，内奄宣言「所過州縣供張不辦者死」，侃置空棺傍舍中，俟諸奄索錢急，則指棺示之曰：「吾辦一死，錢不可得也。」諸奄皆愕眙去。

李應奎。白水人。嘉靖中知陽信縣。值歲祲，應奎上書爲民請貸，上曰：「斗米三錢，貸未晚也。」應奎大哭曰：「斗米三錢，邑無民矣，何以貸爲？」上鑒其誠，詔發一萬石賑濟，民賴以生。

楊于陛。劍州人。崇禎中歷官武定州同知。創書屋於署左，召士子肄業其中。普名聲反，以監紀軍事進討，兵敗被執，死之。贈太僕少卿。

本朝

孟化龍。渭南人。順治初知武定州。涖任日，檄發軍餉甚急。化龍曰：「民貧如此，尚堪科斂耶？」入郡涕泣以陳。格於令不得行，返次濟陽，深夜自經。訃至，民皆感泣，立祠南門祀之。

劉儀恕。涇縣人。順治十三年知武定州。革除里中買喂驛馬並錢糧添料解費等項，積困大蘇。

董鼒。奉天人。康熙二十四年知武定州。除里長之役，又詳請臨米改折銀兩，及德米就近兑給兵糧。民累永除，而軍亦稱便。

喬壯受。猗氏人。順治初年知陽信縣。善讞獄，訟無淹久。康熙三十四年，公舉入名宦祠。

杜鎮。南宫人。康熙初知陽信縣。清歷年積欠一十四萬有奇，在民者援赦豁免，在官者解囊賠補，民甚德之。

杜良祚。順治四年知海豐縣。時鄰邑多寇儆，良祚築城，簡閲民兵，得健卒五百餘人，分爲三隊，日訓練激勸之。賊至，開城設伏，擒其巨魁。明年，賊攻慶雲縣甚急，良祚率兩隊往援之，賊驚遯。慶雲令率民奉牛酒犒師，良祚曰：「吾未奉檄而來，可攘君保障功耶？」卒不受。

人物

漢

東方朔。厭次人。武帝初，朔上書，高自稱譽。上偉之，令爲常侍郎。上欲爲上林苑，朔進諫，迺拜朔爲大中大夫、給事中，復爲中郎。上置酒宣室，使謁者引内董偃，朔不可。詔止之。朔雖詼笑，然時觀察顔色，直言切諫，上常用之。久之，上書陳農戰彊國之計，不見用，因著論，設客難己。又設非有先生之論。朔之文辭，此二篇最善。

晋

石鑒。厭次人。出自寒素，雅志公亮，累官司空。武帝崩，有告汝南王亮欲舉兵討楊駿，駿白太后。詔令鑒率兵討亮。鑒以爲不然，遣人密覘視亮，已别道還許昌，於是駿止。元康初爲太尉。年八十餘，克壯慷慨，自遇若少年，時人美之。

唐

任敬臣。棣州人。五歲喪母，哀毁天至。問父英曰：「若何可以報母？」英曰：「揚名顯親可也。」乃刻意從學。刺史欲舉秀才，自以學未廣，遁去。又三年卒業，舉孝廉，授著作局正字，遷秘書郎。虞世南器其人，歲終，書上考，固辭。召爲弘文館學士，終太子舍人。

高適。渤海人。舉有道科中第。哥舒翰表爲書記，拜監察御史。玄宗西幸，間道走及，擢諫議大夫。負氣敢言，權近側目。肅宗召與計事，除淮南節度使，累封渤海縣侯。適尚節義，語王霸衮衮不厭。政寬簡，所涖人便之。年五十始爲詩，即工，每一篇已，好事者輒傳布。

高沐。渤海人。貞元中進士。李師道辟署判官。師道叛，沐引古今成敗，前後諫説不能入，上書天子。師道怒，殺沐。元和中贈吏部尚書。

高元裕。渤海人。敬宗視朝不時，宦豎恣放。元裕爲右補闕，切諫。李宗閔高其節，擢諫議大夫，進中書舍人。鄭注入翰林，元裕當書命，乃言以醫術侍。注愧憾，貶閬州。注死，累進御史中丞，終吏部尚書。

五代　梁

李愚。無棣人。梁末帝時拜崇政院直學士。衡王友諒，末帝兄也，大臣皆拜之，獨愚長揖。末帝以責愚，愚曰：「臣於王無所私，豈宜妄有所屈？」

唐

馬胤孫。商河人。舉進士。潞王從珂以爲觀察判官。潞王將舉兵反，召胤孫告之曰：「受命移鎮，何向爲便？」胤孫曰：「大王爲國宗族，先帝新棄天下，臨喪赴鎮，臣子之忠也。」左右笑其愚，然從珂心獨重之。

宋

張令鐸。厭次人。少以勇力隸軍伍，累官鎮寧軍節度。令鐸性仁恕，嘗語人曰：「我從軍三十年，大小四十餘戰，多摧堅陷敵，未嘗妄殺一人。」及卒，人多惜之。

劉蟠。渤海人。漢乾祐中舉進士。累遷倉部員外郎，改轉運使。歲漕江東米四百萬斛，以給京師，頗爲稱職。歷官左諫議大夫，卒。蟠性清介寡合，能攻苦食淡。

張凝。無棣人。少有武勇，倜儻自任。太宗聞其名，以隸親衛。即位，補殿前指揮使。咸平初，遼兵南侵，凝挺身陷陣。凝子昭遠，年十六，單騎疾呼，入陣中掖凝出，左右披靡不敢動。時斥堠數擾，轉運使俱飛輓不給，凝曰：「今當深入，因敵資糧，不足慮也。」乃率兵入敵境，斬獲無算，邊境獲安。凝忠勇好功名，前後賞賜多以犒師，家無餘資。卒，贈彰德軍節度。

胡旦。渤海人。博學，能文辭。太宗時舉進士第一，累遷右拾遺、直史館，數上書言時政利弊。歷官秘書監。旦喜讀書，既喪明，猶令人誦經史，隱几聽之不少輟。著書三百餘卷。

張安上。棣州人。慶曆中登進士第，通判恩州。屬邑送囚，至十九人皆重辟。安上惻然曰：「此非死獄也。」竟減釋之。判乾寧軍，築滄州河隄數十里，自是州無水患。八子皆貴顯，能守世德，時人方之高陽里。

劉蒙。渤海人。恥爲詞賦，不肯舉進士。習茂才異等，又不欲自售。都轉運使劉庠舉遺逸，召試第一，知潮陽縣。常平使者召會諸縣令，議免役法，蒙以爲不便，不肯與議。退而條上其害，即投劾去，歸家教授，從遊甚衆，號正思先生。

李之純。無棣人。登進士第。熙寧中累官成都路轉運使。成都歲發官米六千石，損直與民，言者謂惠民損上。詔下其議。之純曰：「蜀郡人恃此爲生，奈何奪之？」事遂已。元祐初，遷御史中丞。董敦逸、黃慶基論蘇軾、蘇轍，皆以監司罷，之純疏其誣罔，乃更黜之。紹聖中出知單州，卒。

趙伯深。居棣州。金人渡河，母子相失。伯深訪尋其母二十餘年，一日聞在瀘南，徒步入蜀。間關累年，乃得其母。曾慥賦詩以美其孝。

金

董積躬。青城人。性敏嗜學，舉天德進士，歷縣簿、令，政平訟理。知海州，盜不敢入境。尋規措京兆府三白渠事，皆以利民爲己任。

劉瑜。棣州人。家貧甚，母喪，不能具葬，乃質其子以給喪事。明昌三年，詔賜粟帛，復終其身。

富察琦。陽信人。世襲穆琨。正大中，秦、藍總帥府辟琦爲安平都尉葉合哈坦下都統兼知事。小關破，事勢已迫，哈坦令避矢石，琦不去，曰：「業已從公，死生當共之，尚安所避耶？」崔立變後，令改易巾髻，琦曰：「琦一刑部譯吏，襲世爵，安忍作此？」既至家，意在懸梁，家人泣勸。母曰：「勿勸，兒所處是矣。」即自縊。琦性沉静，好讀書，知古今，事其母完顔氏以孝謹稱。「富察」舊作「蒲察」，「穆琨」舊作「謀克」，「葉合哈坦」舊作「黏葛合典」，今俱改正。

焦榮。青城人。淹貫經史，尹武康、如皐，復守太和，歷知松江府，均有善政。元學士趙孟頫志其墓。

宋益齋。青城人。隱居授徒，行誼高潔，爲鄉黨所欽。年九十餘卒。王朴題其墓。

元

焦瑾。青城人。中統間李壇反，分兵寇青城。城且破，瑾縋下，紿賊以金帛牛酒，請緩攻，賊少卻。翼日援軍至，賊走，城賴以全。子文炳，母劉氏，病且死。文炳以刀破脅，抉其肝，割一臠，詭爲藥以進母，大汗而甦。

齊秉節。蒲臺人。父珪，以戰功歷官總管，鎮棗陽。秉節魁偉沈毅，涉獵書史，稍知兵法。襲父爵，仍鎮棗陽。至元中從伐宋，數著戰功，累官廣威將軍、棗陽萬户府副萬户。

韓榮。陽信人。倜儻自負。家業豐而能散，人樂爲之用。以濱、棣軍馬隸史丞相麾下，屢有戰功，授濱棣路元帥。值歲荒，二州民多流竄，榮減去逋賦三千七百餘兩，更出粟六萬斛以賑之。

張琪。無棣人。韓榮牧棣州，以琪知縣事，數年縣以殷富。遷濱、棣參議。時濟南流民，二州爲多，兵定，民往往潛歸鄉里，户多缺額。琪請牒河南，減歲額三千七百。諸郡皆頌其賢。

任素合。渤海人。幼事父母以孝稱。性倜儻峭直，有古俠士風，而家居恂恂，儒者不能過。初襲父官，爲右衛千户。英宗召見，與語，奇之。由是出入禁闥，待以心腹。英宗遇弑，遂引去。居常扼腕，或醉歸慟哭過市。時人目以爲狂，莫知其意也。後密謀遣迎文宗即位，論功行賞，擢禮部尚書。居官恂恂，無幾微自伐之意。人或詢以翊戴之事，終無所言。「任素合」舊作「任速哥」，今改正。

楊乘。渤海人。至正初爲介休縣尹。民饑，散爲盜。乘立法招之，皆棄兵頓首，願爲良民。累官江浙行省左右司員外郎。免官，寓居松江。張士誠遣張經招乘，乘讓經曰：「平日讀書云何？」經不能對，促行愈急，乘乃整衣冠，自縊死。

王巴顔。霑化人。至正中知福寧州、福建轉運副使，仍領州事。賊偪福寧，巴顔募兵扼險，與子相馳破之。馬仆，見執，賊帥王善曰：「聞公有惠政，爲我尹此州可乎？」巴顔唾罵弗屈，延頸受刃。頸斷，涌白液如乳。暴屍數日，色不變。相與妻潘氏及二女俱罵賊同死。巴顔既死，賊時覩其引兵出入。事聞，追封太原郡侯。「巴顔」舊作「伯顔」，今改正。

明

李益。利津人。洪武初由太學生擢户部主事。居官清謹，數年衣不再更。會聖誕節，詔百官俱服錦繡進賀，益借千户服色。上見，詰其故，益以實對。上命搜其家，止得俸米數升於皂靴中，太祖爲嗟歎良久。後官至山西布政使左參議。

成嚴。樂安人。永樂中授監察御史，彈劾不避權貴。上常諭貴戚曰：「爾輩犯罪，朕或容之，成回子不汝貸也。」以嚴多鬚、大鼻故云。既而巡按河南，僚友望風股栗。召還，卒。

孟善。海豐人。以驍勇知名。永樂初攻九門，破松亭關，敗盛庸兵於保定，收官兵一萬三千人。累封保定侯。

李濬。樂安人。永樂初擢監察御史，以父艱回籍。值漢王高煦謀逆，濬潛詣京奏聞，請上親征。由是四晝夜，六軍駐樂安之北。高煦倉卒不及爲謀，開門就縛，濬之力也。累官左副都御史。

王佐。海豐人。永樂中領鄉薦，擢吏科給事中，累官户部尚書。佐器宇洪偉，德量寬平，士林重之。正統時扈駕北征，没於王事。初至土木，佐竟日跪於草中，諫上回鑾，爲王振所窘，卒及於難。景泰元年贈少保，謚忠簡。

韓相。青城人。成化中知鄢陵縣，以廉潔稱。子齊，正德中知澄城縣。賊李德達寇城下，齊悉力拒之，論功當擢，以憂歸。孫一右，嘉靖中累遷南京監察御史。時嚴嵩柄政，一右抗章劾之。歷官四川按察使副使。

丁玥。海豐人。成化進士，授户部主事，累遷雲南副使。正德時，劉瑾用事，欲結好，玥堅不許。瑾怒，矯旨逮詔獄。瑾誅，未見用而卒。

盧亨。商河人。成化進士，擢兵科給事中，累官太常寺卿。亨性醇厚，未嘗與人相忤。居諫垣十餘年，多所建白。劉瑾用事，欲亨往見，以美官啖之。亨不屈，致仕歸。

艾洪。濱州人。弘治進士，擢兵科給事中。隨事論諫，多所匡正。後忤劉瑾，削籍歸。尋起官福建左參政。

毛思義。陽信人。弘治進士，歷官永平府，鎮守薊州。武宗時中官郭原以科斂虐民，爲思義所抑，銜之，譖之於帝。下詔獄，謫官。嘉靖中累遷副都御史，巡撫應天諸府。以治辦聞。

初貞。濱州人。父雄爲流賊所執，貞持刀奮前大呼，以身蔽翼其父。賊砍貞右手，落二指，貞抱如故。賊義而釋之，濡其血，書「孝弟」二字於垣而去。詔旌其閭。

齊邦典。濱州人。父通判鎮江。流寇至，太守檄往剿賊。時邦典年十八，父病，請從行，即代父率兵禦賊於江。兵潰，邦典獨奮身力戰，歿於陣。

孫孟和。商河人。正德進士，累官山西巡按。時流賊四掠，孟和累有戰功。武宗崩，疏劾内監張永及安邊伯朱泰等，中外憚之。

袁化中。武定州人。萬曆進士。天啓初擢御史，疏陳時事可憂者八，語皆剴切。楊漣劾魏忠賢，化中繼疏極論，且發崔呈秀贓私，爲璫所陷，與漣俱死獄中。崇禎初贈太僕卿，謚忠正。

張潑。樂陵人。萬曆進士，累遷御史。光宗崩，李選侍居乾清宫，潑與楊漣上疏力争，上納之。後掌河南道。疏觸魏閹，竟坐爲袁化中死黨，削官。崇禎中起河南巡撫。

本朝

李道昌。海豐人。順治丙戌進士，歷官監察御史、大理寺卿。道昌係遺腹子，五六歲時，嘗以父容問母，母指示形狀，遂屢夢見其父，即追繪之，竟得其形似。巡按河南，當流寇殘害，道昌殫心勦撫，流亡賴以復業。卒，祀鄉賢祠。

李之芳。惠民人。順治丁亥進士。除金華府推官，由刑部郎改御史，所至以精敏稱。在臺十四年，超擢左副都御史，旋總督浙江軍務。閩逆耿精忠反，以衢居浙上游，爲江、淮屏障，即日自杭移駐於衢。耿逆以甘言相誘之，芳斬使焚書，誓師出戰，親冒矢石。或勸宜持重，答曰：「吾若貪生，誰不惜死？」及温台從逆，沿海告警，賊將盤踞仙霞之西，以通江右，卒不得沿流窺浙，皆之芳力也。自身在行間凡九年，乃凱還入杭。擢兵部尚書，轉吏部，拜文華殿大學士。卒，謚文襄。

李之莊。之芳弟。歲貢生。從之芳督兵勦逆，頗多贊助。居鄉設義學，教育單寒。值歲饑，設粥以食餓者，全活無算。境東南徒駭河衝決，倡築隄岸以禦水患，民多賴之。

杜淶。濱州人。順治丁亥進士。初除正定府推官，隨總督張存仁平榆園賊，所俘獲咸就訊於淶。淶録渠魁，釋脅從，凡活數百餘人。擢禮科給事中，抗疏言：「黄河潰决由濱入海，淹没民田，皆由河員防治不力，請遣大臣行河。」尋轉河南驛傳鹽法道。竭蹷供職，事無巨細，必躬必親。後以疾篤乞歸。卒，祀鄉賢祠。

王政。陽信人。順治己亥進士，知唐縣。濱河地畝，沙水沖壓，政親爲檢勘，力請豁免。又請免每歲狐皮解費，散遞馬於衝要之邑，以蘇里社喂養之累。唐人德之。

劉新國。陽信人。由歲貢知鎮安縣。鬻産自給，無錙銖累民。招集流亡，次第復業。有盜嘯聚山林，單騎諭之，悉投戈迎降。

杜履端。海豐人。拔貢生。初授陝西綏德知州，值旱蝗，立爲撲捕，且捐俸賑粥，申請免糧，闔州賴以全活。升正定府同知，致仕。卒，入祀鄉賢祠。

李復興。濱州人。康熙丙午舉人，知華亭縣。時民苦里役，逃亡相繼。復興立均田均役法，一切年首、甲首，不便於民者，悉罷之，流亡以次復業。部民感德，建祠白龍潭祀之。

吴汝亮。霑化人。由舉人授江南江寧縣。時邑漕一石嘗費至數石，由里胥而上皆取盈於漕。汝亮至，並條糧耗羨悉去之。

列女

元

劉平妻胡氏。渤海人。至元中，平戍棗陽，車載其家以行。夜宿沙河傍，有虎銜平去。胡覺，起追及之，持虎足，呼車中兒取刀殺虎。虎死，扶平還。三日平以傷卒。事聞，命恤其母子，仍旌異之。

李五妻劉氏。渤海人。少寡，父母使再醮，不從。舅患疽，劉禱於天，數日潰，吮其血乃愈。

杜子登妻楊氏。青城人。子登死，楊年二十一，謀以身殉葬。有三歲孤〔一六〕，親戚以爲言，楊曰：「今日不死，異日恐有奪我志者，死且晚矣！」取遺孤置夫前，自縊死。

劉氏女。海豐人。爲流賊所執，不屈死。

惠高兒妻李氏。濱州人。高兒殁，父欲奪歸嫁之。李不從，遂自縊死。

明

李陵妻殷氏。濱州人。弘治中，陵以疾卒。殷自縊而死。州志「殷」作「陰」。同邑王氏女，爲流賊所執，不屈死。

齊邦典妻張氏。濱州人。聞夫陣殁，晝夜號泣嘔血，誓死不嫁。遺腹五月生男，名盡忠。紡績撫孤，事舅姑以孝聞。

韓章妻孟氏。利津人。章年十七，溺死。孟時尚在室，聞之，欲歸韓守制，父母難之。孟曰：「容終制改嫁未晚也。」父母許之。比終制，沐浴自縊而死。

王晏妻馬氏。利津人。馬年二十四，生子未期而夫卒，馬自縊死。

王溥妻高氏。利津人。溥卒，高年二十二，夜自縊於柩前。

邊氏女。霑化人。女年十四，許聘而夫亡。父母欲更聘之，女曰：「烈女不更二夫，已心許之，可再適耶？」遂終身不字。

戴强妻趙氏。霑化人。强卒，趙欲死，舅姑日夕守之。逾七日，守稍懈，趙自刎而死。

王紹貴妻趙氏。霑化人。流賊欲殺貴，趙抱貴且泣且詈，賊兩刃之。同縣李氏女，亦爲流賊所執，不屈死。

王自守妻李氏。霑化人。適守未期而守卒。李時年十九，無子家貧，躬事紡績，以給姑朝夕。不足，拾野薪佐之。姑年九十餘乃終。李歸依母家，年亦踰八旬。

孫氏女。蒲臺人。與同邑李氏女、彭氏女俱爲流賊所執，不屈死。

本朝

李毓清妻王氏。惠民人。于歸三月而夫卒。時姑年已老，氏事之惟謹。及姑亡，不食死。同縣馮雲襄妻李氏，俎多聞繼妻王氏、劉小來妻許氏，俱夫亡死節。

周士選妻劉氏。陽信人。爲山寇所掠，不屈死。同縣王修身妻張氏、劉君印妻申氏、王繼儒妻苑氏，皆拒寇死節。

商氏。陽信人。年及笄未字，父母相繼歿，女無所依，自縊死。

武氏。海豐人。夫亡，不食死。

張化一妻王氏。商河人。順治初，化一隨武德勦淄、萊間山寇，爲賊所殺。氏迎其柩而葬之，葬畢，自縊死。

韓永高妻聶氏。蒲臺人。歲凶，從夫就食博興，守正捐軀。

薛香妻劉氏。惠民人。年十九于歸，守正捐軀。同縣節婦高永元妻李氏及子高璟妻李氏、李渤培妻何氏、高天資妻雷氏、高賜冕妻何氏、張子榮妻徐氏、李子官妻耿氏、楊大才妻馮氏，均康熙年間旌。

張延祚妻丁氏。陽信人。延祚病亡，氏年二十六，矢志守節。同縣馬向陽繼妻馮氏，均康熙年間旌。

吴天孕妻張氏。海豐人。夫亡，氏年十五。撫前室之子如己出，苦節三十餘年。康熙年間旌。

王氏女。海豐人。生員王亮章女。許字李格，未婚而格死，女聞訃自縊。康熙年間旌。

吴自治妻高氏。海豐人。夫亡守節。與同縣吴旭妻張氏均康熙年間旌。

張建南繼妻劉氏。樂陵人。年二十七，夫亡守節，撫庶出子女過於所生。康熙年間旌。

史高印妾郭氏。樂陵人。夫亡守節。順治間遇寇，不辱被殺。康熙年間旌。

王與鼒妻駱氏〔一七〕。商河人。夫亡守節。康熙年間旌。

張中運妻夏氏。濱人。守正捐軀。同州節婦張宿龍妻龐氏、張箴妻王氏、杜若玫妻劉氏、張汝檜妻王氏、王鐘妻張氏〔一八〕、劉正吉妻丁氏〔一九〕、杜亮曾妻張氏，均康熙年間旌。

林長春妻孫氏。利津人。年二十，夫亡守節。上奉嫡、庶二姑，下撫弱齡一子，卒能教子成立。同縣節婦李鼎妻杜氏〔二〇〕、趙和新妻李氏、趙澍妻程氏，均康熙年間旌。

孫三宅繼妻張氏。霑化人。夫亡守節。同縣羅載愫妻蘇氏、丁鈞繼妻王氏、宋秉和妻李氏，均康熙年間旌。

王卓妻張氏。蒲臺人。卓死東粤，氏勤勞績紡，居積數年。間關萬里，負夫柩歸葬祖塋。同縣節婦李元漳妻杜氏、王元善妻張氏，均康熙年間旌。

李玥妻張氏。惠民人。夫亡守節。同縣鍾存禧妻劉氏、劉秉謙妻何氏、劉芳遠妻史氏、李滄潤妻何氏、姜灝妻曹氏、魏自顯妻孫氏、王之屏妻王氏、李挺翮妻張氏，均雍正年間旌。

范晉齡妻崔氏。青城人。夫亡守節。雍正年間旌。

高明妻吴氏。陽信人。守正捐軀。與同縣楊小龍妻趙氏，均雍正年間旌。

趙閆慶妻晉氏。商河人。與媳高氏、楊氏俱夫亡守節。同縣李功勳妻段氏、宋用中妻李氏、李連妻徐氏，均雍正年間旌。

駱萬鑑妻任氏。惠民人。夫亡守節。同縣李其芳妻高氏、劉起榮妻胡氏、劉和妻路氏、高丕妻駱氏、閆德濟妻駱氏、郭明儒妻史氏、郭基妻胡氏、郭洪雷妻張氏、任賓妻石氏、李明光妻李氏、張文紳妻成氏、曹其文妻蘇氏、曹大魁妻石氏、劉允愫妻董氏、張斐文妻劉氏、曹振聲妻王氏、劉有相妻王氏、杜光輝妻蘇氏、杭玉琴妻耿氏、路元龍妻梁氏、張灝妻韓氏、李恪妻劉氏、李玉錫妻徐氏、李文輝妻劉氏、生員李壽湜妻艾氏、舉人高珧繼妻杜氏、李攸敘妻季氏、監生李壽洹妻張氏、劉登旺妻李氏、王永安妻康氏、閻福寬妻李氏、劉植綮妻吳氏，均乾隆年間旌。

楊允公妻陳氏。青城人。夫亡守節。同縣焦迪吉妻王氏、韓允吉妻楊氏、韓子壽妻楊氏，均乾隆年間旌。

李邦河妻張氏。陽信人。夫亡守節。同縣信洪謨妻尹氏、孫維聲妻尹氏、孫阜亨妻史氏、申濬妻王氏、邱文光妻牛氏、王誦妻劉氏、李聞謀妻徐氏、張延遠妻董氏、張延莊妻王氏、岳之琯妻王氏、勞于宣妻張氏、曾尚亢妻王氏、張毓善妻侯氏、趙能妻徐氏，均乾隆年間旌。

張通儒繼妻王氏。海豐人。夫亡守節。同縣吳自基妻任氏，王公濯妻張氏，李天錫妻劉氏，李維朴妻耿氏、妾季氏，張鉞妻劉氏，袁詒孫妻李氏，布應表妻張氏，王卯君妻宋氏，劉士純妻某氏，張可獻妻丁氏，均乾隆年間旌。

王佩繼妻杜氏。樂陵人。夫亡守節。同縣杜洵妻陳氏、孫士雅妻孫氏、李才印妻張氏、杜能智妻崔氏、唐樂然妻孫氏、張可欽妻王氏、史壘繼妻呂氏、杜子貴妻席氏、王思忠妻王氏、張可舉妻李氏、張可選妻章氏，均乾隆年間旌。

趙貞運妻翟氏。商河人。夫亡守節。與子啓宋妻王氏、妾高氏及孫憲妻李氏，三世守節。又同縣王顯妻翟氏、李士怡妻馮氏、徐适妻王氏、王輅妻厲氏、于瓏妻王氏、陳鐸妻田氏、張錫妻張氏、張鎮妻黃氏、黃禮妻張氏、楊璸妻閆氏、龐廷材妻張氏、張愉妻李氏、張儉妻劉氏，均乾隆年間旌。

薛湼妻杜氏。濱人。夫亡守節。同州薛基妻王氏、薛大成妻杜氏、薛大猷妻李氏、胡敏功妻杜氏、劉正己妻丁氏、張爲樫妻王氏、張執元妻薛氏，均乾隆年間旌。

黄秀妻綦氏。利津人。夫亡守節。同縣趙佳俊，繼妻張氏、石磊妻李氏、王敷美妻許氏、紀夢祥妻杜氏、王國用妻孫氏及孫士琦妻蓋氏、劉緒妻李氏、劉國用妻李氏、殷恂妻李氏、李杲妻殷氏、孟懷妻高氏、宋允敬妻牟氏、李師亮妻程氏、李雲章妻郭氏、李連美妻劉氏、李大榮妻蓋氏、于生妻殷氏、朱魁文妻紀氏、高勗妻馬氏、于之淮妻張氏、高鳳儀妻張氏、劉嵿妻趙氏、張立矩妻劉氏、張守矩妻薄氏、郭欽妻胥氏、高之興妻劉氏、蓋昌盛妻劉氏、紀淵妻張氏、紀位妻薛氏、王金妻李氏、張復美妻劉氏、劉克謙妻蓋氏、高庠妻薛氏、郭令儀妻李氏、林怡妻李氏、潘師尼妻夏氏、王正禮妻蓋氏、王民誠妻胡氏、馮接武妻張氏、劉瑢妻張氏、成萬勳妻李氏、趙其純妻李氏、趙士麟妻劉氏，烈婦董國琮妻劉氏，烈女李曉姐，均乾隆年間旌。

劉澤洪妻崔氏。蒲臺人。夫亡守節。同縣劉運怊妻留氏、劉玥妻王氏、趙壆妻韓氏、張璉妻孝氏、曲彪妻高氏、高良妻張氏、謝安妻成氏、張文玉妻張氏、陳子龍妻張氏、趙存性妻李氏、李寅妻王氏、李世珩妻高氏、徐永俊妻郭氏、賈宗舜妻左氏、李烽妻劉氏、楊文貴妻趙氏，均乾隆年間旌。

孫家湖妻王氏。惠民人。守正捐軀。同縣節婦劉景福妻李氏、翟棟妻張氏、陳元德妻王氏、高潛修妻王氏、王成林妻李氏，均嘉慶年間旌。

萬狗子母王氏。青城人。守正捐軀。同縣節婦胥紹孟妻楊氏，均嘉慶年間旌。

菅氏女景姐。陽信人，菅奉悦孫女。守正捐軀。同縣烈婦范正元妻劉氏、王林妻趙氏，節婦李永湳妻張氏，均嘉慶年間旌。

李特升妻高氏。海豐人。夫亡守節。同縣吴紹科妻張氏、谷天保妻鄧氏、孟耳宗妻李氏、王成林妻李氏、李啓甲妻勞氏、張新驄妻關氏、張映樞妻宋氏，均嘉慶年間旌。

張氏女拴姐。欒陵人，張端女。守正捐軀。同縣烈婦王蟲妻王氏，節婦梁廣妻張氏、楊騰雲妻張氏、朱用賓妻杜氏，均嘉慶年間旌。

楊德濬妻劉氏。商河人。夫亡守節。同縣白可傳妻陳氏、孫濬妻劉氏，均嘉慶年間旌。

卜氏女九姐。濱人，卜彩顯女。守正捐軀。同州烈女信其修女景姐，節婦侯廷對妻趙氏、蘇廷相妻范氏，均嘉慶年間旌。

丁吴氏。霑化人。夫亡守節。與同縣耿王氏均嘉慶年間旌。

李劉氏。蒲臺人。遇暴不從，捐軀明志。同縣節婦李接東妻王氏，均嘉慶年間旌。

劉佩璜妻李氏。利津人。夫亡守節，嘉慶年間旌。

土産

綿紬。府志：出陽信縣。色不甚白，然堅細匀净，故以「信紬」著名。

氈。府志：青城縣出。以驢毛爲之，最堅細。

鹽。出霑化、利津，並有鹽場。唐書地理志：渤海有鹽。明統志：鹽，濱州出。

酒。府志：蒲臺出者佳，名「蒲酒」。

仙茅。府志：惠民縣出。又省志：海豐縣出地錦、馬兜鈴、蒲公英，蒲臺出天仙子。又，近海州縣皆出牡蠣。

針砂。府志：府城外西偏有土曰針砂，體重色赤，細而不膩，可以砥針。茅焦臺東每有之。

魚。省志：利津縣出麪魚，又名梭魚，如銀魚而大。冬月以水凍結，謂之冰魚。又，海豐縣出魩魚，狀如鰣魚，以四月至海上。又，近海口各處皆有魦魚，肥美如鰡，今謂之吹河。按：舊志引宋史地理志云「濱州貢絹」。謹附記。

校勘記

〔一〕六年州廢　「六年」，原作「八年」，乾隆志卷一三九武定府建置沿革（下同卷簡稱乾隆志）同，據本志上文及舊唐書卷三八地理志、元和郡縣志卷二一棣州改。按，新唐書卷三八地理志亦云「八年州廢」，蓋一統志之所自也。然本志上文已言武德六年棣州廢，不應此處又改腔，致自相牴牾。因改。

〔二〕南北距八十五里　「八十五里」，乾隆志同，雍正山東通志卷五疆域作「九十五里」，當是。按，下文云「南至商河縣界七十里，北至鹽山縣界二十五里」，則南北相距正九十五里也。

〔三〕六年還屬滄州　「六年」，原作「八年」，乾隆志同，據舊唐書卷三八地理志及元和郡縣志卷二一棣州改。按，參本卷校勘記〔一〕。

〔四〕東至利津縣界二十里　「二十」，乾隆志作「三十五」，雍正山東通志卷五疆域作「三十」。按，下文云「西至惠民縣界四十里」，東西計距六十里，與上文所言「東西距七十五里」不合。本志承乾隆志多未改，疑此處誤刻。

〔五〕西至惠民縣界四十里　「四十」，乾隆志同，雍正山東通志卷五疆域作「四十五」。

〔六〕馬頰涸河在棣州滳河縣二十里　「涸」，乾隆志及太平寰宇記卷六四河北道棣州作「枯」。按，本卷凡引「枯河」皆改作「涸河」，蓋修志史臣諱言「枯」也。

〔七〕其涸河在今滄州樂陵縣東南　「涸」，乾隆志及後漢書公孫瓚傳李賢注作「枯」。「東南」，原作「西南」，乾隆志同，據李賢注改。按，據輿圖，當以「東南」爲是。下文引寰宇記，亦言在樂陵縣東南。

〔八〕樂陵有鬲津涸河　「涸」，乾隆志及太平寰宇記卷六五河北道滄州作「枯」。

〔九〕明昌三年以永利鎮升置　「永利」，乾隆志及明一統志卷二二山東建置沿革、讀史方輿紀要卷三一山東等皆同，金史卷二五地理志作「永和」。

〔一〇〕鎮羊闌城　「闌」，乾隆志同，北史卷四五傅豎眼傳作「蘭」。

〔一一〕元封四年封　乾隆志同。按，漢書卷一五上王子侯表實作元朔四年四月乙卯封。自水經注卷五河水誤「元朔」爲「元封」後，史志多承其謬。

〔一二〕大瑩城　「瑩」，乾隆志同。按，齊乘卷四有營城，謂：「昌邑南五里有大營城，北五里有小營城。南城即古都昌，不知何故謂之營城。豈孔北海與黄巾相距屯兵遺跡邪？」山東通志卷九古蹟志亦作「營城」。似以「營」字爲是。

〔一三〕樂陵縣有會寧永利東中三鎮　「會寧」，原作「惠安」，乾隆志作「惠寧」，據金史卷二五地理志改。

〔一四〕寧海　「寧」，原作「安」，據乾隆志及金史卷二五地理志改。按，本志避清宣宗諱改字。

〔一五〕詔賜錢百萬　「百」，原作「七」，乾隆志同，據宋史卷三〇四周渭傳及雍正山東通志卷二七宦績志改。

〔一六〕有三歲孤　「歲」，原脱，據乾隆青城縣志卷九列女志補。

〔一七〕王與鼐妻駱氏　「鼐」，原作「鼒」，據乾隆志及雍正山東通志卷二九列女志改。

〔一八〕王鐘妻張氏　乾隆志同，雍正山東通志卷二九列女志「鐘」下有「音」字，疑是。

〔一九〕劉正吉妻丁氏　「丁氏」，雍正山東通志卷二九列女志同，乾隆志作「王氏」。

〔二〇〕同縣節婦李鼎妻杜氏　「鼎」，乾隆志、雍正山東通志卷二九列女志皆作「鼒」，疑是。

沂州府圖

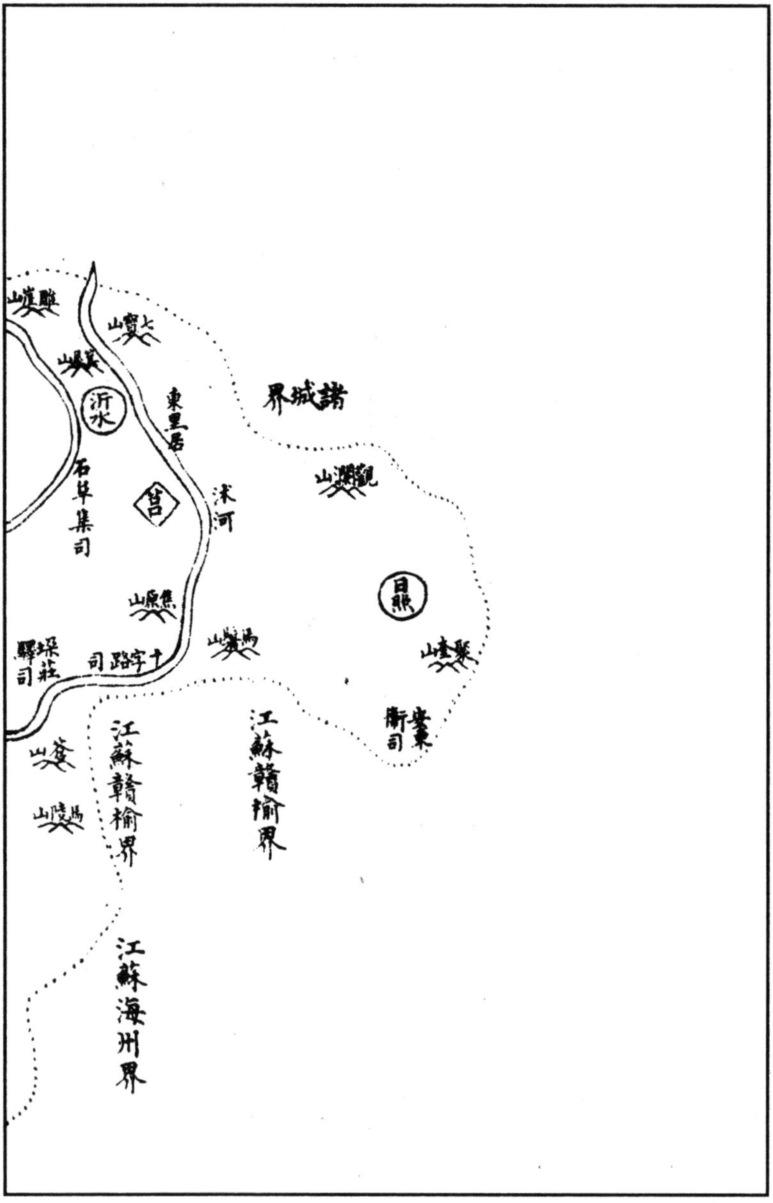

七寶山
諸城界
沂水
東里居
石埠集司
莒
沭河
日照
十字路司
安東衛司
江蘇贛榆界
江蘇贛榆界
江蘇海州界

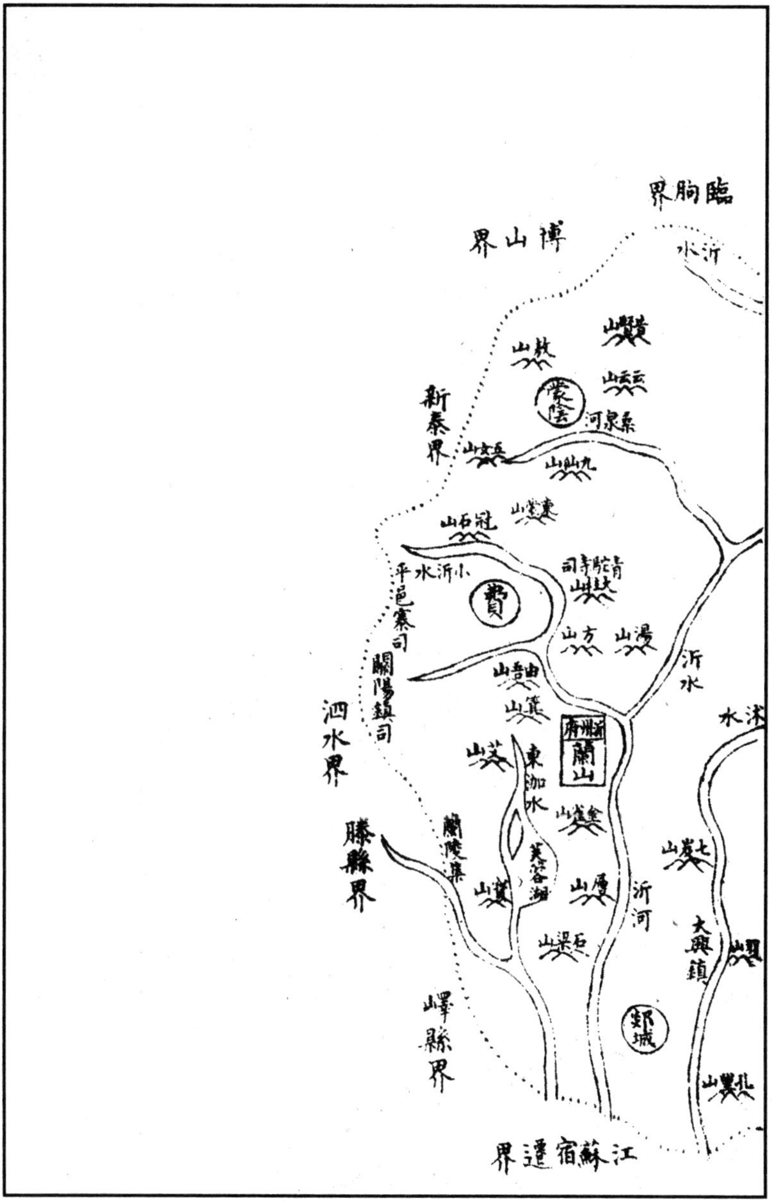
臨朐界
博山界
沂水
蒙陰
桑泉河
新泰界
九仙山
冠石山
小沂水
平邑寨司
費
湯山
方山
沂水
沭水
關陽鎮司
沂州府
蘭山
泗水界
艾山
東泇水
滕縣界
蘭陵集
芙蓉湖
石梁山
沂河
大興鎮
嶧縣界
郯城
江蘇宿遷界

沂州府表

	沂州府	蘭山縣
秦	琅邪郡	
兩漢	琅邪國 初爲東海郡地。後漢建初五年置國，治開陽。	臨沂縣 屬東海郡。後漢屬琅邪國。 開陽縣 屬東海郡。後漢爲國治。
三國	琅邪國	臨沂縣 開陽縣
晉	琅邪國	臨沂縣 開陽縣
南北朝	沂州琅邪郡 宋移郡治即丘。魏永安二年置北徐州。周改名。	臨沂縣 宋省。東魏武定八年復置，屬郯郡。齊省。 宋省入即丘。
隋	琅邪郡 開皇中郡廢。大業初改州爲郡。	臨沂縣 開皇十六年復置，州治。大業初郡治。
唐	沂州 復置州，屬河南道。	臨沂縣 州治。又分置蘭山、臨沭、昌樂三縣。六年省。
五代	沂州	臨沂縣
宋金附	沂州 宋屬京東東路。金屬山東東路。	臨沂縣
元	沂州 屬益都路。	臨沂縣
明	沂州 洪武初屬濟南府。十八年改屬兖州府。	洪武初省入州。

續表

	郯城縣
即丘縣 屬東海郡。後漢屬琅邪國。 利城縣 屬東海郡。後漢建安三年置利城郡。 襄賁縣 屬東海郡。 魏其縣 屬琅邪郡。後漢省。	東海郡 治郯。後漢兼爲徐州治。
即丘縣 利城縣 魏省郡，復爲縣，屬東海郡。 襄賁縣	東海郡
即丘縣 利城縣 襄賁縣	東海郡
即丘縣 宋琅邪郡治。 宋省。 襄賁縣 宋東海郡治。後徙廢。	郯郡 宋徙東海郡治襄賁。東魏武定八年改置，治郯。
大業初廢入臨沂。	開皇初廢。
	郯城縣 復置，屬沂州。
	郯城縣 隸兗州府。

	費縣
郯縣 郡治。	祊城。 費縣 屬東海郡。後漢屬泰山郡。 南城縣 屬東海郡。後漢屬泰山郡。 南武陽縣 屬泰山郡。
郯縣	費縣 南城縣 南武陽縣
郯縣	費縣 屬琅邪國。 南武城縣 改名。 南武陽縣
郯縣 宋屬東海郡。東魏武定八年郡治。	費縣 宋徙。魏太和二十年移來治。周復徙。 南城縣 宋復故名。魏屬東泰山郡。齊省。 武陽縣 宋去「南」字。魏屬東泰山郡。
郯縣 屬下邳郡。	費縣 開皇四年復移來治。 顓臾縣 開皇十六年改名，屬琅邪郡。
貞觀初省入下邳。元和中復置郯城縣，屬徐州。尋省入臨沂。	費縣 屬沂州。 貞觀元年省。
	費縣
	費縣
	費縣
	費縣 隸兗州府。

續表

續表

	莒州
	琅邪郡地。
華縣 屬泰山郡。後漢省。	城陽郡 初置郡。文帝二年置國，治莒。後漢建武十三年省。建安三年復置郡。 莒縣 前漢國治。後漢建武十三年屬琅邪郡。建安三年爲城陽郡治。 高鄉侯國 屬琅邪郡。後漢省。
	城陽郡 莒縣
華縣 復置，屬琅邪國。後廢。	東莞郡 太康十年移置，治莒。 莒縣 屬東莞郡。太康十年郡治。
	齊省郡。後改置義唐郡。 莒縣 魏屬南青州。齊屬義唐郡。
	開皇初郡廢。 莒縣 屬琅邪郡。
	莒縣 初屬莒州。後屬密州。
	莒縣
	莒州 金大定二十二年置城陽州。二十四年改名，屬山東東路。 莒縣
	莒州 屬益都路。 莒縣
	莒州 屬青州府。 省入州。

	蒙陰縣
高廣侯國 屬琅邪郡。後漢省。 椑縣 屬琅邪郡。後漢省。 箕侯國 屬琅邪郡。後漢省。 靈門縣 屬琅邪郡。後漢省。	蒙陰縣 屬泰山郡。後漢省。
	蒙陰縣 復置，屬琅邪郡。
	新泰縣 孝文改置，屬東安郡。東魏改曰蒙陰。齊省。 宋省。
	蒙陰縣 皇慶二年復置，屬莒州。
	蒙陰縣 改屬青州府。

沂水縣
東莞縣屬琅邪郡。後漢建安中嘗置東莞郡。 陽都縣屬城陽國。後漢屬琅邪國。 盧縣屬城陽國。後漢省。
東莞縣魏罷郡。 陽都縣
東莞縣泰始三年復置郡。太康十年徙郡治莒，以縣屬之。 省。 東安郡元康元年復置，郡治蓋。
莒州東安郡齊移郡來治。周改州名。 東莞縣齊郡治。 南青州東安郡宋泰始三年分置東徐州。魏太和二十二年改州名。齊徙廢。
開皇初郡廢。大業初州廢。 沂水縣開皇初改曰東安。十六年又改，屬琅邪郡。
武德五年復置莒州。貞觀八年廢。 沂水縣初爲州治。後屬沂州。
沂水縣
沂水縣金屬莒州。
沂水縣
沂水縣隸青州府。

	日照縣
東安縣屬城陽國。後漢屬琅邪國。 蓋縣屬泰山郡。	海曲縣屬琅邪郡。後漢改曰西海。
魏置東安郡。尋廢。 蓋縣	西海縣
蓋縣初屬東莞郡。元康元年爲東安郡治。	省入莒。
蓋縣齊省入東莞。 發干縣宋置，屬東安郡。齊省。	
東安縣開皇十六年復置，改名，屬琅邪郡。	
武德初省。	
	日照縣金分置，屬莒州。
	日照縣
	日照縣隸青州府。

大清一統志卷一百七十七

沂州府一

在山東省治東南六百六十里。東西距五百二十里，南北距五百十里。東至海三百里，西至兖州府泗水縣界二百二十里，南至江南徐州府宿遷縣界一百四十里，北至青州府臨朐縣界三百七十里。東南至江蘇海州界一百里，西南至兖州府嶧縣界一百五十里，東北至青州府諸城縣界三百里，西北至泰安府新泰縣界二百六十里。自府治至京師一千六百五十里。

分野

天文奎、婁、胃分野，降婁之次。

建置沿革

禹貢徐州之域，春秋魯地。秦置琅邪郡。漢初爲東海郡地。後漢建初五年置琅邪國，魏、晉因之。宋移郡治即丘。後魏永安二年置北徐州，治此。周改北徐曰沂州。隋開皇中廢郡。大業初仍改州爲琅邪郡。唐復曰沂州，天寶初亦曰琅邪郡。乾元初復曰沂州，屬河南道。宋曰沂州，屬京東東路。金屬山東東路。元屬益都路。明洪武初屬濟寧府，五年改屬濟南府，十八年改屬兖州府。本朝雍正二年升爲直隸州，十二年又升爲府，屬山東省。領州一、縣六。

蘭山縣。附郭。東西距一百七十里，南北距一百九十五里。東至江蘇海州贛榆縣界一百三十里，西至費縣界四十里，南至郯城縣界九十五里，北至沂水縣界一百里。東南至江蘇海州治一百里，西南至兖州府嶧縣界一百五十里，東北至莒州界七十里，西北至蒙陰縣界二百二十里。漢置開陽、即丘、臨沂三縣，皆屬東海郡。後漢建初五年，以開陽爲琅邪國治。魏、晉因之。宋移郡治即丘，省開陽、臨沂二縣入之。東魏武定八年復置臨沂縣，屬郯郡。北齊省。隋開皇十六年復置臨沂縣，爲沂州治。大業初爲琅邪郡治，省即丘入之。唐以後爲沂州治。明洪武初省入州。本朝雍正十二年升沂州爲府，設蘭山縣爲府治。

郯城縣。在府東南一百二十里。東西距一百九十里，南北距五十里。東至江蘇海州治一百二十里，西至兖州府嶧縣界七十里，南至江蘇徐州府宿遷縣界四十里，北至蘭山縣界十里。東南至江蘇宿遷縣治一百二十里，西南至江蘇徐州府邳州治一百六十里，東北至江蘇海州贛榆縣界九十里，西北至兖州府泗水縣界一百二十里。春秋郯子國。漢置郯縣，并置東海郡，屬徐州。後漢爲徐州刺史治。晉仍爲東海郡治。宋徙郡治襄賁，縣仍屬焉。後魏因之。東魏武定八年於縣置郯郡。隋開皇初郡廢，改屬泗州。大業初屬下邳郡。唐武德四年屬邳州。貞觀初省縣入下邳。元和中復置郯城縣，屬徐州，尋省入臨沂縣。元末復置郯城縣，屬沂州。明因之，仍隸兖州府。本朝雍正十二年改屬沂州府。

費縣。在府西北九十里。東西距一百八十里，南北距一百二十里。東至蘭山縣界六十里，西至兖州府泗水縣界一百二十里，南至蘭山縣界六十里，北至蒙陰縣界六十里。東南至蘭山縣界六十里，西南至兖州府嶧縣界一百二十里，東北至沂水縣界九十里，西北至兖州府泗水縣界一百二十里。春秋魯費邑。漢置費縣，屬東海郡，爲都尉治。後漢屬泰山郡。晉屬琅邪國。宋、魏至隋皆屬琅邪郡。唐及宋、元屬沂州。明因之，仍隸兖州府。本朝雍正十二年改屬沂州府。

莒州。在府東北九十里。東西距一百十里，南北距二百十里。東至日照縣界五十里，西至沂水縣界六十里，南至蘭山縣界九十里，北至青州府諸城縣界一百二十里。東南至江蘇海州贛榆縣界七十里，西南至蘭山縣界一百二十里，東北至青州府諸城縣界一百二十里，西北至沂水縣界六十里。周莒子國，後屬楚。戰國屬齊。秦屬琅邪郡。漢初曰城陽郡。文帝二年置城陽國，治莒。後漢建武十三年省城陽，以莒縣屬琅邪國。建安三年復置城陽郡。晉太康十年縣屬東莞郡，後移郡來治。宋因之。後魏以郡屬南青州。北齊郡廢，後改置義唐郡。隋開皇初郡廢，縣屬琅邪郡。唐武德五年屬莒州。貞觀八年州廢，屬密州。宋因之。金初，于縣置城陽軍。大定二十二年升城陽州。二十四年更名莒州，屬山東東路。元屬益都路。明初省縣入州，屬青州府。本朝雍正八年升爲直隸州，十二年改屬沂州府。

蒙陰縣。在府西北二百里。東西距八十里，南北距一百八十里。東至沂水縣界四十里，西至泰安府新泰縣界四十里，南至費縣界四十里，北至青州府益都縣界一百四十里。東南至沂水縣界四十里，西南至費縣界三十里，東北至沂水縣界一百三十里，西北至青州府益都縣界一百六十里。春秋魯蒙邑。漢置蒙陰縣，屬泰山郡。後漢省。晉復置，屬琅邪郡。宋省。後魏改置新泰縣於此，屬東安郡。東魏改曰蒙陰。北齊廢入新泰。元皇慶二年以故新泰復置，屬莒州。明初改屬青州府。本朝雍正八年分屬莒州，十二年改屬沂州府。

沂水縣。在府北一百二十里。東西距九十里，南北距二百二十五里。東至莒州界十里，西至蒙陰縣界八十里，南至蘭山縣界一百二十里，北至青州府臨朐縣界一百五里。東南至莒州治七十里，西南至蘭山縣治二百四十五里，東北至青州府諸城縣治一百八十里，西北至青州府益都縣界一百七十里。漢置東莞縣，屬琅邪郡。後漢因之。建安中置東莞郡。魏罷郡。晉泰始三年又置。太康十年徙郡治莒，以東莞爲屬縣。宋初因之。泰始三年分置東徐州。魏太和二十二年改曰南青州。齊又移東安郡治此。周改爲莒州。隋開皇初郡廢，改縣曰東安。十六年又改爲沂水。大業初州廢，仍屬琅邪郡。唐武德五年復置莒州。貞觀八年州廢，屬沂州。宋因之。金改屬莒州。元因之。明仍隸青州府。本朝雍正十二年改屬沂州府。

日照縣。在府東二百四十里。東西距一百二十里，南北距一百二十八里〔二〕。東至海二十里，西至莒州界一百里，南至江蘇海州贛榆縣界九十里，北至青州府諸城縣界四十里。東南至海二十里，西南至江蘇海州贛榆縣界九十里，東北至萊州府膠州治三百二十里，西北至諸城縣界一百四十里。漢置海曲縣，屬琅邪郡。後漢改爲西海縣。晉省入莒縣。金始分置日照縣，屬莒州。元因之。明仍隸青州府。本朝雍正十二年改屬沂州府。

形勢

地控青、齊，山連兖、魯。沂、海重地，淮、徐要區。舊志。西北則千巖競秀，列龜、蒙、雕、柘之峯；東南則百谷朝宗，會沂、沭、汶、祊之水。通志。

風俗

青、徐兩界，風氣勁急。舊志。蒙、羽之野，民善芻牧。婚喪從儉，衣服樸素，尚有先王遺風。州志。

城池

沂州府城。周九里，門四，池廣一丈六尺。明洪武初建。本朝康熙七年修，十二年、乾隆三十二年重修。蘭山縣附郭。

郯城縣城。周五里有奇，門三，池廣三丈。元季築。明萬曆二十二年甃甎。本朝康熙二十九年修，五十三年重修。

費縣城。周四里，門四，池廣三丈。明洪武初築，成化五年甃石，嘉靖中修。本朝順治、康熙年間屢修，乾隆三十六年重修。

莒州城。周五里有奇，門三，池廣二丈七尺。元舊址。明萬曆中甃甎。本朝乾隆五十五年修。

蒙陰縣城。周二里，門三，池廣八尺。明洪武三十年築，正德九年甃石。本朝順治、康熙年間屢修。雍正三年築隄於城東，以杜水患。乾隆五年重修。

沂水縣城。周三里有奇，門三，池廣二丈。明天順中甃石，後屢修。

日照縣城。周三里，門三，池廣一丈二尺。金築。明萬曆二十一年甃甎。本朝康熙十三年修。

安東衛城。周五里，高二丈一尺。明弘治中築。本朝乾隆七年衛裁，改歸安東營駐守。

學校

沂州府學。在府治東南。金貞祐間改建。本朝雍正十二年修。入學額數二十名。

蘭山縣學。附府學内。入學額數十五名。

郯城縣學。在縣治北。明洪武初建。本朝康熙九年改建。入學額數十二名。

費縣學。在縣南門外。明洪武十二年因金舊址重建。入學額數十二名。

莒州學。在州治東。元至元間因宋舊址建。明洪武元年重建。本朝屢修。入學額數十五名。

蒙陰縣學。在縣治西。元延祐間建。本朝順治、康熙年間屢修。入學額數十二名。

沂水縣學。在縣治東臯山麓。明洪武十六年改建。本朝康熙八年修，十一年重修。入學額數十二名。

日照縣學。在縣城外。明嘉靖三十六年改建。本朝順治十三年修，康熙九年重修。入學額數十五名。按：乾隆七年裁安東衛，衛學原額八名，以四名分入日照縣，以四名分入青州府諸城縣。

一貫書院。舊在郯城縣西磨山下，即曾子讀書處。本朝乾隆十九年，知縣李湖改建縣學前。

思聖書院。在費縣西。元至正間隱士王謙建。

城陽書院。在莒州城内。本朝雍正元年建。

閔子書院。在沂水縣西北閔公山下，祀先賢閔子騫。明正德八年建。本朝康熙六年，訓導陳經綸即舊址重建。按：舊志載，諸葛書院在府城北二十里，祀漢諸葛亮，以晉王祥、王覽配；荀子書院在蘭山縣西南神峯山下；魯公書院在蘭山西北五十里朱滿村唐顏真卿故居；文學書院在莒州西南，祀先賢子夏；北麓書院在蒙陰縣東北，元張子塾教授處。今並廢。謹附記。

户口

原額人丁一十萬七千三百八十四，今滋生男婦大小共二百十八萬一千三百七十九名口，計民户共三十九萬六百七十一户。

田賦

田地七萬五百八頃四十三畝七分二釐有奇，額徵地丁正、雜銀十八萬三千八百七十五兩四錢五分七釐，米四百十七石四斗一升六合四勺。

山川

蒼山。在蘭山縣東九十里。下有牛口峪。府志：上可瞰海。中有石室，世傳安期生、徐則昇仙處。又費縣南五里有蒼山，其西爲樓子峪。縣崖危磴，映絡六七里。泉出其下，流爲蒼山河。

馬陵山。在蘭山縣東南九十里。府志：與郯城縣接界。長數百里，北盤府境，南抵宿遷，狀如奔馬。山坳有由吾洞，甚深遠。又東爲三柱山。

金雀山。在蘭山縣南三里。府志：其西爲銀雀山，東西對峙，環護府治。中有桃花洞，下有泉，南流爲陽明河。又府治西有胭脂山，雨餘色如胭脂。前有分水嶺。

芙蓉山。在蘭山縣南。下有芙蓉湖，東泇水入焉。齊乘：湖在山下，香粳鍾畝，古稱琅邪之稻，即此。

蘭山。在蘭山縣南八十里。縣以此山得名。

層山。在蘭山縣南九十里。有數山相聯絡，即古繒山。舊志：後漢建武五年，光武敗董憲等于建陽，憲及龐萌走入繒山，即此。

寶山。在蘭山縣西南九十里。府志：上有洞穴數區，産金銀礦石，元時開礦處也。泉出山下，流數十里，匯爲魚溝湖。舊志：寶山旁有喬家、黄泥等洞，舊皆産銀。又爐山在縣北六十里，舊産金。

神峯山。在蘭山縣西南一百二十里。府志：山陰積雪，四時不消。下有季文子墓并祠。亦名魯卿山。

首山。在蘭山縣西南一百三十里。一名筆架山，又名峩嵋山。

艾山。在蘭山縣西二十五里。春秋隱公六年：公會齊侯，盟于艾。齊乘：艾山在沂州西三十里，與大、小鳳凰山相近。官溝水自小沂分流〔二〕，經艾山西注。

大柱山。在蘭山縣北九十里。府志：狀如筆鋒，高插天表。左爲映旗山，前爲荆山，右爲銀錫嶺，皆其培塿也。山之後，汶水出焉。

湯山。在蘭山縣東北六十里。府志：下有温泉三穴，沸如沃湯，流爲湯河。一名温泉山。

九龍山。在郯城縣東十里。縣志：即馬陵山別支。山有九嶺，屈曲如龍。沭水經其北，白馬河出焉。

孔望山。在郯城縣東南三十里。縣志：即馬陵山之南高峯。相傳孔子嘗登此山望海，因名。

石梁山。在郯城縣西北六十里。相對者爲磨山。縣志：相傳曾子曾經此。

七岌山。在郯城縣北七十里，與蒼山相對。

羽山。在郯城縣東北七十里。禹貢「羽畎夏翟」，即此。郭璞山海經注云：羽山在東海祝其縣西南，鯀殛處也。上有二泉，會爲羽潭。左傳：子産云「鯀殛羽山，其神化爲黄熊，入于羽淵」。則此羽山爲鯀殛處無疑矣。

蕭山。在費縣東二十五里官道之北。又聖堂山在縣西五十里。

方山。在費縣東南三十里。其東爲馬山，朱龍河出焉。其南爲荻子山。縣志：有吴王殿舊址。又有方山。舊志：在蒙陰縣北八里。新志：在縣東南十里。

箕山。在費縣東南五十里，東泇水出焉。又縣境有抱犢山，爲西泇河水所出。

由吾山。在費縣南四十里。其北爲廣泉山，上多泉，流爲乾河，北入于浚；其西有雲頭崮。

南城山。在費縣西南八十里。縣志：即曾子葬父處。亦名曾子山，又名毓秀山。其麓爲印山，有子游祠；其旁爲石門山，武城故址存焉。本朝乾隆二十七年春，高宗純皇帝南巡江、浙，道經沂州，有御製望南城山詩。

聰山。在費縣西北百里。蓋即古冠石山。浚水發源于此。

神山。在費縣東北八里，小沂水所經。

萬松山。在費縣東北十二里。其東南繞祊河。乾隆二十二年春，高宗純皇帝南巡江、浙，有司於此建行館，鑾輿經過，有御製小憩萬松山詩；二十七年，三幸江、浙，有御製萬松山停蹕詩；三十年，四幸江、浙，有御製萬松山駐蹕暨行館即事雜詠、題萬松山北軒詩；四十五年，五幸江、浙，有御製萬松山行館、駐蹕萬松山北軒作、萬松山行館疊前韻詩。

屋樓山。在莒州東二十里。齊乘作屋漏山。舊志：石徑巉巖，望之如樓觀然。山椒建浮圖，東西有瓦甕等崖，峻絶如削。

梁父山。在莒州東三十里，與屋樓山連麓並峙。

觀山。在莒州東六十里。州志：峯巒陡立，其巔名霞客頂，南北對峙者曰鳳凰垛。數峯疊起，形勢峻絶。中有石橋，迤南爲橋子崖，即可樂垛。延袤二十餘里，東西壁立萬仞。

盧山。在莒州東六十里。州志：又東爲李姑寨，環圍皆山，中有大澗怪石。又沂水縣西南有盧山，葱蒨明秀，與蒙山署等。

馬髻山。在莒州東南六十里。以形似名。舊志：潯水出此，一名巨公山。水經注：巨公山，蒼翠萬疊，勢亦飛而不駐。山麓登陟之徑有里餘，步聲鏗訇。巔有二井，隔咫而鑿，一甘一鹵。有峯曰壁立，曰蓮花。東有馬口石，西爲楊廣峽，即宋儒楊光輔讀書處，俗訛以「光」爲「廣」也。山東並峙者曰几山，亦曰駝山；北曰寨山；又東曰梁山，雙峙者曰羊角山；又東曰望海山、嶋山，皆馬髻之嶧也。

空沖山。在莒州東南百里。州志：其東曰惡石，西曰小鹿。三山相連，自根至頂，巖石玲瓏。攀藤而上，有層巒疊嶂。

焦原山。在莒州南四十里。尸子：莒有焦原，廣尋，長五百步，臨百仞之溪。莊子：伯昏瞀人登焦原之山，射蛟百仞之淵，而目不瞬。寰宇記：俗名横山。齊乘：漢志謂之崢嶸谷，俗名青泥衖。唐李白詩「手執飛猱搏凋虎，蹋足焦原未云苦」，即此也。

浮來山。在莒州西三十里。州志：亦曰浮丘山。山半有莒子陵。其北即洛山也。按：齊乘謂春秋隱公八年「公及莒人盟于浮來」，即此。明公鼒辨之曰：「後漢志東莞有邳鄉，有公來山，或曰即古浮來。水經注沂水東徑蓋縣故城南，又東徑浮來之山，浮來水注之。春秋『公及莒人盟于浮來』者也。又曰：「大峴山水東南流逕邳鄉東，東南注于沭，詳酈氏所記。則邳鄉爲峴山水入沭所經，其去峴山非遠，正沂水縣西北之境。況沂水下流，不由莒地。若如齊乘言，春秋「浮來在莒西三十里」，則去沂水甚遠。水經注安得云逕浮來山，浮來水注之乎？後世不識浮來所在，遂以莒城西山當之耳。」

定林山。在莒州西四十里。齊乘：在西湖西。上有定林寺。

檀特山。在莒州西北四十五里。齊乘謂之檀頭山。舊志：洛水、黄華水皆發源于此。

洛山。在莒州西北四十里。齊乘：在浮來山北。呂清水發源于此，過西湖，會茣華水。

五山。在莒州西北九十里。府志：五峯並列，如筆架狀。

箕屋山。在莒州西北九十里。水經注：濰水導源濰山。許慎説文、呂忱云「濰水出箕屋山」。淮南子曰「濰水出覆舟山」。蓋一山而異名也。元和志：濰山在莒縣東北八十三里。齊乘：今曰清風山，在莒州北一百里。

高柘山。在莒州北。漢書地理志靈門縣有高桼山。注：顔師古曰：「桼，即『柘』也。」水經注：浯水出浯山，世謂之巨平山。地理志：靈門有高桼山，與浯一山，浯水所出。今是山西接浯山。按：齊乘以高柘山爲即巨平山，誤。

壺山。在莒州北。漢書地理志：靈門有壺山，浯水所出。按：此即水經注之浯山，聲近而訛也。顧炎武肇域志「巨平山在高柘山西四十里」。

箕山。在莒州北一百里。水經注：箕水出諸縣西箕山，西南流注沭。隋書地理志：東莞縣有箕山。齊乘作琪山。

七寶山。在莒州北一百里。府志：山出金、銀、銅、鐵、鉛、錫、土。凡金銀非此土不液，故曰七寶。南十五里曰古石港，銀洞在焉。明萬曆中嘗開採，尋止。

雲孔山。在莒州北一百五十里。州志：山有孔，隱隱而下，可容數十人。内出雲氣，産石乳。

靈山。在莒州東北五十里。州志：其東爲寶珠山、幞頭山，兩山僅隔一徑，争奇競秀。

青山。在莒州東北八十里。水經注：袁公水出青山，即此。舊志：居民最盛，以山爲利，農具、檿絲、薪炭之所出。

張遲山。在莒州東北一百里。其東爲漢汪山，接諸城縣界。

綿山。在蒙陰縣東十里。其地産木綿。

筲箕寨山。在蒙陰縣東南四十里。

蒙山。在蒙陰縣南，接費縣界。書禹貢：徐州，蒙、羽其藝。詩魯頌：奄有龜、蒙。漢書地理志：蒙陰，禹貢蒙山在西南，有祠。章懷太子曰：山在新泰縣東南。時縣方省入新泰也。劉方徐州記：蒙山高四十里，長六十九里，西北接新泰縣界。元和志：蒙山在費縣西北八十里，東蒙山在費縣西北七十五里。邢昺論語疏：山在魯東，故曰東蒙。齊乘：龜山在今費縣西北七十里，蒙山在龜山東，二山連屬，長八十里。禹貢之蒙、羽，論語之東蒙，此正蒙山也。後人誤以龜山當蒙山，蒙山爲東蒙，而隱没龜山之本名。明公鼒蒙山辨：「蒙山高峯數處，俗以在西者爲龜蒙，中央者爲雲蒙，在東者爲東蒙，其實一山，未嘗中斷。龜山自在新泰縣境，其北有沃壤，所謂『龜陰之田』是也。」舊志：蒙山綿亘百二十里，有七十二峯，三十六洞，古刹七十餘所。龜蒙頂爲最勝，其次曰白雲巖，産雲芝之茶。其東有平仙頂、卧仙檝、玉皇頂，皆秀插雲表。本朝乾隆十六年、二十二年、二十七年、四十五年、四十九年，高宗純皇帝南巡江、浙，經過山東，並有御製過蒙山暨望蒙山雪色詩。又有九仙山，在縣南三十五里，與蒙山連麓。

仙洞山。在蒙陰縣南八里。一名蒙陰山。水經注：蒙陰水出蒙陰山。

叟崮山。在蒙陰縣西南七里。

巨圍山。在蒙陰縣西南四十里。水經注：巨圍水出巨圍山。

五女山。在蒙陰縣西南四十五里。水經注：桑泉水北出五女山。舊志：此西五女山也，又有東五女山在縣東北五十五里。

紅山。在蒙陰縣西三十里。縣志：山下有紅溝，出丹砂。

敖山。在蒙陰縣西北三十五里，接新泰縣界。舊志：山在縣西北堂阜社。

兩縣山。在蒙陰縣西北六十里。縣志：一名龍亭洞，東南屬蒙陰，西北屬新泰。山頂有銀礦，明嘉靖中封閉。

嵩固山。在蒙陰縣西北一百十里。縣志：山上一石，聳然突起，絶頂處四平約一畝許。孤立萬山中，若嵩嶽狀，故名。

魯山。在蒙陰縣北一百六十里，西與新泰縣接界。水經注：螳螂水出魯山。寰宇記：螳螂山在沂水西北一百九十里，與大、小二魯山連接。南面有穴若門，直入二十里，可容方駕。

臨樂山。在蒙陰縣東北。漢書地理志：蓋縣臨樂子山，洙水、沂水所出。水經注：沂水出沂山，亦或云臨樂山。寰宇記：艾山一名臨樂山，在新泰縣東北三十里。齊乘：蒙陰縣東北，地名南河川，小阜之下有狗泉，即沂水源也。疑此即臨樂山。府志：臨樂山在蒙陰縣北一百三十里，狗泉出其下。

飛娥山。在蒙陰縣東北八里。一名鳳凰山。

具山。在蒙陰縣東北十五里。左傳桓公六年：申繻曰「先君獻、武廢二山」。杜注：「具、敖也。獻公名具，武公名敖。」

云云山。在蒙陰縣東北三十里，接泰安府界。史記封禪書注：晉灼曰：「山在蒙陰故城東北。下有云云亭。」

長山。在蒙陰縣東北四十里。崗巒起伏，連延數十里。

昔賢山。在蒙陰縣東北五十里。下有昔賢峪，中有晏子莊及墓。

黃陽山。在蒙陰縣東北六十里。

黃鵠山。在蒙陰縣東北八十里，小沂水所出。亦名黃孤山，又名牛心山。相近有乾山，山陽有郭巨墓。

樓山。在蒙陰縣東北九十里。縣志：一名版崮，層崖兩級，巖下有泉。

閭山。在蒙陰縣東北一百二十里。水經注：閭山水出閭山。

東皋山。在沂水縣東一里。

岠山。在沂水縣南十里。沂水經其下。

望仙山。在沂水縣西南五十里。上泉水出此。

靈山。在沂水縣西十里。魏書地形志：蓋縣有靈山廟。即此。

龍山。在沂水縣西二十里。唐書地理志：沂水縣有龍山。

雙岡山。在沂水縣西三十里。嶺如雙髻。

雹山。在沂水縣西北三十里。亦名爆山、峋山〔三〕。水經注：沂水徑爆山西。山有二峯，相去一里許。雙巒齊秀，員峙若一。魏書地形志：發干縣有峋山。元和志：山出紫石英，瑩澈如雹，故名。齊乘：今曰峋突固〔四〕。明統志：又名大固山。

閔公山。在沂水縣西北八十里。縣志：峯巒孤秀，澗壑迴合，環山皆松石。相傳閔子曾避地其中，故名。又有子路依棲巖，芙蓉泉出此。

織女山。在沂水縣西北一百十里，臨沂水。縣志：上有織女洞，深遠莫測，時聞有機杼聲。

白馬山。在沂水縣西北一百二十里。縣志：崖間有石馬、石人，巧若天成。

荆山。在沂水縣西北一百二十里。縣志：上有浮圖、梵宇，甚壯麗。

雕崖山。在沂水縣西北一百七十里，接蒙陰縣界。沂水出此。舊志：巖壑秀削，如雕鏤狀，故名。

沂山。在沂水縣北一百十里。其陰爲臨朐，其陽爲沂水。

永福山。在沂水縣東北六里。

大峴山。在沂水縣東北一百二十里。水經注：大峴水北出大峴山。元和志：在沂水縣北九十里。

聚奎山。在日照縣東南二十里。

風火山。在日照縣南六十里。

白雲山。在日照縣西南三十里。縣志：岡嶺四合，西偏缺處，竹木參差。

三注山。在日照縣西南五十里。水經注：有葛陂水出三注山。府志有三柱山，即「三注」之訛也。又縣北二十里，亦有三柱山，與縣山對峙，非水所出。

磴山。在日照縣西南六十里。縣志：岡嶺四合，中平若掌。巖下有泉，芳洌異他水。澗谷多含桃。

矮岐山。在日照縣西南六十里。縣志：頂有雙峯，竹子河發源于此。相連有朝元山。銀杏一株，蔭被數畝。

白垛山。在日照縣西南八十里。山巔壁立。相近有幽固山。

黄山。在日照縣西二十里。大莊河發源于此。

空中水山。在日照縣西北六十里。縣志：崖畔飛瀑，望若匹練。

盤谷山。在日照縣西北八十里。縣志：俗名牌孤山。東偏有泉，深不可測，俗呼爲海眼。頂上池廣數畝。相近有蒼穀峪〔五〕。

觀瀾山。在日照縣西北一百里。可東望大海。

駝兒山。在日照縣西北一百里。縣志：山椒有石，如人負兒狀。傅疃河發源于此〔六〕。山頂有秦王碑、磨劒石。齊乘：日照有石駝山。即此。

崐山。在日照縣西北一百里。縣志：出石細潤，其佳者可與萊石埒。

柏林山。在日照縣西北一百里。

河山。在日照縣北二十里。縣志：爲縣主山，以其爲境内衆河之源，因名。上有石洞吐雲，俗以此占雨絶驗。頂有紫官寨、龐家鋪。

會稽山。在日照縣北四十里。縣志：相傳越王嘗登此，號小會稽山。

絲山。在日照縣東北三十里。縣志：山崖懸溜如絲，絲水發源于此。

鼇頭山。在日照縣安東廢衛東南三里。又嵐頭山在衛東南七里。諸山皆與衛城連絡相映。

雲臺山。在日照縣境安東廢衛南海洋中。其相近者又有鶯遊門山、東牛山、神山。

孔望山。在日照縣安東廢衛南海洋中。相峙又有泰山。

煙臺山。在日照縣安東廢衛南三里。

闞山。在日照縣安東廢衛北三里。

摩天嶺。在沂水縣西五十里。縣志：南北峻絶。又有上門道在縣西北一百二十里，四面皆山，居中一線。

轆轤嶺。在沂水縣西北一百五十里，連青州府臨朐、益都二縣界。

石城崮。在蘭山縣西南百四十里，與兖州府嶧縣接界。府志：壁立絶峻，頂上寬平，約有百畝可耕。中有龍潭，深不可測，禱雨輒應。

柱子崮。在費縣西南四十里。

大沭崮。在費縣西南六十里。府志：縣山以「崮」名者甚衆。又一泉崮在縣西南八十里，上有泉一泓，雖旱不涸。

吴家崮。在費縣西南七十里。泉出崮下，流爲同石河。

大崖崮。在費縣西南一百里。亦曰大崖阜。祊水出焉。

嚴家崮。在莒州南四十里。莒州山多險峻，此爲第一。

泇水。齊乘：東泇出沂州西北箕山，南流至卞莊站，東分一丈入芙蓉湖，溉田數千頃；西泇出嶧縣東北抱犢山，東南流至三合村，與東泇合。又有魚溝水，出浮丘，亦合于此，故名三合。

沂水。源出蒙陰縣北，東南流徑沂水縣西，又南流徑蘭山縣東，又南流徑郯城縣西，又南流入江蘇徐州府邳州界。書禹貢：徐州，淮、沂其乂。周禮：青州浸曰沂、沭。水經注：沂水出蓋縣艾山。鄭康成曰：水出沂山，亦或曰臨樂山。水有二源，南源世謂之柞泉，北源世謂之魚窮泉，俱東南流，合成一川。又東南流，合洛預水、桑預水。又東南，螳螂水入焉。又東徑蓋縣故城南，又東合連綿水，又東徑浮來山，浮來之水注焉。又南徑爆山西，又東南徑東莞故城西，與小沂水合。又南與閭山水合，又南徑東安縣故城東，而南合時密水。又南，桑泉水注之。又南徑陽都縣故城東，又南與蒙山水合，又左合温水，又南徑中丘城西，又南徑臨沂縣故城東，有治水注之。又南徑開陽縣故城東，又南過襄賁縣東，屈從縣西南流，又屈南過郯縣西，又南過良城縣西，又南至下邳。元和志：沂水在臨沂縣東，去縣一里。明知州何格議治沂有二難：一隘於石溝，一隘于廟山。自石溝以上，有坊口通長溝、温泉入沭之故道；廟山以下，有馬兒灣通五丈溝、蘆塘諸湖，入邳之故道。實又沂水之故迹也。長溝不可不開，以殺石溝之隘；馬兒灣不可不開，以疏廟山之隘。石溝在蘭山縣東北，廟山在縣南八十里。本朝乾隆十三年，以河臣高斌言「沂河兼受諸水，其秋盛漲，易致泛濫」，命動帑修築兩岸長隄。又於江風口建迎水、滚水各壩〔七〕，歷久漸圮。乾隆二十二年，特遣侍郎裘曰修與河臣張師載等相度重修江風口各壩，并增築隄一百八十丈，其壩外支河及陷泥河，又上流武河，又其西之燕子、芙蓉二河並加濬治寬深。自是沂屬永無水患。乾隆二十二年、三十年、四十五年、四十九年，高宗純皇帝南巡江、浙，經過山東，並有御製渡沂水詩。

小沂水。源出費縣西北聰山，東南至蘭山縣入于沂。古名治水，亦名武水，又名浚河。漢書地理志：南武陽冠石山，治水所出。注：應劭曰：「武陽縣，武水所出。」水經注：治水出南武陽冠石山，即應劭所謂武水也。東流徑蒙山下，又東南徑顓臾城北，又東南徑費縣故城南，俗亦謂之小沂水。又東南徑祊城南，又東南注于沂。齊乘：小沂水出蒙山西，東過費縣神山，納祊水。南至沂州西，又分爲涑水。涑水自州城西，小沂自城北，入沂。宋慶曆中沂州修城碑云：大、小二沂，環流外轉，而小沂尤湍于西北。平日波如簟紋，清淺可愛。及山水至，如百萬陣馬摩壘而來，謂此水也。

浯水。在莒州東一百三十里，流入青州府安丘縣界。水經注：高柘山西接浯山，浯水所出，世謂之浯汶。東北流至姑幕縣故城東，又東北至平昌。齊乘：浯水，今名南清河。

潯水。在莒州東南。水經注：潯水出巨公山，西南流，舊堨以溉田。又西南流入沭。舊志：流徑馬髻山陰，繞山右西南流，馬髻山水入焉。過灰子泊，又西南流入沭。

鶴水。在莒州東南三十里。發源日照縣界，西流過縣東四十里九里泊，西南流，王彪諸山水入焉。又西南至西鶴水村，巒莊水南來入焉。北轉徑葛湖東公婆山下，又西流，石井水南來入焉。又西入沭。

夜頭水。在莒州南。漢書地理志：椑縣有夜頭水，南入海。寰宇記「莒縣有向水，南至海」，或即夜頭水之異名，今無考。

葛陂水。在莒州南一百里，自日照縣流入。今湮。水經注：水出三柱山，西南流徑辟陽城南，積而爲陂，謂之辟陽湖。又西南流注于沭。

黃華水。在莒州西五里。亦名沙河水。齊乘「沙河水首受西湖，湖受黃華諸水」是也。舊志：發源檀特山，合洛山諸水瀦爲湖。下流亦稱灞水，南流入沭。又有呂清水，在州西八里。發源洛山，五橫橋過西湖，會黃華水。

洛水。在莒州西北四十里。出檀特山陰。齊乘：洛水出檀頭山，流入于沭。

濰水。源出莒州東北，東流入青州府諸城縣界。禹貢：青州，濰、淄其道。周禮職方氏：兖州，其浸盧、濰。漢書地理志：箕縣有禹貢濰水出，北至都昌入海。過郡三，行五百二十里。水經注：水導源濰山東北，逕箕縣故城西，又西，折泉水注之。又東北，逕諸縣故城西。　按：左傳襄公十八年：晉師伐齊，東侵及濰。字或省「水」作「維」，或省「系」作「淮」。漢志琅邪郡朱虚下、箕下作「維」，靈門下、横下、折泉下作「淮」。上文引禹貢「惟甾其道」又作「惟」。一卷之中異文三見，後人誤讀「維」爲「淮沂其乂」之「淮」，而呼此水爲「槐河」矣。

袁公水。在莒州東北五十里。水經注：袁公水出清山，尋坤濰而注沭。

蒦崮水。在蒙陰縣東南。水經注：蒦崮水有二源雙會，東導一川，俗謂之汶水。東經蒙陰縣，注桑泉水。

蒙山水。在蒙陰縣東南。水經注：蒙山水出蒙山之陰，東流逕陽都縣南，東注沂水。舊志：在縣東南桃墟社，俗名桃墟河，亦名桃曲河。

堂阜水。在蒙陰縣東南。水經注：水導源堂阜東南，注桑泉水。府志：源出浮來山。

桑泉水。在蒙陰縣南，東流至沂水縣界，入于沂。水經注：水北出五女山，東南流，巨圍水注之。又東南，堂阜水入焉。又東南，經蒙陰縣故城北，又東南，與蒦崮水合。又東南，盧川水注之。又東南，右合蒙陰二水，東北流入沂。齊乘：桑泉水合蒙陰水，通名爲汶河。

螳螂水。在蒙陰縣北。水經注：螳螂水出魯山，東南流，右注沂水。舊志：螳螂水在福吉社，俗名松仙河。

蒙陰水。出蒙陰山。東北流入桑泉。

盧川水。在蒙陰縣東北九十里。水經注：水出鹿嶺山，東南流，左則二川臻湊，右則諸葛泉源澌奔。亂流徑城陽之盧縣，又東南注桑泉。舊志又有小沂水，源出黄鵠山東南，合盧川水入桑泉。或謂即水經注入沂之小沂水，誤也。

沭水。源出沂水縣北，東南流逕莒州東，又西南流逕蘭山縣東，又南徑郯城東，又東南流入江蘇沭陽縣界。水經注：水出大弁山，引控衆流，積以成川。東南徑邳鄉南，又東南左合峴水，又東南徑東莞縣東，左與箕山水會。又東南過莒縣東。又南，袁公水注之。又南，潯水注之。又南，與葛陂水會，又南，過陽都。又南，會武陽溝水。又南徑東海郡即丘縣，又南徑東海厚丘縣。齊乘：沭水自大峴老牛嶺東逕琪山，峓水入焉。又南至洛山，洛水西來入焉。又南逕莒州城東。又南，沙河水西來入焉。又南，温泉西來入焉。又東南徑蒼山、馬嶺、羽山、由吾，羣山聯絡，沭東沂西，夾山而行。山峽之間，有山口池者，俗云禹鑿沂水，由三十六穴湖貫此峽口，與沭相通。又南至沭陽。舊志：蘭山縣東北六十里有湯河，出湯山，東南流入沭。

絲水。在日照縣東五里。源出絲山，南流經聚奎山，東入海。

大海。在日照縣東南五十里張落口，接江蘇海州贛榆縣界。迤北曰濤落口，又北曰夾倉口，又北曰萬皮口，又北至縣東北五十里曰龍汪口，接青州府諸城縣界。

蒙河。亦名汶河。有兩派：一出蒙山東澗谷間，一出費縣東山谷間。東流徑蘭山縣東北八十里，入于沂。

阜河。在郯城縣東南。源出縣舊城東北。縣志：一名墨河。源出墨泉。舊可通舟楫，南至宿遷。今堙。

白馬河。在郯城縣西五里。源出九龍山下，至縣西北，又南入于沂水。

朱龍河。在費縣東二十里。源出馬山前，有仁政橋跨其上。東北流入于祊。

祊河。齊乘：祊水出費縣南關陽川。舊志：即大崖崮泉也。名祊者，以地爲古祊田也。出崮東，北流徑縣南，匯爲桃花淵。淵在崖石間，水深多魚。桃花上爲二郎淵，下爲丁溝淵，皆祊水之曲也。祊水東入于小沂水，其支分曰涑水，在沂州西入于沂水。涑水支分曰陳河，亦名元孝河，亦名池頭河，在郯城縣西四十里，南流至江蘇邳州。乾隆二十二年，高宗純皇帝南巡江、浙，經過山東，有御製渡祊河詩。

柳毅河。在費縣西南四十里。源出鐵城，會黑滂陂泉，北流至梁山口入于祊河。又倉山河，亦在縣南，入于祊。

小淮河。亦名廣川河。在費縣西南七十里。源出山谷間，北流注小沂水。

同石河。在費縣西六十里。即吴家崮諸山泉也。北流入于小沂水。

乾河。在費縣西三十里。源出由吾、廣泉諸山，北流入小沂水。

蒙陽河。在費縣西北七十里。源出蒙山下，南流三十里入小沂水。

洪河。亦曰紅河。在費縣北四十里。源出蒙山下，西南入小沂水。

蕭馬莊河。在蒙陰縣西北一百里。又西北流十餘里，入泰安府萊蕪縣界。

大莊河。在日照縣東三里。源出縣西黄山柰子溝，繞縣北，折而南，入固河，又東南入海。

竹子河。在日照縣南四十里。發源矮岐山，東流入海。

傅疃河。在日照縣西南。源出縣西北駝兒山。亦曰寨河。又東南流，爲紅河。又東南徑縣西五十里沈疃店，爲沈疃河。又東南十里，爲曲河。又東至縣南二十餘里，聚西北衆流爲一，始名傅疃河。合夾倉河入海。

藻溝湖。在蘭山縣東五十里。府志：一名棗溝湖。夏秋水聚，一望無際。或謂之魚梁溝。東入沭水。迤北曰長溝湖。又有琵琶汪，在縣東南二里，元末平章王信蓄水灌田處也。每城濠水溢，則從此以達沂河。

漁溝湖。在蘭山縣西南百里。源出寶山，東南流匯而爲湖。其下流復西南出，合于東、西二枷水。又縣西南二十五里曰泥沱河，中有圓洲，四面水環如鏡。迤南又有蘆蕩、柳莊二湖。

大方湖。在郯城縣西南十五里。縣志：廣可百畝，中多荷芰。下流入沂。又採蓮湖在縣南二十里，周十頃許。今皆淤爲田。

伍湖。在郯城縣北三十里。西南流入白馬河。

柳汪湖。在費縣東四十里。

漏澤湖。在費縣西百三十里，接兖州府泗水縣界。其西即陪尾山，泗水發源處也。水經注：魯國卞縣東南桃墟有澤，方十五里。渌水澄渟，三丈加減〔八〕。澤西際阜，俗謂之嬀亭山。阜有三石穴，廣圓三四尺。穴有通否，水有盈漏，居民識其時將漏，預障穴口，魚鱉暴鱗，不可勝載。齊乘：澤有五穴，春夏積水，秋冬漏竭。將漏時，聲聞數里，居人每伺其漏穴，以扈取魚，隨種麥〔九〕。比水至，麥已收矣。又一名雷澤。

費城湖。在費縣西北二十五里。縣志：廣千五百餘畝，多魚鱉菱芡之利。

土山湖。在莒州西南五十里土山北。

西湖。在莒州西一里。齊乘：湖受黄華諸水，皆莒城西北羣山泉瀦而爲湖。舊志：舊有大湖、小湖，今水東而下至于濰水，湖地盡爲桑田，然亦沮洳苦雨。

紅石澎。在蘭山縣西十五里。府志：夾涑水兩岸頓起山峯，水中石骨崚嶒，與水薄激，聲聞數里。又西有響河，因此故名。

天井汪。舊志：在費縣南四十里。泉出地中，流爲涑河，南流入沂。

大石淵。在沂水縣西南三十里。西北諸山谷水至此會爲大淵，方數頃，下流一里入沂。

孝感泉。在蘭山縣北二十五里。齊乘：孝感水出王祥墓西戚溝湖，即剖冰躍鯉之地也。又白馬泉在縣西七里。又南二里有馬跑泉，北五十里又有桃花泉，俱流入沂。

孝源泉。明統志：在莒州北百里太平岡。唐孝子孫既廬母墓側，醴泉涌出，因名。東流入浯。

石井泉。在莒州東南，西北入鶴水。
北流泉。在莒州箕山南，北流入濰。
官橋泉。在蒙陰縣西北一百里，入新泰縣汶河。又有葛溝泉、卞家泉、海眼泉，俱入萊蕪縣汶河。
龍泉。在蒙陰縣東北九十里。東流入盧川水，即水經注所謂諸葛泉也。又縣北四十里亦有龍泉。
上泉。在沂水縣西南四十里。出望仙山，東南流入沂。
銅井泉。在沂水縣西南六十里。出西嶺下，流入沂。
雪王臺泉。在沂水縣西南八十里。縣志：臺不知其所自始，或曰故薛國之臺也。泉出臺前，南入桑泉水，入于沂。
張莊泉。在沂水縣西北五十里。東南流入沂。
芙蓉泉。在沂水縣西北七十里。出閔公山。舊志：又有龍王泉，在縣西北九十里，東流入沂。又小水泉在縣西北一百三十里，南流入沂；其西又有大水泉。
隨潮泉。在日照縣東南濤落店海龍廟前。縣志：隨潮消長，而水嘗甘。相近有連珠井，水亦甘。
丹井。在蒙陰縣東七十里。

古蹟

即丘故城。在蘭山縣東南。春秋時曰祝丘。桓公五年，城祝丘。漢置縣，屬東海郡。孟康曰：即丘，古祝丘也。後漢爲侯國，屬琅邪國。晉因之。宋爲琅邪郡治。魏、齊、周因之。隋大業初并入臨沂。齊乘：即丘城在沂州東南五十里。

利城故城。在蘭山縣東百里。漢置利城縣，屬東海郡。後漢末置利城郡。魏復爲縣。晉因之。宋省。水經注：倉山有故城，世謂之監官城，即古有利城也。其城因山爲基，接江南贛榆縣界。

魏其故城。在蘭山縣南。漢置縣爲侯國，屬琅邪郡。後漢省。

蘭山故城。唐書地理志：武德四年置蘭山、臨沭、昌樂三縣，屬沂州。六年俱省入臨沂。舊志：蘭山社在州南九十里，即故蘭山縣。

襄賁故城。在蘭山縣西南一百二十里。戰國時齊邑。漢置縣，屬東海郡。後漢、晉因之。宋爲東海郡治，後徙縣于東南境淮水北岸，而此城廢。水經注：沂水東過襄賁縣東。齊乘：襄賁城與鍾離城相對，俗訛作鑿城。又鍾離城在縣西南百餘里，相傳楚將鍾離眛所築，故名。

臨沂故城。在蘭山縣北。漢置縣，屬東海郡。後漢改屬琅邪國。晉因之。宋大明五年省。魏武定八年復置，屬郯郡。魏書地形志：即丘縣有臨沂城。北齊省。隋開皇十六年復分即丘置，爲琅邪郡治。唐以後爲沂州治。明省入州。舊志有臨沂社，在州北五十里。故縣治此。

開陽故城。在蘭山縣北。春秋時鄅國。昭公十八年：邾人入鄅。注：「鄅國，在琅邪開陽縣。」又哀公三年：季孫斯、叔孫州仇帥師城啓陽。註：即古鄅也。漢避景帝諱，改名開陽，屬東海郡。後漢書：琅邪王京都莒，上書願徙宫開陽，許之。遂爲琅邪國。晉因之。宋移郡治即丘，并入焉。齊乘：開陽城在州北十五里。舊志有古城社，在州東北十五里，即古開陽也。

南武城故城。在費縣西南九十里。春秋魯邑。襄公十九年，城武城，後亦謂之南城。史記田敬仲世家：威王曰：「吾臣有檀子者，使守南城，則楚人不敢爲寇。」漢置南城縣，爲侯國，屬東海郡。後漢改屬泰山郡。晉曰南城，尋曰南武城縣。宋復爲南城縣。後魏因之，屬東泰山郡。北齊省。宋程大昌澹臺祠友教堂記：武城有四，左馮翊、泰山、清河、定襄，皆以名縣，而清河特曰東武城者，以其與定襄皆隸趙且定襄在西，故也。若子游之所宰，其實魯邑，而東武城，魯之北也，故漢儒又加「南」以別之。史遷之傳曾子曰「南武城人者」，創加也，論語無此也。子羽傳次曾子，省文序其邑里，止曰「武城」。

費縣故城。在今縣西北二十里。春秋魯季氏邑。其外城即古祊邑也。左傳隱公八年：鄭伯請釋泰山之祀而祀周公，使宛以祊易許田。注：祊，鄭祀泰山之邑也，在琅邪費縣東南。又僖公元年，公賜季友汶陽之田及費。漢封功臣陳賀爲侯，後爲縣。宋徙縣理祊城。後魏太和二十年，自祊城移理今縣城北四十里。北周復徙治陽口山。隋開皇四年，復自陽口山移入祊城。本朝乾隆二十二年、二十七年、三十年，高宗純皇帝南巡江、浙，經過山東，俱有費城覽古暨過古費城御製詩。

南武陽故城。在費縣西北七十里。漢置縣，屬泰山郡。以東郡有武陽縣，故加「南」也。後漢及晉因之。宋曰武陽縣。後魏因之，屬東泰山郡。隋開皇十六年改曰顓臾，屬琅邪郡。唐初屬沂州。貞觀元年省入費縣。

華縣故城。在費縣東北六十里。漢置縣，屬泰山郡。後漢并入費縣〔一〇〕。晉復置，屬琅邪國。後廢。

莒縣故城。今莒州治。周爲莒國子爵。出自少昊之後。武王封兹輿期于莒。春秋隱公二年：莒人入向。史記楚世家：簡王元年，北伐滅莒。其地後屬齊，亦名城陽。漢文帝二年，封朱虚侯章爲城陽王，以莒爲都。後漢建武二年，封春陵嫡子祉爲城陽王〔一一〕。十三年省城陽國併琅邪。永平五年，琅邪王京徙都開陽，遂爲琅邪屬縣。寰宇記：密州莒縣，魏明帝以爲城陽郡，莒縣屬焉，而城陽郡徙理東武。晉太康十年，割莒縣屬東莞郡。惠帝自東莞移理莒城。南燕録：慕容德以尚書潘聰爲徐州刺史，鎮莒城；又以桓遵爲齊州刺史，亦理此。宋武北伐，遵舉城降。後魏以莒縣屬東莞郡。高齊罷東莞郡，以莒、東莞二縣屬東安郡。元和志：縣東北至密州百九十里。明初始廢入州。按：舊志，春秋時別有三莒：一爲周境内邑，左傳昭公二十六年「陰忌奔莒」是也。一爲齊東境，昭公三年「齊侯田于莒」，十年「陳桓子請老于莒」是也。一爲魯邑，定公十四年「城莒父」，論語「子夏爲莒父宰」是也。惟此爲莒國之莒。

高鄉故城。在莒州南。漢置爲侯國，屬琅邪郡。後漢建武十三年封城陽共王子堅爲侯，尋省。寰宇記：故城在莒州東南七十三里。齊乘：高鄉城，疑即今十字路城。

高廣故城。在莒州南。漢置縣，屬琅邪郡。宣帝封城陽荒王子勳爲侯邑。後漢廢。

椑縣故城。在莒州南。亦曰向城。本春秋時小國。隱公二年，莒人入向。漢置縣，屬琅邪郡。後漢省。章懷太子曰：「莒縣南有向陂。」寰宇記：椑縣蓋即向城，在莒縣南七十三里。

箕縣故城。漢置爲侯國，屬琅邪郡。後漢省。水經注：濰水逕箕縣故城西。寰宇記：箕山，在今莒縣北八十里，箕縣蓋因山爲名。故城在縣東北一百餘里。齊乘：在箕屋山下。

靈門故城。漢置縣，屬琅邪郡。後漢省。寰宇記：在沂水縣西北一百里。舊志：在莒州北一百二十里，今曰石埠城。

蒙陰故城。春秋魯蒙邑。左傳哀公十七年：公會齊侯于蒙。注：「蒙在東莞蒙陰縣西，故蒙陰城也。」漢置蒙陰縣。後漢省。晉復置。宋省。後魏置新泰縣。東魏改曰蒙陰。水經注：桑泉水逕蒙陰縣故城北。杜佑通典：蒙陰故城在新泰縣東南。舊志：漢故城在今縣西南十五里。又有故城在縣東十里，蓋即後魏所置新泰縣也。北齊廢入新泰。元皇慶中復置于今治。

東莞故城。今沂水縣治。漢置縣，爲侯國。晉屬東莞郡，後屬慕容燕。亦曰團城。魏改爲南青州，仍治團城。水經注：沂水逕東莞縣故城西。隋改曰沂水，屬沂州。寰宇記：沂水縣在沂州西北二百里。縣治本漢東莞縣地。南燕于此置團城鎮，去東安郡三十里。以城隍正圓，因名團城。舊志有故城在今縣西北二十里。

東安故城。在沂水縣南。漢置縣，屬城陽國。後漢屬琅邪國。三國魏嘗置東安郡，尋廢，仍屬琅邪郡。晉元康元年復置東安郡于蓋縣，省東安縣入之。魏書地形志：蓋縣有東安城。水經注：沂水經東安縣故城東。舊志：故城在今縣南三十里。

陽都故城。在沂水縣南。春秋時陽國也。閔公二年，齊人遷陽。漢置縣，屬城陽國。應劭曰：「陽都，故陽國是也。」後漢屬琅邪國。永平十五年徵東平王蒼來陽都。崔鴻十六國春秋：永和九年，段龕據青州，置徐州于陽都。十二年，徐州刺史荀羡攻陽都，克之。縣尋廢。水經注：沂水經陽都縣故城東。章懷太子曰：「陽都故城在沂水縣南。」齊乘：沂水南逕諸葛城，蓋即故縣，以諸葛氏本陽都人故名。按：公鼐曰：「盧水之右有諸葛泉源，後人求陽都而不得，乃以沂州當之，非也。」

蓋縣故城。戰國齊邑。漢爲縣，屬泰山郡。景帝五年封后兄王信爲侯邑。後漢永平二年，割屬琅邪國。章帝時復故。晉屬東莞郡。元康元年析置東安郡治此。宋、魏因之。北齊徙郡治東莞，省縣入焉。隋開皇十六年復置東安縣，屬琅邪郡。唐初省。寰宇記：故城在沂水縣西北八十里。

發干故城。在沂水縣西北。劉宋置，屬東安郡。齊省。

海曲故城。在日照縣西十里。漢置縣。有鹽官。後漢改曰西海。元和志：漢海曲縣在莒州東一百六十里。齊乘：日照縣，莒州東南百五十里，海濱十里，蓋漢海曲之地。宋元祐二年置日照鎮，屬密州。金升爲縣，屬莒州。

廢盧縣。在沂水縣西南。漢置，屬城陽國。後漢省。水經注：盧川水逕城陽之盧縣，故蓋縣之盧上里也。

故郯城。春秋宣公四年：公及齊侯平莒及郯。襄公七年：郯子來朝。竹書紀年：晉烈公四年，越子朱句滅郯。漢書地理志：東海郡郯，故國，少昊後，盈姓。齊乘：郯城在沂州東南百二十里。舊志有古城社，在縣西二十里。又故縣社在縣西南三十里，蓋其遺址。又城冢記：郯城在沂、沭二水間，周十餘里，西南去邳州八十里。今與邳州接界。

郚城。春秋定公十年：叔孫州仇、仲孫何忌帥師圍郚。注：郚，叔孫氏邑。齊乘：在沂州東三十六里。隋嘗置臨沂縣于此。

許田城。在蘭山縣西北五十五里。春秋左傳隱公八年：鄭伯使宛來歸祊，請祊易許田。後人以是名城，爲許田城。

二疏城。在蘭山縣城北。縣志：相傳漢疏廣、疏受歸老于此。本朝乾隆二十七年、三十年，高宗純皇帝南巡江、浙，經過山東，有御製二疏城暨二疏城詠古詩。

魯穆公城。在蘭山縣北九十里。相傳魯穆公所築。東有九女墩，南有青駝鎮。縣東五十里又有康王城，前有沙埠墩，謂之康王射臺。

王僧辯城。在蘭山縣東北。元和志：梁將王僧辯屯兵于此。齊乘：土人呼諸葛城。

中丘城。在蘭山縣東北三十里。春秋時魯邑。隱公七年：夏，城中丘。杜注：「在琅邪臨沂縣東北。」高士奇春秋地名考：今沂州東北有中丘城，或謂之諸葛城。以諸葛武侯嘗居此地，故名。

東陽城。在費縣西南七十里。左傳哀公八年：吴師克東陽。注：「魯地。」後漢書郡國志：泰山郡南城有東陽城。舊志：今爲關陽鎮。

輿城。在費縣西。春秋哀公十四年：司馬牛卒于魯郭門之外，阬氏葬諸丘輿。注：「南城縣西北有輿城。」舊志有原憲城，在縣西北百十里，相傳原憲所居。鄭城，在縣西南七十里，相傳鄭康成所居。

顓臾城。在費縣西北八十里。魯附庸國。左傳：顓臾，風姓也，實司太皞與有濟之祀。注：「顓臾，在泰山南武陽縣東北。」漢書地理志：顓臾國，在蒙陰縣蒙山下。後漢書郡國志：南武陽有顓臾城。

辟土城。在莒州東南。漢元朔二年，封城陽共王子壯爲辟土侯。水經注：葛陂水流逕辟土城南，世謂之辟陽城。

曹公城。元和志：在莒州南七十二里，周四里，曹公征陶謙時所築。齊乘：在莒州南二十里，今謂之五花營。

長城。在莒州北。俗名長城嶺。齊記：宣王乘山嶺，築長城，西起齊州，東至海，以備楚。長城之入莒者，自穆陵東歷巨平山四十里，接高柘嶺，遠望如長虹，轉而南，絶浯水，漸入諸城界，至膠州入海。

鄆城。在沂水縣北。春秋文公十二年：季孫行父帥師伐諸及鄆。成公九年：楚公子嬰齊帥師伐莒，莒潰〔一二〕，楚人入鄆。襄公十二年：季孫宿帥師救台，遂入鄆。昭公元年：三月，取鄆。左傳：趙文子曰：「莒、魯争鄆，爲日久矣。」杜預注：「城陽姑幕縣南有員亭。員即鄆也。」漢書地理志注：孟康曰：「東莞故鄆邑，今鄆亭是。」水經注：京相璠曰：「姑幕縣南四十里員亭，故魯鄆邑。今在團城東北四十里，猶謂之故東莞城也。」舊志：闞駰十三州記曰：「魯有兩鄆。昭公所居者爲西鄆，在東平；此謂莒、魯所争者，謂之東鄆。」

邳鄉城。在沂水縣北。水經注：沭水流逕邳鄉南，南去東莞縣八十里，城有三面，而不周於南，故俗謂之半城。元和志：伍緝之從征記曰：「大峴去半城八十里。」

沂州廢衛。在蘭山縣境。本朝康熙十七年裁。

安東廢衛。在日照縣南九十里。本漢海曲縣地。晉以後爲莒縣地。金、元時爲日照縣地。明弘治三年分置安東衛，隸青州。本朝乾隆七年裁。其所轄田畝、村莊及入學額數，歸併日照縣及青州府屬之諸城縣，分派經管。

成平公營。元和志：在沂水縣北一百五十六里。周武拔鄴城，高緯走青州，大將軍成平公尉遲勤追擒之。周因授以青州總管，立碑紀功。

次睢之社。在蘭山縣東北。左傳僖公十九年：宋公使邾文公用鄫子于次睢之社。後漢書郡國志：臨沂有叢亭。注：博物記曰：「縣東界次睢有大叢社，民謂之食人社。即次睢之社。」

樂毅壘。莒州志：樂毅攻莒時所築。今十里鋪壩上東南俗傳護水隄者，即其遺址也。

吕母固。在日照縣南。漢書王莽傳：天鳳四年，琅邪女子吕母起兵。初，吕子爲縣吏，爲宰所冤殺。母散家財，得百餘人，攻海曲，殺其宰以祭子墓。元和志：海曲有吕母固，即吕母集兵之所。

堂阜。在蒙陰縣西北三十里。左傳莊公九年：管仲請囚，鮑叔受之，及堂阜而税之。注：「堂阜，齊地。」東莞蒙陰縣西北有夷吾亭，或曰鮑叔解夷吾縛于此，因以爲名。又文公十五年：齊人爲孟氏謀，飾棺置諸堂阜。注：「堂阜，齊、魯境上邑。」水經注：堂阜水，導源堂阜。齊乘：蒙陰縣西四十里有磨石峴，長二十餘里，極險峻。峴下即堂阜，俗訛爲憚阜。

牟鄉。在沂水縣南。春秋宣公九年：取根牟。左傳昭公八年：大蒐于紅，自根牟至于商、衛，革車千乘。注：「根牟，東夷國也。今琅邪陽都縣南有牟鄉。」後漢書郡國志：陽都有牟臺。

東呂鄉。在日照縣東。後漢書郡國志「西海」注：博物記：「太公呂望所出。今有東呂鄉。又釣于棘津，其浦尚存。」舊志有晏公臺，在縣東北二十里，去海里許，舊址尚存。臺旁溪水清漣，即太公釣處。按：劉向說苑，呂尚聞西伯養老，西歸于周，釣渭上。渭水在禹貢雍州之域，今陝西西安府渭南縣即其地。至日照乃齊封邑，賜履之後，不得復有垂釣事。原志謂「釣于棘津，其浦尚存」，今棘津無考。又謂「晏公臺旁即太公釣處」，其說悉屬附會。以舊志相沿，故仍存之。

孝悌里。在費縣東五十里諸滿村。省志：古臨沂之孝悌里也。顏氏自師古以下世居斯土，數傳至杲卿、真卿，其忠烈尤著云。舊志云故城在費縣東五十里，中有隱貞觀，相傳顏魯公所居之處。

渠丘里。在莒州北。左傳成公八年：申公巫臣如吴，與渠丘公立于池上。注：「莒邑。今莒州有蘧丘里。」

花園莊。在郯城縣西三里。今名郯子花園。乾隆二十六年建有行宫。高宗純皇帝南巡江、浙，駐蹕於此。二十七年、三十年、四十五年、四十九年俱經駐蹕，有御製詩。

二賢莊。在沂水縣西北八十里。縣有閔公山，相傳爲閔子避地之所。又有子路栖依巖。後人因名其地爲二賢莊。

劉公莊。在日照縣西八十里。梁時劉勰所居。

望海樓。在郯城縣東南三十里孔望山。縣志：世傳孔子嘗登此山望海，因建石樓其上。

禹王臺。在郯城縣東北十里。縣志：世傳神禹治水時，鑿馬陵山，引沭水歸海，築臺于此，以鎮水勢。明正德間，土寇竊發，臺漸圮。嗣是夏秋之間，沭水泛漲而西，縣城屢被衝決。本朝康熙二十八年始築竹絡壩禦之。乾隆八年復修，並建禹王廟於石壩之北，自是沭水安流，經行諸縣，遂無水患。十六年，高宗純皇帝南巡江、浙，經過山東，有御製題禹王臺詩。

平野亭。在蘭山縣東北。縣志：相傳爲晉琅邪王潛邸遺址。

勇士亭。後漢書郡國志注：郯有勇士亭，即古勇士萬丘欣也。

憶梅亭。在郯城縣西北六十里。縣志：相傳爲何遜建。乾隆十六年辛未，高宗純皇帝鑾輿經過，有憶梅亭御製詩。

傾蓋亭。在郯城縣北十里。劉向説苑云〔一三〕：孔子之郯，遭程子于途，傾蓋而語終日，後人因建亭于此。

古台亭。在費縣南。春秋襄公十二年：莒人伐我東鄙，圍台。後漢書郡國志：費縣有台亭。

古密如亭。在費縣北。左傳閔公二年：莒人歸共仲及密。後漢書郡國志：費縣有密如亭。

康成石室。在費縣西南八十里南成山。寰宇記：後漢書：「鄭康成遭黄巾之亂，客于徐州。」鄭氏孝經序云：「僕避難于南成山，栖遲巖石之下。念昔先人餘暇述夫子之志而註孝經。」今西上可二里許有石室，周迴五丈，世云康成註孝經于此。

香林館。在蘭山縣東。又有雨聲軒，在東湖岸。縣志：皆金太守張汝芳建。

澹臺故居。在費縣西南九十里關陽鎮。澹臺滅明世居于此。有澹臺橋。

老萊故居。在費縣西北八十里蒙山下。皇甫謐高士傳〔一四〕：老萊子隱居蒙山之陽，著書十五篇。

于公宅。在郯城縣西十里。漢于公爲獄吏，嘗自言曰：「吾治獄多陰德，後世必有興者。」令高大其門，可容駟馬車。今其地名高大社。乾隆二十七年、三十年，高宗純皇帝南巡江、浙，俱有題于公宅御製詩。

王導故宅。元和志：在臨沂縣東南三十八里。

宋刻漏碑。在蘭山縣内。元祐六年立。

醉翁亭碑。在費縣廳左。宋蘇舜欽爲費宰，與歐陽修同時爲刻此碑，並往復手帖。

響石。在蒙陰縣中山社。舊志：其石甚巨，空透玲瓏，擊之聲韻清越。宋乾興時，詔構亭其上，有真宗御製碑。

關隘

紫金關。在蒙陰縣東南蒙山，接費縣界。元時設巡司，明萬曆間裁。

九女關。在蒙陰縣南三十里南北要路。又有白馬關，在縣西南三十五里。

青駝寺巡司。在蘭山縣北九十里。

關陽鎮巡司。在費縣西南八十里。

平邑寨巡司。在費縣西北九十里。

十字路巡司。在莒州南一百餘里。齊乘謂即古高鄉城。

石埠集巡司。在莒州西北八十里。

垛莊驛巡司。在沂水縣西南百五十里。本朝康熙二年置驛丞，乾隆十四年改設巡司。

安東衛巡司。在日照縣南九十里。本朝乾隆八年移夾倉鎮巡司駐此。

長任鎮。在蘭山縣南三十里。金史地理志：臨沂有長任、向城、利城三鎮。

羅滕鎮。在蘭山縣西南九十里。舊置巡司，今裁。

磨山鎮。在郯城縣西北七十里。舊置巡司，今裁。

大興鎮。在郯城縣東北九十里。舊置沂郯海贛同知，本朝乾隆三十八年改設通判駐此。

毛陽鎮。在費縣西北百里。舊置巡司，今裁。

夾倉鎮。在日照縣東南二十五里。有石城。明洪武初置巡司，今裁。

濤落鎮。在日照縣東南四十里。漢書地理志：海曲縣有鹽官。金史地理志：日照縣有濤落鎮。舊志：明設鹽課司于此。

張洛營。在日照縣南六十里。相近有新安營。又有石河營、湖水營，俱在縣東北三十里；龍汪營，在縣東北五十里。皆防海口，今廢。

黑龍寨。在蒙陰縣東北五十五里。其東南有楊家寨、筲箕寨、傅家寨，西南有搜虎寨，西北有青崖寨，北有五子寨、樹枝寨，東北有匙尾寨、磨崮寨、太平頂寨、蘆崮寨、大崮寨、版崮寨，皆蒙陰諸山分支。

石臼寨。在日照縣東海邊。舊有石臼島，故名。宋乾道初，李寶放舟石臼島，與金兵隔一山。時北風甚盛，寶禱于石臼神，俄有風從柁樓中來，如鐘鐸聲。衆志咸奮，風駛舟疾，遂有陳家島之捷。明初置石臼寨備禦千户所，在縣東二十里。舊有石城，周三里有奇，久廢。

巨峯寨。在日照縣西南六十里。明嘉靖十三年建。

蘭陵集。在蘭山縣西南一百三十里。本朝乾隆六十年移縣丞駐此。

葛溝店。在莒州西南百二十里，接沂水縣界。舊置巡司，本朝康熙十六年裁。

東里店。在沂水縣。本朝移縣丞駐此。

李家莊驛。在蘭山縣東南四十里，與徐公店、紅花埠、垛莊並爲南北孔道。本朝康熙十三年設。舊有驛丞，乾隆十四年裁。

徐公店驛。在蘭山縣北七十里。本朝康熙二年始置于縣北九十里青駝寺，十二年移此。舊有驛丞，乾隆十四年裁。

紅花埠驛。在郯城縣南四十里。本朝康熙二年置驛丞。舊有道平、解村二驛，皆裁。

津梁

駕虹橋。在府城普照寺前。

傾蓋橋。在郯城縣北十里，跨伍湖水。傾蓋亭舊建于此。

仁政橋。在費縣東二十里，跨朱龍河。

五橫橋。在莒州西十里。

龍石橋。在莒州北一里。舊患山水漫流，明成化間始濬溝水成橋。

名義橋。在蒙陰縣東十八里。

通濟橋。在蒙陰縣東四十里。

水恩橋。在蒙陰縣北三十里。亦名高都橋。

望仙橋。在沂水縣南五十里。

曲橋。在沂水縣南七十五里。

河陽白龍橋。在沂水縣南一百里。

高橋。在沂水縣北五十里。

永固橋。在日照縣西，跨固河。

柰子溝橋。在日照縣西十五里。

陵墓

周

季文子墓。在蘭山縣西南神峯山下。

荀卿墓。在蘭山縣西南。

郯子墓。在郯城縣南十里。

司馬牛墓。在費縣南城山。

曾晳墓。在費縣西南八十里南城山下。王充論衡所謂「南城之冢」也。

莒子墓。在莒州西北浮來山下。

孟母墓。在沂水縣東北六十里。有祠。

漢

蕭望之墓。在蘭山縣西南百三十里。

孝婦墓。在郯城縣東十里許。即漢宣帝時東海孝婦也。

于定國墓。在郯城縣西南二里許。

郭巨墓。在蒙陰縣東北乾山之陽。

曹嵩墓。嵩，操之父。寰宇記：在沂水縣南百二十五里。

晉

琅邪王墓。晉宣帝子，名伷。在蘭山縣東二里。

王祥墓。在蘭山縣北二十五里。有孝友祠，祀祥及弟覽。

金

張莘卿墓。在日照縣南劉家寨。

明

王璟墓。在蘭山縣東南三里。

祠廟

宗聖祠。在蘭山縣南五里。祀曾子及其子元、申，孫西，門人公明儀等。又費縣西南境亦有宗聖曾子祠。

五賢祠。在蘭山縣南五里。府志：舊名景賢祠，祀漢諸葛亮，晉王祥、王覽，唐顏杲卿、顏真卿。明嘉靖三十年建。本朝乾隆十六年，高宗純皇帝南巡江、浙，經過山東，易爲五賢祠，有御製五賢祠詩。

諸葛武侯祠。在蘭山縣東北諸葛城。

王右軍祠。在蘭山縣羲之故宅。

問官祠。在郯城縣北。世傳即孔子問官郯子之地。本朝康熙七年修。

蒼山神祠。在費縣南。宋元豐二年封豐德侯，賜額曰靈臺。

子游祠。在費縣西南。即古武城地。相近又有澹臺子祠。

蒙山神祠。在費縣西北蒙山之陽。宋政和五年封昭濟惠民王。

馬鬐山神祠。在莒州南馬鬐山。齊乘：宋宣和四年賜額曰惠感。

樊噲廟。在蘭山縣東五十里故城北樊母村。

顔魯公廟。在費縣東一里祊河上。縣志：祀唐顔真卿。祠舊在縣東五十里諸滿村，宋元祐六年改建於此。有宋曹輔碑記。

城陽景王廟。在莒州城内。風俗通：城陽景王章以誅諸吕功封。自琅邪、青州六郡皆爲立祠，轉相誑耀，言有神明，其遣問禍福立應。惟樂安太傅陳蕃、濟南相曹操一切禁絶，肅然政清。後漢書劉盆子傳：軍中嘗有齊巫歌舞，祀城陽景王。

顓臾廟。在蒙陰縣西南五十里。

寺觀

普照寺。在蘭山縣。王羲之故宅也。府志：晉元帝渡江，捨爲梵宫。唐時賜額曰「開元」。金改今名。中有羲之曝書堂、澤筆池。本朝康熙間，聖祖仁皇帝南巡經此，御製洗硯池贊并序。

定林寺。在莒州西浮來山。舊志：即梁劉勰校釋經、隋曇觀送舍利之地。有古木，傳是春秋時所植，大數十圍，高數仞，清陰竟畝，夏月忘暑。

南竺壽寺。在蒙陰縣南三里。縣志：寺有銀杏，唐時植。幹圍數丈，蔭可一畝。

聖景寺。在蒙陰縣西北三十里堂阜社。省志：即宋僧普和伏蟒處。一名老僧堂。

大善寺。在沂水縣西南一百四十里。寺内有卧佛，長亘殿三楹。

玉虚觀。在郯城縣東北蒼山之陽〔一五〕。縣志：相傳爲安期生修煉處。

聖臨院。在費縣西。省志：本名崇興寺。本朝康熙二十三年，聖祖仁皇帝東巡，駐蹕於此，改今名。

塔河院。在費縣西。縣志：唐時建。

玉虚宫。在費縣西北黽山下。省志：唐仙翁賈文所建。院有古松，高五丈，枝幹盤旋，世傳文所手植，有「神松」之目。

校勘記

〔一〕南北距一百二十八里　乾隆志卷一四〇沂州府建置沿革（下同卷簡稱乾隆志）同。按，據下文南北二至，南北實距一百三十里，雍正山東通志卷五疆域正作「南北袤一百三十里」。疑此誤。

〔二〕官溝水自小沂分流　「官」，原作「宫」，據乾隆志及齊乘卷一山川改。

〔三〕亦名爆山峋山　「峋」，原作「炮」，據乾隆志及齊乘卷一山川改。

〔四〕今曰峋突固　「峋」，原作「炮」，據乾隆志及齊乘卷一山川改。

〔五〕相近有蒼穀峪　「蒼穀」，乾隆志作「倉穀」，疑當作「穀倉」。雍正山東通志卷六山川志日照縣有穀倉山，疑即此。

〔六〕傅疃河發源于此　「傅」，原作「傳」，據乾隆志及本志下文「傅疃河」條改。

〔七〕又於江風口建迎水滚水各壩　「迎」，原作「寧」，據乾隆志改。

〔八〕渌水澄渟三丈加減　「渟」，原作「浮」，據乾隆志及水經注卷二五泗水改。「三丈加減」，水經注「加」作「如」，意殊費解。沈炳巽水經注集釋訂訛疑「三丈」上下有訛字。

〔九〕以扈取魚隨種麥　「隨」，原作「遂」，據乾隆志及齊乘卷一山川改。

〔一〇〕後漢并入費縣　「費」，原作「廢」，乾隆志同。按，後漢書地理志泰山郡有費縣，無華縣，胡三省注通鑑謂「蓋併省也」。清高士奇春秋地名考略則徑以爲華縣「後漢并入費縣」。乾隆志蓋據此以録，唯誤刻「費」作「廢」也，本志失察，相沿未正。今因改。

〔一一〕封春陵嫡子祉爲城陽王　「春」原作「舂」，「祉」原作「祖」，乾隆志同，據後漢書卷一光武帝紀及卷一四城陽恭王祉傳改。

〔一二〕莒潰　「潰」，原作「漬」，據乾隆志及春秋成公九年改。

〔一三〕劉向説苑云　「説」，原作「記」，據乾隆志改。

〔一四〕皇甫謐高士傳　「謐」，原作「謚」，據乾隆志及晉書卷五一皇甫謐傳改。

〔一五〕在郯城縣東北蒼山之陽　「城」，原脱，據乾隆志補。

大清一統志卷一百七十八

沂州府二

名宦

漢

汲黯。濮陽人。武帝時遷東海太守。黯學黄老言，治官民好清静，擇丞史任之，責大指而已，不細苛。黯多病，卧閤内不出，歲餘，東海大治。

尹翁歸。河東平陽人。宣帝時拜東海太守。過辭廷尉于定國，定國家在東海，欲屬託邑子兩人，與語終日，不敢使見。既去，謂邑子曰：「此賢不可干以私。」翁歸治東海明察，吏民皆改行自新。東海大豪郯許仲孫爲奸猾，亂吏治，郡中苦之。二千石欲捕者，輒以力勢變詐自解。翁歸至，論棄仲孫市，一郡怖栗，東海大治。以高等，入守右扶風。

祭彤。潁陽人。建武中遷襄賁令。襄賁盜賊公行，彤至，誅破奸猾，殄其支黨。數年政清，增秩一等。

宋均。安衆人。永平初遷東海相。在郡五年，坐法免官。吏民思均恩化，爲之作歌，詣闕乞留者數千人。

黄浮。汝南人。桓帝時爲東海相。時中常侍徐璜弟宣爲下邳令，恣行暴虐，浮收宣家屬，無少長悉考之。掾史固諫，浮曰：「徐宣國賊，今日殺之，明日坐死，足以瞑目矣。」即按宣罪棄市，暴其尸以示百姓，郡中震慄。浮坐髠鉗，輸左校。

三國　魏

趙咨。東郡燕人。延禧中拜東海相。在官清簡，計日受俸，豪黨畏其儉節。視事三年，以病自乞。徵拜議郎。

胡質。壽春人。黄初中任東莞太守。在郡九年，吏民便安，將士用命。

晉

王承。晉陽人。永寧中遷東海太守。政尚清静，不爲細察。有盜池中魚者，綱紀推之，承曰：「文王之囿，與衆共之。池魚復何足惜耶？」有犯夜者，爲吏所拘，問其故，答曰：「從師受書，不覺日暮。」承曰：「鞭撻甯越以立威名，非政化之本。」使吏送令歸家。

諸葛恢。陽都人。元帝時爲即丘長，轉臨沂令。爲政和平。

南北朝　周

豆盧通。徒河人。大象中爲北徐州刺史。尉遲迥作逆，遣其所署莒州刺史烏丸尼率衆來攻，通逆擊殺之。

唐

高智周。晉陵人。永徽間費令。與丞尉均取俸，民安其化，刻石頌美。

五代

梁

徐懷玉。焦夷人。從太祖征討，遷沂州刺史。屬歲屢豐，乃繕兵治壁，爲戰守具。已而王師範叛，擾梁東境，懷玉屢以州兵擊破之。

唐

張廷藴。襄邑人。明宗時爲沂州刺史。廷藴素廉，卒之日，家無餘貲。

晉

郭瓊。盧龍人。開運中沂州刺史。時盜賊蠭起，瓊單騎赴郡。賊聞其威名，相率遁去。

周

張暉。大城人。廣順中爲沂州刺史。三年，吏民詣闕奏留。

宋

戚綸。楚丘人。太平興國中爲沂水主簿。按版籍，得逋户、脱户、漏租者甚衆。

孫奭。博平人。雍熙中爲莒縣主簿。上書願試講説，遷大理評事。

趙德彝。秦王廷美子。年十九判沂州。飛蝗入境，吏民請坎瘞火焚之。德彝曰：「上天降災，官臣之罪。」乃責躬引咎，齋戒致禱，既而蝗自殪。儒生乙恕郊居肄業，有尸横舍下，所司捕恕抵獄。德彝疑其冤，令緩刑。未幾，果獲殺人者，恕遂得釋。淳化初，改封廣平郡公。部民詣闕乞留，有詔嘉奬。

張焘。臨濮人。知沂州。沂産布，潍産絹，而有司科賦相反，焘始革之。

向綜。河内人。知沂州。沂阻山多盗，綜請用重法繩禁，歲斷大辟減半。性寬裕，善治劇，獨於奸惡不少恕。

金

李偲。安喜人。大定中沂州防禦使。沂南邊郡，户部符借民間田種禾，取藁秸，備警急用度。偲曰：「如此，則農夫失業。」具奏止之。轉運司牒郡輸粟朐山，調急夫數萬人。時久雨泥濘，輓運不能前進。偲遣吏往朐山，刺取其官廩，見儲糧數可支半歲，即具其事牒運司，請緩期，民便之。

鈕瑚魯舍音。正定府路烏珠克明安人。明昌中爲臨沂令。有不逞輩五百人，結爲黨社，大擾境内。舍音下車，其黨散去。蝗起莒、密間，獨不入臨沂境。先是，朝廷括河朔、山東地，隱匿者没入官，告者給賞。莒州刺史教其奴告臨沂人冒地，積賞錢三百萬。先給官鏹，乃徵於民，民甚苦之。舍音列其冤狀白州，州不爲理。即聞於户部，而徵還之，流民歸業，縣人勒其事於石。「鈕瑚魯舍音」舊作「女奚烈守愚」，「烏珠克明安」舊作「吾直克猛安」，今俱改正。

完顔伯嘉。北京路翁鄂洛必拉明安人。章宗時莒州刺史。巘屬縣盗，伯嘉曰：「饑寒爲盗，得錢二千，何經月不使一錢？此必官兵捕他盗不獲，誣以準罪耳。」詰之果然。「翁鄂洛必拉明安」舊作「訛魯古必刺猛安」，今改正。

燕寧〔一〕。宣宗時爲莒州提控，守天勝寨。紅襖賊五公喜襲據沂州，寧擊走之，遂復沂州。興定四年封東莒公，益都府路皆隸焉。五年，與蒙古咯、王庭玉保全東平，以功遷金紫光禄大夫。還天勝，戰死。「蒙古咯」舊作「蒙古綱」，今改正。

元

董文炳。藁城人。至元中改山東統軍副使，治沂州。沂與宋接境，鎮兵仰内郡餉運。有詔和糴本部，文炳命收州縣所移文，衆諫以違詔。文炳曰：「但止之。」乃遣使入奏。帝悟，罷之。

明

牟魯。烏程人。洪武初爲莒州同知。青州民孫古朴等爲亂，襲州城，執魯欲降之。魯曉以禍福，賊擁至城南鄒家莊。魯大罵，賊遂殺之。詔恤其家。

李錫。武進人。正德中知沂州。時流賊犯境，圍城數日，人心震懼。錫廣設方畧，談笑鎮之。乘夜選輕騎斫其營，斬數百級，賊遂遁去。

唐龍。蘭溪人。正德間知郯城縣。縣當孔道，荒敝甚。龍竭力撫循，民用不困。大盜劉六等起，龍率衆固守，僮僕多戰死，城卒以全。

俞青。正德中爲日照縣典史。流賊攻城，率衆禦之，殁於陣。

馮舜田。蒲州人。嘉靖中知日照縣。居官愛民，不畏强禦。樂安劇賊數百騎薄城，未成列，舜田命善射者射之，繼以虎尾礮斃數十人，賊遂退。

黄燏。延平人。嘉靖中知蒙陰縣。歲大饑，燏請發賑，陳便宜十事，全活萬計。萊蕪李彦清乘機爲亂，燏率鄉兵擊破之。

楊果。陽曲人。萬曆初知費縣。地荒民散，果招撫復業，鄰近飢民皆就食焉。

晉承眷。洪洞人。萬曆中知沂州。案牘清理，與平白蓮賊。在仕九年，政績懋著。

侯國安。雄縣人。萬曆中知莒州。招集流亡，給以牛種，復業者甚衆。行均丈法，令民自輸納，積弊悉除。

杜洽。任丘人。萬曆中知蒙陰縣。廉明多異政。臨朐以採礦致亂，據山以拒官軍。洽聞亂，單騎往諭，衆皆稽首聽命。臨朐人立祠祀之。

金三聘。順天人。崇禎末知郯城縣。流賊陷城，死之。

景淑範。蘭州人。崇禎末知莒州。城陷，死之。時訓導李重華亦死於難。

葉爚。漢中人。崇禎末知蒙陰縣。城陷，死之。

本朝

夏成德。遼東人。順治初，山寇未平，成德以總兵來鎮沂州。時以大義諭將校〔二〕，因是士皆奮勇，盜賊漸平，沂民於是不苦于兵。卒，祀名宦祠。

崔崶。長垣人。順治丙戌進士，知蒙陰縣。值土賊丁明吾陷城，罵賊死。祀名宦祠。

人物

漢

澓中翁。東海人。嘗授詩於漢宣帝。

于公。郯人。爲縣獄吏，郡決曹，決獄平，罹文法者，于公所決皆不恨。郡中爲之立生祠。東海有孝婦，少寡亡子，養姑甚謹。其後姑死，姑女告婦殺姑。吏具獄上府，于公争之弗得，辭疾去，太守竟殺孝婦。郡中枯旱三年。後太守至，于公具言其故，於是祭表其墓，天立大雨。始于公門閭壞，父老方治之，公曰：「少高大，令容駟馬高蓋車，我治獄多陰德，子孫必有興者。」後于定國爲丞相，封侯傳世云。

于定國。于公子。以才高舉侍御史，遷中丞。宣帝時超爲廷尉。定國爲人謙恭，尤重經術。士雖卑賤，恩敬甚備。其決獄平法，務加審慎之心，朝廷稱之曰：「張釋之爲廷尉，天下無冤民；于定國爲廷尉，民自以不冤。」甘露中，爲丞相，封西平侯。永光初，乞骸骨歸第，數歲卒。子永，折節修行，居喪如禮，以孝行聞。官至御史大夫。

后蒼。郯人。事夏侯始昌，通詩、禮。宣帝時爲博士，官至少府，授翼奉、蕭望之、匡衡。衡授琅邪師丹、伏理斿君，由是齊詩有翼、匡、師、伏之學。又從東海孟卿受禮，説禮數萬言，號曰后蒼曲臺記。授梁戴德、戴聖、慶普，由是禮有大戴、小戴、慶氏之學。

雅琴師氏。東海人。師曠後，著雅琴八篇。

髮福。東海人。受詩淄川長孫順〔三〕。至大官，徒衆甚盛。

薛宣。郯人。舉茂才，爲宛句令。大將軍王鳳聞其能，薦爲長安令。以明習文法，詔補御史中丞。數言政事便宜，舉奏刺史、郡國二千石，白黑分明，由是知名。尋爲御史大夫，代張禹爲丞相，封高陽侯。坐事免。又徵復舊職，任政數年，罷歸。

衛宏。東海人。從九江謝曼卿受毛詩，作詩序。後從大司空杜林受古文尚書，作訓旨。光武以爲議郎。

劉洪。蒙陰人。魯王宗室也。篤信好學，善算，當世無偶。觀六藝羣書，意以爲天文數微，遂專心鋭思作七曜術。拜郎中，檢東觀，與蔡邕共述律曆記。及造乾象術，十餘年，考驗日月，與象相應。

陳耽。東海人。以中正稱。靈帝時歷官司徒。光和五年，詔公卿以謡言舉刺史、二千石爲民蠹害者。時太尉許馘、司空張濟承望内官，受取賄賂。其宦者子弟賓客，雖貪污穢濁，皆不敢問，而虚糾邊遠小郡清修有惠化者二十六人。吏人詣闕陳訴，耽上言公卿所舉率黨其私，其言忠切，帝以讓馘、濟。由是諸坐謡言徵者，悉拜議郎。宦者怨之，遂誣陷耽，死獄中。

劉虞。郯人。初遷幽州刺史，民夷感其德化。後爲大司馬，進封襄賁侯。董卓之亂，山東諸將欲立虞爲主，虞厲色叱曰：「主上蒙塵，吾不能清雪國恥，而諸君反造逆謀以相垢誤耶？」於是選掾田疇間行奉使長安，又遣數千騎奉迎天子。公孫瓚勸袁術奪其兵，後又誣虞與袁紹等欲稱尊號，斬虞於薊市。

三國　漢

諸葛亮。陽都人。少孤，從叔父玄避難荆州，躬耕隴畝，自比管仲、樂毅。徐庶謂先主曰：「諸葛孔明者，卧龍也。」先主遂詣亮，三往乃見。後從先主敗曹操於赤壁，收江南。及成都平，策爲丞相。先主病篤，屬以後事曰：「嗣子可輔，輔之；如其不才，君可自取。」亮涕泣曰：「臣敢不竭股肱之力，効忠貞之節，繼之以死？」建興元年，封武鄉侯，領益州牧。南中諸郡叛亂，率衆平之，乃治戎講武，率諸軍北駐漢中，屢出祁山。平武都、陰平諸郡，分兵屯田，爲久駐之基。尋卒於軍。司馬宣王案行其營壘曰：「天下奇才也。」謚忠武侯。亮性長於巧思，損益連弩，作木牛流馬，推演八陣圖，咸得其要云。

諸葛瞻。亮子。年十七，尚公主，拜騎都尉。景耀四年，爲行都護衛將軍，平尚書事。魏鄧艾伐蜀，自陰平入，瞻督諸軍至涪。艾遺書誘瞻降，瞻怒斬其使，遂戰。大敗，臨陣死。長子尚歎曰：「父子荷國重恩，不早斬黄皓以致傾敗，用生何爲？」乃馳赴魏軍而死。

魏

徐奕。東莞人。曹公爲司空時辟爲掾屬，從西征。軍還，留奕爲丞相長史，鎮撫西京。稱其威信，再遷尚書令。曹公征漢中，魏諷等謀反，曹公歎曰：「安得爪牙之臣，可以遏奸防謀者乎？」桓階曰：「徐奕其人也。」乃以爲中尉。數月拜諫議大夫，卒。

國淵。蓋人。師事鄭康成。康成稱之曰：「子尼美才也，必爲國器。」曹公辟爲司空掾，每于公朝議論，常直言正色。累遷太僕卿。布衣蔬食，禄賜散之舊故宗族，恭儉自守。卒於官。

王朗。東海人。以通經，拜郎中，除菑丘長。後還會稽太守。爲孫策所破，曹公徵爲諫議大夫。文帝時，遷御史大夫。上疏勸育民省刑，尋改司空，封樂平鄉侯。諫止遊獵。是時大興屯田，欲舉軍東征，朗又上疏諫。明帝時，進封蘭陵侯，轉爲司徒。著易、春秋、孝經、周官傳，奏議論諫，咸傳於世。

王肅。朗子。黄初中爲散騎黄門侍郎。太和中，上疏陳政本〔四〕。景初間，宫室盛興，上疏極諫。出爲廣平太守。徵還，遷太常。時大將軍曹爽專權，任用何晏、鄧颺等，肅正色論曰：「此輩即弘恭、石顯之屬。」爽等聞之相戒。後加散騎常侍，卒。肅善賈、馬之學，爲尚書、詩、論語、三禮、左氏解，及撰定父朗所作易傳，皆列於學宫。其所論駁朝廷典制、郊祀宗廟、喪紀輕重，凡百餘篇。

繆襲。東海人。該覽經傳，徵博士，六辟公府。有才學，多所述敘。官至尚書、光禄勳。

卞蘭。開陽人。武宣后之從子。少有才學。明帝時，常因侍從數切諫，帝雖不能從，猶納其款誠。

吴

徐盛。莒人。遭亂居吴，以勇氣聞。孫權統事，以爲别部司馬，守柴桑。常以吏士二百破黄祖兵數千。爲中郎將，累遷安東將軍，封蕪湖侯。于時魏文帝有渡江之志，盛建計，從建業築圍作薄落，圍上設假樓，江中浮船。文帝到廣陵，望圍愕然，便引軍還，諸將皆伏。黄武中卒。

諸葛瑾。陽都人。爲孫權長史，轉中司馬。後漢建安中，權遣瑾使蜀通好，與其弟亮俱公會相見，退無私面。與權談説諫喻，未嘗切愕，權意往往而釋。後先主伐吴，或言瑾别遣親人與蜀相聞，權曰：「子瑜之不負孤，猶孤之不負子瑜也。」瑾爲人有容貌思度，于時服其宏雅，累拜大將軍、左都護，領豫州牧。

諸葛靚。瑾族弟誕子。奔吴，爲大司馬。吴亡，逃竄不出。晉武帝與靚有舊，因就見焉。靚逃於厠，帝逼見之，靚流涕曰：「不能漆身垢面，復覩聖顔。」詔爲侍中，固辭，歸鄉里，終身不向晉而坐。

晉

王祥。臨沂人。早喪親，事繼母朱氏至孝。母欲生魚，時天寒冰凍，祥解衣將剖冰求之，冰忽自解，雙鯉躍出。母又思黄雀炙，復有雀數千飛入其幕。初爲徐州别駕，州界清静，政化大行。累遷大司農，封萬歲亭侯。武帝爲晉王，祥與荀顗往謁，顗曰：「當拜。」祥曰：「安有天子三公而拜人者？」及入，獨長揖。武帝踐阼，拜太保，進爵爲公。以年老固辭，賜几杖不朝，安車就第。

王覽。祥異母弟。母朱遇祥不慈，祥被楚撻，覽輒涕泣抱持。朱屢以非理使祥，覽輒與俱。又虐使祥妻，覽妻亦趨而共之。母以祥有時譽，密酖之，覽知而取酒飲，母遽奪反之。自後朱賜祥饌，覽必先嘗，朱懼，遂止。應本郡召，稍遷清河太守，封即丘子。咸寧中，以光祿大夫卒。

閻德。東海人。唐彬初受學於德，門徒甚衆，獨目彬有廊廟才。及彬官成而德已卒，乃爲之立碑。

王戎。臨沂人。幼而穎悟，神采秀徹。阮籍與之友，常爲竹林之遊。鍾會伐蜀，問：「計將安出？」戎曰：「非成功之難，保之難也。」及會敗，議者以爲知言。辟相國掾，累遷吏部尚書，又遷尚書左僕射，領吏部。戎以晉室方亂，與時舒卷。卒，謚曰元。

王澄。衍弟。少歷顯位，遷成都王穎從事中郎。穎嬖豎孟玖譖殺陸機兄弟〔五〕，天下切齒。澄勸穎殺之，士庶稱善。及穎敗，以迎大駕勳封高鄉侯。惠帝末，爲荆州刺史。元帝徵爲軍諮祭酒。赴召時，王敦鎮豫章，憚澄盛名，使力士搤殺之。

諸葛恢。靚子。初，試守即丘長。避地江左，名亞王導、庾亮。導嘗謂曰：「明府當爲黑頭公。」時潁川荀闓、陳留蔡謨與恢俱字道明，有名譽，號曰「中興三明」。元帝時遷江南令，討周馥有功，封博陵亭侯。累遷尚書右僕射。成帝踐阼，加侍中。恢兄頤，字道回，亦爲元帝所器重，終於太常。

王導。覽孫。少有風鑒，識量清遠。襲祖爵即丘子。時元帝爲琅邪王，與導素相親善，導傾心推奉。及徙鎮建康，導勸帝收禮賢人，由是朝野傾心。帝嘗從容謂曰：「卿，吾之蕭何也。」愍帝即位，上書興復學校，帝納之。進驃騎大將軍。明帝伐王敦，假節督軍事。敦平，封始興郡公。後受遺詔輔立成帝，出討石勒。蘇峻難作，敬導德望，不敢加害。賊平，請帝鎮建康，進位太傅，拜丞相。咸和五年卒。弟穎、敞，與導俱知名，時人以穎方温太真，以敞比鄧伯道云。

王舒。導從弟。潛心學植，不營當時名。年四十餘，州禮命、太傅辟，皆不就。元帝鎮建康，參鎮東軍事，頻領望府，咸稱明練。太寧初，王敦表爲鷹揚將軍、荆州刺史，徵代鄧攸爲尚書僕射。又出爲會稽太守。蘇峻作逆，舒屢戰失利，自貶去節，尋監浙江東五郡事。使子允之大破韓晃於長塘。賊平，以功封彭澤縣侯，卒。允之字深猷。伯敦與錢鳳謀逆，允之知之，至都白舒，舒即與兄導俱啓明帝。敦平，允之隨舒至會稽。及蘇峻反，允之討賊有功，封番禺縣侯。

王彬。導從弟。少稱雅正。弱冠，不就州郡之命。元帝引爲鎮東賊曹參軍，豫討華軼功，封都亭侯。愍帝時遷侍中。從兄敦舉兵入石頭，帝使彬勞之。會周顗遇害，彬既見，因數敦曰：「兄抗旌犯順，殺戮忠良，謀圖不軌，禍及門户。」音辭慷慨，聲淚俱下。敦大怒曰：「爾狂悖至此，吾不能殺汝耶？」彬意氣自若。後敦議舉兵向京師，彬諫甚苦。俄爲豫章太守。敦平，有司奏籍彬，詔原之。遷尚書右僕射，卒。

王彪之。彬次子。初除佐著作郎，累遷廷尉。桓温下武昌，殷浩欲告退，彪之止之，温亦果不進。後簡文以爲會稽内史。會桓温鎮姑熟，四方修敬，皆遣上佐綱紀，彪之獨不遣，温乃以罪檻收彪之下吏。會赦免，復爲僕射。是時，温將廢海西公，彪之知温不臣迹已著，理不可奪，乃命定儀制，神彩毅然，朝廷以此服之。簡文崩，羣臣疑惑，謂當須温處分，彪之正色曰：「君崩，太子代立，大司馬何容得異？」朝議乃定。孝武即位，遷尚書令，加光禄大夫、儀同三司，卒。

王稜。彬季父琛子。渡江，爲元帝丞相、從事中郎。從兄導以稜有政事才，宜守大郡，乃出爲豫章太守。知從兄敦有罔上心，日夕諍諫，每言苦切。敦不能容，潛使人害之。

王羲之。導從子。以骨鯁稱。尤善隸書，爲古今冠。拜右軍將軍、會稽内史。時，殷浩與桓温不協，羲之以國家之安，在内外和，與書戒之。浩不從，果敗。東土饑荒，輒開倉賑貸；朝廷賦役繁重，每上疏争之，多見從。羲之雅好服食養性，樂會稽山水，嘗與同志宴集蘭亭，爲序以申其志。遂於父母墓前作文自誓，稱病去官，卒。

王凝之。羲之子。亦工草、隸。仕歷江州刺史、會稽内史，爲孫恩所害。

王徽之。羲之子。卓犖不羈。爲桓冲騎兵參軍。冲嘗謂曰：「卿在府日久，比當相料理。」徽之初不酬答，直高視，以手版拄頰曰：「西山朝來，致有爽氣耳。」嘗居山陰，夜雪初霽，忽憶戴逵，便乘舟詣之。造門而返，人問其故。曰：「乘興而來，興盡而返，何必見安道耶？」其傲達若此。後爲黄門侍郎，棄官東歸。

王獻之。羲之子。少有盛名，高邁不羈。嘗與兄徽之、操之俱詣謝安。既出，客問王氏兄弟優劣。安曰：「小者佳。」客問其故。安曰：「吉人之辭寡，以其少言知之。」工草隸，善丹青。七八歲時學書，羲之密從後掣其筆不得，歎曰：「此兒後當復有大名。」起家秘書郎，以選尚新安公主。謝安請爲長史，尋除吴興太守，徵拜中書令，卒。

劉超。臨沂人。少有志尚，爲琅邪國記室掾。以忠謹清慎爲元帝所拔。從渡江，專掌文檄。以左右勤勞，賜爵原鄉亭侯。處身清苦，衣不重帛，家無擔石之儲。成帝初，遷射聲校尉，統衆宿衛，號爲「君子營」。蘇峻謀逆，遷帝石頭，超步侍左右，密謀欲奉帝出。事泄，爲峻所害。峻平，詔還葬高地，使出入得瞻其墓。追贈衛尉，謚曰忠。子訥，謹飭有石慶之風。訥子享，亦清慎。

王恂。肅子。文義通博，在朝忠正，官至河南尹。

何無忌。郯人。少有大志，忠義任氣。州辟從事，轉太學博士。舅劉牢之鎮京口，每有大事，嘗與參議。桓玄篡位，與劉裕、劉毅共舉義兵。桓玄敗。屢進持節將軍、江州刺史，以興復功，封安城郡開國公。後與盧循别帥徐道覆戰，失利，賊衆登艦者數千人，無忌辭色不撓，遂握節以死。謚忠肅。

南北朝　宋

劉穆之。莒人。武帝克京城，何無忌薦爲府主簿。累遷尚書左僕射。穆之内總朝政，外供軍旅，決斷如流，事無擁滯。裁有閒暇，校定墳籍。卒，追封南康郡公。從弟秀之，遷尚書右僕射，涖官清潔，家無餘財。

臧燾。莒人。武敬皇后兄也。少好學，善三禮。晉太元中，始立國學，舉燾爲助教。宋武帝義旗建，歷參軍事，後拜太常。燾雖外戚貴顯，彌自冲約。所得俸禄，與親戚共之。以光禄大夫卒。

臧熹。燾弟。與燾並好經學。熹習騎射，志立功名。晉隆安初，從武帝至建業，使入宫收圖書器物，封府庫。有金飾、樂器，武帝問熹：「卿欲此乎？」熹正色曰：「將軍首建大義，劬勞王室，熹雖不肖，無情于樂。」以建義功，封始興縣五等侯，參車騎中軍軍事。武帝遣朱齡石統大衆伐蜀，命熹奇兵出中水，蜀大將譙撫之敗走，熹追斬之，成都平。遇病卒，贈光禄勳。

王弘。導曾孫。少好學，以清悟知名。武帝召補鎮軍諮議參軍，以佐命功，封華容縣公。文帝即位，以定策安社稷，進車騎大將軍，遷司徒，録尚書事。元嘉中，進位太保，領中書監。卒謚文昭，配食武帝廟廷。弘博練政體，留心庶事，斟酌時宜，每存優允。既人望所宗，造次必存禮法。凡動止施爲，及書翰儀體，後人皆依放之，謂之「王太保家法」。

王曇首。弘弟。幼有素尚。兄弟分財，曇首惟取圖書而已。爲文帝鎮西長史。武帝謂文帝曰：「曇首輔相才也。」及文帝入奉大統，以爲侍中，遷太子詹事。卒，文帝歎曰：「王詹事所疾不救，國之衰也。」贈光禄大夫，謚曰文。

徐湛之。羡之從孫。幼而有識，及長，頗涉大義。事祖母及母並以孝聞。元嘉中，拜秘書監，累官尚書僕射，領護軍將軍。元兇事起，見害。謚忠烈。

王誕。弘從兄。少有才藻。襲爵雉鄉侯，爲武帝太尉長史。盡心歸奉，帝甚仗之。後爲吴國内史，母憂去職。武帝伐劉毅，起爲輔國將軍。毅既平，誕先還，卒。

王華。誕從祖弟。武帝北伐長安，辟華爲主簿。文帝將入奉大統，華贊決就徵。及即位，以華爲侍中、右衛將軍，遷護軍將軍。元嘉四年卒〔六〕。

王惠。誕從祖弟。恬静不交遊，未嘗有雜事。武帝以爲行參軍，宋國初建，當置郎中令，難其人，帝以惠居之，謂不減袁曜卿。少帝即位，拜吏部尚書。客有以書求官者，得輒聚閣上。及去職，印封如初。

王球。惠從父弟。少與惠齊名。文帝時，歷位吏部尚書。性簡貴不交遊。居選職，不視求官書疏，而銓衡有序。除尚書僕射，卒。

王彧。球從子。好言理。少與陳郡謝莊齊名。孝武時遷司徒左長史。明帝即位，累加太子太保。

王裕之。晉驃騎將軍廙曾孫。少有清尚，性恬静，樂山水。求爲天門太守，轉南平。去官，桓玄簒位，屢召不下。武帝以爲車騎從事中郎。永初中，累遷吏部尚書。元嘉中，歷遷尚書令。表求還東，車駕餞送，卒於餘杭。孫秀之，武帝時爲晉平太守。期年求還，或問其故。答曰：「此郡沃壤，財生則禍逐。吾山資已足，豈可久留以妨賢路？」時人以爲「王晉平恐富求歸」。

王鎮之。裕之從祖弟。初補剡、上虞令，有能名。爲大將軍録事參軍，賑恤三吴饑荒，糾奏會稽内史王愉，爲所排抑。補安成太守，後爲御史中丞，執正不撓，百僚憚之。出爲平越中郎將、廣州刺史。在鎮不受俸禄，蕭然寡營。齊武踐阼，卒於宣訓衛尉。

王弘之。鎮之弟。武帝屢徵不就。從兄裕之嘗解貂裘與之，即著以採藥。舊家在會稽上虞，性好釣，垂綸江上，築室始寧沃川。謝靈運曰：「弘之拂衣歸耕，踰歷三紀，真千載盛美也。」及卒，顔延之欲爲作誄，自悵筆短不足書美，竟不就。

王韶之。裕之從祖弟。家貧好學，私撰晉安帝陽秋。及成，時人謂宜居史職，即除著作佐郎，使續後事。辭論可觀。武帝時，遷黄門侍郎。少帝即位，出爲吴郡太守，徙吴興，卒。撰孝傳三卷。

王悦之。獻之孫。少厲清操，亮直有風檢。泰始中，爲黄門郎、御史中丞。上以其廉介，賜田五頃。遷侍中，掌檢校御府、太官、太醫諸署。時姦竊者衆，悦之按覆無所避，衆共咒詛之。病卒於官。

太常。

王准之。彪之曾孫。家世相傳，諳江左舊事，緘之青箱，世謂之「王氏青箱學」。准之兼明禮傳，贍于文詞。宋臺建，爲御史中丞。元嘉中領吏部，出爲丹陽尹。准之究識舊儀，問無不對，彭城王義康歎曰：「但得如王准之兩三人，天下便足。」卒，贈太常。

顔延之。臨沂人。好讀書，文章冠絶當時。官至金紫光禄大夫。與謝靈運齊名，江左稱「顔謝」焉。

虞丘進。郯人。少時從謝幼度討苻堅有功，封關内侯。後從武帝征孫恩，定建業。及盧循逼都邑，孟昶等議奉天子過江，進廷議面折，武帝甚嘉之。除鄱陽太守。永初中，累遷太子右衛率〔七〕，卒。

何承天。郯人。幼孤。母徐廣姊。承天幼漸訓義。武帝起義，爲行參軍。宋臺建，爲尚書祠部郎，共撰朝儀。元嘉中除著作佐郎，撰國史，遷御史中丞。時魏軍南侵，承天上安邊論，凡陳四事。文帝每有疑議，必先訪之。删禮論爲三百卷，及文集傳於世。

王微。弘弟。少好學，善屬文。素無宦情，江湛舉爲吏部郎，微確乎不可拔。與何偃書，深言塵外之適。常住門屋一間，尋書玩古，終日端坐，席皆生塵埃，坐處獨浄。後贈秘書監。

王僧綽。曇首子。元嘉中累遷吏部郎，參掌大選，究識流品，任舉咸盡其分。僧綽沈深有局度，不以才能高人。文帝將廢立，僧綽謂宜速斷。及劭弑逆，乃收害焉。

王僧虔。曇首子。弱冠，雅善隸書。文帝時爲太子舍人。兄僧綽爲元兇所害，親賓咸勸之逃，僧虔泣曰：「今日之事，苦不及見耳。若同歸九泉，猶羽化也。」累遷尚書令。齊受命，遷侍中、左光禄、開府儀同三司。

徐孝嗣。湛之孫。歷御史中丞，出爲吴興太守，在郡有能名。復徵爲五兵尚書，臺閣事多委之。明帝時，以廢立功，封枝江縣侯，進爵爲公，轉尚書令。孝嗣愛好文學，器量宏雅，不以權勢自居。後爲羣小所憎，勸帝賜死。其子演、況皆見殺。

魏

王肅。臨沂人。太和中，父奂及兄弟並爲齊所殺，肅自建業奔魏。孝文聞其至，虛襟待之。肅陳説治亂，音韻雅暢，帝嗟納之。尋補輔國大將軍長史，詔肅討齊義陽。以破齊將裴叔業功，進號鎮南將軍，封汝陽縣子。高祖崩，遺詔以肅爲宰輔。參量憂勤，上下稱爲和輯。世宗時，以肅淮南累捷，封開國侯〔八〕，尋爲散騎常侍，都督淮南諸軍事。肅頻在邊，遠近歸懷，清心好施，終始廉約，家無餘財。卒，贈侍中、司空。

齊

臧榮緒。莒人。幼孤，躬自灌園，以供祭祀。母喪後，朔望輒拜薦甘珍，未嘗先食。純篤好學，括東、西晉爲一書，紀録志傳百一十卷。又著五經序論。隱居京口教授。高祖爲揚州刺史，徵爲主簿，不至。永明六年卒。

王儉。曇首孫。父僧綽遇害，儉襲豫寧縣侯，解褐秘書郎、太子舍人，超遷秘書丞。依七畧撰七志四十卷，表獻之。又撰元徽四部書目。齊臺建，遷尚書左僕射，領吏部。時朝儀草創，皆儉議定之。建元初，封南昌縣公。武帝即位，議定郊祀之禮，悉從之。儉寡嗜慾，惟以經國爲務，家無遺財。手筆典裁，爲當時所重。每博議引證先儒，罕有其例，八坐丞郎，無能異者。卒，謚文憲。

王思遠。弘之孫。少無仕心。建元初，歷竟陵王司徒録事參軍。思遠求出爲遠郡，除建安内史，累受司徒左長史。初從父兄晏贊明帝廢立之計，思遠謂晏：「及早引決，猶可保全門户。」旬日，晏及禍。明帝知思遠有言，遷爲侍中。卒，贈太常。

王僧祐。微兄光禄勳遠子。未弱冠，頻經憂，居喪至孝，服闋髮落殆盡。雅好博古，善老、莊，不尚繁華。亭亭獨立，不交當世。沛國劉瓛上書薦之，爲著作佐郎，遷司空祭酒，謝病不與公卿遊。高帝謂王儉曰：「卿從可謂朝隱。」卒於黄門郎。

王智深。臨沂人。武帝時爲豫章王記室，敕撰宋紀三十卷。家貧，無人事，嘗五日不食，掘莧根食之。卒于家。

顏見遠。臨沂人。爲御史中丞。梁武帝受禪，見遠不食，數日而卒。

王摛。郯人。以博學見知王儉。儉嘗使賓客隸事，惟盧江何憲爲勝，賞以五花簟、白團扇。摛後至，操筆便成，舉坐擊賞，乃抽簟掣扇而去。儉笑曰：「所謂大力者負之而趨。」永明間爲尚書左丞。

王諶。郯人。永明間歷黄門郎，領驍騎將軍。諶貞正和謹，少貧，常自紡績。及通貴後，每爲人説之，世稱其達。

梁

劉勰。莒人。早孤，篤志好學，家貧不婚娶。依沙門居處，積十餘年，遂博通經論。天監中，以東宫通事舍人兼步兵校尉。昭明太子好文學，深愛接之。初，勰撰文心雕龍五十篇，論古今文體，沈約大重之，謂深得文理。有文集行於世。

孫謙。莒人。天監中徵爲光禄大夫。謙自少及老歷二縣、五郡，所在廉潔，居身儉素。力於仁義，行己過人甚遠。兄靈慶嘗病寄謙，謙出行，還問起居，靈慶曰：「向飲冷熱不調，即時猶渴。」謙退遣其妻，人咸服之。

顏協。見遠子。博涉羣書，工於草隸飛白。不求顯達，累辭徵辟。爲湘東王記室。撰晉仙傳及日月災異圖。

徐勉。郯人。少孤貧，早勵清節，太尉王儉稱勉有宰輔之量。天監初，除吏部郎，參掌大選。遷侍中，參掌軍書。劬勞夙夜，動輒數旬乃一還宅，嘆曰：「吾憂國忘家，乃至於此！」嘗與門人夜集，有客求官，勉正色曰：「今夕止可談風月，不宜及公事。」時人咸服其無私。居選官，彝倫有序。既嫻尺牘，兼善辭令，雖文案填積，坐客充滿，應對如流，手不停筆。除尚書僕射，卒。

何遠。郯人。謁高祖，隨破朱雀軍。爲建康令，歷武昌、東陽太守，免歸。遠耿介無私曲，絶請謁，未嘗以顏色干人。其輕財好施，言不虛妄，蓋天性也。歸家經歲，不言榮辱，士類多之。後爲征西參軍、中撫軍司馬〔九〕卒。

王僧孺。郯人。肅八代孫。五歲讀孝經，能屬文。天監中爲南海太守，再遷御史中丞，卒。僧孺好墳籍，聚書至萬餘卷，率多異本，與沈約、任昉家書埒。集十八州譜、百家譜、東南譜及文集三十卷，並行於世。

臧盾。燾四世孫。父未甄，博涉文史，有才幹，卒官江夏太守。盾幼從琅邪諸葛璩受五經，璩嘆曰：「此王佐才也。」初爲撫軍行參軍，遷尚書中兵郎。盾美風儀，善舉止，敏贍有風力，長於撥繁。性公彊，在憲臺甚稱職。居喪五年，不出廬户，形骸枯顇，家人不復識。大同初遷中領軍，卒。

臧厥。盾弟。以幹局稱。累官員外散騎常侍，卒於官。厥前後居職所掌之局，大事及蘭臺廷尉所不能決者，敕並付厥。厥辨斷精詳，咸得其理。後有撾登聞鼓訴者，求付清直舍人，高祖曰：「臧厥既亡，此事便無可付。」其見知如此。

臧嚴。盾從弟。幼有孝行，孤貧勤學。初爲安成王侍郎，轉常侍。性孤介，僕射徐勉欲識之，嚴終不詣。遷湘東王參軍兼記室，王嘗自執四部書目試之，嚴自甲至丁卷中各對一事，並作者姓名無遺失。歷監義陽、武寧郡，羣蠻悦服。卒官鎮南諮議參軍。文集十卷。

徐摛。郯人。幼好學。及長，徧覽經史，屬文好新變，不拘舊體。仕爲晉安王侍讀，高祖詔問經史百家，及論釋教，摛商較縱横，應答如響，帝甚加嘆異。累官太子左衛率。及侯景攻陷臺城，簡文居永福省，侍衛莫有存者，摛獨侍立不動。景由是憚摛。卒，謚貞子。

王規。儉孫。八歲居母喪，有至性，稱曰孝童。侍東宫，爲昭明太子所禮。常以門宗貴盛恒思減退，後爲中庶子，辭疾不拜，於鍾山築室居焉。

何遜。承天曾孫。八歲能賦詩。弱冠，州舉秀才。范雲見其對策，大加稱賞，因結忘年交。沈約嘗謂遜曰：「每見卿詩，一日三復，猶不能已。」天監中，爲水部郎。

王志。僧虔孫。九歲居母喪，哀容毁瘠。天監初，爲丹陽尹。爲政清静，累遷中書令。志善草隸，當時以爲楷法，稱「書聖」。家居建康馬糞巷，門風寬恕，志尤惇厚，兄弟子姪皆篤實謙和，時人號「馬糞諸王爲長者」。

王彬。志弟。好文章，習篆隸，與志齊名。時人爲之語曰：「三真六草，爲天下寶。」天監中，歷吏部尚書、秘書監。彬立身清白，推賢接士，有士君子風。

王筠。志從子。七歲能文。及長，清静好學。沈約嘗啓上，言「晚來名家，無先筠者」。昭明太子愛文學士，筠以方雅見禮。累官太子詹事。自撰文章凡一百卷，行於世。

徐伯陽。東海人。父僧權，以善書知名。家有史書，伯陽所讀者近三千餘卷。除晉安王參軍，卒。

何思澄。郯人。少勤學，工文辭。歷安西、湘東、武陵録事參軍。子朗，與宗人遜並擅文名，時人語曰：「東海三何，子朗最多。」

陳

徐陵。摛子。太清初爲通直散騎侍郎。陳受禪，加散騎常侍。時安成王權傾朝野，殿上侍立仰視，陵遣殿中郎引王下殿，自是朝廷肅然。陵器局深遠，容止可觀。性又清簡，無所營樹，俸禄與親族共之。爲一代文宗，亦不以矜物，於後進接引無倦。其文頗變舊體，緝裁巧密，多有新意。弟孝克，事生母至孝。家道壁立，母欲粳米爲粥，不能常辦。母亡後，遂終身噉麥焉。

顔晃。臨沂人。好學，有辭采。官至中書舍人，掌詔誥。晃家世單門，而介然修立，爲當世所知。其表詔誥，下筆立成，便得事理。

徐儉。陵子。幼而修立，勤學有志操。累遷中書侍郎。太建初，廣州刺史歐陽紇反，宣帝令儉諭旨。紇言辭不恭，儉曰：

「呂嘉之事，誠當已遠，將軍獨不見周迪、陳寶應乎？轉禍爲福，未爲晚也。」紇平，爲中書舍人。後主立，尚書令江總望重一時，爲儉所劾，後主深委任焉。弟份，九歲爲夢賦，陵奇之。性孝悌。官太子洗馬，先陵卒。

北齊

顏之推。協子。世善周官、左氏學。之推博覽羣書，詞情典麗，顯祖一見悦之，即除奉朝請，歷選中書舍人。之推處事勤敏，帝甚加恩接，尋除黄門侍郎。有文集三十卷、家訓二十篇行於世。

周

顏之儀。之推弟。博涉羣書，明帝以爲麟趾殿學士。高祖建東宫，以之儀爲侍讀。宣帝即位，遷御史中大夫，進爵爲公。好犯顏驟諫，帝每優容之。帝崩，劉昉等矯遺詔，以隋文帝爲丞相輔少主，之儀厲聲曰：「阿衡之任，宜在宗英，公等奈何以神器假人，誣罔先帝？」於是文帝大怒，出爲西疆郡守，尋拜集州刺史。代還，優游不仕。嘗正月入朝，文帝望而識之，謂曰：「見危授命，臨大節而不可奪，古人所難，何以加卿？」有文集十卷。

王褒。規子。七歲能屬文。初授車騎大將軍。明帝好文學，褒與庾信才名最高，特加親待，加開府儀同三司。後出爲宜州刺史，卒於官。

隋

鮑宏。郯人。善屬文。爲湘東王記室。隋文帝受禪，進爵爲公，授均州刺史。有集十卷。

包愷。東海人。兄愉，明五經，愷悉傳其業。又從王仲通授史記、漢書，尤稱精究。大業中爲國子助教，學者以蕭該及愷二人爲宗匠。卒，門人起墳立碣焉。

王胄。臨沂人。大業中爲著作佐郎，與虞綽齊名。後進之士，咸以二人爲準的。兄眘，字元恭，博學多通，官秘書郎。

唐

顔師古。之推孫。少博覽，精詁訓學，善屬文。高祖時授朝散大夫，累遷中書舍人，專典機密。師古性敏給，明練治體，軍國務多，詔令一出其手。太宗即位，考定五經，多所釐正。諸儒共非詰之，師古輒引晉宋舊文，隨方曉答，援據該明，出其悟表。封琅邪縣男。以弘文館學士卒。弟相時，貞觀中諫議大夫，有争臣風。

徐曠。孝嗣五世孫。博通五經，明左氏春秋。常從沈重受業，不數日辭去，曰：「所説紙上語耳。若奥境，彼有所未見。」重知其語，召與反覆研辨，嗟嘆其能。性方正，舉動純重。爲國子博士。高祖幸國學，觀釋奠，曠發春秋題，論難蜂起，隨方召對莫能屈，帝異之。

王無競。弘之遠裔。擢下筆成章科，授欒城尉。遷殿中監察御史。會朝，宰相宗楚客、楊再思離立偶語，揚笏曰：「朝禮尚敬，大臣不宜慢常典。」後貶廣州，卒。

顔真卿。師古五世從孫。開元中，以監察御史使河隴。時五原有寃獄，久不決，天且旱，真卿辨獄而雨，郡人呼「御史雨」。出爲平原太守。安禄山盡陷河朔，獨平原城守具備。帝謂左右曰：「朕不識真卿何如人，所爲乃若此！」即拜户部侍郎。肅宗初，授尚書，遷御史大夫。代宗時，封魯郡開國公。楊炎當國，以直不容。又爲盧杞所銜。李希烈陷汝州，杞乃建議遣真卿往諭之，詔可。公卿皆失色，真卿曰：「君命可避乎？」既見希烈，逼使上疏雪己，真卿不從，遂縊殺之。贈司徒，謚文忠。真卿善正草書，筆力遒婉，世寶傳之。

顔杲卿。與真卿同五世祖。性剛正，莅事明濟。安禄山聞其名，表爲判官，假常山太守。禄山反，杲卿稱疾不視事，潛召處士權涣、郭仲邕定策。禄山使史思明等攻常山，杲卿晝夜戰，糧矢盡，六日而陷。賊脅使降，不應，縛之天津橋柱，節解之。杲卿詈不絶，賊鉤斷其舌而死。乾元初贈太子太保，謚忠節。

顔春卿。杲卿弟。倜儻美姿儀，通當世務。十六舉明經，調犀浦主簿。常送徒於州，亡其籍，至廷，口記物色，凡千人無所差。長史陸象先異之。轉蜀尉，終偃師丞。

王難得。臨沂人。天寶初爲河源軍使。吐蕃贊普子郎支都者恃趫敏，署陣挑戰，無敢校者。難得怒，挾矛駷馬馳支都，直斬其首。帝壯其果，累授金吾將軍。從郭子儀攻相州，封琅邪郡公。卒，贈潞州大都督。

王仲丘。琅邪人。開元中，歷左補闕、内供奉、集賢修撰、起居舍人。時典章差駁，仲丘欲合貞觀、顯慶二禮，據「有其舉之，莫或廢之」之誼，請皆用，詔可。遷禮部員外郎。卒，贈秘書少監。

符令奇。臨沂人。初，爲盧龍軍裨將。幽州亂，挈子璘奔昭義軍，節度薛嵩署爲軍副〔一〇〕。嵩卒，田承嗣盜其地，引爲右職。田悦拒命，令奇密語璘曰：「田氏覆亡無時，汝能委質朝廷，爲唐忠臣，我亦名揚後世矣。」璘俯泣不能對。會使璘以三百騎護送李納歸齊，乃嚙臂別。璘領衆降馬燧，悦怒，切讓令奇。令奇罵曰：「爾忘義背主，旦夕死。我教子以順，殺身何悔！」臨刑色不變。後追贈户部尚書。璘封義陽郡王，後討李懷光有功。

宋

王子輿。莒人。太平興國中進士。解褐北海主簿，歷太常博士。真宗即位，遷殿中侍御史。入對，與三司論列利害，以子輿爲長。咸平中，兼充淮南轉運使。精於吏事，裁量經制，公私便之。拜右諫議大夫，卒。

金

張暐。日照人。正隆中進士。歷官右諫議大夫，兼禮部侍郎。暐博學該通，最明古今禮樂，家法爲士族儀表。妻卒，齋居，與子行簡講論古今，諸孫課誦其側，至夜分乃罷，以爲常。

張行簡。暐子。穎悟力學，淹貫經史。大定中進士第一，除應奉翰林文字，累遷禮部侍郎。詔每奏事，須令行簡常在左右。貞祐初，轉太子太傅，翰林院學士承旨、尚書〔一一〕。時備防秋兵械，令内外職官不以丁憂致仕，皆納弓箭，以行簡等議得免。行簡爲人，端慤謹密。所著文章十五卷，禮例纂一百二十卷。卒，謚文正。

張行信。先名行忠，行簡弟。大定中進士，官銅山令，累遷諫議大夫。時瑚沙護已除名，賂遺權貴，將復進用。行信上章言之，不報。及瑚沙護弑逆，人甚危之，行信坦然不顧也。貞祐初，復上書言四事，宣宗多用其議。哀宗時，以尚書左丞致仕家居，惟以抄書教子孫爲事。爲人純正真率，登相位，殆若無官。然遇事輒發，無所畏避。薨之日，雖平昔甚娼忌者亦曰「正人亡矣」。「瑚沙護」舊作「湖沙虎」，今改正。

元

張雄飛。臨沂人。世祖召見，陳當世之務，上大悦，授平陽路轉運使。請建東宫，立御史臺，上皆善之。累官參知政事，終燕南河北道宣慰使。

明

公守敬。蒙陰人。父海，洪武初戍邊。海年過四十，例許以子代，三兄皆不肯往。守敬生子毓甫十月，即往代之。毓十五歲，聞父所在，終日哭，渡海求父，遇於遼東。事聞，詔免守敬，授毓廣宗縣丞。一年移疾，以二驢載書籍，徒步以歸。

杜澤。沂水人。洪武中由文學授本縣訓導，以經明行修，薦升司經局試校書，進詹事府丞。澤朴實持重，言動不逾禮。累官吏部尚書，掌銓衡，慎守不欺，爲帝信任。以年老致仕。

王璡。日照人。博通經史，尤長於春秋。初爲教授。洪武末，以薦授寧波知府。自奉儉約，一日饌供魚羹，命撤而埋之，人號「埋羹太守」。燕師臨江，璡造舟艦謀勤王，爲衛卒縛至京。成祖問：「造舟何爲？」對曰：「欲泛海趨瓜洲〔一二〕，阻師南渡耳。」帝亦不罪，放還。

李驥。郯城人。永樂中，由舉人擢給事中，遷監察御史，出知河南府。有惠政，居民立祠洛陽城東。

李棻。蒙陰人。宣德中進士，由行人授御史。不避權惡，尤惡貪暴，人號「鐵板李御史」。辨析讞訟，衆驚爲神。都御史凡滯獄弗決者，必以屬棻。吏見有棻署字，不更視，曰：「李御史所録，必無冤也。」補陝西參議，署理河西邊儲。及代，會邊報急，或勸急過河避，棻曰：「吾荷國恩，叨寄一方，今有警，宜以死報，奈何去之？」竟候代者至乃還。治民無冤獄，西人號爲李佛。景泰中乞歸，終於家，惟遺書數千卷而已。

王璟。沂州人。成化中進士。知登封縣，擢南臺御史。言論正直，轉僉都御史，總理兩淮鹽法。時浙東大饑，條上便宜十二事，所全活四十萬人。改巡撫保定，風裁整肅。正德間，進太子太保。

公勉仁。蒙陰人。弘治中進士，授行人，歷太僕少卿。正德初，忤劉瑾，左遷四川參議。勦蜀寇有功，累升都御史。巡撫大同，值邊警，率衆力戰，以憂歸。起巡撫鄖陽，卒於官。

毛繡。莒州人。任西平縣丞。正德時，流賊攻縣城破，死之。詔贈知縣，建大忠祠。

司福。日照人。正德時，同兄縣吏賓巡守官庫，流賊陷城刼庫，福力拒之。賊怒，縱火焚之，煙焰中駡不絶口而死。詔旌其門，仍令其子賓世爲義官。

張旼。日照人。邑庠生。正德中，父死，躬負土築墳，廬墓三年。詔旌其孝。母殁，復廬墓，卒於墓舍。

張景華。郯城人。正德中進士，知吉水縣。策宸濠必反，預完城壘，卒不能攻。入爲御史，抗論武定侯驕横不法，直聲大振。後總督漕運，條上邊防漕運。嚴嵩柄政，諷言官以蜚語中之，遂乞休，卒。

郭學業。日照人。邑庠生。嘉靖中母喪，廬墓側。廬外得甘泉，足供飲食。三年歸，泉遂涸。

劉璞。莒州人。萬曆中舉人。累官御史。熹宗時，劾魏忠賢，削籍，家居著書。卒，贈太僕寺少卿。

公鼒。蒙陰人。萬曆中進士。授編修，累遷左庶子，引疾歸。光宗召拜祭酒。熹宗立，進鼒詹事。上疏請纂修實録，將光宗事蹟别爲一録，疏入，不報。尋以言官多獲譴，上疏切諫。遷禮、户二部右侍郎。鼒好學博聞，磊落有器識。見魏忠賢亂政，復引疾歸。後爲御史葉有聲追論落職，未幾卒。

楊肇基。沂州人。天啓中，歷官山東總兵。時白蓮賊徐鴻儒連陷鄒、滕、嶧三縣，肇基每戰，擐甲先登，卒擒鴻儒，降其衆萬餘人。崇禎九年，以右都督守薊鎮西協。時永平、灤州、遷安、遵化皆失守，肇基以孤城介其間，屢奏捷功，稱一時名將。後以勞悴卒於軍，贈太傅，謚曰武襄。

厲必中。日照人。天啓歲貢。事父母以孝聞。任海豐教諭，城陷，率同官死於明倫堂。

高名衡。沂州人。崇禎中進士，知如臯縣。以才徵授御史，巡按河南，即上封疆六事。流賊李自成圍開封，名衡集衆拒守。賊穴城將入，守者投以火，後復煮穢汁灌之，賊死無算。明年復至，圍而不攻，城中食盡，河決城沈，名衡從城上泛舟出。帝念拒守勞，加兵部侍郎。辭疾歸。抵家甫兩月，大兵至沂州，夫婦同殉節。本朝乾隆四十一年，賜謚忠節。

何鐩。莒州人。貢生。崇禎十五年城陷，不屈死。本朝乾隆四十一年，賜入忠義祠。

本朝

楊珍。蘭山人。順治三年以武生從軍，積功至遊擊。時土寇猖獗，總督張存仁選勇士往招撫，珍毅然將命，挺身入賊穴，諭以大義。賊負固不服，縶之，不屈死。

李榮宗。費縣人。順治丙戌進士，知垣曲縣。姜瓖反，死於難。諭賜祭葬，贈山西按察司僉事，祀名宦祠。

丁泰。日照人。順治戊戌進士，授陳留知縣。以考績稱最，升吏科給事中。條議漕折屯逋，及察追侵欺，無不中窾。掌工科，覈河工額數，必詳必確。河南、山東旱，疏請發帑金賑濟。先是，海禁甚嚴，沿海貧民失業流徙，泰具疏面陳形勢，得弛海禁，民皆賴之。予假歸里，卒。

李簋。日照人。性至孝友。爲諸生時，嘗教授生徒，多所陶成。順治辛卯舉於鄉，授蓬萊縣教諭，遷安東衛教授。課士有方，秩滿，升江西浮梁知縣。稱疾歸。乃出貲甃義井三以便汲，施地一區以給貧不能葬者。子應廌，由康熙丙戌進士累官内閣學士，兼禮部侍郎。克承父志，增廣義田，以贍族里。凡婚喪皆有定式，蓋略倣范文正云。

陳祚熙。莒州人。幼有文名。康熙元年歲薦。嘗傾産修文廟，建啓聖祠。性最孝友，好施予。制行端方，言笑不苟。卒，祀鄉賢祠。

流寓

周

老萊子。列仙傳：楚人。當時世亂，逃耕於蒙山之陽。莞葭爲墻，蓬蒿爲室，杖木爲牀，蓍艾爲蓆，葅芰爲食，墾山播種五穀。楚王至門而迎之，遂去，至於江南而止，曰：「鳥獸之解，毛可績而衣，其遺粒足食也。」漢書藝文志：道家，老萊子十五篇。

漢

包咸。曲阿人。王莽末，於東海界爲赤眉賊所得，遂見拘執。咸晨夜誦經自若，賊異而遣之，因住東海，立精舍講授。光武即位，乃歸鄉里。

李燮。南鄭人。父固死於獄中，父門生王成將燮乘江東下，入徐州界内，變姓名爲酒家傭，而成賣卜於市，陰相往來。燮從受學，酒家以女妻燮。燮專精經學十餘年。梁冀誅，燮乃以本末告酒家，酒家具車重厚遣之，皆不受。遂還歸里。

承宫。姑幕人。與妻子之蒙陰，肆力耕種。禾黍將熟，人有認之者，宫不與計，推之而去。

鄭康成。高密人。獻帝時，黄巾寇青部，乃避地徐州。徐州牧陶謙接以師友之禮。建安元年還高密。

金

吴邦傑。登州軍事判官。寓居日照之村墅，爲元兵所得，驅令攻城。邦傑曰：「吾荷國恩，詎忍攻吾君之城。」與之酒食，不顧，乃殺之。詔贈朝列大夫、定海軍節度副使。

列女

漢

東海孝婦。東海人。少寡無子，養姑甚謹。其後姑自經死，太守竟論殺孝婦，郡中枯旱三年。後太守祭孝婦冢，因表其墓，天立大雨。

嚴延年母。從東海來，欲從延年臘，到雒陽。適見報囚，母大驚，便止都亭，不肯入府。延年出謁，母數責延年。延年服罪，自爲母御歸府舍。母畢正臘，謂延年曰：「天道神明，人不可獨殺。我不意當老，見壯子被刑戮也。」遂去，歸郡，見昆弟宗人，復爲言之。後歲餘，果敗，東海莫不賢知其母。

晉

愍懷太子妃王氏。太尉衍女，字惠風。太子廢，衍請絶婚，惠風號泣而歸。及劉曜陷洛陽，以惠風賜其將喬屬。屬將妻之，惠風拔劍拒罵，義不受辱，遂被害。

王凝之妻謝氏。字道韞，安西將軍奕女。聰識有才辨，謝安謂有雅人深致。後凝之及諸子爲孫恩所害，謝氏抽刃出門，亂兵稍至，手殺數人。賊入，欲害其外孫劉濤，韞曰：「事在王門，何關他族？必其如此，寧先見殺？」賊爲改容，乃不害濤。自爾嫠居會稽，家中莫不嚴肅。所著書、賦、誄、頌，並傳於世。

何無忌母劉氏。東海郯人，劉牢之姊。牢之爲桓玄所害，劉氏嘗思報復。及無忌與劉裕謀，劉氏潛窺之，既知，泣而撫之曰：「我不如東海吕母明矣。汝能如此，吾仇恥雪矣。」因問其同謀，知事在裕，彌喜，乃説玄必敗，義師必成之理。後果如其言。

南北朝　宋

劉穆之妻江氏。嗣女。甚明識。穆之少家貧，誕節，嗜飲食，好往妻兄家乞食，多見辱，不以爲恥。江氏後有慶會，屬勿來，妻復截髮市肴饌，爲其兄弟以餉穆之。及穆之爲丹陽令，將召妻兄弟，妻泣而稽顙致謝。穆之曰：「本不匿怨，無所致憂。」

元

韋邕妻蕭氏。沂州人。元末亂，邕被虜，蕭呼邕曰：「願死於君前，義不受辱。」賊斷其臂，殺邕及妻。詔贈蘭陵縣君。

明

張仲舉妻王氏。沂州人。正德六年，流賊至，不屈死。

秦懷玉妻朱氏。費人。與同縣左正妻李氏罵賊被害。

孫氏女。沂水人。名桃梅。與同縣王經妻潘氏、劉成妻徐氏，正德時俱爲流賊所掠，不辱被殺。又彭希尹妻楊氏、李守皐妻劉氏、劉振基繼妻宋氏、楊鳳妻劉氏、武允升妻劉氏、石棟妻傅氏，俱夫亡守節。

朱奈妻張氏。日照人。正德時罵賊被害。

李時隆妻徐氏。日照人。年十六，結縭三日而時隆故，自縊死。

許廷珴妻申氏。日照人。崇禎中城陷，廷珴被害，氏藏複壁中獲免。兵退，聞夫死，遂自縊。

李拓機妻費氏。日照人。崇禎十五年，氏年十六，兵猝至，氏不辱死之。

本朝

張璇妻高氏。沂水人。順治初，夫婦並十歲子俱爲山賊所掠，高伺守者懈，解夫縛促之逃，乃自刎死。後其子逃歸，越三年，遂改葬之。

貨郎妻。蒙陰人。逸其姓氏。順治初，山寇陷城，賊殺其姑而悦其婦。婦紿之曰：「葬我姑，始從汝。」賊以屍授之，婦負而投諸井，亦自入焉。同縣公素妻禹氏、秦璿妻孫氏俱罵賊不屈，死之。

韓振聲媳劉氏。日照人。順治初，與其姑張氏避山賊之難，中途被獲。賊欲刃其姑，劉相抱不肯解，乃併殺之。同縣宋徽妻劉氏亦罵賊被害。

丁修身妻陳氏。日照人。順治初，山賊猝至，陳與弟婦萬氏匿石穴中不出。賊攢槊殺之。

邱富妻某氏。沂水人。世居石門村。康熙癸未，山水陡漲，漂溺水中。富得一木罌，可渡一人，兩則溺。牽妻負罌以渡，妻曰：「宜急渡姑。」比再反，而妻已爲水所冲，越數里得登岸。人謂孝思所感，稱爲石門孝婦。

丁重任妻李氏。郯城人。夫亡，翁姑皆八十，遺孤甫三歲。氏矢志守節。順治間，歲凶盜起，翁姑以城破被難，氏於亂尸中尋骸以葬。後課子卒得成立。

姚氏女。郯城人。年十五，守正捐軀。

胡源開妻孟氏。費人。夫亡，撫遺孤慎，備歷艱苦。迨慎長，娶媳傅氏，生二子而孟亡。慎以哀毁過勞卒。傅截髆勞面，礪志冰霜，常泣訓其二子曰：「我不負爾父，得如姑足矣；爾不負我，得如爾父足矣。」邑人稱其「世節世孝」。

王儒妻賈氏。蒙陰人。夫亡自縊。其母救之，遂不食死。同縣王良繼妻楊氏、李範妻齊氏，俱夫亡死節。

李天挺妻申氏。日照人。夫亡守節，事姑孝謹。姑性嚴峻，氏年六十，姑稍拂意，猶終日跪庭中。後姑亡，氏竟痛哭而死。

潘起睿妻徐氏。蘭山人。守正捐軀。同縣禮明倫妻李氏、黄元綬妻陸氏、張美妻王氏、徐則孔妻滿氏、全世居妻于氏、劉士霖妻周氏、杜大户妻李氏、白鎮妻孫氏、宋允升妻徐氏、陶應春妻蔡氏、常考寧妻吕氏〔一三〕、何朗妻張氏、劉仲純妻宋氏、任份妻劉氏、王養德妻劉氏、李遇師繼妻孫氏、楊德煐妻魏氏、劉自學妻柳氏、張宜家妻任氏、劉漢妾張氏、楊文秀妻劉氏、朱瑋繼妻闞氏，俱夫亡死節。

劉澤延妻蔣氏〔一四〕。郯城人。夫亡自刎死。同縣王莊臨妻宋氏、劉一讓妻趙氏、孫景龍妻吴氏、周國璽妻張氏、劉簡在妻盧氏、張汝堪妻禚氏、杜蕡妻王氏、馬汝翼妻劉氏、張伯隲妻毛氏、吴國璽妻徐氏、丁昶妻梅氏、李玉森妻徐氏、張起生妻王氏，俱夫死自盡。丁優運妻顔氏、姚燧妻劉氏、陳氏女，俱未婚殉節。

劉煜含妻張氏。郯城人。年十八，煜含卒。孀姑老且病，氏忍死奉湯藥十年。姑殁，即自縊。同縣節婦張承祖妻徐氏、張嵩年妻徐氏、張承諮妻楊氏、杜覲光妻趙氏、張子麟妻范氏、馬琳妻杜氏、謝爾奇妻顔氏，均康熙年間旌。

王兆吉妻陳氏。費人。青年守節。病不服藥，曰：「吾待死久矣。」竟不食卒。同縣節婦朱叔顯妻宋氏、姚擇揚妻王氏、夏標妻李氏、胡明卿妻孫氏、張國經妻趙氏、王洵妻賈氏、郭礪妻林氏，均康熙年間旌。

趙炳妻岳氏。莒人。夫亡守節。同州戰和中妻牛氏、杜李妻紀氏，均康熙年間旌。

來復妻段氏。莒人。夫亡，閲四年始葬。舉喪之前一夕自縊。同州賀紱妻劉氏、岳鍾妻康氏，俱夫亡殉節。

田紹謨妻李氏。沂水人。夫殁，經理喪事畢，預爲兩穴，三年而後葬。葬之日，輒易服自經，因合葬焉。同縣節婦耿光妻畢氏，均康熙年間旌。

李贊廷妻楊氏。蒙陰人。夫亡守節。同縣公綖妻孫氏、公譜妻劉氏、李峪妻律氏、齊駙繼妻王氏，均雍正年間旌。

劉之奇妻厲氏。日照人。夫亡自縊死。同縣葛應尌妻賀氏、王小四妻邱氏、安佑妻蘇氏、鄭祥妻高氏，俱夫殁殉節。

周騰月妻張氏。蘭山人。守正捐軀。同縣宋奢齡聘妻趙氏，未婚夫亡，投繯自盡。節婦曹文明妻李氏、王培楷妻張氏、王謨妻孫氏、王小拔妻王氏，均乾隆年間旌。

吴之珩妻李氏。郯城人。夫亡守節。同縣蘭廷玻妻于氏、李贊成妻金氏、王繼孔妻李氏、王丁氏、徐蘭氏、徐侯氏、謝徐氏、梁傅氏、梁張氏，烈婦王侯氏、孟吕氏，均乾隆年間旌。

劉氏女。費人。劉連女，名交姐。年十四，守正捐軀。同縣李住姐，許字王濟，未婚濟殁。女聞訃自縊。劉侗妹聰姐，商文妻陳氏，節婦張聲仁妻李氏、王效曾妻劉氏、李可孝妻陳氏、朱向離妻郭氏、李士坦妻劉氏，均乾隆年間旌。

陳莊齡妻丁氏。莒人。于歸甫一載，夫殁自縊。同州烈婦劉升泰繼妻范氏、陳羲妻張氏，烈女劉氏名小讓姐，節婦鄭彤妻孫氏、張愚妻馬氏、杜瑄妻史氏、崔榮妻張氏、于海妻高氏、張持妻于氏、王相臣妻戰氏、張稹繼妻丁氏、齊璞妻李氏、朱從先妻陳氏、辛恒光妻戰氏、陳有傑妻杜氏、劉鯤妻金氏、王貴妻劉氏、羅玑妻范氏、張國衡繼妻安氏、來文彬妻嚴氏、莊景妻王氏、王耀祖妻劉氏、史紹之妻杜氏、張允龍妻黄氏、史可序妻馬氏、孟喜禄妻夏氏，均乾隆年間旌。

孫克玿妻李氏。蒙陰人。夫亡守節。同縣公睹妻王氏、王文燦妻張氏、李維妻姚氏、宋爾固妻王氏、丁萬貴妻譚氏、趙完妻公氏、王伉繼妻姜氏與伉弟佇妻公氏、媳李氏、姪元忠妻公氏、秦汝周妻孫氏、秦汝炘妻尹氏、趙振妻公氏、公澍生妻朱氏、石涵妻段氏、石洵妻薛氏、王來住妻金氏、公謐妻尹氏、趙克明妻公氏、王州妻孫氏、唐克生妻齊氏、王位妻朱氏、王元提妻公氏、吕永年妻姚氏、薛梓繼妻公氏、齊培恂妻魏氏、秦培妻高氏，均乾隆年間旌。

孔毓彪妻厲氏。日照人。夫亡無子，氏奉姑三年，俟叔長，乃祭夫墓，投繯自盡。同縣魏雲閣妻朱氏、張倫妻金氏、解瑚妻王氏、鄭澍妻辛氏、宋捷妻魏氏、王錦妻費氏、李夢吉妻蘇氏、李稔妻丁氏、丁裕曾妻秦氏、秦紳妻丁氏、于源妻時氏、牟藴炘妻安氏、秦錡妻丁氏、鄭灼妻秦氏、秦昕妻安氏、安兆麒妻秦氏、厲嗣琦妻金氏、牟守怡妻梁氏、李鉅妻王氏、許維節妻秦氏、金俊妻林氏，均乾隆年間旌。

王永祥妻任氏。蘭山人。守正捐軀。同縣王元照妻張氏、董率妻李氏與子元弼妻楊氏、宋連符妻劉氏、徐輝曾妻李氏、楊績妻劉氏、李石麟妻王氏、郭運方妻張氏、李郭妻宋氏，均嘉慶年間旌。

劉靠妻李氏。郯城人。夫亡殉節。同縣王守開妻倉氏、樊普瓌妻劉氏、禚吕氏、聶文選女，節婦劉徐氏、徐馬氏、吴馬氏、許廷倫妻陳氏、劉經魁妻徐氏、李維運妻侯氏、劉居氏、宋趙氏、侯王氏、劉馬氏、王孟氏、滕蔡氏，均嘉慶年間旌。

王未泥妻張氏。費人。年十七，守正捐軀。同縣烈婦苗李氏，烈女張焕姐，均嘉慶年間旌。

王小苞母郭氏。莒人。守正捐軀。同州烈婦李王氏、楊藍氏、張堉妻劉氏、盛璿妻趙氏、盛珺妻夏氏、史纘業妻劉氏、劉模範妻王氏、王勉妻李氏、王繪成妻李氏、張恕妻莊氏、王淑温妻董氏，均嘉慶年間旌。

姚開山妻王氏。蒙陰人。夫亡殉節。嘉慶年間旌。

張秉林妻秦氏。日照人。夫亡守節。同縣安林繼妻郭氏、楊份士妻李氏、安洙妻秦氏、牟朝貘妻丁氏，均嘉慶年間旌。

仙釋

三國 吴

于吉。琅邪人。孫策平江東，襲會稽，見士民皆呼吉爲于郎，事之如神，策延吉爲客，所占有奇驗。將士多病，噀水輒瘥。天大旱，縛吉日中，即大雨。吴人咸敬仰之，且先拜吉，後朝策，策怒曰：「吾不如于郎邪？」乃收吉殺之，俄失其尸。又周旋人間百餘年，仙去。

晉

王進賢。琅邪王衍之女。遭石勒之亂，與侍女名六出者投河中，遇嵩山女仙韓西華救護，得仙去。

隋

徐則。郯人。沉静寡嗜欲，不娶妻。入天台山，絶穀養性。晉王手書召之，遂詣揚州。夕中命侍者取香火如常儀，五更而死。遣使人送還天台定葬，在道見則徒步至舊居，取經書道法，分遺弟子，跨石梁而去。

唐

許宣平。景雲中隱莒州城陽山。時負薪出，擔上掛一瓢及曲竹杖。每醉輒歌曰：「負薪朝出市，沽酒日西歸。借問家何處，穿雲入翠微。」後於驛路傳舍隨所到即題詩，李白覽之，嘆曰：「此仙人詩也。」因游新安，訪之不見，乃題詩庵壁曰：「我吟傳舍詩，遠訪仙人居。煙嶺迷高迹，雲林隔太虛。」

宋

賀元〔一五〕。琅邪人。得道不死。真宗東封，謁於道左曰：「晉水部員外郎賀元。」再拜而去。蘇軾送喬同寄賀詩：「舊聞父老晉郎官，已作飛騰變化看。聞道東蒙有居處，願供薮水看燒丹。」喬同，賀弟子也。

土產

蒙頂茶。出費縣蒙山巔。其花如茶狀，土人取而製之，其味清香，異他茶。

繭紬。蘭山、郯城、蒙陰、沂水四縣俱出。

鹽。莒縣出。唐書地理志：莒有鹽。

鉛。沂水縣出。

淫羊藿。一名仙靈脾。宋史地理志：沂州貢仙靈脾。圖經：葉青似杏，葉上有刺，莖如粟稈，根紫色有鬚。四月開花，白色，亦有紫色。五月採葉暴乾。

草龍膽。出費縣。圖經：宿根，黄白色。下抽根十餘，類牛膝。直上生苗，高尺餘。四月生葉而細，莖如小竹枝。七八月開花，作鈴鐸形，青碧色。冬後結子，苗根便枯。二、八、十一二月採根陰乾。按：舊志載，唐書地理志沂州土貢紫石鐘乳。元和志沂水縣雹山出石英，好者表裏映澈，形如雹。宋史地理志沂州貢紫英石鐘乳、石茯苓。張燾傳沂産布。謹附記。

校勘記

〔一〕燕寧　「寧」，原作「安」，據乾隆志卷一四一沂州府名宦（下同卷簡稱乾隆志）及金史卷一一八燕寧傳改。下文同改。按，本志避清宣宗諱改字也。

〔二〕時以大義諭將校　「大」，原作「太」，據乾隆志改。

〔三〕受詩淄川長孫順　「淄川」，原作「淄州」，據乾隆志及漢書卷八八儒林傳改。按，淄州隋開皇時始置，漢時爲侯國也。

〔四〕太和中上疏陳政本　「太和」，原作「太初」，乾隆志同，據三國志卷一三魏書王朗傳改。按，曹魏無「太初」年號，太初乃漢武帝年號，此蓋涉上文而誤。

〔五〕穎嬖豎孟玖譖殺陸機兄弟　「豎」，原作「監」，據乾隆志及晉書卷四三王澄傳改。

〔六〕元嘉四年卒　「元嘉」，原作「元熹」，乾隆志同，劉宋無「元熹」年號，據宋書卷六三王華傳改。

〔七〕永初中累遷太子右衛率　「永初」，原作「義熙」，乾隆志同，據宋書卷四九虞丘進傳改。按，義熙爲晉安帝年號，如是，虞氏不當入宋傳矣。宋書本傳謂永初三年卒官。

〔八〕封開國侯　乾隆志同。按，魏書王肅傳謂「封昌國縣開國侯」，是也。此不當省「昌國縣」三字。

〔九〕後爲征西參軍中撫軍司馬　「中」，原無，乾隆志同，據南史卷七〇何遠傳補。

〔一〇〕節度薛嵩署爲軍副　「軍副」，原作「副軍」，乾隆志同，據新唐書卷一九三符令奇傳乙。

〔一一〕貞祐初轉太子太傅翰林院學士承旨尚書　乾隆志同。按，據金史卷一〇六張行簡傳，張氏泰和六年爲禮部尚書，兼侍講、同修國史；七年後累遷太子太保、翰林學士承旨，尚書、修史如故；貞祐初，轉太子太傅，兼職如故。乾隆志括略失宜，本志承之未改。

〔一二〕欲泛海趨瓜洲　「洲」，原作「州」，乾隆志同，據明史卷一四三王璡傳改。

〔一三〕常考寧妻呂氏　「寧」，原作「安」，據乾隆志及雍正山東通志卷二九列女改。按，本志避清宣宗諱改字也。又，「常」，乾隆志作「韋」。

〔一四〕劉澤延妻蔣氏　「蔣氏」，雍正山東通志卷二九列女同，乾隆志作「張氏」。

〔一五〕賀元　「元」，乾隆志、山東通志、齊乘同，三洞群仙録、東坡全集卷一七則作「亢」。

泰安府圖

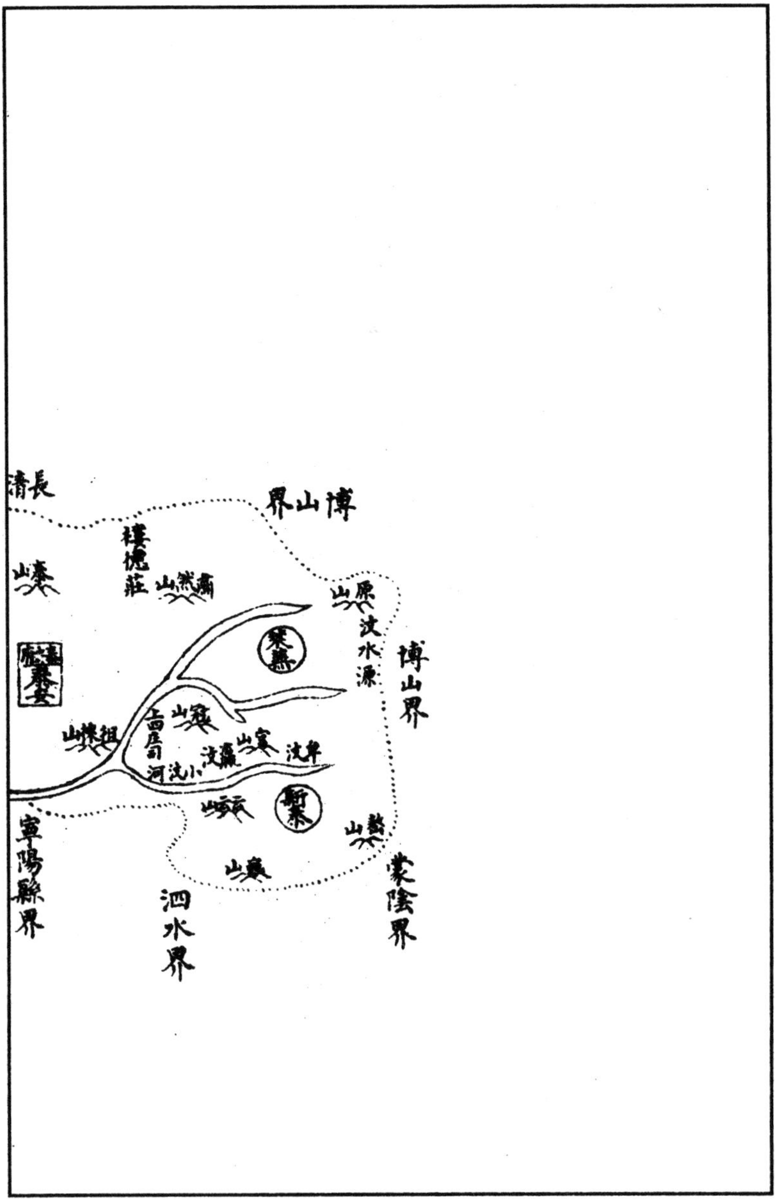
長清
博山界
泰山
原山
汶水源
萊蕪
泰安
博山界
徂徠山
小汶河
嬴汶
牟汶
新泰
寧陽縣界
泗水界
蒙陰界

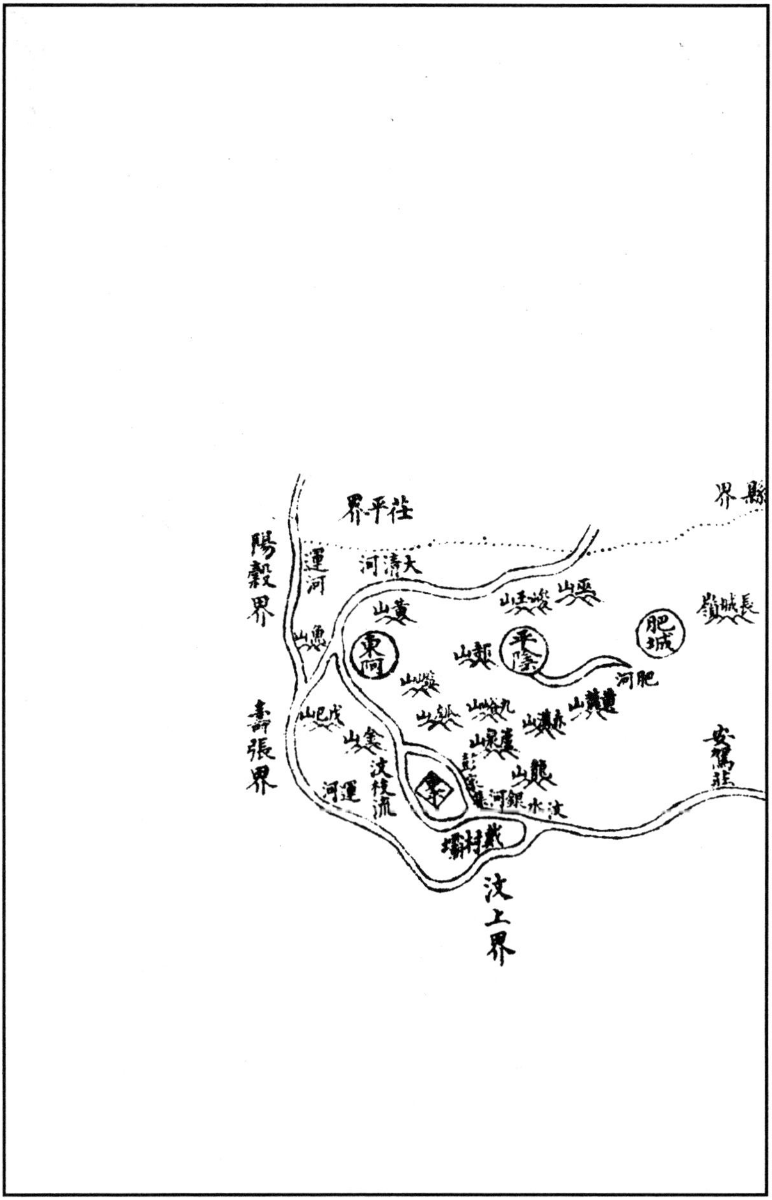
茌平界
縣界
陽穀界
運河
大清河
東阿
平陰
肥城
肥河
壽張界
運河
汶水
戴村壩
汶上界
安駕莊

泰安府表

	泰安府	泰安縣
秦	齊郡地。	
兩漢	泰山郡高帝置。初治博，後治奉高。	博縣屬泰山郡。 奉高縣元封初分置，爲郡治。 鉅平縣屬泰山郡。
三國	泰山郡	博縣 奉高縣 鉅平縣
晉	泰山郡	博縣 奉高縣 鉅平縣
南北朝	東平郡魏治鉅平。齊改名，遷治博。	博縣魏改名博平。齊復故，爲郡治。 奉高縣屬泰山郡。 鉅平縣齊省。
隋	開皇初郡廢。	博城縣開皇十六年改曰汶陽。尋又改屬魯郡。 開皇六年改曰岱山。大業初省。
唐	武德五年於博城置東泰州。貞觀元年廢。	乾封縣改名，屬兗州。 武德初復置岱縣。貞觀初省。
五代		乾封縣
宋金附	泰安州金初置泰安軍。大定二十二年升州，屬山東西路。	奉符縣宋大中祥符初改名，屬襲慶府。金爲州治。
元	泰安州直隸省部。	奉符縣
明	泰安州屬濟南府。	省入州。

續表

	肥城縣
梁父縣 屬泰山郡。 柴縣 屬泰山郡。後漢省。	肥城縣 屬泰山郡。後漢屬濟北國，尋省入盧縣。
梁父縣	
梁父縣	肥城縣 復置。
梁父縣	肥城郡 宋置濟北郡，治蛇丘。魏孝昌三年改置東濟北郡，治肥城。齊廢。周復置，改名。 肥城縣 魏東濟北郡治。
梁父縣 改屬魯郡。	開皇初廢。 肥城縣 屬濟北郡。
武德初屬東泰州。貞觀初省。	武德五年屬東泰州。貞觀元年省入博城。
	肥城縣 至元十二年析置，屬濟寧路。
	肥城縣 改屬濟南府。

續表

	新泰縣	萊蕪縣
蛇丘縣屬泰山郡。後漢屬濟北國。	東平陽縣屬泰山郡。後漢省。	嬴縣屬泰山郡。後漢建安中嘗置嬴郡，尋罷。 牟縣屬泰山郡。
蛇丘縣	新泰縣魏改置，屬泰山郡。	嬴縣 牟縣
蛇丘縣	新泰縣屬東安郡。	嬴縣 牟縣
蛇丘縣宋濟北郡治。魏屬東濟北郡。齊省。	新泰縣魏屬東泰山郡。	嬴縣 牟縣齊省入博城。
	新泰縣屬琅邪郡。	嬴縣屬魯郡。 開皇十六年分置牟城。大業初省。
	新泰縣屬沂州。	萊蕪縣貞觀初省入博城。長安四年移置，屬兗州。元和十五年省入乾封。太和元年復置。
	新泰縣	萊蕪縣
	新泰縣金屬泰安(府)〔州〕。	萊蕪縣宋屬襲慶府。金屬泰安州。
	新泰縣至元二年省入萊蕪。三十一年復置。	萊蕪縣
	新泰縣	萊蕪縣

東平州				
薛郡地。				
東平國 初屬梁國。甘露二年改置，治無鹽。	須昌縣 屬東郡。後漢屬東平國。	章縣 屬東平國。 須朐城。	無鹽縣 國治。	壽良縣 屬東郡。後漢改曰壽張，屬東平國。
東平國	須昌縣	章縣	無鹽縣	壽張縣
東平國 治須昌。	須昌縣 國治。	省。	無鹽縣 屬東平國。	壽張縣
東平郡 宋改郡，仍治無鹽。齊廢。	須昌縣 魏屬東平郡。齊徙廢。	須昌縣 齊改置。	無鹽縣 宋爲郡治。齊省。	壽張縣 宋改名壽昌。魏復故，屬東平郡。
	須昌縣 開皇十六年復置，屬東平郡。	宿城縣 開皇十六年改名，屬東平郡。		壽張縣 屬濟北郡。
鄆州 貞觀八年移治。天寶初改東平郡。	須昌縣 初屬鄆州。貞觀八年移州來治。			壽張縣 武德四年分置壽州。五年州廢，屬鄆州。
東平郡	須城縣 後唐改名。			壽張縣
東平府 宋政和初升府，屬京東西路。金屬山東西路。	須城縣 府治。			壽張縣 宋屬襲慶府。金大定七年水圮，徙治竹口。十九年還故治。
東平路 改路。	須城縣 路治。			壽張縣 至正二年水圮廢。
東平州 降州，屬兗州府。	省入州。			

東阿縣	平陰縣
穀城縣 後漢分置，屬東郡。 臨邑縣 屬東郡。	肥城、盧二縣地。
穀城縣 臨邑縣	
穀城縣 屬濟北國。 臨邑縣 屬濟北國。	
穀城縣 魏屬東濟北郡。齊省。 臨邑縣 宋大明八年省。	
	平陰縣 開皇十四年析置榆山縣。大業二年改名，屬濟北郡。
	平陰縣 改屬鄆州。太和六年省。開成二年復置。
	平陰縣
東阿縣 宋開寶初徙治南穀鎮。太平興國二年徙治利仁鎮，屬東平府。金天會十一年又徙新橋鎮。	平陰縣 宋屬東平府。
東阿縣 屬東平路。	平陰縣 屬東平路。
東阿縣 洪武六年移治，屬東平州。	平陰縣 屬東平州。

大清一統志卷一百七十九

泰安府一

在山東省治南一百八十里。東西距四百三十里，南北距一百七十里。東至青州府博山縣界一百八十里，西至兖州府陽穀縣界二百五十里，南至兖州府寧陽縣界六十里，北至濟南府長清縣界一百一十里。東南至沂州府蒙陰縣界二百一十里，西南至兖州府汶上縣界一百里，東北至青州府博山縣界一百九十里，西北至東昌府茌平縣界一百八十里。自府治至京師一千二百里。

分野

天文奎、婁分野，降婁之次。

建置沿革

禹貢青、徐二州之域。北境屬青州，南境屬徐州。春秋齊博邑。秦屬齊郡。漢置泰山郡。初治博，後治奉高。晉、宋、後魏皆因之。魏治鉅平。北齊改曰東平郡。還治博。隋開皇初郡廢，縣屬魯郡。唐武德五年於博城置東泰州。貞觀初州廢，屬兗州。乾封元年改縣曰乾封。宋大中祥符初改曰奉符，屬襲慶府。金初置泰安軍。大定二十二年升爲泰安州，屬山東西路。元初屬東平路。至元五年析隸省部。明初屬山東省濟南府，以州治奉符縣省入。本朝因之。雍正二年升爲直隸州。十三年升爲府，屬山東省。領州一、縣六。

泰安縣。附郭。東西距一百二十里，南北距一百四十里。東至萊蕪縣界六十里，西至肥城縣界六十里，南至兗州府寧陽縣界六十里，北至濟南府歷城縣界八十里。東南至新泰縣界八十里，西南至兗州府汶上縣界一百里，東北至萊蕪縣界七十里，西北至濟南府長清縣界四十里。周爲齊地。漢置博縣，屬泰山郡。元封初分置奉高縣，爲郡治。晉、宋因之。後魏改縣曰博平。齊復曰博，爲東平郡治。隋開皇十六年改縣曰汶陽，尋又改博城，屬兗州魯郡。唐乾封初改名乾封，總章初復曰博城，神龍初又爲乾封。宋大中祥符初改名奉符，屬襲慶府。金爲泰安州治。元因之。明省縣入州。本朝雍正十三年升州爲府，設泰安縣爲府治。

肥城縣。在府西七十里。東西距七十里，南北距八十里。東至泰安縣界二十五里，西至平陰縣界四十五里，南至泰安縣界六十里，北至濟南府長清縣界二十里。東南至泰安縣界五十里，西南至東平州界六十里，東北至濟南府長清縣界六十里，西北至東昌府茌平縣界九十里。漢置肥城縣，屬泰山郡。後漢屬濟北國，尋省入盧縣。晉復置。南朝宋置濟北郡，治蛇丘。後魏孝昌三年置東濟北郡。北齊郡廢。周置肥城郡。隋開皇初郡廢，屬濟北郡。唐武德五年屬東泰州。貞觀初省入博城。金於平陰縣地立辛寨鎮。元至元十二年析置肥城縣，屬濟寧路。明屬濟南府。本朝雍正十三年改屬泰安府。

新泰縣。在府東南一百五十里。東西距一百四十里，南北距一百十里。東至沂州府蒙陰縣界六十里，西至泰安縣界八十里，南至兗州府泗水縣界六十里，北至萊蕪縣界五十里。東南至沂州府蒙陰縣治六十里，西南至兗州府泗水縣治一百三十里，東北至沂州府蒙陰縣界八十里，西北至萊蕪縣治九十里。春秋魯平陽邑。漢置東平陽縣，屬泰山郡。後漢省。三國魏改置新泰縣，屬泰山郡。晉改屬東安郡。宋因之。後魏改屬東泰山郡。隋屬琅邪郡。唐武德五年改屬莒州，貞觀中屬沂州。宋因之。金改屬泰安州。元至元二年省入萊蕪。三十一年復置，屬泰安州。明因之。本朝屬泰安府。

萊蕪縣。在府東一百二十里。東西距一百二十里，南北距一百三十里。東至沂州府蒙陰縣界六十里，西至泰安縣界六十里，南至新泰縣界四十里，北至濟南府章丘縣界九十里。東南至沂州府蒙陰縣界五十里，西南至新泰縣界四十里，東北至青州府博山縣界八十里，西北至泰安縣界七十里。春秋齊嬴邑。漢置嬴縣，屬泰山郡。後漢建安中置嬴郡，尋罷。晉仍屬泰山郡。宋、魏因之。隋屬魯郡。唐武德五年屬東泰州。貞觀元年省入博城。長安四年移置萊蕪縣於此，屬兖州。元和十五年省入乾封。太和元年復置。宋屬襲慶府。金改屬泰安州。元、明因之。本朝屬泰安府。

東平州。在府西一百四十里。東西距一百十五里，南北距七十里。東至泰安縣界六十五里，西至兖州府壽張縣界五十里，南至兖州府汶上縣界三十里，北至東阿縣界四十里。東南至兖州府汶上縣界三十五里，西南至汶上縣界三十五里，東北至平陰縣界五十五里，西北至東阿縣界五十里。春秋時魯附庸須句國。戰國屬齊。秦薛郡地。漢初屬梁國。甘露二年爲東平國，治無鹽。後漢因之。晉移治須昌。宋改爲東平郡。後魏因之。北齊郡廢，縣徙。隋復置須昌縣，屬東平郡。唐初屬鄆州。貞觀八年移州來治。天寶初改曰東平郡。宋曰東平府，屬京東西路。金屬山東西路。元改爲東平路。明降爲州，省須城縣入，屬兖州府。本朝雍正十三年改屬泰安府。

東阿縣。在府西北二百一十里。東西距五十五里，南北距九十里。東至平陰縣界十五里，西至兖州府陽穀縣界四十里，南至東平州界三十里，北至東昌府茌平縣界六十里。東南至東平州治七十里，西南至兖州府壽張縣界六十里，東北至平陰縣界十五里，西北至東昌府聊城縣界四十五里。春秋齊穀邑。漢爲東阿縣地。後漢分置穀城縣，屬東郡。晉改屬濟北國。宋因之。後魏屬東濟北郡。北齊廢入東阿。宋開寶二年徙治南穀鎮。太平興國二年徙治利仁鎮，屬東平府。金因之。天會十一年又徙新橋鎮。元屬東平路。明洪武六年移縣治於故穀城，屬東平州。本朝雍正十三年改屬泰安府。

平陰縣。在府西北一百九十里。東西距五十里，南北距一百里。東至肥城縣界三十里，西至東阿縣界二十里，南至東平州界五十里，北至濟南府長清縣界五十里。東南至兗州府寧陽縣界一百五十里，西南至東昌府茌平縣界八十里，東北至濟南府長清縣界九十里，西北至兗州府壽張縣界一百四十里。春秋時齊邑。漢爲肥城、盧二縣地。後漢爲盧縣地。隋開皇十四年析置榆山縣。大業二年改曰平陰縣，屬濟北郡。唐初屬濟州。天寶十三載改屬鄆州，太和六年省，開成二年復置，仍屬鄆州。宋屬東平府。金因之。元屬東平路。明屬東平州。本朝雍正十三年改屬泰安府。

形勢

北阻泰山，南臨汶水。界齊、魯之間，爲中樞之地。舊志。

風俗

人情樸厚，俗尚儒學。文獻通考。風俗淳樸而尚儉素。張從仁文廟記。士尚詩書，民執常業。舊志。

城池

泰安府城。周七里有奇，門四，池廣三丈。明嘉靖二年築。本朝乾隆十三年修，三十九年重修。泰安縣附郭。

肥城縣城。周六里，門二，池廣一丈。明成化五年築，萬曆二十二年甃石。本朝乾隆五十九年修。

新泰縣城。周六里，門二，池廣一丈。明正德六年築，天啓二年甃石。本朝乾隆三年修，二十八年重修。

萊蕪縣城。周三里，門三，池廣一丈八尺。明正德六年築。本朝雍正八年修。

東平州城。周二十四里，門六，池廣六丈。宋咸平三年築。明嘉靖、萬曆、崇禎間俱重修。本朝乾隆三十六年改建甎城，嘉慶十九年修。

東阿縣城。周四里有奇，門四，池廣一丈五尺。明洪武八年築，弘治十二年甃甎。本朝康熙五年修，十一年、乾隆五十六年重修。

平陰縣城。周四里，門四，池廣二丈。元至元十三年築。明萬曆十一年甃石。本朝順治三年修，八年、乾隆三十五年重修。

學校

泰安府學。在府治東。宋開寶中建。明洪武、天順、成化、嘉靖間重修。本朝順治六年修。入學額數二十名。

泰安縣學。附府學内。入學額數二十名。

肥城縣學。在縣治東。元至元十二年建。明洪武、弘治、嘉靖間重修。本朝康熙八年修，乾隆三年重修。入學額數十二名。

新泰縣學。在縣治東南。元至元中建。明天順、弘治、正德、嘉靖、萬曆間重修。本朝順治八年修。入學額數十二名。

萊蕪縣學。在縣治東。宋崇寧中建。明洪武二年重建，成化、弘治、正德、隆慶間重修。本朝康熙六年修。入學額數二十名。

東平州學。在州治東。宋景祐間建於州治西南。元皇慶間改建今所。明永樂間修。本朝康熙三十九年修，五十五年、乾隆七年重修。入學額數二十名。

東阿縣學。在縣治西。明洪武八年建。成化、弘治、萬曆間重修。本朝康熙四十七年修。入學額數十五名。

平陰縣學。在縣治東南。宋元符間建。明洪武三年重建，永樂、正統、成化、天啓間重修。本朝順治四年修。入學額數八名。

岱麓書院。在府城泰山下。本朝乾隆五十七年建。

青巖書院。在府城西。舊名青巖社。本朝康熙五十年增修。

敖山書院。在新泰縣城内。本朝乾隆三十八年建。

正率書院。在萊蕪縣城西。本朝康熙十二年建。

柯亭書院。在東阿縣城東北。明隆慶年建。

東流書院。在東阿縣城西十五里東流泉上。明嘉靖年間建。

榆山書院。在平陰縣城東門内。本朝乾隆十五年建。

雲門書院。在平陰縣城内。本朝乾隆四十三年重建，更今名。按：舊志載，泰山書院在府城北五里，宋孫復講道之所，石介有記，明弘治年建。大成書院在肥城縣南三十里曬書城，相傳孔子經遊處，明嘉靖二十年建。牛山書院在肥城縣西八里，狀元張起巖讀書處。觀禮書院在萊蕪縣，明隆慶年建。野齋書院在東阿縣尚德鄉，元翰林承旨李謙故居。謙卒，詔立書院，設山長以掌祀事。冉子書院在東阿縣治之荆門。今並廢。

户口

原額人丁一十三萬三千一百五十，今滋生男婦大小共二百四十六萬一千九百六十六名口，計民户共三十五萬四百一户。又守禦所屯户共三千四百户，男婦大小共一萬一千四百四十九名口。

田賦

田地四萬一千三百七十六頃八十一畝七分七釐有奇，額徵地丁正、雜銀十八萬一百十七兩八錢八釐，米二萬九千六十七石七斗四升四合八勺，麥改米二百四十二石一斗七升一合二勺。

山川

徂徠山。在府東南四十里。詩魯頌：徂徠之松。水經注：汶水又西南流，逕徂徠山西。山多松柏，詩所謂「徂徠之松」也。鄒山記曰，徂徠山在梁父、奉高、博三縣界，猶有美松，亦曰「尤徠之山」也。舊志：上有紫源池，玲瓏、獨秀諸峯，及天平、東、西三寨。下有白鶴灣，又有竹溪。唐天寶中，孔巢父、李白、韓準、裴政、張叔明、陶沔嘗結社於巉石峯，號「竹溪六逸」。宋石介亦築室其下，號徂徠先生。本朝乾隆十三年春，高宗純皇帝巡幸山東，有望徂徠山詩。二十七年春，三幸江、浙，有望徂徠
御製詩。

云云山。在府東南一百二十里。史記封禪書：無懷氏、虙羲、神農、炎帝、黃帝、顓頊、帝嚳、堯、舜、湯，封泰山，禪云云。正義曰：云云山，在兖州府博城縣西南三十里。李奇曰：云云山，在梁父山東。

石閭山。在府南四十五里。漢書武帝紀：太初三年，禪石閭。注：應劭曰：「在泰山下址南方。方士言仙人閭也。」

亭亭山。在府南五十里。史記封禪書：黃帝封泰山，禪亭亭。漢書地理志：鉅平有亭亭山祠。應劭曰：「在鉅平縣北十餘里。」括地志：亭亭山在博城西南三十里。水經注：汶水又西南，逕亭亭山東。山有神廟，水上有石門，舊分水下溉處也。舊志：在石閭山南五里。相近有介丘山。宋真宗嘗登封於此。

梁父山。在府南一百十里，新泰縣西四十里。史記秦始皇紀：二十八年，禪梁父。正義：梁父山在泗水縣北八十里。後漢書光武紀：中元元年，禪於梁父。注：梁父，泰山下小山也。

社首山。在府西南二里。漢書郊祀志：周成王封泰山，禪於社首。注：應劭曰：「山名。在博野。」晉灼曰：「在鉅平南

十二里〔一〕。元和志：在乾封縣西北二十六里〔二〕。舊志：山在高里山左。上有社首壇。

高里山。在府西南三里。又名亭禪山。漢書武帝紀：太初元年，禪高里。注：伏儼曰：「在泰山下。」元和志：在乾封縣西北二十五里。

龍山。在府西南三十里。

九女山。在府西南四十里。

布金山。在府西南九十里。

傲來山。在府北嶽頂西南。山前有雞籠峯、招軍嶺，山麓有東百丈崖，瀑布下匯爲泉，名天紳泉，内有白龍池。又西百丈崖，在東崖三百步，其高十倍東崖〔三〕。府志：又有仙影崖，在山下。諸山皆蒼石，惟仙影色白。

泰山。泰安縣北五里。是爲東嶽，亦曰岱宗。尚書舜典：歲二月，東巡狩，至於岱宗。周禮職方氏：兖州山鎮曰岱山。爾雅釋山：河東岱。詩魯頌：泰山巖巖，魯邦所瞻。史記貨殖傳：泰山之陽則魯，其陰則齊。應劭漢官儀：馬第伯封禪記：上山至中觀，去平地二十里，南向極望無不覩。仰望天闕，如從谷底仰觀抗峯。其爲高也，如視浮雲。其峻也，石壁窅窱，如無道徑。行到天關，自以爲已至也，問道中人，言尚十餘里。其道傍山脅，大者廣八九尺，狹者五六尺。仰視巖石松樹，鬱鬱蒼蒼，若在雲中；俯視谿谷，碌碌不可見丈尺。遂至天門之下，仰視天門，窔遼如從穴中視天。直上七里，賴其羊腸逶迤，名曰環道，往往有絙索可得而登也。晡後到天門，郭使者得銅物，形狀如鐘，又方柄有孔，莫能識，疑封禪具也。東上一里餘，得木甲。木甲者，武帝時神也。東北百餘步得封所，始皇立石及闕在南方，漢武在其北。二十餘步得北垂圓臺，高九尺，方圓三丈所，有兩陛，人不得從上。從東陛上，臺上有壇，方一丈二尺所。上有方石，四維有距石，四面有闕。東山名曰日觀。日觀者，雞一鳴時，見日始欲出；秦觀者，望見長安；吴觀者，望見會稽；周觀者，望見齊。西北有石室。壇以南有玉盤，中有玉龜。唐六典：河南道名山曰泰山，周一百六十里，高四十餘里。元和志：泰山在乾封縣西北三十里。文獻通考：泰山爲岱宗者，以其處東北，居寅丑之間，萬物始終之地，陰陽交泰之所，爲衆山之所宗主。章潢圖書編：山南有柏千株，相傳漢武所種。小天門有秦五大夫松，嶽頂有秦無字碑，斷崖數丈。唐開元紀泰山銘隸書大四寸。岱嶽志：羣峯之得名者，望秦、獨秀、雞籠、老鴉、獅子、蓮花、懸石，而丈人峯在山頂，特出羣峯之表。又有百丈、馬棚、鵓鴿、捨身諸崖，石經、石壁、酆都、桃花佛寺、鬼兒、椒子、馬蹄、溪里諸谷，迴馬、雁飛、黄峴、思鄉、青峯、西横諸嶺，朝陽、吕公、白雲、遥觀、蝙蝠、鬼仙、水簾諸洞，玉女、王母、白鶴、白龍諸池。又有明月嶂、登仙臺及東、西、南三天門，東、西、中三溪，爲山之最勝。其餘峯巒溪洞，不可勝數。自嶽頂而東南十里曰東神霄山，西南十里曰西神霄山，西十里曰石後山、三尖山〔四〕。其在嶽陰者，曰孤山、䃍山、鶴山，相去各十里。以及高里、石閭、亭亭、云云、梁父之屬，雖隨地異名，實皆泰山之支峯别阜也。本朝康熙二十三年秋，聖祖仁皇帝巡幸山東，十月壬寅駐蹕泰安，登泰山極頂，御製登岱暨岱頂對月詩，御書「普照乾坤」四字，建亭懸額；復書「雲峯」二字於極頂處，磨崖勒石。二十八年，再幸山東，行望祭禮，御製經泰山之麓詩。乾隆十三年春，高宗純皇帝巡幸山東，駐蹕泰山行宫，御筆題額曰「雲巢」，曰「壺天閣」，曰「勝覽方輿」。又賜乾坤亭額曰「獨尊宇宙」，一天門旁亭額曰「合雲亭」〔五〕。至山中如迴馬嶺、對松山、日觀峯、朝陽洞、白雲洞、登封臺、五大夫松，并有御製詩，又御製恭依皇祖登岱詩韻、奉皇太后登岱麓夜宿岱頂詩。十六年春，巡幸江、浙，經臨泰安，有御製過泰山恭依皇祖詩韻詩。迴鑾後，有御製過泰山詩。二十二年春，再幸江、浙，有過泰山恭依皇祖詩韻詩。迴鑾後，途經泰安，登岱，復有恭依皇祖登岱詩韻，暨登泰山壺天閣、迴馬嶺、朝陽洞、十八盤御製詩。二十七年春，三幸江、浙，有御製過泰山暨登泰山恭依皇祖詩韻詩，復有登泰山御製詩。三十年春，四幸江、浙，有過泰山恭依皇祖詩韻御製詩。

孤山。在肥城縣東十里。府志：孤峭特起。山嶺有穴，深不可測。又名谷山。山下有河。

寨山。在肥城縣東十五里。府志：山巔有石寨舊蹟，又名張家寨。又新泰縣東三十五里有寨山。府志：宋、元之際，民避兵於此。猶有城址。

塔山。在肥城縣東南七里。府志：上有石塔，故名。宋崇寧二年建玉皇廟於其上。又名玉皇山。

石屋山。在肥城縣東南二十里。府志：山頂有石屋，故名。

紫榆山。在肥城縣東南二十五里。

瀑布山。在肥城縣東南四十里。府志：瀑布懸崖二十餘丈，其上爲天井峪，傍有嶺，蜿蜒高聳，謂之横嶺。

柱子山。在肥城縣東南四十里。下有柱子村，一名柱亭山。其東有丫髻山，有三尖似髻，山下有洞。

鳳凰山。在肥城縣東南五十里。府志：相傳漢元和三年鳳凰集於此。又萊蕪縣南二十里有鳳凰山。

周王山。在肥城縣南二十五里。府志：世傳其地有周王墓，故名。

虎門山。在肥城縣南四十里。府志：形似虎，下有虎洞。其東又有龍門山。

狼山。在肥城縣南五十里。下有狼山屯。

七佛山。在肥城縣南六十里。府志：上有石佛七，故名。一名福山。

金牛山。在肥城縣西八里。府志：相傳宋真宗嘗駐蹕於此，改爲鬱葱山。山陽有五龍池，禱雨輒應。

陶山。在肥城縣西北三十里。史記越世家：范蠡去齊，止於陶，名陶朱公。後漢書方術傳：濟南孫邕葬王和平於東陶。括地志：陶山在平陰縣東三十五里。山南五里有朱公冢。舊志：相傳山前後有七十二洞。

巫山。在肥城縣西北六十里。左傳襄公十八年：齊侯登巫山以望晉師。注：「山在盧縣東北。」水經注：山在平陰東北。寰宇記：一名孝堂山。相傳漢孝子郭巨葬母於此，故名。齊乘：清河北經巫山，俗訛爲無兒山。

敖山。在新泰縣東南十五里，界聯蒙陰縣。左傳：先公以獻、武廢二山。蓋魯獻公名具，武公名敖。

鹿角山。在新泰縣南二十里。相近有平埠山〔六〕，山有雷壇。

峙山。在新泰縣南二十里。府志：前有池，禱雨輒應。

闕山。在新泰縣南四十里，蒙山之西麓也。

龜山。在新泰縣西南四十里。山之南即兖州府泗水縣界。詩：奄有龜、蒙。春秋定公十年：齊人來歸鄆、讙、龜陰田。杜預注：「泰山博縣北有龜山。」水經注：龜山在博縣北一十五里。昔夫子去魯，作龜山之操焉。

法雲山。在新泰縣西南四十里。府志：上有正覺寺。相傳有異僧説法而雲生，故名。

曝書山。在新泰縣北五里。縣志：危巖怪石，形勢蒼古。相傳有異人曝書其上。

宫山。在新泰縣西北四十里，接萊蕪縣界。即古新甫山。詩魯頌：新甫之柏。魏書地形志：汶陽有新甫山。縣志：相傳漢武封禪於此，見仙人迹，建離宫其上，故改名宫山，亦名小泰山。宋常魯記云：「漢武易小泰山爲宫山，封三峯爲義山。」山上有望仙臺、雲衢岫，東有毬杖壑，西有氷寨溪、五雲澗，西北有千人洞，深遠莫測。本朝乾隆十六年春，高宗純皇帝南巡江、浙，經泝山東，有御製新甫山詩。

榆山。在新泰縣東北十里。縣志：山多産榆，故云。南麓有大埠嶺。

五峯山。在新泰縣東北十五里。府志：五峯秀出。其麓有水曰寶泉，泉東有寶泉寺，北有山高險，名青龍崗。

龍堂山。在新泰縣東北四十里。下有大、小二龍池。

碁山。在萊蕪縣東五十里。高五里。府志：相傳有仙人弈此，碁局尚存。

大石山。在萊蕪縣東南十三里。府志：舊産鐵。

筆架山。在萊蕪縣東南二十五里。一名三尖山。

九嶺山。在萊蕪縣東南三十五里。

葫蘆山。在萊蕪縣東南五十里。府志：形如葫蘆，其勢險隘，舊名葫蘆關。

安期山。在萊蕪縣南二十里。金史地理志：萊蕪有安期山。舊志：相傳安期生修煉於此。上有安期真人觀，有唐、宋、元三碑。

冠山。在萊蕪縣西南五十里。府志：脉起泰山，形勢突兀。漢書五行志：元鳳三年，萊蕪縣南洶洶有數千人聲，視之，有大石自立，高一丈五尺，大四十八圍，入地深八尺，三石爲足。石立處，有白烏數千集其旁。縣志：山形似冠，故名。

鑛山。在萊蕪縣西北三里。高二里。府志：舊産鐵，今無。山下有伏龍洞。

肅然山。在萊蕪縣西北六十里。漢書郊祀志：元封元年，封泰山，下陰道，禪泰山下址東北肅然山。金史地理志：萊蕪有肅然山。縣志：高二十里。泰山東麓也。今訛爲宿巖山。

大舟山。在萊蕪縣西北六十里。府志：形如大舟。山下有東白龍潭、西黑龍潭，禱雨靈應。

照壁山。在萊蕪縣西北六十里龍潭之南。府志：山陰一石，高數百丈，影蔽潭者半，故云。

香山。在萊蕪縣西北六十里。高二十里。府志：産香草。

陰涼山。在萊蕪縣北三十里。府志：舊産銅，名銅冶山。魏書地形志：嬴有銅冶山。

大屋山。在萊蕪縣東北二十里。高五里。府志：山形如屋，故名。司馬河出此。

萬福山。在萊蕪縣東北三十里。高十里。府志：其巔有石如人，俗訛爲望夫山。

苗山。在萊蕪縣東北五十五里。府志：多產藥材。

杓山。在萊蕪縣東北六十里。府志：狀如杓首。與濟南府淄川縣接界。

原山。在萊蕪縣東北七十里。高二十餘里。一名飴山。府志：淮南子「淄水出飴山」，即原山別名。東接益都，西接章丘，北接淄川，聳出羣山之上。一名馬耳山，舊有馬耳山關，爲扼險之所，亦曰馬耳谷。尚書禹貢「浮於汶」，傳：「汶水出原山之陽。」漢書地理志：萊蕪原山，淄水出其陰，汶水出其陽。水經注：原山在縣西南六十里許。明統志：原山在縣東北八十里，今名岳陽山。

黃谷山。在萊蕪縣東北八十里，東接青州府益都縣界。府志：左翼有峯十餘，右翼東南行十餘里爲文家嶺，又數里爲八龍臺，又數里爲老姑峪。

龍山。在東平州東四十里。魏書地形志：無鹽有龍山。水經注：汶水西逕危山南，世謂之龍山也。舊志：一名金螺山，亦曰白佛山。按：州志金螺在州東北，蓋山峯綿亘相屬，實即一山也。

安山。在東平州西南三十五里。亦曰安民山。府志：山下有湖，瀠洄數十里，舊時四面築隄置閘，以時蓄洩，謂之水櫃。今惟通湖閘時加修築，餘俱廢。

梁山。在東平州西南五十里，接兗州府壽張縣界。史記梁孝王世家：北獵良山。注：索隱曰：「漢書作梁山。」水經注：濟水北逕梁山東。袁宏北征賦曰「背梁山，截汶波」，即此處也。

棘梁山。在東平州西四十里。府志：山巔石崖，東西相判，其上架石爲橋，通往來，名曰天橋。西南有小洞，中鐫佛像。

金山。在東平州西北四十里。府志：山色紫赤，其石堅緻，河上諸邑往往採以給用。其南爲坤山，亦曰困山，上有馬跑泉；東有蟾蜍峽、蓮花沼〔七〕；南有玉靈崖、石室洞；下有飲馬泉。又南有土山，亦名無影山，去州三十里。

王陵山。在東平州北五里。府志：其前有漢東平憲王墓。

匏山。在東平州北二十里。府志：山圓而長，其形如匏。漢書宣元六王傳：瓠山石轉立。晉灼：「漢注作報山。」〔八〕上有漢東平思王墓。

蠶尾山。在東平州北三十里。其陰有九女泉，西流入汶。右有小洞庭湖，其左爲黃華山。

蘆泉山。在東平州東北二十里。府志：相傳唐堯陵在山之麓，今改祀濮州。左右峯巒拱峙，如百工竦立。有泉流入沙河。

少岱山。在東阿縣東一里。府志：橫亘郭門，上有臺一成，以在岱宗之西，故名。乾隆十三年，高宗純皇帝巡幸山東，二十一年，躬詣闕里，並有御製少岱詩。又南一里爲寺山，南四里爲鏵山，形方而隋，有泉出焉。

雪山。在東阿縣東十里。旁爲黑山、冠山；又東爲萬山，連延數里，北至亭山，接平陰縣界。

天池山。在東阿縣東南十五里。府志：峯頂有泉，名天池，泓澄瑩澈，可鑒毛髮，方十餘丈。又西爲洪範池，亦方數丈，清澈如之。相近爲念山，與天池連脈。其下大石畝許，水流其上，謂之石淙。

龍頭山。在東阿縣東南二十里。白雁泉出焉。府志：相傳漢高伐楚，過此山，士卒渴甚，見白雁驚起，得清泉，衆賴以濟。又北爲黃崖山。

狼山。在東阿縣東南二十八里。狼溪水發源於此。

⿰山監山。在東阿縣東南三十里，狼山南。水經注謂之大檻山也。舊志：兩巖削成，千仞壁立，巒壑明秀，爲境內諸山之冠。

雲翠山。在東阿縣東南三十里。府志：頂有巨石，高數十丈，修廣里許。其形正方，狀如印而有紐，謂之印峯。旁三石壁立，中高兩墮，狀如筆牀，謂之筆峯。此絶頂也。少南爲子陵臺，相傳嚴子陵曾隱此。

碻磝山。在東阿縣南七里。府志：有闞城，城南有土堆三，俗名虚糧冢。相傳即檀道濟唱籌量沙處。或以爲即碻磝城，非也。舊志：縣西南三里有虎窟山。南燕建平中，濟南太守胡諮得白虎於此，因名。山之南即碻磝也。

六工山。在東阿縣西南三十里。其南有北臘山，又西有柏木山、子路山、鳳凰山。自西南至張秋，皆平地小山，其名不可勝紀。

戊己山。在東阿縣西南六十里張秋鎮南。府志：明弘治間築土所成，以鎮黄河決口。下臨龍潭，即古決口也。山名戊己，取土制水之象。山上有亭，爲張秋名勝。

魚山。在東阿縣西八里大清河之西。史記河渠書：瓠子歌「吾山平兮鉅野溢」。注：徐廣曰：「東阿有魚山。」水經注：魚山即吾山也。元和志：山在東阿縣東南二十里。寰宇記：山周迴十二里。曹學佺名勝志：魚山在東阿縣西，魏曹植改封東阿，嘗登此山。搜神記以魚山即思王聞梵處矣。五代史：梁主朱温與兖、鄆兵大戰於此。今壁壘尚存。本朝乾隆十三年春，高宗純皇帝巡幸山東，有御製魚山口號詩。

曲山。在東阿縣西北十五里。漢書地理志：東阿有渠丘山，即曲山也。其東爲香山，東北爲文山。兩山相對，河出其中。

穀城山。在東阿縣東北五里。一名黄山。山海經：縞羝之首曰平逢，東望穀城之山。注：「山在濟北穀城縣西。」水經注：魏土地記曰：「穀城山出文石，有黄山臺，黄石公與張子房期處也。」元和志：山在東阿縣東三十二里。本朝乾隆二十一年，高宗純皇帝巡幸山東，展謁闕里廟，過穀城山，有御製詩。

會仙山。在平陰縣東。府志：門外有石迹，俗傳仙人所履迹。

黄巃山。在平陰縣東南十八里。府志：東望泰山，遠如屏幛。又東南爲檀山，十里爲函山。府志：舊名賢士峪，四圍山色如黛，有流泉竹木之勝。

黑山。在平陰縣南二十里。府志：兩峯對矗，迤邐數里。荆榛彌望，僅通鳥道。舊嘗置巡司。南五里有孤山、大荆山。

紫蓋山。在平陰縣南三十里。一名北山。府志：上有夫子講堂，下有孔林。

赤溝山。在平陰縣南五十里，西連大𡾊，南接鷓鴣嶺。

水山。在平陰縣西南二十五里。府志：有泉，歲旱不涸。

茅峪山。在平陰縣西南四十里。府志：有澗，深七丈許，澗數尺，架木橋以渡。

九峪山。在平陰縣西南五十里。府志：與東阿諸山相接，崎嶇邃密，樵採弗及。

邿山。在平陰縣西十二里。左傳襄公十八年：晉侯伐齊，齊侯禦諸平陰。魏絳、欒盈以下軍克邿。注：「平陰之西有邿山。」

金牛山。在平陰縣西十八里。形如卧牛。又西二里有聖容山。

峻玉山。在平陰縣北里許。府志：產白石英。

長城嶺。在府西北六十里。戰國策：燕王曰：「齊有長城鉅防。」史記：齊威王三十一年，趙侵我長城。竹書紀年：梁惠王二十年，齊閔王築防以爲長城，城緣河，經泰山千餘里，東至琅邪臺入海。往往有壁門邸閣〔九〕。又齊記：宣王乘山嶺之上築長城，東至海，西至濟州，千餘里，以備楚。府志：長城嶺蓋即泰山岡阜，以齊所築長城經歷而名也。

杏木嶺。在肥城縣東南二十五里横嶺之北，接泰安縣界。

五道嶺。在肥城縣北二十里，接濟南府長清縣界。府志：當往來區道，舊置馬驛。

雕鶚嶺。在東平州北四十里。

夾谷峪〔一〇〕。在萊蕪縣南三十里，接新泰縣界。左爲龍門崖，右爲鳳凰山。肇域記：春秋定公會齊侯於夾谷，萊人以兵刼魯侯，即此。

蒼龍峽。在萊蕪縣西南八里。亦曰青龍峽。府志：山峽水急，如噴激然。

萊蕪谷。在萊蕪縣西南三十里，接泰安縣界。府志：亦名狼虎谷。唐中和四年，黄巢自瑕丘東竄，走狼虎谷，即此。「狼虎」蓋「萊蕪」之轉音也。今亦名降寇集。

淄水。俗名濁河泉。出府治東南泉河集，於平地石縫中湧出。齊乘：泰山南亦有淄水。按：此泰山之淄入汶者也。禹貢淄水出府境萊蕪縣東北之原山，東流入青州府博山界，發源與汶水同一山而異流，所謂「汶出其陽，淄出其陰」。

小汶水。源出新泰縣東北三十里龍池，西南流百里，經泰安縣東南，繞徂徠山之南麓，西流合汶河，所謂大汶口也。新志：小汶水自新泰縣東北龍堂山南麓發源，會諸澗水南流，出蒙陰界，復西流入新泰界，合龍池河、平陽河、杏山澗、西周河、廣寧河、廣明河諸水，又西流，合羊流河水，又西經泰安縣界，受濁河泉，經徂徠山南故梁父城，又西南逕故柴城北，俗亦謂之柴汶，又西至大汶口。按：新泰諸水並會於小汶：平陽河源出縣東北狐山，西南流經縣東，亦曰東河，南流入小汶；廣明河源出縣南闕山，北流入小汶；廣寧河在縣西三十里，源出周家泉；蘇莊河在縣西北四十五里；羊流河在縣西北六十里，亦名楊柳河，俱源出新甫山；疃里河在縣西六十五里，俱南流，入小汶河。舊志謂廣明河以下五河俱入汶，誤。

汶水。源出萊蕪縣東北八十里原山之陽，西南流經泰安縣東，左合牟汶、嬴汶水西流，又北合柴汶水，經泰安縣東南。泮河水自北來注之。南流至大汶口，與小汶水會，合流而西，入兖州府寧陽縣界，又西流經東平州南境，又西南流入兖州府汶上縣，俗呼爲大汶河。書禹貢：浮於汶。漢書地理志：萊蕪縣原山，禹貢汶水所出，西南入泲。水經：汶水出泰山萊蕪縣原山，西南過嬴縣南，又東南過奉高縣北，屈從縣西，南流過博縣西北，又西南過蛇丘縣南，又西南過岡縣北，又西南過東平章縣南，又西南過無鹽縣南，又西南過壽張縣北。注：汶水西南逕嬴縣故城南，又南，右合北汶水，又西南流逕徂徠山西，南逕博野故城東，屈從其城西南流，又西南逕龍鄉故城南，又西南逕亭亭山東，又西南逕陽關故城西，又南，左會淄水，又南逕鉅平縣故城東而西南流，城東有魯道，又西南逕魯國汶陽縣北，又西，洸水注焉。又西，蛇水注之，又西，溝水注之，又西逕春亭北，又西南有泌水注之，又西南逕桃鄉縣故城西。水自桃鄉四分，當其派別之處，謂之四汶口。其左二水雙流，西南至無鹽縣之郈鄉，又東南逕東平陸縣故城北，又西逕危山南，又西合爲一水；次一汶西逕郈亭北，又西逕壽張故城東；其右一汶西流逕無鹽縣之故城南，又西逕治鄉城南，又西南流逕壽張縣故城北，又西南長直溝水注之。元和志：汶水源出乾封縣東北原山，西南流逕縣理南。去縣三里，又有北汶、嬴汶、柴汶、牟汶合焉，縣界凡有五汶，皆源別而流同也。舊志：汶水舊在東平州南一里，自寧陽縣西流，至州東六十里戴村，又西逕州城南，至安山湖合濟水。自明永樂九年築戴村壩以遏其入濟之道，遂西南流。凡八十里，至汶上縣而爲分水河，今導爲運河。本朝康熙二十二年，聖祖仁皇帝巡幸山東，御製汶水吟。乾隆十三年，高宗純皇帝翠華經莅，有御製恭依皇祖原韻及渡汶水詩。十六年巡幸江、浙，二十一年躬詣闕里，二十二年、二十七年、三十年巡幸江、浙，並有御製過汶河詩。

古黃河。在府境。有三。一在東平州西五十里。宋河渠志：鄆州有博陵、張秋、闞山、子路、王陵、竹口六埽。舊志有二流：其一自直隸開州流經濮州東而至州境，又東歷德州、武定、濱州入海者，此宋以前故道也。明景泰四年，徐有貞請開分水河，疏爲廣濟渠，即故道矣。其一自河南儀封縣流經曹縣東北，歷定陶、曹州、鄆城、壽張而入州界者，此金、元至明初故道也。弘治六年，黃河決，下流十里許改作戴家廟金線閘，以洩其流，由鹽河入海。後築隄黃陵岡，障河盡出於南，而舊河俱湮廢。又州西北有赤河，亦黃河支流。周顯德初，命宰相李穀治楊劉決河，其決河不復故道者，離爲赤河及游、金二河。宋史所謂游、金、赤三河是也，今亦湮塞不可考。一在東阿縣北四十里，自陽穀縣流入，又北入茌平縣界，蓋即古瓠子河也。水經注：瓠河故瀆自范縣東北合將渠，又北經東阿故城東，又東北過臨邑縣西，又東北至茌平。宋至和元年，議者欲復故道，遣使行度，欲返之使東。歐陽修以爲非便，因罷。一在平陰縣西北。元和志：平陰縣黃河去縣十里。舊志：縣北有故道，俗謂之老黃河，與滑州之瓠子河相通。今俱湮塞。

運河。自兗州府汶上縣北界流入，逕東平州西南汶、濟二水合流處也，有閘一，曰安山，西北流入兗州府壽張縣界。又北逕東阿縣西，又北流入兖州府陽穀縣界。元史：至元二十六年，開河以通運道，起須城安山渠，西南由壽張西北至東昌，又西北至臨清，引汶水以達御河。長二百五十餘里，中建閘二十有一，以時蓄洩。河成，河渠官張孔孫言〔一一〕：「開魏博之渠，通江、淮之運，古所未聞。」賜名會通。漕河考：由南旺至臨清，亘四百里，惟藉安山一湖以濟漕河。府志：東平州自靳家口汶上縣界起，北至戴家廟閘下三空橋壽張縣界止，河道長六十里；東阿縣自沙灣鋪壽張縣界起，北至五里鋪陽穀縣界止，河道長一十五里。共長七十五里。其閘六：在東平者曰靳家口、安山、戴家廟，在東阿者曰通源、減水、平水。其壩不在運道而關於運者甚鉅，曰戴村，坎河口次之。今皆設有河員兵弁，以時啓閉，利漕運焉。

大清河。即古濟水，今曰大清河。自東平州東南戴村壩分洩汶河之水，西北流經州城西，北至盧家村〔一二〕，與七里河會，古濟、汶合流處也。又北流經東阿縣西，東北流經平陰、肥城二縣西北，又東北流入濟南府長清縣界，俗亦呼爲鹽河。按：濟水故道自曹州府鄆城縣流入東平，與汶合。禹貢：濟水東北會於汶。水經注：濟水自鉅野北合洪水，又東北逕壽張縣西界安民亭，汶水從東北來注之，所謂清口也。又北逕梁山東，袁宏北征賦所云「背梁山截汶波」者也。又北逕須朐城西，水西有安民亭，水東即無鹽縣界。又逕微鄉東，又北分爲二水：枝津西北出爲馬頰水。濟水又北逕須昌縣西，又北逕魚山東，左合馬頰水。又北逕清亭東，又北逕穀城縣西，合狼溪水。又北逕周首亭西，又北過臨邑縣東，又北逕平陰城西，右迤過爲湄湖，方四十餘里。元和志：須昌縣有濟水，南自鄆城界流入，去縣西二里。杜佑通典：東平、濟南、淄川、北海界中有水名清河，乃菏澤與汶水合流是也。東平城西即安山閘，閘下泥河口有亭子店，即安民亭遺址，爲濟、汶合處。自元人開會通河，謂之引汶絶濟，使不得東，而清河之流中斷。舊志：大清河上源與會通河合流，至東平安山閘漸分流而西北，會東平州之沙河，及張秋黑龍潭與小鹽河之水北流經魚山下，又北過縣城西，東阿諸泉之水入焉。又東北經艾山滑口鎮，入平陰境。明成化九年，以大清河湮塞，自張秋濬至滑口鎮。本朝乾隆十四年，河臣因汶河下流爲汶上縣患，請以戴村壩、坎河口落低三尺。乾隆二十三年，復修隄埝數十處，於城東馮家口、李家樓各建迎水壩，以資捍禦。又於城西大清河支流東岸馬家口建減水閘一，以洩陂水，而東平始無水患。

肥河。在肥城縣南。蓋即古蛇水也。水經注：蛇水出蛇丘縣東北大山，西南流逕汶陽之田，又西南逕夏暉城南，又西南注於汶。舊志：肥河源出泰安州西境，流經縣南八里，又西南經東平州界入汶。又有孤山河，源出縣東孤山；康王河，在縣東門外，源出北山；合溝河，源出縣東南十里之潮泉，俱入於肥河。

衡魚河。在肥城縣西南五十里，蓋即古泌水也。水經注：泌水在肥城縣東北，西南流逕肥城縣故城南，左經句窳亭北，又西南經富城注於汶。

坎河。在東平州東北五十里。有坎河泉，南流六里，入汶河。舊志：坎河即汶水下流洩入鹽河處。自戴村壩築，而汶水不復由此入濟。明萬曆七年，築滚水石壩於此，以時蓄洩，而汶水無泛溢之患。又縣西北有金線閘河，舊黄河決道也。明弘治中，因導流以洩漕渠之水，由壽張集東北至戴家廟，洩而東入於大清河。

狼溪河。在東阿縣東南二十八里狼山下。會諸山泉水，入大清河。水經注：狼水出東河縣東南大檻山狼谿，西北流逕穀城西，又北有西流泉水出城東近山，西北流逕穀城北，西注狼水，又西北入清水。隋志：東阿縣有狼水，一名龍溪。

小鹽河。在東阿縣西南二十里。即運河所洩出汶水支流也。由沙灣洩之而東，與黑龍河水合流，經魚山南，至縣西五里，會於大清河。

馬頰河。在東阿縣西。水經注：馬頰水首受濟，西北流逕安民山北，又西趙溝出焉，又逕桃城東，又東北逕吾山南，又東注於濟。舊志：今小鹽河所經即馬頰河故道。

柴汶。在府治東北四十里。源出嶽旁仙臺嶺，南流經府治東三十里入汶。明統志又有漕河，出泰安東淳于野，西南流入汶。按：圖表泰山東有董家河，南流入汶，即柴汶也。

北汶。即泮河。源出嶽頂西北桃花谷，流經府城西二十里轉東南流，經府城南，受渿河水，又東受環水，又東南受石汶水，又東南至無鹽山，西合大汶。水經注：北汶水出分水溪，源與中川分水，東南流逕泰山右天門下，其水自谿而東，濬波注壑，東南流逕龜陰之田，又合環水。水出泰山南谿，南流逕中階兩廟間，其水又屈而東流，入於汶水。又東南流逕南明堂下，世謂此水爲石汶。又左入於汶。明統志：泮水源出泰山分水嶺，合三溪水東南流入汶。新志：渿河出泰山西谿，由白龍池出大峪口，東南流至府城西，遶城而南，入北汶。又環水河俗名梳粧河，泰山之中谿也。由黄峴嶺會經石谷水簾洞諸水，經王母池，至府城東南流入北汶。又石汶河，泰山之東谿也。出登仙臺下，會青山諸澗水，東流經漢明堂故址，會明堂泉，又南流，入北汶。

牟汶。在萊蕪縣南。西流經泰安縣東徂徠山北，南至靜封鎮，入汶水。水經注：水出牟縣故城西南阜下，俗謂之葫蘆堆，謂是水爲牟汶。又西南至奉高縣故城而西南流，注於汶。新志：牟汶有二：一自萊蕪縣東南塞子村海眼泉發源，合諸泉水西流；一自縣東古牟城東響水灣發源，合諸泉水西南流，至盤龍莊而合。又西有孝義河水入之，又西至濾馬河合嬴汶。按：舊志孝義河在縣東北十二里，源出萬福山，南流入汶。新志濾馬河在縣東南三里，一名逯馬河。

嬴汶。自萊蕪縣南三十里宮山之陰石漏河發源，北流至濾馬河，合牟汶。金史地理志：萊蕪有牟汶、嬴汶水。新志：嬴汶有二，宮山之陰其一也；又一自縣東北大、小龍潭發源，南流合諸泉水，至方下集爲嘶馬河，又南流會牟汶，並南嬴汶水合流，至泰安縣焦家店注於大汶水。按：舊志萊蕪有司馬河，在縣西十里，源出大屋山，西南流，至縣西南入汶。而圖表有嘶馬河，蓋「司」「嘶」音同而訛也。

新開河。在平陰縣西十里。即清河之下流。其南岸有山曰蹲龍，下有盤石跨河，爲舟行患。宋張方平鑿新河，引水北行，以避其險，行者便之。

小洞庭湖。在東平州北三十里蠶尾山下。唐蘇源明宴小洞庭詩序所謂「左拂蠶尾首」也。源明又嘗燕其僚五太守於泗源亭，歌曰：「小洞庭兮牢方舟，風嫋嫋兮離平流。牢方舟兮小洞庭，雲微微兮連絶岻。」

玉女池。在府北泰山頂。水味甘洌，四時不涸。一名聖母池。

二龍池。在新泰縣東北八十里龍堂山下。即小汶河之源也。

鐵佛堂泉。在府東二十五里。又，清泉、井泉、板橋灣泉、范家灣泉、鯉魚溝泉、大興橋泉、雲臺泉、皂泥溝泉、北滚泉、順河泉、會泉、岳錫靈泉、倒扳井泉，俱在縣東；周家灣泉、馬兒溝泉、梁子灣泉、風雨泉、鳳凰泉、顔謝泉、龍王堂泉、吴山溝泉、鄉城泉、白土崖泉、韓家莊泉、梁家莊泉、皮狐泉、滄浪溝泉、新興泉、石縫泉、水浪泉、小柳泉、海旺泉、力溝泉、神泉、羊社泉、斜溝泉、二柳泉、真溝泉、濁河泉、闞泉、泰應泉、梁父泉，俱在東南；木頭溝泉、龍灣泉、梁家泉、西顔謝泉，俱在南；張家泉、臭泉、上泉、靈應泉、馬蹄泉、狗跑泉〔一三〕、陷灣泉、報恩泉、新莊泉、胡家港泉、溯港溝泉、馬黄溝泉、涼泉、龍王泉、金星泉、坤温泉、水磨泉，俱在西南；明堂泉、坡里泉，在東北；廣生泉在西北。凡泰安縣境之泉六十有七，俱入於汶。

清泉。在肥城縣東南四十里。南流入汶。又鹹河泉、董家泉、臧家泉、吴家泉、王家泉、開河泉、拖車泉、馬房泉、聖惠泉、震澤泉、引兑泉，並在縣西南，會流爲衡魚河，經平陰境，至東平州南，入汶縣境〔一四〕。共泉十二。

嘯泉。在新泰縣東三里。又有北陳泉、徽泉、魏家泉，俱在縣東；名公泉、南陳泉、北鮑泉、大峪泉、柳峪泉，俱在縣東南；玉泉、西都泉、萬歲泉，俱在縣南；張家溝泉、孫村泉、古河泉、里橋泉、北流泉、劉社莊泉、黄水灣泉、賈周泉、杏山泉，俱在縣西南；龔家莊泉、西周泉、新西周泉、劉都泉、構溝泉、名灣泉、紅河泉、釣魚臺泉、靈槎泉，俱在縣西；金溝泉、周家泉、崖頭泉、和莊泉、清泉，俱在縣西北；南師泉、高峪泉、魏家泉、路踏泉，俱在縣北；太公泉，在縣東北。縣界凡泉四十，俱入於汶。

小龍灣泉。在萊蕪縣東北四十里。亦曰小龍灣河。西流合司馬河。舊志：萊蕪故泉凡三十五，後緣旱涸，僅存二十五。今皆搜復。又增新泉十一，共泉四十六。新志：濾馬河泉、青泥溝泉、趙家莊泉、雙龍泉、斜里泉，並在縣東；海眼泉、連珠泉、湖眼泉、坡里泉、朱家灣泉、張家灣泉，並在東南；片錦泉、郭娘錦泉、靈泉、櫻桃園泉，並在縣南；韓家港泉、坡草泉、盧家莊泉、牛王山泉、青楊港泉、賀家灣泉，並在西南；王家溝泉、西夾溝泉、半壁店泉，並在縣西；西碧泉〔一五〕、青橋泉、鎮里泉、龍興泉、李家灣泉、黑龍泉、老龍泉、魚池泉、星坡泉、大龍泉、沙灣泉、助沙泉、新興泉，並在西北；涼坡泉、薛家莊泉、北夾溝泉、水河泉、垂楊泉、北海眼泉、烏江岸泉、廣潤泉、鎮里泉，並在縣北；鵬山泉、大龍灣泉，在縣東北。萊蕪之泉，共四十九，俱入於汶。

吴家泉。在東平州東五十五里。新志：州境之泉，凡三十五。孫泉、遊龍泉、神瀵泉、湧泉、小王泉、浄泉、郝家泉、源泉、耙頭泉、烈泉、獨山泉、王老溝泉、大黄泉、二黄泉、蓆橋泉、泠河泉、口頭泉、浮汶泉、大成泉、張貨郎泉、徐家泉、三眼泉、勝水泉、卷耳泉、餑餑泉、安宅泉、半畝泉、安圈泉、雙明泉、單眼泉、高家莊泉、鐵鈎嘴泉、坎河泉、高嘉泉，俱在州東，由衡魚河、蓆橋河流入於汶。

喬口泉。在平陰縣東南七里山下。西北流至縣南門外，遶城東而西行，又有二泉來會，形如「川」字，紋錯如錦，故邑名錦川。

普濟渠。唐志：萊蕪縣西北十五里有普濟渠，開元六年，令趙建盛開。今湮。

新柳溝。在平陰縣東南三十五里。會諸泉水南流入汶河。又縣東三十里有天井泉，出山澗石井中，勢如趵突，雖旱不竭，北入大清河。

投書澗。在泰山上。舊志：胡瑗與孫復、石介講學泰山，攻苦食淡，終夜不寢。得家書見有「平安」二字，即投之澗中，不復展讀。人名其處爲投書澗。澗西建講學堂。本朝乾隆十三年春，高宗純皇帝巡幸山東，登泰山，有御製題投書澗詩。

七女津。在東平州西北。昔時河津也。劉宋元嘉七年，到彦之等復河南地，還保東平。北魏兵來寇，諸軍會於七女津，即此。州志作「九女泉」。

亭子泊。在東平州曹河東岸，即故安民亭。

黑龍潭。在東阿縣西南，去安平鎮北半里許。深不可測。一名平河泉，黄河決口故道也。

管仲井。在東阿縣穀城内。元陳孚有詩。今湮。

古蹟

奉符故城。即今府治。古博縣地。唐爲乾封縣地，曰岱嶽鎮。宋開寶五年移乾封縣治此。大中祥符初，改曰奉符。又築新城，在今州東南三里，而以此爲舊城。金置泰安州，復還治岱嶽鎮。明省入州。

博縣故城。在府東南。春秋時齊邑。左傳哀公十一年：公會吴子伐齊，克博。亦曰博陽。漢表：元年，田安爲濟北王，都博陽。後改爲泰山郡，後漢、晉、宋因之。後魏改曰博平。北齊爲東平郡治。隋開皇十六年改曰汶陽，十七年又改曰博城，屬魯郡。唐改曰乾封，屬兖州。宋開寶中移縣於岱嶽鎮，此城遂廢。

梁父故城。在泰安縣南六十里。漢置縣，屬泰山郡。後漢爲侯國。晉仍爲縣。南燕慕容德嘗置兖州於此。劉宋仍屬泰山郡，後魏因之。水經注：淄水經梁父故城南。隋改屬魯郡。唐初屬東泰州，貞觀初省。

鉅平故城。在泰安縣西南。漢置鉅平縣。屬泰山郡。後漢爲侯國。晉仍爲縣。宋、魏因之。北齊省。水經注：汶水又南，逕鉅平故城東。魏書地形志：鉅平縣有鉅平城。

蛇丘故城。在肥城縣南。春秋魯蛇淵囿也。亦曰鑄鄉。春秋定公十三年：築蛇淵囿。禮記：周武王封堯後於鑄。左傳襄公二十三年：臧宣叔娶於鑄。注：「故國。今蛇丘縣治。」後漢書郡國志：蛇丘有鑄鄉城。漢置蛇丘縣，屬泰山郡。後漢分屬濟北國。晉因之。宋爲濟北郡治。後魏屬東濟北郡。北齊省。

平陽故城。在新泰縣西北。春秋宣公八年：城平陽。左傳哀公二十七年：越子使后庸來聘，盟於平陽。漢書灌嬰傳：嬰自下邳擊破楚騎平陽。漢置東平陽縣。應劭曰：「河東有平陽，故此加『東』。」後漢省。

牟縣故城。在萊蕪縣東二十里。春秋時牟國。桓公十五年，牟人來朝。漢置牟縣，屬泰山郡。後漢、晉、宋、魏因之。北齊併入博城。隋開皇十六年分嬴置牟城縣。大業初併入嬴縣。

嬴縣故城。在萊蕪縣西北。春秋桓公三年：公會齊侯於嬴。左傳哀公十一年：公會吴子伐齊，克博，至嬴。十五年：公孫宿以其甲入嬴。後漢書陳俊傳：張步遣將擊俊，戰於嬴下。注：「嬴，縣名，屬泰山郡。」水經注：汶水又西南，逕嬴縣故城南。括地志：漢嬴縣故城在博城東北百里。唐書地理志：武德五年，以博城、梁父、嬴置東泰州。貞觀元年州廢，省嬴入博城。元和志：於廢嬴縣置萊蕪縣，西南至州二百六十里。縣志：古城在西北四十里北汶水之北，俗名城子縣，即故嬴地也。

無鹽故城。在東平州東二十里。春秋宿國。隱公元年，公及宋人盟於宿。戰國爲齊邑。項羽紀：宋義遣其子襄相齊，而身送之，至無鹽。漢置縣，爲東平國治。後漢因之。晉屬東平國。宋爲東平郡治。孝武時置館陶、元城二縣，寄治於此，屬陽平郡。後魏因之。北齊郡、縣俱廢。元和志：無鹽故城在須昌縣東三十六里。宋宣和二年置東平監於此。政和三年廢。又地理志無鹽有洽鄉，漢武帝封城陽恭王子慶爲東平侯於此。

章縣故城。在東平州東六十里。春秋時小國。左傳莊公三十年：齊人降鄣。杜預注：「無鹽東北有章城。」漢置縣，屬東平國。後漢因之。晉省。舊志：今爲鄣城集。

壽張故城。在東平州西南。戰國齊剛壽邑。史記：秦昭襄王三十七年，客卿竈攻齊，取剛壽。漢置壽良縣，屬東郡。後漢改曰壽張，屬東平國。光武十二年，封樊弘爲壽光侯。晉因之。宋改曰壽昌。後魏復曰壽張，皆屬東平郡。隋屬濟北郡。唐武德四年於縣置壽州，又析置壽良縣。五年州廢，省壽良縣入之，屬鄆州。五代及宋因之。金大定七年，遷竹口鎮。十九年，復舊治。元至正二年，水圮廢。明洪武初遷今治。元和志：縣東北至州四十五里。

須昌故城。在東平州西北。本春秋須句國地。僖公二十二年，邾人滅須句，須句子來犇。明年，公伐邾，取須句。傳曰：「須句，風姓也。司太昊之祀。」漢初改曰須昌。高帝十一年，封功臣趙衍爲侯，後爲縣，屬東郡。後漢書東平王蒼傳：永平二年，以東郡之須昌益東平。自此遂屬東平國。晉爲東平國治。後魏仍屬東平郡。北齊移治於須朐城，而故城廢。隋開皇十六年復於故城置須昌縣，尋改曰宿城，仍屬東平郡。唐初屬鄆州。貞觀八年自鄆城移治於此。後唐改曰須城。宋咸平三年，徙州治於東南汶陽鄉之高原，即今治也。明初省縣入州。舊志：鄆州故城在今州西十五里。

穀城故城。今東阿縣治。春秋時齊穀邑。莊公七年，夫人姜氏會齊侯於穀。亦曰小穀。莊公三十一年，城小穀，爲管仲也。秦曰穀城。漢書張良傳：圯上老人謂張良：「後十三年見我濟北穀城山下，黄石即我。」後果得黄石，祠之。後漢於此置縣。北齊省。明洪武六年徙東阿縣治此。

臨邑故城。在東阿縣北。漢置縣，屬東郡。後漢因之。晉屬濟北國。宋大明八年省。按：水經濟水過臨邑縣東，又北逕平陰城西，則臨邑在濟水之西，平陰之西南，當在今東阿縣北界。王莽改臨邑爲穀城亭，蓋亦取故穀城爲名也。

榆山故城。在平陰縣西北。元和志：平陰縣西南至鄆州一百二十里。本漢肥城縣地，屬泰山郡。隋開皇十四年於今縣西北二十八里置榆山縣。大業二年移於今理，改名平陰。寰宇記：太和六年，縣廢，併入東阿、盧二縣。開成二年，刺史王源中奏境内闊遠，東西一百二十里，南北近二百里，無縣邑以理居人，制禦寇盜，請復置平陰縣。從之。

廢柴縣。在泰安縣南。漢置縣，屬泰山郡。元封四年封齊孝王子代爲侯國。後漢省。水經注：淄水又西南，逕柴縣故城北。舊志：州南有柴城堡。

奉高廢縣。在泰安縣東北十七里。漢武帝置，爲泰山郡治。元封元年，東巡至博、奉高。後漢、晉、宋因之。後魏屬泰山郡。隋開皇中改曰岱山。大業初廢入博城。唐初復於此置岱縣，屬東泰州。貞觀初又省入博城。

菟裘城。在泰安縣境内。左傳隱公十一年：公語公子翬：「使營菟裘，吾將老焉。」注：「菟裘在泰山梁父縣南。」水經

注：淄水西南流，逕菟裘城北。魏書地形志：梁父有菟裘澤。

龍鄉城。在泰安縣西南。春秋成公二年：齊伐北鄙，圍龍。注：「龍鄉，在博縣西南。」

謝過城。在泰安縣東北三十里。寰宇記：齊人歸魯汶陽之田，以謝過。後人因名爲謝過城。

遂城。在肥城縣南。故國也。亦作隧。春秋莊公十三年：齊人滅遂而戍之。十七年：齊人殲於遂。注：「隧國，在蛇丘縣東北。」史記齊世家：桓公五年，伐魯。魯莊公請獻遂地以和。漢書地理志：蛇丘有遂鄉，故隧國。水經注：京相璠曰：「在蛇丘東北十里。」今城乃蛇丘西北也。

下讙城。在肥城縣西南。魯邑也。春秋桓公三年：公子遂如齊，逆女。齊侯送姜氏于讙。定公八年：陽貨入讙、陽關以叛。哀公八年：齊侯取讙及闡，既而復歸於我。注：「蛇丘縣西有下讙亭。」水經注：俗訛爲夏暉城。

古長城。在肥城縣西北五十里。

平州城。在萊蕪縣西。春秋宣公元年：公會齊侯于平州。注：「牟縣西有地名平州。」漢書功臣侯表：平州侯王唊，元封三年封，在梁父。魏書地形志：牟有平州城。

郈城。在東平州南四十里。春秋時，魯叔孫氏邑也。昭公二十五年，臧會奔郈。定公十二年，叔孫氏墮郈。杜預注：「縣東南有郈鄉亭。」水經注：汶水西南，至無鹽縣之郈鄉城南。括地志：郈城在鄆州宿城縣東三十二里。

微鄉城。在東平州西。水經注：濟水又逕微鄉東。春秋莊公二十八年「築郿」，京相璠曰：「公羊傳謂之微，在東平壽張縣北三十里。有故微鄉，魯邑也。」杜預曰：「有微子冢。」

陽州城。春秋昭公二十五年：公孫于齊，次于陽州。注：「陽州，齊、魯境上邑。」彙纂：今山東兖州府東平州東北有陽州城，是也。

桃城。在東阿縣西南。春秋桓公十年：公會衛侯于桃丘。注：「桃丘，衛地。東阿縣東南有桃城。」漢封功臣劉襄爲桃安侯，邑於此。舊志：今安平鎮東十八里爲桃城鋪，旁一丘，高可數仞，即桃丘矣。

留舒城。在東阿縣西。左傳哀公二十七年〔一六〕：齊師救鄭，及留舒，違穀七里，穀人不知。水經注：魚山上有柳舒城，即留舒之訛也。舊志：又有晉王城在縣西南五十里，相傳李克用屯兵處。

京兹城。在平陰縣東南。左傳襄公十八年：晉侯伐齊，入平陰。荀偃、士匄以中軍克京兹。注：「京兹在平陰城東南。」

平陰城。在平陰縣東北。左傳襄公十八年：晉侯伐齊，齊侯禦諸平陰。後漢書郡國志：濟北國盧有平陰城。水經注：濟水又北，逕平陰城西。京相璠曰：「平陰在濟北盧縣故城西南十里。」元和志：平陰故城在平陰縣東北三十五里。

長城。在平陰縣東北。括地志：長城西北起濟州平陰縣，緣河歷泰山北岡上，經濟州、淄州，東至密州琅邪臺入海。元和志：故長城首起平陰縣北二十九里。寰宇記：竹書紀年云「梁惠王二十年，齊築防以爲長城」。

平丘。漢書功臣表：平丘侯王遷，本始元年封在肥城。

鄐下聚。在東阿縣西南。左傳僖公二十六年：公追齊師至鄐，弗及。注：「濟北穀城縣西有地名鄐下。」後漢書郡國志：穀城有鄐下聚。

尹卯壘。在東阿縣西北。水經注：濟水過穀城縣西，水側有尹卯壘〔一七〕，南去魚山四十里。

石門。在平陰縣北。春秋隱公三年：齊侯鄭伯盟於石門。水經注：濟水北過臨邑縣東，有石門，以石爲之，故濟水之門也。京相璠曰：「石門在今濟北盧縣故城西南六十里，去水三百步。」

防門。在平陰縣東北。左傳襄公十八年：晉侯伐齊，齊侯禦諸平陰，塹防門而守之廣里。注：「平陰城南有防門，于門外作塹，横行廣一里。」後漢書郡國志：濟北盧縣有平陰城，有防門，有光里。水經注：河道所由名防門，去平陰城三里。防門有光里。齊人音，「廣」音與「光」同。即春秋所謂「守之廣里」者也。

舞鶴臺。在泰安縣南。唐書禮樂志：高宗乾封元年，封泰山。爲圜壇山南四里，號封祀壇。又詔立登封降禪朝覲之碑，名封祀壇曰舞鶴臺，登封壇曰萬歲臺，降禪臺曰景雲臺，以紀瑞焉。舊志：宋真宗封祀壇在岳南五里，有王旦碑，朝覲臺在州南，有陳堯叟碑。

鳳凰臺。在泰安縣北登封門外。漢宣帝時，鳳凰集泰山，故名。又東平州五里許亦有鳳凰臺，平壤中土阜孤峙，似崇臺舊基。圖志不詳得名所自。本朝乾隆二十一年，高宗純皇帝詣闕里，經其地，有御製鳳凰臺春望詩。

挂劍臺。在東阿縣西南六十里安平鎮南。舊志：河紀云：「張秋城南臺，臺左右生草，即挂劍草。元都水監丞滿慈記云，古碑刻有『季札挂劍徐君墓樹』八字」。本朝乾隆二十一年，高宗純皇帝詣闕里，有御製挂劍臺詩。又有三歸臺，在縣西二里，相傳即管仲所築。

紅亭。在泰安縣東。春秋昭公八年：大蒐于紅，至於商、衛。注：劉昭曰：「奉高西南有紅亭。」

蜀亭。在泰安縣西。春秋成公二年：楚侵魯，至蜀。魯請盟。遂與楚人及諸侯之大夫盟于蜀。杜預注：「博縣西北有蜀亭。」

句窳亭。在肥城縣南。東觀記：漢元和二年，鳳凰集肥城句窳亭。舊志：今縣東南鳳凰山即其地也。

孟游亭。在萊蕪縣治東南。孟子葬母，及於齊，止於嬴，即此。

樂亭。在東平州境，舊鄆州城西。司馬光通鑑：唐乾寧三年，朱全忠將葛從周擊鄆帥朱瑄，自楊劉而南，戰於故樂亭。胡三省注：「亭在鄆州西門外。」

安民亭。在東平州西南。水經注：濟水西有安民亭，亭北對安民山。

周首亭。在東阿縣東北。左傳：齊襄公之二年，鄋瞞伐齊，齊王子成父獲其弟榮如，埋其首於周首之北門。注：「周首，齊邑。」水經注：今世謂之盧子城。京相璠曰：「今濟北所治盧子城，故齊周首邑也。」魏書地形志：盧縣有盧子城。

明堂。在泰安縣東。漢書地理志：奉高有明堂，在縣西南四里，元封元年造。又武帝紀：元封元年，登封泰山，坐明堂。二年秋，作明堂於泰山下。太初元年冬至，祀上帝於明堂。天漢三年，幸泰山，修封，祀明堂。太始四年，幸泰山，祀高祖於明堂，以配上帝。後漢書章帝紀：元和二年，幸泰山，進幸奉高，祀五帝於汶上明堂。水經注：北汶水東南流，逕明堂下。古明堂於山之東北址，武帝以古處嶮狹而不顯也，欲治明堂於奉高旁，而未曉其制。濟南人公玊帶上黄帝時明堂圖〔一八〕，圖中有一殿，四面無壁，以茅蓋之，通水，圜宫垣爲複道，上有樓，從西南入，名曰崑崙，天子從之入〔一九〕。於是令奉高作明堂於汶水，如帶圖也。古引水爲辟雍處，基瀆存焉。肇域記：州東北四十里有周明堂阯，州東十里有漢明堂阯。

歲寒堂。在東平州城内。宋待制李誠之建。蘇軾有題名石刻。

溪堂。在東平州西故鄆州城内。唐鄆曹濮觀察使馬總建，以爲饗士大夫之所。韓愈爲序，並係以詩。有碑，牛僧孺立。

樂郊池館。在東平州治南。宋郡守劉敞建。有堂曰燕譽，臺曰陳獻，池曰藻芹，榭曰博野，塢曰竹梧，亭曰玩芳，館曰樂遊，合而名之曰樂郊，仍自爲記。歐陽修有樂郊詩。

萊蕪監。在萊蕪縣東南八里。漢書地理志：嬴有鐵官。唐書地理志：萊蕪有鐵冶十三，銅冶十八，銅坑四，有錫。寰宇記：萊蕪監在萊蕪縣界，古冶鐵之務。管一十八冶。舊志：明設鐵冶提舉司，宣德中裁。

秦碑。在泰山頂秦觀峯。秦丞相李斯所篆。歐陽修集古録：「風雨所剥，存者纔數十字而已。」

無字碑。在泰山頂。始皇所建。今曰石表碑。

磨崖碑。有二，俱在泰山頂，磨絶壁而成。其一唐開元十四年紀泰山銘，隸書，字徑五寸；其一唐乾封元年刻登封文，字徑寸餘，體類晉人書。

關隘

大石關。在肥城縣北十里。舊置巡司。

馬耳關。在萊蕪縣東北七十里原山西麓。

青石關。在萊蕪縣東北九十里甕口山下。關下五里許即白洋河口，接青州府益都縣界。

泰安巡司。在泰安縣西門外里許。

黄草關巡司。在新泰縣西七十里。

上四莊巡司。在新泰縣西北八十里。

彭家集巡司。在東平州東三十里。本朝乾隆三十八年移即墨縣浮山巡檢駐此。

静封鎮。在泰安縣東四十里。金史地理志：奉符有静封鎮。

石横鎮。在肥城縣西南。

遞坊鎮。在東平州南。五代史唐莊宗本紀李嗣源及王彦章戰於遞坊，即此。

安山鎮。在東平州西南十里，即故安民亭也。舊志：明初建金線閘遞運所於州西戴家廟集。

南穀鎮。在東阿縣南十二里。以在穀城之南，故名。宋開寶中嘗爲縣治。

安平鎮。在東阿縣西南六十里，運河所經，與壽張、陽穀二縣接界。本名張秋。五代周顯德初，河決楊劉，遣宰相李穀治隄，自楊劉抵張秋鎮。宋曰景德鎮，金因之。元至元二十七年，會通河成，置都水分監官於景德鎮，俗乃謂之張秋。明弘治七年，河決，命劉大夏治之，塞決口九十餘丈，築滚水石壩。功成，賜名安平鎮。抱河爲城，周八里，北河都水郎中治之。縣志：萬曆七年，都御史趙賢建城，跨運河而環之。其南北渡口爲水所出入者，難以啓閉，則爲敵臺四座，各建以樓。

新橋鎮。九域志：東阿有楊劉、銅城、新橋、關山、景德五鎮。舊志：新橋鎮在縣北八里大清河西岸。金、元時爲縣治。亦曰舊城。

楊劉鎮。五代史梁末帝紀：晉人取楊劉。唐莊宗本紀：十四年，梁謝彦章軍於楊劉。王攻楊劉，自負芻堙塹，遂取之。十五年，梁、晉相拒於楊劉。舊志：在東阿縣北六十里。舊有城臨河津，今黄河舊隄隱隱可見，而城迹不可考。

滑口鎮。九域志：平陰有但歡、石溝、界首、寧鄉〔二〇〕、滑口、傅家岸、朔鸞七鎮。舊志：滑口鎮在縣西南三十里。明洪武中置巡司及遞運所，尋省。

樓德莊。在泰安縣東南八十里。舊置巡司。本朝雍正十三年裁。設糧捕通判駐此。

安駕莊。在泰安縣西南九十里。有主簿駐此。

羊流店。在新泰縣西北六十里，南北孔道也。以羊祜故里爲名，後裔猶有存者。俗訛爲楊柳店。舊置驛丞，本朝康熙十六年裁。

東原驛。在東平州西南。舊置驛丞，本朝順治十六年裁。

安山水驛。在東平州西南十五里安山鎮。舊有驛丞，本朝乾隆七年裁併歸州。

舊縣驛。在東阿縣治西北。舊置驛丞，本朝順治十六年裁。

銅城驛。在東阿縣北四十里。舊有驛丞，本朝乾隆十四年裁併歸縣。

津梁

石梁。在新泰縣南。肇域記：州南汶河上有二石梁。

滦河橋。在泰安縣西一里滦河上。橋之西南隅有金銀橋。

大橋。在肥城縣南。

西石橋。在肥城縣西衡魚社。

通汶橋。在新泰縣南梁莊。

瞻岱橋。在新泰縣西二里。

永濟橋。在新泰縣西十五里，跨葛溝，爲東北孔道。

孝義橋。在萊蕪縣東八里。

盤龍橋。在萊蕪縣東十五里。

石橋。在東平州境。寰宇記：清水石橋，隋仁壽元年造。工作華巧，與趙州橋相埒。長四百五十尺。

劉公橋。在東平州東。寰宇記：在須城縣東二十七里。宋武北伐時所置。舊志：其地有小城，謂之烽倉城，蓋是時立烽堠置倉庫之所，今城址猶存。

蓆橋。在東平州東五十里，跨坎河。金大定七年建。其上流二十里有官橋，舊傳皆宋真宗東封時所經。

五空橋。在東阿縣西南運河東岸。明弘治中劉大夏建。廣袤各十五丈。

安平鎮浮橋。在東阿縣西南六十里，跨會通河。明弘治八年通政張縉建。

錦川橋。在平陰縣南門外。自東迤西可十許丈。元延祐中築。

吴家渡。在平陰縣北。爲泰安、臨清之要道。

隄堰

金隄。在東阿縣西南安平鎮，南連壽張縣界。參差隆起，延亘鄆、濮，俗稱始皇隄。漢文帝時河決酸棗，東潰金隄，即此。或曰後漢王景所修汴渠隄也。鎮南又有減水壩。

迎鑾隄。在平陰縣東六十里。舊志：宋真宗東封，改鄆州臨鄌驛曰迎鑾，即此。

靳家口閘。在東平州南三十里。有閘官。

安山閘。在東平州西十二里運河上。有閘官。

戴家廟灣閘。在東平州西四十里運河上。有閘官。

金線閘。在東平州西北戴家廟運河東岸。本置於州西棘梁山下。明正統三年移於沙灣河東岸，景泰三年徙今所。舊有巡司，今省。

通源閘。在東阿縣西南安平鎮南。明徐有貞既疏廣濟渠，於渠口爲閘，堰水以入於漕，名曰通源。而於其東岸洩之於大清河。

戴村壩。在東平州東六十里四汶集。明永樂九年宋禮建。橫截汶水趨南旺，由分水口入會通河濟運。天順五年知州潘洪增築。

坎河口石壩。在東平州東戴村壩東五里。明潘季馴築。長四十丈。

陵墓

古

帝堯陵。在東平州東北二十里蘆泉山陽。明洪武四年建廟祭享。按：陵在曹州，此傳譌也。

周

柳下惠墓。在泰安縣東八十三里柳里村。

左丘明墓。在肥城縣西南五十里肥河鄉都君莊。又，元和志：在平陰縣東南五十五里。

師曠墓。在新泰縣東北十五里。有祠。

季札子墓。在萊蕪縣。禮記檀弓：延陵季子適齊，其長子死，葬於嬴、博之間。水經注：奉高縣北有吴季札子墓，在汶水南曲中。從征記曰：「嬴縣西六十里有季札兒冢，冢圓，其高可隱也。」

冉伯牛墓。在東平州西十五里。舊有碑。明正統間建祠，有司春秋祭。

徐君墓。在東阿縣張秋城南。

范蠡墓。在平陰、肥城縣界陶山。括地志：陶山南有朱公冢。

楚

項羽墓。在東阿縣東北。史記項羽紀：以魯公禮，葬項王穀城。水經注：穀城西北三里有項羽冢，石碣尚存。元和志：在東阿縣東南十二里。俗呼爲霸冢。

漢

高堂生墓。在新泰縣東三十五里〔一一〕。

東平思王墓。在東平州東。元和志：在須昌縣東四十九里。漢宣帝子東平思王宇葬此。

東平憲王墓。在東平州東北五里危山上。後漢書東平憲王蒼傳：元和三年，帝幸蒼陵，祠以太牢。注：「陵在今鄆州東峗山南。」水經注：漆溝水西逕無鹽故城北，水側有東平憲王蒼塚，碑闕存焉。

三國　魏

曹植墓。在東阿縣西八里魚山西麓。魏志陳思王植傳：初，植登魚山，臨東阿，喟然有終焉之志，遂營爲墓。水經注：墓在魚山西，西去東阿縣四十里。　按：三國時東阿爲今陽穀縣地，但魚山在今縣治西八里大清河西，故曹植墓仍從舊志載入。

晉

羊祜墓。在新泰縣西北六十里羊流店。凡三冢，高丈餘，一爲漢廬江太守續墓，一爲晉太傅祜墓，一爲丹陽尹曼墓。舊傳有相墓言其地有王氣，祜聞而鑿之。相者曰：「猶出折臂三公。」祜果至三公，墜馬折臂。

宋

石介墓。在泰安縣東南五十五里。

孫奭墓。在東平州東十五里。

孫明復墓。在東平州北盧泉鄉。歐陽修銘。

馬伸墓。在東平州北十里。

梁灝墓。在東平州北二十五里。子固，固弟適祔，相去各數十步。

吴奎墓。在東阿縣東南十里。

金

張萬公墓。在東阿縣西北三十三里。

王去非墓。在平陰縣西南。党懷英爲墓表。弟去執祔。

元

李之紹墓。在平陰縣西南。

明

于慎行墓。在東阿縣東南十二里。

師達墓。在東阿縣北一里。

祠廟

周

延陵季子祠。在東阿縣挂劍臺。

漢

黄石公祠。在東阿縣北三里穀城山下。宋、元時嘗設山長奉祀。

貞節先生祠。在萊蕪縣西。金大定間建，祀漢萊蕪長范丹。按：後漢書范冉，一名丹，桓帝時以爲萊蕪長，遭母憂，不到官。且漢之萊蕪在今濟南、淄川縣界内，與今縣無涉，邑人特慕其清名而築祠祀之耳。原本載入萊蕪名宦，誤，故删之，而附記於此。

魯兩先生祠。在泰安縣東南隅。祀孫明復、石守道。

宋

王沂公祠。在東平州學旁。通志：祀宋王曾。曾出判鄆州，卒於官，鄆人立祠。有劉敞碑記。

東流祠。在東阿縣東南。祀宋周、程、張、朱諸子及元李謙、嚴實，明劉約、劉田。

元

嚴魯公祠。在東平州治東北。元時建，祀行軍萬户魯國武惠公嚴實。元好問記。

碧霞元君廟。在泰山絶頂。宋真宗東封，構昭應祠，祀天仙玉女碧霞元君。金改稱爲昭應觀。明洪武中修，成化間改祠爲宫。弘治中名靈應，嘉靖中名碧霞。本朝康熙二十三年，賜額曰「坤元叶德」。五十六年，泰山大水，盤路傾圮，奉敕修整。雍正七年，復發内帑重修。九年，賜額曰「福綏海宇」。乾隆五年，廟燬於火。六年，特遣專官董建，并御製碑文勒石。十三年，巡幸山東，賜額曰「贊化東皇」。

靈派侯廟。在泰安縣西南湊河東涘。舊名通泉廟。文獻通考：大中祥符元年，封禪禮畢，封泰山通泉廟神爲靈派侯。

岱廟。在泰安縣城西北隅。廟内有漢柏、唐槐。漢書地志：博縣有泰山廟。後漢書祭祀志：建武三十年，上幸魯，過泰山，太守承詔祭山。注：盧植曰：「泰山廟，在博縣。」應劭風俗通：岱宗廟，在博縣西北三十里。水經注：從征記曰：「泰山有下、中、上三廟，墻闕嚴整。廟中柏樹夾西階，大二十餘圍，蓋漢武所植也。赤眉常斫一樹，見血而止。今斧創猶存。門閣三重，樓榭四所，三層臺一所。樹前有大井，香冷異於凡水，不知何代所掘。中廟去下廟五里。屋宇又崇麗於下廟。廟東西夾澗，上廟在山頂，即封禪處也。」通志：東嶽之神，唐、宋皆加封號。明洪武中，詔去封號，改稱東嶽泰山之神，有司春秋致祭。有事則遣廷臣祭告。本朝雍正七年、乾隆三十五年，奉敕發帑，重加修整。至秩祀之儀，載在會典。順治間，遣官致祭者二；康熙間，遣官致祭者九；雍正間，遣官致祭者二；乾隆間，遣官致祭者七。康熙二十三年，賜額曰「配天作鎮」；雍正七年，賜額曰「岱封錫福」；乾隆十三年，賜額曰「大德曰生」，寢室額曰「權輿造化」，并御製祀岱廟暨廟中環詠亭、漢柏、唐槐詩。十六年、二十二年、二十七年、三十年，四幸江、浙，經涖山東，并有御製望岱廟詩。十六年、二十二年、二十七年迴鑾，并有御製謁岱廟詩。

郭巨廟。在肥城縣西北孝堂山。

黑龍潭廟。在萊蕪縣西北六十里香山黑龍潭右。

大河神廟。在東阿縣沙灣。明正統十四年建。

寺觀

谷山寺。在泰安縣西五十里。春月櫻桃最盛。一名佛峪。

竹林寺。在泰安縣西十里。

藏峯寺。在泰安縣西北四十五里。

空杏寺。在肥城縣南三十里。省志：後唐有衲子植杏於此，杏熟而核自落，還復合之，顆顆圓成，故名。

鬱葱寺。在肥城縣西八里鬱葱山下。省志：即資聖院。舊名牛山寺，宋真宗東封幸此，更今名。

幽栖寺。在肥城縣西三十五里陶山之東。唐時創建。元大定元年修。省志：世傳陶朱公隱此。

正覺寺。在新泰縣西南四十里法雲山之陽。宋建中靖國元年建，大觀元年賜額。

明光寺。在新泰縣西五十里。唐開元七年建。

崇果寺。在萊蕪縣東南五里。唐初建。明嘉靖中，改名安仙寺。

應聖寺。在東平州城內文廟東。相傳宋太祖微時寓此，其後敕建。

鐵塔寺。在東阿縣北新橋鎮。浮屠十有三級，高十二丈。宋熙寧間，鄆州僧應言所建。趙概爲請額曰「薦誠」，蘇軾集有五百阿羅漢院記，即此。

龍泉寺。在平陰縣東南四十里。齊乘：齊天統中建。佛像古雅，皆數百年物。

乾元觀。在泰安縣城西一里許。省志：宋真宗東封，得天書於此，故又名天書觀。

升元觀。在泰山岱宗坊西。初名建封院。宋政和中賜今額。元時重修，改稱朝元觀。府志：祀東華帝君，道家謂之東嶽福神。

青帝觀。在升元觀迤西。宋大中祥符中修建，祀東嶽，詔加號廣生帝君。明嘉靖間修。本朝康熙七年重修。

迎仙宫。在萊蕪縣南四十里。府志：漢武帝命方士李少君求神仙於宫山中，建宫於此。又有李少君祠。

南天觀。在東阿縣雲翠山。元時建。邑人李謙、于慎行皆有記。

校勘記

〔一〕在鉅平南十二里　「南」，原脱，據乾隆志卷一四二泰安府山川（下同卷簡稱乾隆志）及漢書卷二五上郊祀志顔師古引晉灼注補。

〔二〕在乾封縣西北二十六里　「西北」上原有「南」字，據乾隆志及元和郡縣志卷一一河南道兖州删。按，此「南」字蓋上文錯簡於此。

〔三〕又西百丈崖在東崖三百步其高十倍東崖　乾隆志同。按，「在」似當作「距」。「其高十倍東崖」，雍正山東通志卷六山川志謂「其高倍於東崖」，疑是。

〔四〕西十里曰石後山三尖山　「三尖山」，乾隆志作「尖尖山」。按，雍正山東通志卷六山川志有「三尖山」，云「在嶽西十里」，與本志合。或「尖尖山」是俗名。

〔五〕一天門旁亭額曰合雲亭　「合」，原作「舍」，據乾隆志改。按，乾隆御製詩集二集卷三有合雲亭詩，云「白雲晻藹亭邊合」，則作「合」爲是。

〔六〕相近有平埠山　「平」，原作「半」，據乾隆志、雍正山東通志卷六山川志、乾隆新泰縣志卷三山川改。

〔七〕東有蟾蜍峽蓮花沼　「沼」，原作「沿」，據乾隆志改。

〔八〕晉灼漢注作報山　「漢」，原無，乾隆志同，據漢書卷八〇宣元六王傳晉灼注補。

〔九〕往往有壁門邸閣　「邸」，原作「抵」，據乾隆志及讀史方輿紀要卷三一山東二改。

〔一〇〕夾谷峪　「峪」，原作「峽」，據乾隆志及雍正山東通志卷九古蹟志改。

〔一一〕河渠官張孔孫言　「孔」，原作「禮」，據元史卷一五世祖本紀至元二十六年七月條、元史卷一七四張孔孫傳及雍正山東通志卷一九漕運改。

〔一二〕北至盧家村　「盧」，原作「廬」，據乾隆志改。

〔一三〕狗跑泉　「跑」，原作「跪」，據乾隆志及行水金鑑卷八三改。

〔一四〕至東平州南入汶縣境　乾隆志同。按，汶縣當指汶上縣，似不當省「上」字。然據志敘例，此當言諸泉匯流入汶河，而非某縣境。疑「縣境」二字誤衍。

〔一五〕西碧泉　「西碧」，原作「西壁」，乾隆志作「南碧」，據雍正山東通志卷一九漕運及行水金鑑卷八三改。

〔一六〕左傳哀公二十七年　「二」，原脱，乾隆志同，查下引左傳文實出哀公二十七年，因補。

〔一七〕水側有尹卯壘　「水」，原作「壘」，據乾隆志及水經注卷八濟水改。按，此蓋涉下文而誤。

〔一八〕濟南人公王帶上黄帝時明堂圖　「王」，原作「玉」，乾隆志同，據史記卷二八封禪書改。

〔一九〕天子從之入　「入」，原無，乾隆志同，據水經注卷二四汶水及史記卷二八封禪書補。按，水經注及封禪書此句下尚有「以拜祠上帝焉」一句，似不當省。

〔二〇〕寧鄉　「寧」，原作「安」，據乾隆志改。按，本志避清宣宗諱改字也。

〔二一〕在新泰縣東三十五里　「五」，原脱，據乾隆志及雍正山東通志卷一一之六闕里志補。

大清一統志卷一百八十

泰安府二

名宦

漢

王尊。高陽人。元帝時爲東平相。是時，王驕奢不奉法度，傅、相連坐。及尊視事，奉璽書至庭，王未及出受詔，尊持歸舍，食已，乃還致詔。王數私出入，馳驅國中，與后姬家交通。尊敕廄長：「王出，叩頭爭之，言相教不得。」王雅聞尊高名，大爲尊屈。

蕭育。蘭陵人。成帝時泰山太守。時京兆尹王章以忠直獲罪，妻子流合浦。後還，育疏請還其田宅。朝論韙之。

夏恭。蒙人。建武中遷泰山都尉，和集百姓，甚得歡心。

陳俊。西鄂人。建武中拜泰山太守。時泰山豪傑多擁衆與張步連兵，俊與戰於嬴下，大破之。追至濟南，稍攻下諸縣，遂定泰山。

謝夷吾。山陰人。爲壽張令。永平十五年，蝗發泰山，流徙郡國，薦食五穀。過壽張界，飛逝不集。按：漢、魏以後之壽張縣在今東平州境内。元至正中，因水圮廢。今兖州府壽張縣則明洪武初改置，爲漢范縣地。原本統志以漢之謝夷吾、王考、張邈，北魏之吕思禮及漢壽張女子張雨，纂入兖州府名宦、人物、列女中，是誤以明初改置之壽張爲漢、魏故縣矣。今悉删之，而仍分纂於泰安府卷内，以志人地之實云。

李固。南鄭人。永和中爲泰山太守。時盗賊屯聚歷年，郡兵常千人，追討不能制。固悉罷遣歸農，但留任戰者百餘人，以恩信招誘之。未滿歲，賊皆弭散。

皇甫規。朝那人。桓帝時拜泰山太守。時泰山賊叔孫無忌侵亂郡縣，中郎將宋資討之，未服。規廣設方略，賊寇悉平。

范康。重合人。桓帝時爲泰山太守。郡内豪姓多不法。康至，莫有干犯者，先所奪人田宅皆還之。時山陽張儉殺侯覽母，按其宗族、賓客或有逃匿泰山界者，康皆收擠。覽因誣奏康，坐徙日南。羊陟等詣闕爲訟，乃還本郡。

韓韶。舞陽人。桓帝時，泰山賊公孫舉僞號歷年，守令多爲坐法，乃以韶爲嬴長。賊聞其賢，相戒不入境。他縣民流入縣界求索衣糧者，韶開倉賑之，主者争謂不可，韶曰：「長活溝壑之人，而以此伏罪，含笑入地矣。」以病卒官。同郡李膺等爲立碑頌焉。

抗徐。丹陽人。桓帝時遷泰山都尉。徐先擊平泰山賊公孫舉等，及爲都尉，寇盗望風奔亡。

童翊。姑幕人。靈帝時除須昌長。吏人門生爲立碑。

應劭。汝南人。靈帝時拜泰山太守。黄巾入郡界，劭連與賊戰，前後斬數千級。賊退，郡内以安。

三國　魏

吕虔。任城人。太祖召爲泰山太守。郡接山海，民人多藏竄，郭祖等保山爲寇，百姓苦之。虔到郡，開恩信，祖等皆降服。

諸山中亡匿者，盡出安土業。虔在泰山十數年，甚有威惠。

阮籍。尉氏人。司馬昭輔政，籍從容言於昭曰：「籍平生曾游東平，樂其風土。」即拜東平相，籍乘驢到郡，壞府舍屏障，使內外相望，法令清簡，旬日而還。

涼茂。昌邑人。太祖時爲司空掾。時泰山多盜賊，以茂爲太守，旬月之間，襁負而至者千餘家。

南北朝　宋

申恬。魏郡魏人。元嘉時泰山太守。威惠兼著，吏人便之。

唐

蘇源明。武功人。天寶間爲東平太守。時濟陽太守李倰以郡瀕河，請增領宿城、中都二縣，以紓民力。源明議廢濟陽，析五縣分隸濟南、東平、濮陽。詔五郡太守議，卒廢濟陽，以縣皆隸東平。

李祇〔二〕。太宗子吳王恪後。出爲東平太守。安禄山反，河南陳留、滎陽、靈昌相繼陷，祇募兵拒戰，玄宗壯之。

五代　晉

盧億。河内人。天福中爲鄆州觀察使。節帥杜重威驕蹇黷貨，幕府賄賂公行，惟億清介自持。

程羽。陸澤人。天福中授陽穀主簿，有政績。

宋

辛仲甫。汾州孝義人。太祖時爲鄆齊觀察判官，累雪冤枉。

雷有終。郃人。署萊蕪尉。發知監奸贜，流之海島，遂代知監事。先是，三司補吏，率以貲進，多恣横。至是，受署者憚有終，皆避免。

索湘。鹽山人。開寶中爲鄆州司理參軍。齊州有大獄，連逮者千五百人，有司不能决。湘受詔按鞫，事隨以白。

姚鉉。合肥人。咸平三年，河決鄆州王陵埽，東南注鉅野州城，積水壞廬舍。以鉉知州事，徙州於汶陽鄉之高原，委以營度，詔便宜從事，工遂成。

王貽永。祁人。真宗時知鄆州。州自咸平中徙城，而故治爲通衢，介梁山，春夏多水患。貽永相度地勢，爲築東西道三十餘里，民便之。

李端懿。上黨人。真宗時知鄆州，兼京東西路安撫使。是歲京東水，民多饑，大發倉廪以濟之。置弓手局，教以戰鬭，遂如精兵。治汶陽隄百餘里，以却水患，民便之。

張傅。譙人。真宗時知鄆州。强力治事，所至審覈簿書，勾摘奸隱，州縣憚之。

馬元方。鄄城人。真宗時知鄆州。量括牧地數千頃。

范諷。齊州人。初知平陰縣，會河決，民失阡陌，訟不能決。諷分别疆畔，著爲券，遂不復争。爲縣存視貧弱，至豪猾大家，峻法治之。再遷通判鄆州。時知州李迪坐貶，宰相丁謂戒使者促上道，諷輒留迪數日，爲治裝祖行。詔塞決河，募民入芻楗，而城邑與農户等。諷曰：「貧富不同，而輕重相若，農民必大困。」即改符，使富人輸三之二，請下諸州，以鄆爲率。朝廷從之。

戚綸。楚丘人。真宗時知鄆州。綸喜言民政，樂於薦士，每一奏十數人，皆知名當世。

袁逢吉。鄢陵人。真宗時累官鴻臚寺少卿。初，鄆州牧馬草地侵民田數百頃，凡五遣使按視不決。逢吉受命往，則悉還所侵田，民咸德之。

陳堯咨。閬中人。真宗時知鄆州。建請浚新河，自魚山至下杷，以導積水。

宋庠。安陸人。仁宗時知鄆州。所至以鎮静爲治。

張觀。絳縣人。仁宗時知鄆州。舊法，京東通安邑鹽，而瀕海之地禁私煮，觀請弛禁以便民，歲免黥配不可勝計。

劉夔。崇安人。仁宗時河北大水，民流入京東爲盜。詔以夔守鄆。至日發廩賑饑，民賴全活者甚衆，盜賊衰息。賜書褒諭。大臣議欲修復黄河故道，夔極言不可，遂罷。

韓琦。安陽人。仁宗時以資政殿學士出知鄆州。京東素多盜，捕法以百日爲三限，限中不獲，抵罪。琦請獲他盜者，聽比折除過，故盜多獲。又開水利便民。

趙槩。虞城人。仁宗時知鄆州。吏按前守馮浩侵公使錢三十萬〔二〕，當以職田租償。槩知其貧，爲代以己俸。

劉敞。新喻人。仁宗時知鄆州。決訟獄，明賞罰，境内肅然。客行壽張道中，遺一囊錢，人爲守視，客還，取得之。又有暮遺物道中者，且往訪之，故在。先是久旱，地多蝗，敞至而雨，蝗出境。

龐籍。成武人〔三〕。仁宗時知鄆州。治以愛民爲主，明習法令，長於吏事。僚屬言有可取，雖文書已行，立爲改易。

張奎。臨濮人。仁宗時知鄆州。數月捕京東盜悉平。奎治身有法度，風力精强，所至有治績，人不敢欺。

李璋。章懿皇太后從子。知鄆州。京東大盜，白日殺縣令，掠人道中。璋信賞罰，督擒捕，盜爲衰止。歲大水，民以船筏邀利，多溺死。璋一切籍之，約所勝載，如黄河法。發卒城州西關，修路數十里，夾道植柳，人指爲「李公柳」。

馬默。成武人〔四〕。知須城縣。縣爲鄆州，鄆吏犯法不可捕，默趨府，杖之客次。鄆守張方平素貴，掾屬來前，閉目不與語。默白事，忽開目熟視久之，盡行其言，委以事。

王克臣。洛陽人。熙寧中知鄆州。京東多盜，克臣請以便宜處決，斬尤桀者以狥，盜少衰。河決曹村，克臣亟築隄城下。或曰：「河去鄆遠，且州徙高原，八十年不知有水患，安事此？」克臣不聽。隄成，水大至，不没者纔尺餘。復起甬道，屬之東平王陵埽，人得趨以避水。事平，皆繪像奉之。

許將。閩人。神宗時知鄆州。上元張燈，吏籍爲盜者繫獄，將曰：「是絶其自新之路也。」悉縱遣之。自是民無犯法，囹圄皆空。父老嘆曰：「自王沂公後，五十六年，始再見獄空耳。」鄆士喜聚謗官政，將雖弗禁，其俗自息。

杜紘。鄄城人。神宗時知鄆州。有揭幟城隅，著妖言，期爲變，州民皆震。俄而草場白晝火，蓋所揭一事也，民益恐。或請大索城中，紘笑曰：「奸計正在此，冀因吾膠擾而發，奈何墮其術中？彼無能爲也。」無何，獲盜，按誅之。

喬執中。高郵人。神宗時爲須城主簿。時河役大興，部役者不得人，一夕譟而潰，因致大獄。執中往代，終帖然。富民賂吏，將創橋所居，以罔市利。執中疏其害。使者入吏言，使成之，執中曰：「官可去，橋不可創也。」卒不能奪。

曾孝寬。晉江人。元豐中知鄆州。鄆有孟子廟，孝寬請於朝，得封鄒國公，配享孔子。

滕元發。東陽人。兩知鄆州。學生食不給，民有爭公田二十年不決者，元發曰：「學無食，而以良田飽頑民乎？」乃請以爲學田，訟遂絶。時淮南、京東饑，元發慮流民且至，先度城外廢營地，召諭富室，使爲席屋，一夕成二千五百間，井竈皆具，所全活五萬人。

廉公謌。堂邑人。爲萊蕪令。專務德化，百姓歌之曰：「釜中生塵魚，境内安以樂。昔聞范史雲，今見廉公謌。」

許幾。貴溪人。知鄆州。梁山濼多盗，皆漁者窟穴也。幾籍十人爲保，使晨出夕歸，否則以告，輒窮治無脱者。

李格非。濟南人。爲鄆州教授。郡守以其貧，欲使兼他官，謝不可。

王靚。知東平府。襲慶守張漴使郡人詣闕，奏請登封。靚以京東歲凶多盗，上疏諫。執政不悦。

郭永。元城人。徽宗時爲東平府司録參軍。府事無大小，永咸決之。吏有不能辨者，私相靳曰：「爾非郭司録耶？」

姚益恭。知須城縣。清白有才幹，鞭扑不施，境内大治。

金

梁肅。奉聖州人。大定中通檢東平、大名兩路户籍物力〔五〕，稱平允。他使者皆以苛刻增益爲功，百姓苦之，朝廷敕諸路以東平、大名通檢爲凖，於是始定。

完顔守貞。完顔部人。章宗時知東平府事。上諭之曰：「東平素號雄藩，比年饑歉，卿其爲朕往綏撫之。」仍賜金帛、廐馬以寵其行。他日上問宰臣：「守貞治東平如何？」對曰：「亦不勞力。」上曰：「以彼之才，治一路誠有餘矣！」

雷淵。渾源人。至寧中爲東平録事。河朔重兵所在，多驕將悍卒，淵出入軍中，偃然不爲屈。不數月，閭巷間多畫淵像，雖大將不敢以新進書生遇之。尋遷東阿令。

哈薩喇安禮。大名路人。至寧末爲泰安州刺史。貞祐初，山東被兵，或勸其遁。哈薩喇安禮曰：「我去，城誰與守？」戰旬日，城陷，不屈死。「哈薩喇安禮」舊作「和速嘉安禮」，今改正。

蒙古喀。明安人。興定中知東平府事。蒙古喀以東平重鎮，奏乞益兵。益都張林爲亂，侵掠東平，蒙古喀討平之。詔遷一階。「蒙古喀」舊作「蒙古綱」，「明安」舊作「猛安」，今改正。

楊伯淵。藁城人。知泰安。有惠政，百姓刻石紀其事。

董積躬。青城人。爲奉符令。政平訟簡，有古循吏風。

元

嚴實。長清人。太宗時授東平路行軍萬户。約束諸將，毋敢有殺掠者。會大飢，民北徙者多餓死。又法，藏匿逃者保社皆坐，逃亡無所託，僵屍蔽野。實命作糜粥，盛置道旁，全活者衆。實卒，遠近悲悼，野哭巷祭，旬月不已。

嚴忠濟。實第二子。襲東平路行軍萬户。管民長官，開府布政，一法其父。養老尊賢，治爲諸道第一。嘗借貸於人，代部民納逋賦，歲久愈多。及謝事，債家執劵來徵，帝命發内藏代償。東平廟學故隘陋，改卜高爽，教養諸生。後多顯者，幕僚如宋子貞、劉肅、李昶、徐世隆，俱爲名臣。

張晉亨。南宫人。太宗時權知東平事。東平貢賦率倍他道，迎送供億，簿書獄訟，日不暇給。歷七年，吏畏民安。

齊榮顯。聊城人。授東平路總管府參議。時攻淮南，道出東平。民間供給，費銀二萬錠。榮顯詣斷事官愬之，得折充賦税，民賴以不困。

宋子貞。長子人。金末率衆歸。東平行臺嚴實招致幕府，用爲詳議官，兼提舉學校。時饑民北徙，子貞賑救全活萬餘人。金士流寓者，悉引見周給，薦拔名儒，四方聞風而至，故東平一時人材多於他鎮。太宗命爲行臺右司郎中。行臺所統五十餘城，子貞命官分三道糾察官吏，始有綱紀。東平將校占民爲部曲户，謂之「脚寨」，幾四百所。子貞請罷歸州縣。實卒，子忠濟請於朝，授參議東平路事兼提舉太常禮樂。子貞作新廟學，招致生徒百餘人〔六〕，出粟贍之，俾習經藝，親臨程試。齊魯儒風，爲之一變。

徐世隆。西華人。嚴實招致東平幕府。勸實收養寒素。實子忠濟以世隆爲東平行臺經歷，益贊忠濟興學養士。

姚樞。柳城人。世祖即位，立十道宣撫使，以樞使東平。既至郡，置勸農、檢察二人以監之，推物力以均賦役，罷鐵官。

張德輝。交城人。世祖初遷東平路宣慰使。春旱，禱泰山而雨。東平賦夥獄煩，凡遇賊奸，悉窮之不少貸。奏免遠輸豆粟二十萬斛，和糴十萬斛。伯赫泰議賦繭絲，令民稅而後輸，德輝曰：「是誣上以毒下也。且後期之責，孰任之？」遂罷其事。孀婦馬氏將鬻其女以代納逋賦，分己俸代償之，仍蠲其額。「伯赫泰」舊作「寶合丁」，今改正。

塔塔爾泰。控根郭瓦第三子。至元中襲東平達魯噶齊。涖官一紀，鎮静不擾。「塔塔爾泰」舊作「塔塔兒台」，「控根郭瓦」舊作「孔温窟哇」，「達魯噶齊」舊作「達魯花赤」，今俱改正。

茂漢。至元中知肥城縣。創城垣，興學宮。先是，民輸賦於府，往返六百里。道經鹹海，夏月霖潦，民多病涉，乃立團並庫於縣，以從民便。在任十八年，民思之不能忘。「茂漢」舊作「抹漢」，今改正。

晉畢。塔塔爾泰子。至元十四年監東平。多善政，以清白稱。嘗出家藏書二千餘卷，置東平廟學，使學徒講肄之。「晉畢」舊作「只必」，今改正。

圖卜申。晉畢弟。嗣兄職。性淳靖，喜怒不形。知民疾苦，而能以善道之。旱嘗致禱即雨。歲飢，請於朝，發廩賑之。睦同僚，興學校，士民刻石紀績。「圖卜申」舊作「秃不申」，今改正。

宫欽。東萊人。至大二年爲東阿令。以威嚴爲理，剗除宿蠹，均徭省賦。邑當驛道，供億百出，欽與民爲假貸，羔豚雞黍皆以便蓄養，取用不乏。山東大饑，斗米百錢，欽首出三年俸幣爲倡，富民和之，得錢二萬餘緡，賴以全活者甚衆。邑故有黠民工訟，欽廉其人，悉置之法，皆化爲善良。去十餘年，吏民思之。

和道。懷慶人。延祐中尹萊蕪。性嚴明，不事脂韋，勸課農桑，招徠流移。秩滿，民立石頌之。

明

黄哲。番禺人。洪武初知東阿縣。縣經毛貴亂後，民多流徙，聞哲善政，皆復業。狼溪有物爲怪，數啖人。哲爲文禱於神，風雷暴至，有蛟死水上，怪遂息。六年，升東平府通判，疏決河於梁山。尋上疏忤旨，放歸。復召回東平。

邵惲。洪武時知新泰縣。廉明平恕。在任九年，官無廢事，邑無流民。

李得。洪武時知萊蕪縣。公廉勤幹，治政有方。秩滿，民詣闕乞留。在任十有五年而卒。

鄭華。臨海人。建文時貶東平吏目。燕兵至，長、貳棄城走。華率吏民固守。城破，不屈死。

貝秉彝。上虞人。永樂中知東阿縣。邑東北地卑下，乃開渠注大清河，涸之，得腴田千餘頃。民有兄弟相訟者，以大義曉之，皆悔謝去。嘗獻平糶議於朝，爲備荒計。凡廢鐵、敗皮、朽索、故紙，悉貯之庫，會車駕北巡，敕有司建席殿，並以濟用。上嘉其治行，加秩六品。及卒，囊無餘資，吏民爲具棺斂，日會哭者數百人。

李湘。泰和人。永樂中知東平州。州轄五縣，地多荒蕪。湘督民開墾，公私皆實。有所徵發，必覈丁産厚薄。及將去，民訴於朝乞留。有奸民誣以罪，父老伏闕訟冤，詔復官。涖州十餘年，上下親如父子。

葉祺。溧水人。知東阿縣。正統間考最入都，縣民羣列其善政，遂留任。

王範。開州人。成化中知東平。内官過境，聞其姓名，亟趨出境。有不暇取廩給者，以憂去。服闋，吏民復請於朝，再知東平，凡七年。升福建僉事。去之日，州民泣送溢路。

何繼周。閩縣人。弘治間知萊蕪縣。時旱蝗爲災，繼周引咎齋禱，即時大雨滂沛，蝗盡斃，民以爲誠德之感。

高嶼。錦衣衛人。正德間擢守泰安。城先爲劇盜劉六、劉七等破，嶼至擊走之，追至玉兒莊，斬賊首，餘衆悉平。

熊驂。固始人。正德間知萊蕪。霸州賊攻城急，驂率衆力戰而死。城陷，主簿韓塘亦死之。

劉瓚。新鄉人。正德間知新泰。到縣三日，流賊數萬騎突至，瓚悉力守城，攻三日不克而去。

劉宗禮。大名人。嘉靖中知新泰，清儉愛下。居二年，調延川。且去，猶令人治畦，曰：「我留一分，則民省一分也。」

白棟。榆林人。隆慶中知東阿縣。質直慈惠，練於民情，善綜細務。凡傜役、里甲催科之令有不便，輒次第更改，後皆奉爲良法。及去，民建祠祀之，謂之白公社。

郭子智。遼東人。崇禎十四年授平陰知縣。土寇攻城，城陷，與教諭左鑾死之。

吴汝宗。龍巖人。崇禎十五年知東阿縣。城破，死之。

本朝

武士豪。正定人。順治五年知萊蕪縣。時土寇竊發，隣邑多不守，而萊蕪獨完，士豪保障之力也。

鍾國義。山陰人。康熙三年知萊蕪縣。萊邑山城僻壤，地非孔道，後章丘縣欲以山徑通南路驛遞，國義力持不可，邑人稱之。

王育良。正黄旗漢軍。康熙二十八年知東阿縣。邑當孔道，驛中向不設車，有事則里民按日輪值。育良乃捐貲造車數十輛，駕以驛馬，令驛卒御之，民以不擾。又創行滚單，革單頭包攬諸弊。詳改淺閘夫爲雇役，百姓稱便。後卒於官。

邱恩榮。黄岡人。乾隆三十年由萊蕪調泰安知縣。仁明慈惠，政簡刑輕。擢吏部員外郎。

王溥。山陽人。乾隆四十年由冠縣調泰安知縣。聽斷嚴明，胥吏畏之。越二載，境内肅然。

張鳴鐸。静海人。乾隆四十二年知泰安縣。寬厚有容，與前令得寬猛交濟之義。邑人愛戴如慈母。尋以憂去，士民涕泣送之。

人物

漢

高堂生。平陽人。著士禮十七篇。言禮者咸宗之。

嬴公。東平人。從胡毋生受公羊春秋，守學不失師法。爲昭帝諫大夫，授東海孟卿、魯國眭孟。

毛莫如。泰山人。受易於琅邪魯伯。官至常山太守。

栗豐。泰山人。受詩於河内食子公。豐後爲刺史。

冥都。泰山人。受公羊春秋於潁川堂溪惠。爲丞相史。又與琅邪筦路事顔安樂，故顔氏復有筦冥之學。

夏侯勝。東平人。少孤好學。徵爲博士、光禄大夫。會昌邑王嗣立，數出，勝諫曰：「天久陰不雨，臣下有謀上者。」王縛以屬吏。時霍光與張安世謀廢王，以爲泄語，召問勝，對言：「在洪範傳。」光、安世大驚。後光令勝用尚書授太后，遷長信少府，賜爵關内侯。宣帝時爲諫大夫、給事中。勝爲人質樸守正，帝親信之，受詔撰尚書、論語説，賜黄金百斤。年九十，卒於官。

郭巨。肥城人。家貧。父早逝，事母苦甘旨不繼。有子方三歲，慮其常分母食，因與妻謀掘地欲埋之。至尺餘，得黄金一釜。

王章。鉅平人。累官諫大夫。在朝廷名敢直言。元帝初，毀中書令石顯，免官。成帝立，遷司隸校尉，大臣貴戚敬憚之。時王鳳輔政，章言鳳不可任用，宜更選忠賢。遂爲鳳所陷。

劉恭。式人。城陽景王章之後。少習尚書，通大義。爲赤眉所掠，隨樊崇等降更始，封式侯，拜侍中。赤眉欲殺更始，恭爲請，不能得，呼曰：「臣誠力竭，請得先死。」拔劍欲自刎，崇等共救止之。謝禄縊殺更始，恭夜往收藏其屍。建武三年，爲更始報殺謝禄，自繫獄，赦不誅。

羊陟。梁父人。少清直，遷冀州刺史。奏案貪濁，所在肅然。三遷尚書令。奏太尉張顥等公行貨賂，不納。又薦太尉劉寵等清亮在公，帝嘉之，拜陟河南尹。會黨事起，免官禁錮，卒於家。

羊續。平陽人。祖父侵，安帝時司隸校尉。父儒，桓帝時太常。續以忠臣子孫累官廬江、南陽二郡太守。討平諸寇，百姓歡服。靈帝欲以爲太尉，時拜三公者，皆輸東園禮錢千萬，令中使督之。續舉緼袍示之曰：「臣之所資，惟此而已。」遂不登公位，而徵爲太常。會病卒。

鮑信。泰山平陽人。少有大節，沉毅有謀。大將軍何進辟拜騎都尉。董卓始至，勸袁紹襲之，不從。乃歸鄉里，收徒衆，與弟韜以兵應曹操於已吾。汴水之戰，韜死之。表信爲濟北相。與黄巾賊戰，陷陣死。

王匡。泰山人。輕財好施，以任俠聞。初平元年，爲河内太守，與袁紹起兵討卓。

胡毋班。泰山人。名在「八廚」，官執金吾。山東兵起，董卓遣使説解紹等諸軍，遂被害。

王考。壽張人。官至冀州刺史。名在「八廚」。

張邈。壽張人。少以俠聞。振窮救急，即傾家亦不甚惜，士多歸之。初辟公府，以高第拜騎都尉，遷陳留太守。董卓之亂，與曹操共舉義兵。及袁紹爲盟主，有驕色，邈正義責之。後爲曹操所害。

三國 魏

劉楨。東平人。太祖時辟爲丞相掾。文帝好文學，楨與孔融、陳琳、王粲、徐幹、阮瑀、應瑒爲「七子」。楨卒，帝甚惜之。

鮑勛。信子。建安中爲中庶子。守正不撓，太子恚望甚。及即位，勛數諫争，竟被誅。勛内行既修，廉而能施。死之日，家無餘財。

孫觀。泰山人。與臧霸俱起討黄巾，拜騎都尉。魏武使霸招觀並兄康，皆厚遇之。觀戰嘗先登，征定青、徐羣賊，封呂都亭侯，康亦封列侯。觀從征孫權於濡須口，中創卒。

高堂隆。高堂生後。太祖召爲軍議掾。明帝在藩，選爲傅。及即位，累遷光禄勳。帝增崇宫殿，隆上疏切諫，詔稱其「廉侔伯夷，直過史魚。」及卒，帝嘆息曰：「天不欲吾成事，高堂隆舍我去也。」

呂安。東平人。有濟世志。與嵇康友善，每一相思，輒千里命駕。後爲兄巽誣安不孝，康義不負心，保明其事。鍾會勸司馬昭因此除之，殺安及康。

程昱。東阿人。黄巾起，縣丞王度反應之，昱率吏民擊度等破走，東阿得全。太祖征徐州，使昱與荀彧留守鄄城。張邈等叛迎呂布，郡縣響應，惟鄄城、范、東阿不動。袁紹在黎陽，時昱有兵七百守鄄城，太祖欲益以二千兵，昱不肯，曰：「袁紹擁十萬衆，見昱兵少，必輕易不來攻。若益兵，過則不可不攻，攻則必克，徒兩損其勢。」太祖從之，紹果不往。昱收精兵數千人，會黎陽討袁譚、袁尚，譚、尚敗走。魏國既建，爲衛尉。文帝踐阼，進封安鄉侯。卒謚肅侯。孫曉，嘉平中爲黄門侍郎。時校事放横，曉上書諫，遂罷校事官。

晉

羊祜。續孫。累官尚書右僕射，都督荆州諸軍事。綏懷遠近，甚得江、漢之心。與吴人開布大信，吴人翕然悦服。後入朝面陳伐吴之計，舉杜預自代。尋卒。南州人聞祜喪，莫不號慟，吴守邊將士亦爲之泣。及吴平，羣臣上壽，帝執爵流涕曰：「此羊太傅之功也。」因策告祜廟。

羊琇。泰山人。涉學有知算，少舉郡計，參鎮西鍾會軍事。會謀反，琇正言苦諫。還，賜爵關内侯。武帝未立爲太子，琇爲畫策，甚有匡救。及踐阼，累遷中護軍，加散騎常侍。

劉卞。須昌人。爲左衛率。知賈后廢太子之謀，甚憂之。以計干張華而不見用，益以不平。賈后親黨微服聽察外間，頗聞卞言，乃遷卞爲雍州刺史。卞恐爲賈后所誅，遂飲藥卒。

魏浚。東阿人，寓居關中。永嘉末，與流人數百家東保河陰之硤石，懷帝以爲揚威將軍、平陽太守。及洛陽陷，屯於洛北石梁塢，撫養遺衆，遠近感悦。劉琨承制，假浚河南尹。劉曜忌浚得衆，率軍圍之，爲曜所得，死之。族子該領其衆。曜攻季矩，該破之。後漸飢敝，曜寇日至，單騎至南陽，帝以爲平北將軍、雍州刺史。王敦反，該拒而不應。蘇峻反，率衆救臺，卒於道。

羊曼。祜兄孫。少知名，本州禮命、太傅辟，皆不就。元帝以爲丞相主簿，委以機密。歷晉陵太守，以公事免。時州里稱阮放、郄鑒、胡毋輔之、卞壼、蔡謨、阮孚、劉綏及曼爲「兖州八伯」，蓋擬古之「八俊」也。後蘇峻作亂，曼勒衆不動，爲峻所害。追贈太常。

胡毋輔之。班玄孫。少擅高名，有知人之鑒。王澄常稱爲後進領袖，辟別駕、太尉掾，並不就。以家貧，求試守繁昌令，甚有能名。元帝時，累官揚武將軍。

羊鑒。泰山人。討蘇峻有功，封豐城縣侯。

羊曇。泰山人，謝安之甥。爲安所重。安薨後，輟樂彌年，行不由西州路。嘗因石頭大醉，扶路唱樂，不覺至州門。左右白曰：「此西州門。」曇悲感不已，以馬策叩扉，誦曹子建詩曰：「生存華屋處，零落歸山丘。」慟哭而去。

南北朝 宋

羊欣。泰山人。少靖默，無競於人。泛覽經籍，尤長隸書。累官義興太守，稱病免歸。武帝、文帝並恨不識之。

羊玄保。泰山人。爲武帝鎮軍參軍。景平中，累遷長史。王弘甚知重之，謂左長史庾登之、吏部尚書王准之曰〔七〕：「卿二賢明美朗詣，會悟多通，然宏懿之量，故當共推羊也。」入爲黄門郎，補宣城太守。又歷丹陽尹、會稽吴郡太守。爲政雖無殊績，而去後常令人思。孝武即位，爲金紫光禄大夫，卒。

魏

畢衆敬。須昌人。仕宋爲泰山太守。後歸魏，拜兗州刺史，賜爵東平公。徵還京師，孝文賓禮舊老，與高允引至方山，甚相愛敬。後乞還桑梓，帝賜酒饌車馬勞遣之。卒於兗州。子元賓，豪俠有武幹，涉獵書史，與父同建勳業，賜爵須昌侯，後拜兗州刺史。父子相代爲本州，世以爲榮。子祖朽襲爵，例降爲伯，官東豫州刺史。清平有信，百官稱之。

吕思禮。壽張人。舉秀才，對策高第，除相州功曹參軍。葛榮圍鄴，思禮有守禦勳，賜爵平陸縣伯。文帝即位，累遷都官尚書。從擒竇泰，進爵爲侯。思禮好學有才，雖謀軍國而手不釋卷。夜讀書，令蒼頭執燭，燭燼數升。沙苑之捷，命爲露布，食頃而成。所爲碑誄、表頌，並傳於世。

羊深。琇七世孫。父祉，平北將軍。深早有風尚，學涉經史，累官給事黄門侍郎，以功賜爵新泰男。莊帝踐阼，除太府卿。深處分軍國，損益隨機，頗有時譽。弟侃，爲泰山太守，外招梁寇。深在彭城，得侃書，慨然流涕，斬使並書表聞。帝褒其忠烈，後爲齊州刺史。東魏軍討破之，死於陣。子肅，以學尚知名。

羊敦。深從弟。性尚簡素，學涉書史。除給事中，出爲本州别駕，歷廣平太守，俱有能名。卒於官。從弟烈，字信卿。好讀書，能言名理。孝昌末，從弟侃爲泰山太守，據郡起兵。烈知其謀，馳赴洛陽告難。朝廷將加厚賞，烈卒無所受。天保中，累遷尚書祠部左右户郎中。在官咸爲稱職，歷陽平太守、義州刺史。以老還鄉，卒。烈家傳素業，閨門修飭，爲世所稱。

北齊

傅伏。泰安人。以戰功除東雍州刺史。周克并州，以伏子世寬來招。伏曰：「事君有死無二，此兒不忠不孝，願即斬之。」後聞後主已被獲，哭良久，然後降。周武親執手曰：「爲臣當若此。朕平齊，惟見公一人。」以爲岷州刺史。尋卒。

梁

羊侃。漢南陽太守續之裔也。少而瑰瑋，博涉書記，尤好左氏春秋、孫吴兵法。弱冠，隨父祉在梁州，立戰功。其父每有南歸之志，侃至是將舉河、濟以成先志。大通三年至京師，授徐州刺史，徵太子左衛率。車駕幸樂遊苑，侃預宴。時新造兩刃矟成，高祖令試之。侃執矟上馬，左右擊刺，特盡其妙。高祖善之，製武宴詩三十韻以示侃。侃即席應詔。高祖覽曰：「可謂鄒、魯遺風，英賢不絶。」侯景攻陷歷陽，侃副宣城王都督城内諸軍事，親自抵拒。賊退，加侍中、軍師將軍。初，侃長子鷟爲景所獲，執來城下，侃曰：「我傾宗報主，猶恨不足，豈復計此一子！」數日復持來，因引弓射之。賊感其忠義，亦不之害。卒贈侍中、護軍將軍。

羊鴟。侃子。隨侃臺内。城陷，侯景待之甚厚。及景敗，鴟密圖之，乃隨其東走。景惟餘三舸下海，欲向蒙山。會景倦晝寢，鴟語海師，直向京口。景覺大驚，欲投水，鴟以矟刺殺之。世宗以爲青州刺史，封昌國縣公。後征陸納，平峽中，破郭元建，累遷東晉州刺史。承聖三年，爲侯瑱所害〔八〕，時年二十八。

羊鴉仁。泰山人。少驍果有膽力。普通中，自魏歸國，封廣晉縣侯。征伐青、齊間，累有功績。大同七年，爲北司州刺史。侯景反，鴉仁率所部入援。臺城陷，爲景所留，以爲五兵尚書。鴉仁常思奮發，遂出奔江陵，爲北徐州刺史荀伯道諸子所害。

唐

吕元膺。東平人。始遊京師，謁故相齊映，映嘆曰：「吾不及識婁、郝，殆斯人類乎！」策賢良高第，調安邑尉，歷爲蘄州刺史。元和中，復刺同州。既謝，帝問時政得失，論奏激切。明日謂宰相曰：「元膺直氣讜言，宜留左右。」進御史中丞，俄拜東都留守。東都有李師道留邸兵與山棚謀竊發，事覺，元膺擒破之。改河中節度使。時方鎮多姑息，獨元膺秉正自將，無不嚴憚。入拜吏部侍郎。正色立朝，有台宰望，居官始終無訾缺。

五代　漢

和凝。須昌人。唐天成中，遷翰林學士，知貢舉。時進士多浮薄，喜爲諠譁以動主司。每放榜，則圍棘閉省門，絶人出入，以爲常。凝撤棘開門，而士皆肅然無譁，所取皆一時之秀。歷晉仕漢，拜太子太傅，封魯國公。

周

王朴。東平人。少舉進士。世宗即位，遷比部郎中，獻平邊策。世宗鋭意征伐，朴言用兵之策，謂江、淮可先取。世宗引與計議，無不合。世宗外事征伐，而內修法度。朴爲人明敏多材，知陰陽、律曆之法，莫不通焉。世宗征淮，朴留京師，廣新城，通道路，多所規爲。至言諸國興滅次第，後皆如其言。及卒，世宗親臨其喪，以玉斧叩地大慟。

宋

趙鄰幾。須城人。太平興國中官左補闕，知制誥，時輩咸推服之。常欲追補唐武宗以來實録，孜孜訪求遺事。會疾亟，以書未成爲恨。淳化中，太宗取其書，得鄰幾所補會昌以來日曆二十六卷及文集三十四卷，所著鯫子一卷、六帝年畧一卷、史氏懋官志五卷并他書五十餘卷。

竇益。乾封人。合居五六世，有節行。大中祥符初，東封泰山，即行在所降詔褒美，優賜粟帛。

梁顥。須城人。初舉進士，不中第。雍熙三年復舉進士，賜甲科，知魚臺縣，累遷右司諫。真宗初，獻聽政箴。詔訪羣臣邊事，顥上疏言「用兵之道，在乎明賞罰，擇邊臣」，時論稱之。顥每進對，詞辨明敏，真宗器賞之。凡羣臣上封事者，悉付顥詳閲可否。拜翰林學士。

孫奭。博平人。徙居須城。九經及第，爲國子監直講。太宗幸國子監，召奭講書，賜五品服。真宗詔百官轉對，奭上十事。大中祥符初，得天書於承天門，召問奭。奭對曰：「臣愚所聞，天何言哉？豈有書也！」將祀汾陰，奭上書諫有「十不可」。天禧中，朱能獻乾祐天書，復上疏諫。帝嘗令陳政事得失，奭以「納諫」、「恕直」、「輕徭」、「薄斂」四事爲言，頗施行焉。仁宗朝，累遷龍圖閣學士，畫無逸圖上之。奭性方重，事親篤孝。嘗掇五經切於治道者，爲經典徽言五十卷。又撰崇祀録、樂記圖、五經節解、五服制度。嘗奉詔與邢昺、杜鎬校定諸經正義，莊子、爾雅釋文，考正尚書、論語、孝經、爾雅謬誤及律音義。

穆修。鄆州人。真宗東封，詔舉齊魯經術之士，修預選，賜進士出身，累官潁州文學參軍。修性剛介，人欲與交，往往拒之。宰相欲識修，且將用爲學官，修終不往見。母死，自負櫬以葬。自五代文敝，宋初，修與柳開始爲古文，士大夫稱能文者，必曰穆參軍。慶曆中，祖無擇訪得所著詩、書、序、記、誌等數十首，集爲三卷。

馬尋。須城人。舉毛詩學。累判大理寺，以明習法律稱。終司農卿。

梁固。顥子。嘗著漢春秋。大中祥符元年舉服勤詞學科，擢甲第。累遷著作郎、直史館，歷户部判官，判户部勾院。明於吏道，嘗詔鞫獄，時稱平審。天禧大禮成，奏頌甚工。有集十卷。

梁適。顥子，固弟。少孤，嘗輯父遺文及所自著以進，真宗曰：「梁顥有子矣。」仁宗時，奉使陝西，與范仲淹條邊機十餘事。儂智高入寇，移嫚書，求邕桂節度。帝將受其降，適曰：「若爾，嶺外非朝廷有矣。」乃遣狄青討之。賊平，帝曰：「向非適言，南方安危未可知也。」後以太子太保致仕。

石介。奉符人。篤學有志尚，樂善嫉惡，遇事奮然敢爲。進士及第，歷嘉州判官。丁父母憂，耕徂徠山下，葬五世未葬者七十喪，以易教授於家。魯人號介徂徠先生。入爲國子監直講，從學者甚衆，太學繇此益盛。介嘗患文章之弊，佛、老爲蠹，著怪說。又著唐鑑以戒姦臣、宦官、宮女，指切當時，無所諱忌。杜衍、韓琦薦擢太子中允。會范仲淹、富弼等同時執政，歐陽修、王素等並爲諫官。介喜，作慶曆聖德詩，所稱多一時名臣。其言「大姦」，蓋斥夏竦也。尋出通判濮州，未赴卒。有徂徠集行於世。

郭勸。須城人。仁宗時爲侍御史。諫郭后不當廢，陳氏非世閥，不可以儷宸極。趙元昊襲父位，以勸爲官告使，所遺百萬，悉拒不受。累遷侍讀學士。及再爲侍諫，曰：「吾起諸生，志不過郡守。今年七十，列侍從，可以歸矣。」遂用元日拜章三上，不得謝。後二年卒。子源明，治平中爲太常博士。會御史知雜事呂誨等奏彈中書議追崇濮王典禮非是，被黜，以源明補監察御史裏行。源明乞免除命，請追還誨等。

李參。須城人。歷淮南、京西、陝西轉運使。朝廷患邊費廣，參建議輦錢邊郡，以平估糴，省榷貨錢千萬計。治平中知秦州，蕃酋藥家族作亂，討平之。居鎮閱歲，未嘗以邊事聞。神宗知其才，書姓名於殿柱，以知永興軍。不行卒。參剛果嚴深，事至即決，時稱能吏。

孫瑜。奭子。歷兩浙轉運使。仁宗訪其家世，謂曰：「卿孫奭子耶？奭大儒也，久以道輔朕。」因面賜金紫。先是，郡縣倉庾以斗斛大小爲姦，瑜奏均其制，黜吏之無狀者。歷知蔡州，累官工部侍郎，卒。始奭亡，朝廷録其子孫，時瑜之子爲諸孫長，曰：「吾忍以父喪而官吾子乎？」以兄之孤上之。

龔鼎臣。須城人。第進士，官平陰主簿。疏洩瀦水，得良田數千頃，以薦爲泰寧軍節度掌書記。石介死，讒者謂介北走遼，詔兖州劾狀，鼎臣獨曰：「介豈有是，願以闔門證其死。」歷知渠州，擢起居舍人，同知諫院。在言路累歲，濶畧細故，至大事無所顧忌。神宗即位，以王安石不悦，出知兖州。諸道方田使者希功賞，槩加舊籍以病民，鼎臣獨一無所增。留守南京，時河決曹村，流殍滿野，鼎臣勞來振拊，歸者不可勝計。

姜潛。奉符人。從孫復學春秋。吴奎薦爲韓王伴讀，進謁宗正允弼，吏引趨庭，潛呼馬欲去，遂以客禮見。神宗召對延和殿，訪以治道，對曰：「有堯、舜二典在，顧陛下致之之道何如耳。」

錢乙。本吴越王俶支屬，北遷鄆州。父穎善醫〔九〕，東之海上。乙方三歲，母死姑嫁，吕氏收養之。及長，告以家世，即泣請迹尋。積數歲迎父以歸，時已三十矣。鄉人感嘆，賦詩咏之。其事吕如父，吕没無嗣，爲收葬行服。乙以顱顖方著名，擢太醫丞。

梁燾。須城人。哲宗朝爲諫議大夫。有請宣仁后御文德殿服衮冕受册者，燾率同列諫，后欣納之。文彦博議遣劉奉世使夏國，御史張舜民論其不當遣，降通判虢州。燾言當還舜民以正國體，章十上不聽，出知潞州。明年，以左諫議大夫召。上書願正綱紀，明法度，采用忠言，講求仁術。前宰相蔡確作詩怨謗，燾與劉安世攻之。確卒竄新州。蔡京帥蜀，燾曰：「元豐侍從，惟京輕險貪愎，不可用。」後以司馬光黨，化州安置。燾立朝以引援人物爲意，作薦士録，具載姓名，其好賢樂士如此。

馬伸。東平人。紹聖四年進士。崇寧初，范致虚攻程頤爲邪説，伸獨依頤門以學，卒受中庸以歸。靖康初，以卓行薦擢監察御史。汴京陷，金人立張邦昌。伸爲議狀，乞存趙氏，復請速迎康王。同院無肯連名者，伸獨持以往，繳申尚書省。高宗即位，擢殿中侍御史。朝廷方召孫覿、謝克家，伸奏：「覿、克家趨操不正，乃負國之賊，宜加遠竄。」又疏言：「黄潛善、汪伯彦同惡相濟，望速罷其政柄。」責濮州監酒税。時用事者以濮迫寇境，故有是命，趣使上道。伸怡然襆被而行，死道中。天下識與不識，皆冤痛之。

李迨。東平人，參曾孫。通判濟州。高宗以大元帥過濟，迨應辦軍需無缺。會勸進，乘輿儀物不日而辦，上深歎賞。金人歸三京，命迨爲京畿都轉運使。孟庾時爲權東京留守，潛通北使，且使人告迨曰：「北人以兵至矣。」迨曰：「吾家食禄二百年，萬死不足報。如果然，吾將極罵以死。」告者悚然而去。

李亘。乾封人。爲尚書郎。建炎末，金兵至淮南，亘不及避，劉豫使守大名。因與淩唐佐密謀豫可取狀告於朝。事泄，坐死。

王質。鄆人，徙興國。與九江王阮齊名。著論五十篇，言歷代君臣治亂，謂之朴論。中紹興三十年進士第，爲太學正。時孝宗屢易相，國論未定，質上疏言和戰守之事。天子心知質忠，而忌者譏質年少好異論，遂罷去。虞允文當國，孝宗命擬進諫官，允文以質鯁亮不回，且文學推重於時，可右正言。中貴人陰阻之。奉祠山居，絶意禄仕。

金

王去非。平陰人。嘗就舉，不得意，即屏去。督妻孥耕織，以給伏臘。家居教授，束修有餘，輒分惠人。弟子班忱貧不能朝夕，一女及笄，去非爲辦裝嫁之。比隣有喪，忌東出，西與北皆人居，南則去非家。去非壞蠶室，使喪南出，遂得葬焉。

張萬公。東阿人。父彌學夢至一室，牓曰「張萬相公讀書堂」。已而萬公生，因以名焉。累遷郎中。世宗稱其純直，明昌中拜參知政事，歷知河中府，尋拜平章政事。初有司建議，自西南、西北路沿臨潢，達泰州，開築壕塹，連年未就。萬公言罷之爲便。主兵者又言屯田地寡，願括民田之冒稅者分給戰士，萬公獨言其不可。一日奏事，帝曰：「卿言天久陰晦，由用人邪正不分，然孰爲小人？」萬公以張煒、田櫟、張嘉貞爲言。帝即命三人補外。帝嘗有意春蒐，顧視萬公，萬公曰：「動何如静？」帝改容而止。

黄久約。須城人。以翰林直學士授左諫議大夫，爲賀宋生日副使，道經宿泗，見貢新枇杷子者，州縣調民夫遞進，還奏罷之。尋請老，詔諭之曰：「卿忠直敢言，未可便去左右。」遷太常卿，仍兼諫職。嘗侍朝，故事，宰相奏事，則近臣退避。久約欲趨出，世宗止之，自是諫臣不避以爲常。章宗即位，久約以「國富民貧」、「本輕末重」、「任人太雜」、「吏權太重」、「官鹽價高」、「坊場害民」與夫「選左右」、「擇守令」八事爲獻，皆嘉納之。

紀天錫。泰安人。早棄進士業，學醫，精於其技，遂以名世。集註難經五卷，大定中上其書，授醫學博士。

党懷英。其先馮翊人。父純睦，泰安軍録事參軍，卒於官，妻子不能歸，因家焉。大定第進士。能屬文，工篆籀，當時稱爲第一。歷翰林學士承旨，卒。

趙渢。東平人。大定中進士，仕至禮部郎中。性冲澹，學道有所得。尤工書，自號黄山。党懷英小篆，李陽冰以來鮮有及者，時人以渢配之，號曰「党、趙」。有黄山集行於世。

高霖。東平人。大定中進士，累遷國史院編修官。建言黄河當疏其阨塞，若開雞爪河以殺其勢，可免數埽之勞。凡捲埽工物皆取於民，大爲時病，乞並河隄廣樹榆柳，數年之後，隄岸既固，埽材亦便，民力漸省。朝廷從之。至寧中，歷兵部尚書、參知政事、中都留守、平章政事。莫呢盡忠棄中都南奔，霖死之。「莫呢」舊作「抹撚」，今改正。

侯摯。東阿人。累遷尚書右丞。時紅襖賊爲亂，詔摯行省事於東平，權本路兵馬都總管。興定元年，濟南、泰安、滕、兖等州土賊起，摯討降之。李全據密州，摯督兵討復其城。行省王汝霖謀結外應，摯遣兵捕之，并其黨皆就誅。天興元年，爲平章政事，封蕭國公。摯爲人威嚴，御兵人莫敢犯，在朝遇事敢言。又喜薦士，如張文舉、雷淵、麻九疇輩，皆由摯進用。南渡後，宰執中人望最重。

元

石珪。新泰人。宋徂徠先生守道裔孫。金末，兵戈四起，珪率少壯負險自保。後棄妻子歸元，授光禄大夫。領兵破曹州，與金將連戰數晝夜，糧絶援不至，被擒。金主壯其爲人，誘以名爵。珪憤然曰：「吾身事大朝，官至光禄，復能授封他國耶？」金主怒殺於市，怡然就死。

李昶。須城人。父世弼，受孫明復春秋。昶穎悟過人，讀書如夙習。興定二年初，與父同登進士，授温縣丞。後爲經歷，以父憂去官，杜門教授。一時名士，若李謙、馬紹、吴衍輩，皆出其門。世祖伐宋，召問治國用兵之要，疏對，甚嘉納之。明年即位，召訪國事，昶知無不言，眷遇益隆。世祖嘗燕處，望見昶，輒斂容曰：「李秀才至矣。」其見敬禮如此。至元五年，爲吏部尚書。凡議大政，宰相延置上座，傾聽其説。嘗著春秋左氏遺意二十卷及孟氏權衡遺説五卷。

李謙。東阿人。與徐世隆、孟祺、閻復齊名〔一〇〕，而謙爲首。爲東平教授，無俸。郡斂儒户銀百兩，備束脩，謙辭曰：「家幸非甚貧者，豈可聚貨以自殖乎？」召爲應奉翰林文字，遷太子左諭德，侍裕宗於東宫，陳十事，曰正心、睦親、崇儉、幾諫、戢兵、親賢、尚文、定律、正名、革弊。又傳成宗於潛邸，世祖深加器重。以足疾辭歸。成宗即位，升學士，復引疾還家。仁宗即位，召見於行在，疏言九事。謙文章醇厚，學者宗之，號野齋先生。

王閏。須城人。父性乖戾，閏左右承順，甚得其歡心。父嘗卧疾，夜燃長明燈，室中火延籬壁間。閏聞火聲，驚起馳救。火已熾，煙焰蔽寢户，閏突入火中，解衣蒙父，抱而出。肌體灼爛，而父無少傷。一女不能救，遂焚死。

王構。東平人。父公淵，遭金末之亂，其兄三人挈家南奔，公淵獨誓守死墳墓，卒得存其家，而三兄不知所終。構少穎悟，風度凝厚，學問該博。至元十一年，授翰林國史院編修官。時遣丞相巴顔伐宋，先下詔讓之，命構屬草以進，世祖大悦。成宗立，爲學士，參議中書省事。時有請搜括田賦者，構與平章何榮祖力言其不可，得不行。武宗即位，召拜翰林學士承旨，卒。構歷事三朝，練習典故，凡謚册之文皆所撰定。朝廷每有大議，必咨訪焉。喜薦引寒士，所辟數十人，皆有名於時。「巴顔」舊作「伯顔」，今改正。

耶律有尚。家東平。受業許衡之門，稱高第弟子。其學邃於性理，而尤以誠爲本，儀容詞令，動中規矩。至元八年，衡兼國子祭酒，奏以門人十二爲齋長，有尚其一也。衡還鄉里，朝廷以有尚等爲助教，嗣領其學事。及有尚去而國學事頗廢。廷議爲非有尚無足以繼衡者，累遷國子祭酒。以親老辭歸。大德中，復兩爲國子祭酒。前後五居國學，其教法一遵衡之舊，而勤謹有加焉。身爲學者師表數十年，海内宗之。卒，謚文正。

李之紹。平陰人。從李謙學。家貧，教授鄉里，學者咸集。至元中，以薦授翰林國史院編修官。直學士姚燧欲試其才，凡翰林應酬之文積十餘事併付之，之紹授筆立成。大德中丁母憂，累起復，終不能奪。延祐三年，升國子祭酒。夙夜孜孜，以教育人材爲心。累升翰林侍講學士。告老歸。之紹自以其性優游少斷，故號果齋以自勵。

明

王彬。東平人。洪武進士。建文中爲御史，巡視江淮。燕兵至，彬與指揮崇剛共守揚州。時指揮王禮潛議舉城迎降，彬執繫獄，晝夜固守。會燕人射書城中，言縛彬獻者官三品。千户徐政、張勝遂執彬以降，不屈死。

師逵。東阿人。太祖時授御史，擢陝西按察使。獄繫囚數千，逵至，閲牘訊鞫，旬月而盡。成祖北征，以逵督運。逵以道路遥遠，奏設頓舍，令民以次遞輓。營建北京，遣逵采木湖、湘，凡八年。仁宗即位，召爲户部尚書，兼掌吏部。逵廉潔自持，成祖嘗論扈從北來大臣，不貪者惟逵一人。

張本。東阿人。洪武時由國子生爲江都知縣。永樂中，累遷工部侍郎，坐事謫交阯布政司使，起爲刑部侍郎。仁宗即位，進南京兵部尚書，兼掌都察院事。宣德初，復兼太子賓客。本歷仕三朝，廉介有守，奉公不撓，爲上所信。成祖嘗宴近臣，各設銀器一案，因以賜之。至本前，獨設陶器，謂曰：「卿號窮張，銀器不知用也。」

張翼。泰安人。永樂中由諸生貢入國學。父母殁，皆廬墓三年，有慈烏數百旦夕飛鳴墓樹。事聞，旌表。

趙讓。肥城人。家貧幼孤，事母至孝。母終，廬於墓側。虎夜至，讓但悲泣，虎避去。有刼入廬，感其孝，以百錢遺之。永樂中，詔旌其門。

王福延。平陰人。事親以孝聞。母殁既葬，夜宿墓廬，晝歸奉父。及繼母殁，並廬墓三年。正統中，詔旌其門。

張琛。東平人。正統間爲衢州府同知。父殁，廬墓三年，有巨蛇馴擾之異。官至福建左布政使。

劉田。東阿人。父約，爲河南參政，忤劉瑾罷歸。田中弘治進士，授元氏知縣。中官劉瑾遣其下至縣，坐傳舍，趣召縣令。田至，怒其不起，立即命吏執送獄曰：「若至此，奉何詔旨？」求解，乃得去。民間獲白兔送縣，丞以下皆來賀，謂當奏聞。田因留置酒，即炙兔啗之。正德時命督江南漕運，軍人需索之弊，一切禁絶。弟隅，登嘉靖進士。博學有文，由御史歷官巡撫，所至稱職。

劉源清。東平人。正德進士。知江西進賢縣。宸濠反，源清以縣當孔道，日規戰守計。嘗積薪環室，戒家人曰：「事急即火，毋污於賊。」宸濠遣其黨以兵出縣境，源清募死士二百人繞出其後，擒二人戮之。及宸濠以檄至縣，源清立斬其使。累遷兵部左侍郎，總督宣大軍務。侍郎黄綰以蜚語中傷，逮繫獄，久之罷歸。

于慎行。東阿人。隆慶進士，官修撰。神宗嘗大書「責難陳善」四字賜之。張居正奪情，慎行偕同官具疏諫，呂調陽沮之不得上，尋引疾歸。起爲左諭德。時居正已卒，有詔籍其家，慎行乃貽書尚書丘橓，言「居正母老，諸子覆巢遺卵，宜推明主帷蓋之恩，全大臣簪履之誼」，舉朝義之。尋拜禮部尚書。上疏力請建儲，不報。自劾罷歸。後詔以原官兼東閣大學士。俄得疾，草遺疏，勸帝親大臣，録遺佚，補言官。慎行貫穿百家，學有原委，北人居詞館者推爲冠冕。卒，謚文定。著有穀城山房全集、讀史漫録、筆麈、史摘若干卷，行於世。

孟一脈。東阿人。隆慶進士，擢御史。時因覃恩，請還鄒元標、傅應楨、艾穆、沈思孝諸人於戍所，張居正惡之，奪其職。後復起爲御史。疏陳五事，以切直忤旨，謫建昌推官。累遷右僉都御史，巡撫南贛。

李汝桂。泰安人。父欽，貢士，有高致，年百歲。汝桂少篤志聖學，刻苦敦行。三爲學官，著教言講餘録。年八十卒。學者稱曰還樸先生。

宋燾。泰安人。萬曆進士，自庶吉士授御史，按應天諸府。疏斥首輔朱賡，坐謫，旋請假歸，卒於家。天啓間以鄒元標言，贈光禄少卿。

吴暐。萊蕪人。萬曆進士。初仕歸德推官，以毅直觸巡按御史怒，被劾。歷官肅州兵備副使，敕將領一切支收勿得裁扣，軍中懽呼，兵民安堵。又升大同分巡，忤大璫，遂爲所中，解組歸。

譚性教。萊蕪人。萬曆進士，授陳留令，遷襄城令，多異政。時魏璫熾燄，性教所治之地獨無璫祠，人重其節概。引疾歸，軍民遮留泣送者數萬人。

亓之偉〔一一〕。萊蕪人。天啓進士，歷知河間府。收養山東難婦一百餘口，悉給資費歸里。升陽和兵備。李自成渡河，脅降不從，遂遇害。本朝乾隆四十一年，賜謚節愍。

本朝

程際雲。平陰人。順治戊子拔貢。當甲申、乙酉時，嘗奉二親避亂茌平。及城陷，倉皇負母涉濠，水深没頂，際雲常覺足下有物支柱。既得濟，視前後者皆不免，人以爲孝感所致。康熙元年，授順德通判，尋遷梧州府同知。以道遠不能迎養，遂辭不往。父母終年俱九十餘，服闋，擢補石阡知府。卒於官。

孫光祀。平陰人。順治乙未進士。好讀書，尚氣節。在諫垣二十餘疏，所陳皆切要，有不下部議而直施行者。累遷兵部侍郎，乞休歸里。值歲大祲，出粟五百石以賑，全活甚衆。睦族周貧，孜孜爲善，邑人多稱述焉。

趙國麟。泰安人。康熙丙戌進士，授長垣知縣，攝内黄篆。時邑中大饑，國麟先發倉粟賑之。復值河決潰隄，逼長垣城。國麟率吏堵築，並縛筏垂絙以拯溺者，計口授居，後乃捐金築隄。又請起太行隄百餘里，開支河數道，由是長垣無水患。累遷至福建布政使。閩中舊俗，有女未嫁而夫死，則縛綵爲層屋，至期，女登就縊。國麟疏其事，禁戢之。由安徽巡撫内擢尚書，尋授文淵閣大學士。未幾，因事罷歸。復賜尚書職銜，以疾卒。國麟潛心宋五子書，嘗設青巖義社於泰山之麓。著有文統類編、學庸困知録、與點集、雲月硯軒藏稿行世。

王者臣。東平人。州庠生。性孝友，家非素豐而樂施予。嘗於里内捐設義學，以教閭黨貧家子弟，藉以成就者甚夥。卒祀鄉賢。

張布。萊蕪人。幼喜讀書，以父老丁繁，乃棄學經營。撫弟極友愛。弟卒，視其子女逾於己所出，嫁娶必先之。歲饑，焚千金之券，復捐貲助賑，鄉里咸稱其德。

流寓

漢

蔡邕。陳留圉人。忤中常侍王甫弟王智，密告邕謗訕。邕慮卒不免，乃亡命，往來依泰山羊氏，積十二年。

晉

張忠。中山人。永嘉之亂，隱於泰山。恬静寡欲，清虚服氣，餐芝餌石，修導養之法。苻堅遣使徵之，至即乞還，卒謚安道先生。

宋

孫復。平陽人。舉進士不第，退居泰山。學春秋，著尊王發微十二篇。山東自石介而下皆執弟子禮，稱爲泰山先生。

馬默。成武人〔一二〕。家貧，徒步詣徂徠，從石介學。諸生時以百數，一旦出其上。既而將歸，介語諸生曰：「馬君他日必爲名臣，宜送之山下。」

元

王磐。永年人。東平總管嚴實興學養士，迎磐爲師，受業者常數百人，後多爲名士。中統初，李璮以禮延致之。及璮謀不軌，磐馳入京師以聞。壇平，遂挈妻子至東平。後以資德大夫致仕。帝命其壻李穉賓爲判官，以便養。

孟祺。符離人。侍父徙居東平。至元中，累官嘉興路總管。以疾歸東平，卒謚文襄。

閻復。其先和州人，家於高唐。弱冠入東平學。時嚴實領東平行臺，招諸生肄業，迎元好問考試其文。預選者四人，復爲首，徐琰〔一三〕、李謙、孟祺次之。官至平章政事。

列女

漢

王章妻女。初章爲諸生，學長安，獨與妻居。章疾病，無被，卧牛衣中。與妻決，涕泣，其妻呵怒之曰：「仲卿京師尊貴，在朝廷人誰適仲卿？不自激昂，乃反涕泣，何鄙也！」及爲京兆，欲上封事，妻又止之曰：「人當知足。獨不念牛衣中涕泣時也？」書上，章下廷尉，妻子皆收繫。章小女年可十二，夜起號泣曰：「平日獄上，呼囚數常至九，今八而止。我父素剛，先死者必父。」明日問之，章果死。

晉

羊耽妻辛氏。字憲英，魏侍中毗之女也，聰明有才鑒。鍾會伐蜀，憲英以會縱恣，知其必反。會請其子琇爲參軍，誡之曰：「軍旅之間，可以濟者，其爲仁恕乎？」及蜀滅，會果反，琇竟得全。耽從子祜嘗送錦被，憲英嫌其華，反而覆之，其明鑒儉約如此。

唐

趙氏女。萊蕪人。唐末兵起，同嫂避兵。時大旱，行久而渴。人餽漿水，其嫂飲之，女不受，覆於溝中，遂渴死。至今溝水如白漿，因名漿水溝。

宋

馮賢妃。東平人。九歲入宫。及長，得侍仁宗，生邢、魯國二公主，封始平郡君。帝將進其品，力辭不拜。養女林美人得幸神宗，生二王而殁。王尚幼，妃保育如己子，累加才人、婕妤、修容。在禁廷幾六十載，始終五朝，勤修禮度，卒贈「賢妃」。

徐順妻彭氏。東平人。早寡，不忍獨生，以死從夫。事聞，命褒表。

元

郭三妻楊氏。須城人。事舅姑以孝聞。夫死戍所，母欲奪嫁之。氏號慟自誓，乃已。久之，夫骨還，舅曰：「新婦年少，終必他適，可令吾子鰥處地下耶？」將求里人亡女骨合瘞之。氏聞益悲，不食五日，自經死，合葬焉。

明

鄭氏。東平人。少寡守志，割體肉療姑病。

袁亨妻翟氏。肥城人。年二十一。正德時，爲賊所掠。翟大呼曰：「快殺我！誓不見污。」賊怒，知不可强，斷其左臂。身卧地，駡不絶口，剖腹而死。

張繩武妻李氏。萊蕪人，進士張嚴之母也。崇禎間，攜幼女避兵，爲兵所執。李曰：「吾家世清白，惟有死耳。」詞色俱厲，兵殺之。其女抱母屍，吮血拭面，痛絶復甦。賊又迫之，女曰：「焉有母死而子存者？」兵怒，亦殺之。後十年，賊又至。嚴妻朱氏遇賊，掠之馬上，朱號哭曰：「昔日吾姑死於兵，吾小姑亦死於兵。吾苟偷生，何以見死者於地下？」賊怒，斷其首。時謂一門三烈。

劉馴妻徐氏。東阿人。正德六年，流賊楊虎率衆過其村，執徐以去。行里許，見道旁有井，紿賊緩縛，投井死。

董善妻周氏。東阿人。流賊至，逼上馬，氏大駡。賊怒，斷其首懸樹上。同縣仝自明妻王氏，賊欲污之，王忿駡，賊以刀剖其腹而去。

本朝

張氏女。泰安人。年十七，守正捐軀。

劉士俊妻冀氏。新泰人。順治初，爲山賊所掠，駡賊而死。同縣趙宗實妻尹氏，守正捐軀。王鳳翔妻曹氏、趙自亨妻李氏，俱遇賊，不屈而死。

韓必宣妻趙氏。萊蕪人。順治五年，爲土賊所掠，大駡被殺。同縣孫慶錫妻張氏，遇賊，不辱死。

亓甸妻王氏。萊蕪人。于歸二年，夫死，子方襁褓，王號哭不食。或勸以撫孤，未幾，子又死。一日户不啓，鄰婦疑而視之，則北面自縊於中庭，旁列自製衣衾含殮之具。時年二十二。

牛漢華妻任氏。東平人。夫亡，撫孤守節七十年，卒年九十五歲。

張銑妻劉氏。東平人。夫亡自縊。

卜鏡妻王氏。東阿人。順治初，土寇掠氏，引弓脅之。罵賊甚厲，中五矢而亡。

蘇魁吾妻吳氏。泰安人。順治八年，土寇攻掠泰安。吳抱幼子逃難，爲賊所逼，不從。賊先刺其子，氏守正捐軀。同縣張永年女，順治初年爲土寇所掠，不辱，罵賊死。節婦于光先妻周氏、楊淳妻宋氏、楊大任妻宋氏，均康熙年間旌。

陳標妻趙氏。新泰人。順治初年，土寇未靖，氏被擄，罵賊求死。賊痛加鞭笞，氏罵愈厲。一賊突出刺之，棄屍道旁。後葬於裏城頭。同縣烈女郭氏、李大聘妻陳氏、烈婦傅上宏妻褚氏、管成章妻姜氏、牛祚隆妾閻氏，均康熙年間旌。

張來妻孫氏。萊蕪人。遇暴不從，被殺。同縣亓名儒繼妻田氏，夫亡，遺孤未幾月，前妻二子皆幼，而姑又年老，氏忍死守節。均康熙年間旌。

房拱乾妻王氏。東阿人。拱乾死，子崙方四齡，氏守節教子。補博士弟子員。崙繼歿，與媳賀氏撫孫天成，入學食餼。天成又歿，與孫媳龐氏撫曾孫壘成立。三世節孝。同縣魏嗣徽妻雷氏、劉濟妻賈氏、張守廉妻楊氏與子文芳妻薛氏，均康熙年間旌。

張近方妻秦氏。平陰人。夫死，絶粒五十四日歿。同縣烈婦孫嗣廉妻高氏、生員孫如楫妻于氏、田如墉妻仇氏、趙文烜妻劉氏、生員程九萬妻張氏，均康熙年間旌。

王吉士妻趙氏。肥城人。夫亡守節。同縣孫嘉印妻趙氏、田擴先妻杜氏、王昌基妻孔氏、張壆妻張氏、王慎倫妻邊氏與子繼周妻龔氏、王沛妻王氏、趙光天妻李氏、方夢祥妻羅氏、陳大法妻馮氏、鹿熾妻張氏、鹿焜妻趙氏，均雍正年間旌。

殷士超妻張氏。東阿人。夫亡守節。同縣秦潢妻張氏、秦烜繼妻房氏、張元蔚妻陸氏、張鵬雲棄妻劉氏，均雍正年閭旌。

陳氏女。泰安人。陳廷玉女。守正捐軀。同縣節婦劉芬妻聶氏、杜大本妻劉氏、劉英符妻梁氏、王勤妻梁氏、徐標妻張氏、楊大濤妻劉氏、楊文集妻周氏、劉夫漢妻郝氏、趙大昌妻張氏、房宷妻劉氏與子星景妻陳氏、劉宗鈐妻張氏、崔士奇妻武氏、烈婦安衎妾顏氏、張欽妾孫氏，均乾隆年間旌。

尹永連妻孫氏。肥城人。年十九，夫殁，母欲令他適。孫指遺孤泣曰：「吾奚忍負尹氏？」因齕一指自誓。鄉人指爲九指婦。一夕有盜入其室，聞空中叱曰：「奈何入節婦宅？」盜驚逸去。同縣烈婦胡吉士妻陰氏、柳輝瑕妻王氏，均乾隆年間旌。

李夢箸妻江氏。肥城人。夫亡守節。同縣路祥妻趙氏、李慎心妻劉氏、李進儒妻段氏、魏成魁妻王氏、李桂林妻張氏、尹記妻趙氏、趙遐齡妻張氏、尹汝著妻王氏，均乾隆年間旌。

朱大峯妻魏氏。萊蕪人。夫死，子方彌月，氏欲託孤於伯氏，捐軀以從。伯氏曰：「死易，立孤難。獨不念吾弟之乏嗣乎？」因遣之母家。未幾，子又殤，以腰絰自經。同縣烈婦王應蛟妻李氏、徐興妻韓氏、節婦景遷妻李氏、郭易簡妻韓氏，均乾隆年間旌。

李守富妻張氏。東平人。守正捐軀。同州烈婦劉芳煒妻卜氏〔一四〕、單用賓繼妻張氏、孟淑壯妻宋氏、孟貞教妻劉氏、郭岑妻巴氏、陳詵妻李氏、楊永祚妻王氏、盧松妻宋氏、孫國珍妻張氏、楊煊妻侯氏、李居詢妻王氏、張子恭妻李氏、張子謙妻蕭氏、韓呈喜妻李氏、王宸遊妻吕氏、劉芳剛妻楊氏、趙建鈐妻王氏、王毓伾妻張氏、吕擢廷聘妻吕氏、李祖堯妻張氏、李瑞妻王氏、喬大岳妻梁氏、林曰琦妻李氏、趙坤妻徐氏、康序妻成氏，均乾隆年間旌。

師興棠妻李氏。東阿人。夫亡守節。同縣李汝津妻馬氏、欒得妻李氏，均乾隆年間旌。

葉湑妻邱氏。平陰人。夫亡守節。同縣趙程鵬妻尹氏、李瑞妻吕氏、趙運祥妻李氏、尹士恒妻孔氏、丁貴常妻高氏、何兆行妻王氏，均乾隆年間旌。

李氏女。泰安人。李成女。守正捐軀。同縣節婦蕭子景妻王氏、蕭懷濱妻劉氏、李龍觀妻趙氏、馬國泰妻谷氏、孫言稽妻張氏、張吉仁妻丁氏、孫交妻李氏、妾王氏、王大盛聘妻吕氏、張芹妻王氏，均嘉慶年間旌。

錢二妻何氏。肥城人。遇暴不從，捐軀明志。同縣烈婦李全妻史氏、張民德妻李氏、節婦陰蒼輔妻丁氏、陰文德妻尹氏、朱其錡妻胡氏、王希敬妻欒氏、路倖文妻胡氏，均嘉慶年間旌。

張泗濱妻楊氏。萊蕪人。夫亡守節。同縣狄佩來妻秦氏、吕士英妻田氏、吴文太妻吕氏、陳士陵妻倪氏，均嘉慶年間旌。

袁永貞繼妻郭氏。東平人。夫亡守節。同州張崇勳妻井氏、范俊妻李氏、趙建白妻李氏、劉銘妻杜氏、程林妻孟氏、康序妻成氏、趙坤妻徐氏、劉吉聖妻牛氏、王炳妻李氏、王毓桂妻孫氏、竇文涵妻潘氏、侯滋芳妻陸氏、李兆碧妻續氏，均嘉慶年間旌。

高楷妻周氏。東阿人。夫亡守節。同縣張藹妻張氏、賈治修妻龐氏、張繼先妻秦氏、劉牛氏，均嘉慶年間旌。

秦王氏。平陰人。夫亡守節。同縣田何氏、張孫氏、魏張氏，均嘉慶年間旌。

仙釋

漢

泰山老人。不知姓名。武帝東巡，見老翁於道，頭上白光高數尺，怪而問之。對曰：「臣年八十五時，衰老垂死，遇有道者教臣絶穀，但服食飲水，并作神枕法。臣行之，轉老爲少，黑髮更生，齒落復出。今年百八十歲矣。」帝受其方，賜玉帛。老父後入泰山，每十年、五年，時還鄉里。三百餘年乃不復還矣。

土産

元石。

石鍾乳。俱泰安出。

蒼术。

桔梗。明統志：俱新泰縣出。

繭綢。舊志：萊蕪縣出。

繒縑。出東阿縣。水經注：東阿出佳繒縑。唐書地理志：鄆州土貢絹。

阿膠。出東阿縣。禹貢傳：東阿，濟水所經。水經注：阿城北門内西側臯上有井，其巨若輪，深六丈，歲嘗煮膠以貢天府。宋史地理志：東平府貢阿膠。今井在東阿舊縣西，取其水煮黑驢皮爲膠，治血症。

掛劍草。出東阿縣徐君墓。葉如負劍，服之已人心疾。

全蠍。出平陰縣。蠍凡九節，生城東山中，服之已人風疾，縣以入貢。按：舊志引唐書地理志：鄆州土貢防風。宋史地理志：襲慶府貢紫石英。明通志：萊蕪縣出銅、鐵，舊有冶，今廢。謹附記。

校勘記

〔一〕李祇　「祇」，原作「祗」，據乾隆志卷一四三泰安府名宦（下同卷簡稱乾隆志）及新唐書卷八〇太宗諸子傳改。下文同改。

〔二〕吏按前守馮浩侵公使錢三十萬　「侵」，原脱，據乾隆志及宋史卷三一八趙槩傳補。

〔三〕龐籍成武人　「成」，原作「城」，乾隆志同。按，宋史卷三一一龐籍傳謂龐籍單州武成人，中華書局點校本以單州無武成縣，據宋史地理志及司馬光龐籍墓誌銘等乙爲「成武」，是也。今亦據改。按，「成武」改「城武」始於明洪武四年後，參見本志卷一八一曹州府建置沿革。

〔四〕馬默成武人　「成」，原作「城」，乾隆志同，據宋史卷三四四馬默傳改。

〔五〕大定中通檢東平大名兩路户籍物力　「力」，原作「民」，乾隆志同，據金史卷八九梁肅傳改。

〔六〕招致生徒百餘人　「百餘人」，乾隆志同，元史卷一五九宋子貞傳作「幾百人」。

〔七〕謂左長史庾登之吏部尚書王准之曰　「准」，原作「淮」，乾隆志同，據南史卷三六羊玄保傳改。按，王准之，南史、宋書皆有傳。

〔八〕爲侯瑱所害　「瑱」，原作「填」，據乾隆志及梁書卷三九羊鵾傳改。

〔九〕父潁善醫　「潁」，原作「穎」，據乾隆志及宋史卷四六二方技傳下改。

〔一〇〕與徐世隆孟祺閻復齊名　「祺」，原作「祖」，據乾隆志及元史卷一六〇李謙傳改。

〔一一〕亓之偉　「亓」，原作「元」，據乾隆志及雍正山東通志卷二八之三人物改。

〔一二〕馬默成武人　「成」，原作「城」，乾隆志同，據宋史卷三四四馬默傳改。

〔一三〕徐琰　「琰」，原作「棪」，據乾隆志改。按，本志避清仁宗諱改字也。

〔一四〕同州烈婦劉芳煒妻卜氏　「卜氏」，乾隆志作「王氏」。

曹州府圖

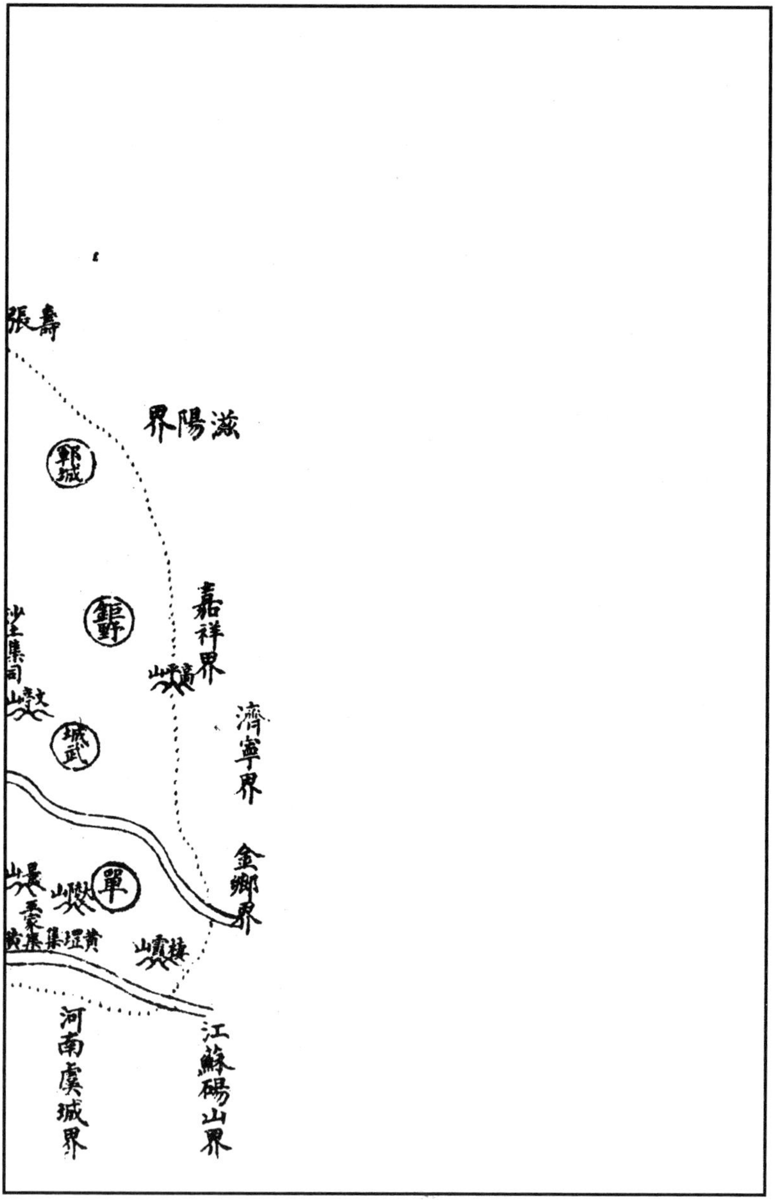
壽張
滋陽界
鄆城
鉅野
嘉祥界
城武
濟寧界
單
金鄉界
河南虞城界
江蘇碭山界

華縣界
直隸南樂界
界
朝城
直隸清豐界
觀城
范
濮
歷山
直隸開州界
菏澤
直隸東明界
桃源集
定陶
左山
曹
劉家口
安陵鎮司
河
直隸長垣界
河南考城界

曹州府表

	曹州府	菏澤縣
秦	碭郡地。	
兩漢	濟陰郡地。	句陽縣 屬濟陰郡。後漢省。 葭密縣 屬濟陰郡。後漢省。 冤句縣 屬濟陰郡。
三國		冤句縣
晉	濟陽郡地。	冤句縣 屬濟陽郡。
南北朝		乘氏縣 魏太和十二年移置，屬濟陰郡。 冤句縣 魏仍屬濟陰郡。
隋		乘氏縣 冤句縣
唐		乘氏縣 屬曹州。 冤句縣 屬曹州。
五代		乘氏縣 冤句縣
宋金附	曹州 金大定八年移置，屬山東西路。	濟陰縣 金大定六年廢桑氏。八年改置，爲州治。 宛亭縣 宋元祐元年改名，屬興仁府。金圮於河，廢。
元	曹州 初屬東平路。至元二年直隸省部。	濟陰縣
明	曹州 洪武初廢。正統十一年復置，屬兗州府。	洪武初省入州。

續表

	單縣	城武縣
	單父縣屬碭郡。	成武縣
呂都縣屬濟陰郡。後漢省入冤句。	單父縣屬山陽郡，爲都尉治。後漢屬濟陰郡。 平樂侯國屬山陽郡。後漢省。	成武縣屬山陽郡。後漢屬濟陰郡。
	單父縣	成武縣
	單父縣屬濟陽郡。	成武縣屬濟陽郡。
	北濟陰郡宋置，兼僑置離狐縣。齊俱廢。	成武縣宋屬北濟陰郡。齊置永昌郡。
	單父縣開皇六年復置，屬濟陰郡。	成武縣開皇初郡廢。十六年置戴州。大業初州廢，屬濟陰郡。
	輝州光化三年置。 單父縣改屬宋州。後爲輝州治。	成武縣初屬曹州，後屬輝州。
	單州後唐同光二年改名，屬京東西路。 單父縣	成武縣後唐屬單州。
	單州金屬南京路。 單父縣	成武縣
	單州屬濟寧路。 單父縣	成武縣改屬曹州。
	單縣洪武二年降縣，屬兗州府。 省。	城武縣屬兗州府，改「成」爲「城」。

續表

	鉅野縣	鄆城縣
郈成縣 屬山陽郡。後漢省。 秺縣 屬濟陰郡。後漢省。	鉅野縣 屬山陽郡。 乘氏縣 屬濟陰郡。	壽良縣地。
	鉅野縣 乘氏縣	
	鉅野縣 屬高平國。 乘氏縣 屬濟陽郡。	
	鉅野縣 宋屬高平郡。魏屬任城郡。齊廢。 宋徙廢。	高平郡 周置郡，兼置魯州，尋廢。
	鉅野縣 開皇十六年復置，屬東平郡。又析置乘丘縣。大業初省。	東平郡 開皇四年郡廢。十年置鄆州。大業初改爲郡。
	鉅野縣 屬鄆州。	武德初復置鄆州。貞觀八年徙廢。
	鉅野縣 州治。	
	金天德二年廢入嘉祥、金鄉、鄆城三縣。	
	鉅野縣 至元六年復置，爲州、府、路治。	
	鉅野縣 屬兗州府濟寧州。	

續表

	曹縣
黎縣 屬東郡。後漢省。	定陶縣地。
清澤縣 周置，郡治。	西兗州 沛郡 魏孝昌中置州。興和中增置郡。齊廢郡。周改曹州。
鄆城縣 開皇四年改曰萬安。十八年又改，爲郡治。	濟陰郡 大業初改州爲郡，治濟陰。 濟陰郡 開皇六年改置，爲曹州治。大業初爲郡治。
萬安縣 屬鄆州。天祐二年復改名。	曹州 武德初復州，屬河南道。 濟陰縣 州治。
鄆城縣 後唐復故名。周改屬濟州。	彰信軍 晉置威信軍。周改名。 濟陰縣 府治。
鄆城縣	興仁府 宋初改興仁軍。崇寧初升府。金大定八年徙曹州治古乘氏。 金大定八年圮於河，廢。
鄆城縣 屬濟寧路。	
鄆城縣 屬兗州府濟寧州。	曹縣 洪武二年復移曹州來治。四年降縣。

	己氏縣屬梁國。後漢屬濟陰郡。	薄縣屬山陽郡。後漢屬梁國。
	己氏縣	薄縣
	己氏縣屬濟陽郡。	省。
	己氏縣魏改屬沛郡。齊省。	
蒙澤縣開皇六年分置黃縣。十八年改名。大業初省。	楚丘縣開皇四年復置。六年改名,屬梁郡。	
蒙澤縣武德四年復置,屬曹州。貞觀初省。	楚丘縣屬宋州。	濟陽縣武德四年分置,屬杞州。貞觀元年省。
	楚丘縣	
	楚丘縣宋屬應天府。金屬歸德府。	
	楚丘縣屬曹州。	
	省。	

定陶縣		濮州	
碭郡地。	定陶縣	東郡地。	
濟陰國 高帝置梁國。景帝改濟陰國。建平(十)二年改郡。後漢復爲國。	定陶縣 郡治。		鄄城縣 屬濟陰郡。後漢末移兖州來治。
濟陰國	定陶縣		鄄城縣
濟陽郡 改名。			鄄城縣 屬濮陽國。
濟陰郡 魏復改。齊廢。	定陶縣	濮陽郡	鄄城縣 魏濮陽郡治。
	定陶縣 屬濟陰郡。	開皇初郡廢。十六年置濮州。大業初廢。	鄄城縣 屬東平郡。
	貞觀初省入濟陰。	濮州 武德四年復置州。天寶初改濮陽郡。乾元初復爲州，屬河南道。	鄄城縣 州治。
		濮州	鄄城縣
廣濟軍 宋太平興國二年改置。金廢。	定陶縣 宋太平興國四年復置，屬曹州。	濮州 宋屬(東平)京東西路。金屬大名府。	鄄城縣
	定陶縣	濮州 初屬東平路。至元五年直隸省部。	鄄城縣
	定陶縣 洪武初省。四年復置，屬曹州，仍隸兖州府。	濮州 洪武初屬東昌府。	省。

	范縣
都關縣	
成陽縣 屬濟陰郡。 都關縣 屬山陽郡。後漢省。 城都侯國 屬山陽郡。後漢省。	
成陽縣	
成陽縣	
成陽縣 魏屬濮陽郡。齊省。	東平郡 魏泰常中置，治范。太和末罷。建義中復置。齊廢。
雷澤縣 開皇十六年復置，改名，屬東平郡。 開皇十六年分置臨濮縣。大業初廢。	
雷澤縣 屬濮州。 臨濮縣 武德初復置，屬濮州。又析置長城縣，五年省。	武德二年置范州。五年廢。
雷澤縣 臨濮縣	
雷澤縣 金貞元二年省入鄄城。 臨濮縣 金貞元二年省入鄄城。	

續表

續表

	觀城縣
范縣 屬東郡。 廩丘縣 屬東郡。後漢屬濟陰郡。	畔觀縣 屬東郡。後漢建武十三年改曰衛國。
范縣 廩丘縣	衛國縣
范縣 屬東平國。 廩丘縣 屬濮陽國，兼爲兖州治。	衛國縣 屬頓丘郡。
范縣 魏郡治。齊省。 廩丘縣 魏屬濮陽郡。	衛國縣 臨黄縣 魏初分衛國置。太平真君三年省。太和十九年復置，屬頓丘郡。齊省。
范縣 開皇十六年復置，屬濟北郡。 大業初併入鄆城。	觀城縣 開皇六年改名，屬武陽郡。 臨黄縣 開皇六年復置，屬武陽郡。十六年分置河上縣。大業初省。
范縣 初屬濟州，後屬濮州。 武德四年又析雷澤置廩城縣，屬鄆州。八年省。	觀城縣 貞觀十七年省。大曆七年復置，屬澶州。 臨黄縣 屬澶州。
范縣	觀城縣 省。
范縣	觀城縣 宋皇祐元年省。四年復置，屬開德府。金屬開州。
范縣	觀城縣 屬濮州。
范縣 屬東昌府。	觀城縣 屬東昌府。

朝城縣
東武陽縣 屬東郡。後漢初平中嘗爲郡治。建安十七年改屬魏郡。
東武陽縣 魏屬陽平郡。
東武陽縣
武陽縣 魏去「東」字。齊廢。周復置，屬魏州。
武陽縣 屬武陽郡。
武陽縣 貞觀十七年省。永昌元年復置，曰武聖。開元七年改名朝城，屬魏州。天祐三年復故。
朝城縣 後唐復改。
朝城縣 宋屬開德府。金屬大名府。
朝城縣 屬濮州。
朝城縣 洪武五年移今治，屬東昌府。

大清一統志卷一百八十一

曹州府一

在山東省治西南五百八十里。東西距一百九十五里，南北距二百八十里。東至濟寧直隸州界一百六十五里，西至直隸大名府東明縣界三十里，南至河南歸德府考城縣界一百一十里，北至直隸大名府南樂縣界一百七十里。東南至江蘇徐州府碭山縣界一百六十五里，西南至直隸大名府長垣縣界七十五里，東北至兗州府滋陽縣界一百六十五里，西北至直隸大名府清豐縣界二百一十里。自府治至京師一千二百里。

分野

天文氐、房、心分野，大火之次。

建置沿革

禹貢豫州之域。春秋曹國，後爲宋地。秦屬碭郡。漢爲濟陰郡成陽、句陽、冤句等縣地。晉屬濟陽郡。後魏改置乘氏縣，屬濟陰郡。隋因之。唐屬曹州，五代、宋因之。金大定六年縣廢。八年，始移曹州治此，改置濟陰縣，屬山東西路。元初屬東平路。至元二年，直隸省部。明洪武初州徙，後廢。正統十一年復置曹州於此，屬兗州府。本朝初因之。雍正二年升爲直隸州，領曹、定陶二縣。八年，以兗州府之嘉祥、鉅野來屬。十三年，升爲曹州府，屬山東省，益以濮州及所隸三縣，並兗州府之單、城武、鄆城隸焉，仍以嘉祥屬兗州府。共領州一、縣十。

菏澤縣。附郭。東西距九十里，南北距一百里。東至鉅野縣界六十里，西至直隸大名府東明縣界三十里，南至曹縣界五十里，北至濮州界五十里。東南至定陶縣界十八里，西南至直隸大名府長垣縣界七十里，東北至鄆城縣界六十里，西北至直隸大名府開州界六十里。漢爲句陽、葭密等縣。後魏太和十二年始移置乘氏縣於此，屬濟陰郡。北齊、北周及隋因之。唐屬曹州。五代、宋不改。金大定六年縣廢，八年，改置濟陰縣，爲曹州治。元因之。明洪武初縣省入州，尋州亦廢。正統十一年復置曹州。本朝雍正十三年升州爲府，設菏澤縣爲府治。

單縣。在府東南一百五十里。東西距七十三里，南北距八十里。東至江蘇徐州府豐縣界四十五里，西至曹縣界二十八里，南至河南歸德府虞城縣界四十五里，北至濟寧州金鄉縣界三十五里。東南至江蘇徐州府碭山縣界五十里，西南至河南歸德府虞城縣治七十里，東北至濟寧州金鄉縣治四十五里，西北至城武縣界二十五里。春秋時單父邑。秦置單父縣，屬碭郡。漢屬山陽郡，爲都尉治。後漢爲單父侯國，屬濟陰郡。晉屬濟陽郡。宋孝武僑置離狐縣，兼置北濟陰郡治焉。後魏因之。北齊郡、縣俱廢。隋開皇六年更置單父縣，屬濟陰郡。唐初屬戴州，貞觀十七年改屬宋州，光化三年置輝州於此。後唐同光二年改曰單州碭郡，屬京東西路。金曰單州，屬南京路。元屬濟寧路。明洪武元年以州治單父縣省入，二年降州爲縣，屬濟寧府，十八年改屬兗州府。本朝因之。雍正十三年改屬曹州府。

城武縣。在府東南一百里。東西距五十二里，南北距七十五里。東至濟寧州金鄉縣界四十里，西至定陶縣界十二里，南至曹縣界三十里，北至鉅野縣界四十五里。東南至單縣界二十五里，西南至曹縣界三十里，東北至鉅野縣界五十里，西北至菏澤縣界三十里。春秋時郜國地，後屬宋。秦置成武縣。漢屬山陽郡。後漢屬濟陰郡。晉屬濟陽郡。劉宋屬北濟陰郡，後魏因之。北齊置永昌郡治此。隋初郡廢，開皇十六年置戴州。大業初州廢，縣屬濟陰郡。唐初仍屬戴州。貞觀中州廢，縣屬曹州。光化中屬輝州。五代唐屬單州，宋因之。元改屬曹州。明洪武四年屬濟寧府，尋改屬兖州府，易「成」爲「城」。本朝因之。雍正十三年改屬曹州府。

鉅野縣。在府東一百四十里。東西距一百十五里，南北距七十里。東至濟寧州嘉祥縣界二十五里，西至菏澤縣界九十里，南至城武縣界五十里，北至鄆城縣界二十里。東南至濟寧州金鄉縣治一百里，西南至城武縣治九十五里，東北至兖州府汶上縣治一百五十里，西北至鄆城縣治六十里。禹貢大野地。漢置鉅野縣，屬山陽郡。晉屬高平國。劉宋屬高平郡。後魏屬任城郡。北齊廢。隋開皇十六年復置，屬東平郡。唐武德四年置麟州治此。五年州廢，縣屬戴州。貞觀十七年戴州廢，復屬鄆州。五代周廣順二年改置濟州。宋亦爲濟州治，屬京東西路。金天德二年徙州治任城，縣廢。元至元六年復置，爲濟州治，亦嘗爲濟寧路治。明洪武初縣屬濟寧府，十八年屬兖州府濟寧州。本朝雍正二年分屬濟寧州，八年改屬曹州，十三年升州爲府，仍隸焉。

鄆城縣。在府東北一百二十里。東西距八十里，南北距八十里。東至兖州府汶上縣界四十里，西至濮州界四十里，南至鉅野縣界四十里，北至兖州府壽張縣界四十里。東南至濟寧州界四十里，西南至菏澤縣界五十里，東北至兖州府滋陽縣界四十五里，西北至兖州府壽張縣界四十里。春秋魯鄆邑。漢爲壽良縣地。北周置清澤縣，並置魯州及高平郡，州尋廢。隋開皇四年郡廢，改縣曰萬安。十年，置鄆州。十八年，改縣曰鄆城。大業初改曰東平郡。唐武德初仍曰鄆州，貞觀八年廢爲縣，天祐二年又改曰萬安。五代後唐復故。周廣順二年改屬濟州。宋、金因之。元屬濟寧路。明初屬濟寧府。洪武十八年屬兖州府濟寧州。本朝雍正二年分屬濟寧州，八年屬兖州府，十三年改屬曹州府。

曹縣。在府東南一百里。東西距一百里，南北距九十里。東至單縣界七十里，西至河南歸德府考城縣界三十里，南至河南歸德府商丘縣界六十里，北至定陶縣界三十里。東南至河南歸德府虞城縣界七十里，西南至河南歸德府寧陵縣界六十里，東北至城武縣界四十里，西北至菏澤縣界五十里。周爲曹地。漢爲定陶縣南境。魏、晉因之。後魏孝昌中置西兗州，興和中增置沛郡。北齊郡廢。北周改西兗爲曹州。隋開皇六年始置濟陰縣，爲州治。大業初改州曰濟陰郡，始自定陶移郡治濟陰。唐武德初復曰曹州。天寶元年又曰濟陰郡。乾元元年復曰曹州，屬河南道。五代晉開運二年置威信軍。周廣順二年改曰彰信軍。宋初因之。建中靖國元年改曰興仁軍。崇寧初升爲興仁府，屬京東西路。金天會八年復曰曹州，泰和八年屬山東西路，大定八年移州治古乘氏縣。明洪武元年移州還治縣界安陵鎮。二年，又徙治盤石鎮。四年，降州爲曹縣，屬濟寧府。十八年，改屬兗州府。正統十一年又別置曹州，以縣屬焉，仍隸兗州府。本朝雍正二年改屬曹州。十三年，升州爲府，仍隸焉。

定陶縣。在府東南四十里。東西距六十二里，南北距三十八里。東至城武縣界四十里，西至直隸大名府東明縣界二十二里，南至曹縣界十八里，北至菏澤縣界二十里。東南至單縣治一百三十里，西南至曹縣治六十里，東北至鉅野縣界四十里，西北至菏澤縣界二十二里。唐堯初封於此。夏爲三鬷國。周爲曹國都。春秋末屬宋。戰國屬齊。秦爲碭郡，後置定陶縣。漢高帝五年置梁國。景帝中六年改置濟陰國。甘露二年更爲定陶國。建平二年改濟陰郡。後漢復爲濟陰國。晉曰濟陽郡。後魏復曰濟陰郡。北齊郡廢。隋屬濟陰郡。唐初屬曹州。貞觀元年省入濟陰縣。宋太平興國二年改置廣濟軍。四年，復置定陶縣爲軍治。熙寧四年軍廢，縣屬曹州。元祐初復於縣置軍。金罷軍，縣仍屬曹州。元因之。明洪武初省入曹州。四年，復置定陶縣，屬濟寧府。十八年，屬兗州府。正統十一年改屬曹州，仍隸兗州府。本朝雍正二年分屬曹州。十三年，升州爲府，仍隸焉。

濮州。在府北一百二十里。東西距六十五里，南北距一百里。東至鄆城縣界六十里，西至直隸大名府開州界五里，南至菏澤縣界七十里，北至觀城縣界三十里。東南至鄆城縣界八十里，西南至直隸大名府東明縣界一百五十里，東北至范縣界四十里，西北至觀城縣界三十里。春秋時衛鄄邑。戰國屬齊。秦屬東郡。漢置鄄城縣，屬濟陰郡。後漢末移兗州治此。晉改屬濮陽國。後魏爲濮陽郡治。北周因之。隋開皇初郡廢，十六年始置濮州。大業初州廢，縣屬東平郡。唐武德四年復置濮州。天寶初改曰濮陽郡。乾元初復曰濮州，屬河南道。宋曰濮州濮陽郡，屬京東西路。金曰濮州，屬大名府。元初屬東平路。至元五年直隸省部。明屬東昌府。本朝雍正八年升直隸州。十三年，改屬曹州府。

范縣。在府北少東一百六十里。東西距三十五里，南北距七十五里。東至兖州府壽張縣界二十里，西至觀城縣界十五里，南至濮州界五十五里，北至兖州府壽張縣界二十里。東南至鄆城縣界七十里，西南至濮州界三十里，東北至兖州府壽張縣界二十里，西北至朝城縣界五里。春秋時晉范邑。漢置范縣，屬東郡。後漢因之。晉屬東平國。後魏泰常中別置東平郡治此。太和末罷，建義中復置。北齊郡、縣俱廢。隋開皇十六年復置范縣，屬濟北郡。唐武德二年兼置范州。五年，州廢，縣屬濟州。貞觀八年改屬濮州。宋、金因之。元初屬東平路，至元二年還屬濮州。明屬東昌府。本朝雍正八年分屬濮州。十三年，改屬曹州府。

觀城縣。在府北一百七十里。東西距二十三里，南北距三十里。東至范縣界二十里，西至直隸大名府清豐縣界三里，南至濮州界二十里，北至直隸大名府南樂縣界十里。東南至濮州界二十里，西南至直隸大名府清豐縣界二十五里，東北至朝城縣界二十里，西北至直隸大名府南樂縣界七里。本古觀國。春秋時爲衛地。漢置畔觀縣，屬東郡。後漢建武十三年更名衛國縣。晉屬頓丘郡。後魏因之。隋開皇六年改曰觀城，屬武陽郡。唐初屬澶州。貞觀十七年省。大曆七年復置，仍屬澶州。宋皇祐元年省入濮陽、頓丘二縣。四年復置，屬開德府。金屬開州。元屬濮州。明屬東昌府。本朝雍正八年分屬濮州。十三年改屬曹州府。

朝城縣。在府北二百一十里。東西距四十五里，南北距五十里。東至兖州府壽張縣界二十里，西至直隸大名府南樂縣界二十五里，南至濮州界三十里，北至東昌府莘縣界二十里。東南至范縣界二十里，西南至觀城縣界二十五里，東北至兖州府陽穀縣界十五里，西北至東昌府冠縣治九十里。漢置東武陽縣，屬東郡。後漢初平中嘗爲東郡治。建安十七年改屬魏郡。三國魏改屬陽平郡。晉因之。後魏改曰武陽縣。北齊廢。後周復置武陽縣，屬魏州。隋開皇十六年改屬莘州。大業二年屬武陽郡。唐初屬魏州。武德五年又屬莘州。貞觀元年還屬魏州。十七年省入臨黃、莘縣。永昌元年復置縣，曰武聖。開元七年改曰朝城，仍屬魏州。元和中改屬澶州，尋復舊。天祐三年復曰武陽縣。五代後唐仍改曰朝城。宋因之。崇寧四年改屬開德府。金屬大名府。元初屬東平路。至元五年改屬濮州。明屬東昌府。本朝雍正八年分屬濮州，十三年改屬曹州府。

形勢

黄河浩溔，大野潁溶。總雷澤、成陽之奥域，伏濟川、菏水之長流。兖、豫倚咽喉之重，魯、衛雄藩翰之隆。省志。

風俗

人情樸厚，俗尚儒學。文獻通考。士大夫矜廉隅，恥干謁。民多務本，不事商賈。賦税易完，婚喪從儉，有近古風。舊志。

城池

曹州府城。周十二里，門四，池廣四丈。明正統十一年築，嘉靖元年環城五里外築護城隄。本朝乾隆三十二年建甎城。

菏澤縣附郭。

單縣城。周五里一百九十七步，門四，池廣四丈。明嘉靖五年建，去城一里有護城隄，周環十二里有奇。本朝乾隆三十二年修。

城武縣城。周六里有奇，門四，池廣二丈五尺。元泰定三年築。城外有隄，明嘉靖間築。本朝乾隆三年修，五十五年重修。

鉅野縣城。周六里有奇，門四，池廣一丈有奇。明成化四年築。城外有隄，明正德中築。本朝乾隆三十七年修，五十六年重修。

鄆城縣城。周六里有奇，門四，池廣七尺。明成化中修，弘治、正德、天啓中屢修。本朝康熙八年修，十三年、乾隆二十九年重修，並築護城隄，周十里。

曹縣城。周九里，門四，池廣二丈。明正統十一年築，成化、弘治、嘉靖間修，隆慶二年甃甎，萬曆、天啓、崇禎間重修。城外有隄。

定陶縣城。周七里有奇，門四，池廣四丈。明成化二年築，正德六年增築，並築護城隄，嘉靖、天啓間修。本朝順治十二年修，雍正五年、乾隆二年、十五年重修。

濮州城。周七里有奇，門四，池廣四丈。明景泰三年築，正德六年修，嘉靖十七年甃甎。

范縣城。周六里有奇，門六，池廣四丈。舊在今治二十里外，明洪武十三年因河圮徙築於此。成化、弘治間修。本朝康熙八年修，乾隆五十六年重修。

觀城縣城。周九里，門三，池廣二丈。明正德六年築，城外有隄。

朝城縣城。周五里有奇，門四，池廣二丈。明洪武五年築，崇禎九年修。本朝康熙元年修，乾隆二十九年重修。

學校

曹州府學。在府治東。本曹州學。明正統十一年建，成化、正德、嘉靖間修。本朝順治、康熙年間重建。入學額數二十名。

菏澤縣學。附府學內。入學額數二十名。

單縣學。在縣治東南。明嘉靖五年建。本朝康熙十二年修。入學額數二十名。

城武縣學。在縣治東。宋時舊址。元至元間修。明永樂、嘉靖間因河患屢圮屢修。本朝康熙二十七年重建。入學額數十五名。

鉅野縣學。在縣治東。舊在縣治北。明洪武四年建，成化、正德間修。本朝康熙四十年重建。入學額數十五名。

鄆城縣學。在縣治東南。宋元祐間建。明成化、萬曆間增修。入學額數十五名。

曹縣學。在縣治東南。明洪武二年建。嘉靖二十六年因河患重修。入學額數二十名。

定陶縣學。在縣治東。明成化二十二年建，嘉靖十六年修。本朝順治十二年修，乾隆十七年重修。入學額數十五名。

濮州學。在州治東南。明正統中建，弘治初修。入學額數二十名。

范縣學。在縣治東。舊在縣治東南。明洪武十三年建。入學額數十二名。

觀城縣學。在縣治東。舊在縣治西北。金泰和三年建。明隆慶四年修，本朝康熙年間修，乾隆八年重修。入學額數十二名。

朝城縣學。在縣治南。宋慶曆中建。明弘治初修。本朝順治十五年修。入學額數十二名。

愛蓮書院。在府治西北。舊爲重華書院，明萬曆間知州李天植建。本朝乾隆十九年知府周尚質因舊址改建，更今名。

鳴琴書院。在單縣。即單父琴臺故址。本朝康熙三十七年建，並立廟以祀先賢宓子賤及巫馬期。

麟川書院。在鉅野縣城東南隅。

步雲書院。在鄆城縣城内。本朝嘉慶二十二年建。按：舊志載，善正書院，在定陶縣西；崇義書院，在濮州故鄄城，元至正十三年建；歷山書院，在濮州東南歷山下，元歷山公千奴建；丹陵書院，在濮州西北，明建；松槃書院，在觀城縣學宫北，明建；雪林書院，在朝城縣治北丹霄觀後，元楚維善讀書處；南泉書院，在朝城縣武陽門外，明建。謹附記。

户口

原額人丁二十一萬八千三百七十六，今滋生男婦大小共三百十七萬七千二十七名口，計民户共五十五萬七千三百四十户。

田賦

田地十四萬四千五百九十頃七十三畝四分二釐有奇，額徵地丁正、雜銀三十三萬六千五百四十四兩一錢九釐，米四萬五百四石九斗八升八合八勺，麥改米一千五百十四石三斗六升五合八勺。

山川

荷山。在菏澤縣東南三十里。以近菏澤名。

清丘山。在菏澤縣西南三十五里。左傳宣公十二年：晉、宋盟於清丘。桑欽水經：瓠子故瀆又東，逕清丘。

棲霞山。在單縣東五里。平原中土山突起。府志：相傳梁孝王曾遊此。有詞賦鐫石，李白送族弟凝攝宋城主簿却回棲霞山留飲處也。

大陵山。在單縣西南五里。縣志稱爲周成王少子單子臻墓。今名土山。地勢高聳，水不能嚙。山下有長隄，以捍黄河。

文亭山。在城武縣西北一里。上有文士亭遺址。其麓有雲蓋亭。亦名雲亭山。

獨山。在鉅野縣東南三十里。府志：四野平曠，屹然中起，亦金山餘脈也。

麟山。在鉅野縣東南四十五里。狀如伏虎。亦名焦氏山。

高平山。在鉅野縣東南五十里。水經注：高平山東西十里，南北五里，高四里。頂上方平，故名。其東爲金山，亦曰金查山，亦曰金鄉山，與金鄉縣接界。府志：其上有秦王避暑宮。其陽曰禹梁山，亦名黄土山。府志：魯恭昔葬此，被發，今故址無存。山出蜂石，石片上結成形有酷肖者。其東北有白馬山。府志：形如卧龍，蜿蜒而東，接嘉祥諸山。

獨孤山。在鄆城縣東北五十里，接東平州界。以孤峯獨立而名。宋呂本中詩：「凄涼匹馬經行處，况是此山名獨孤。」

青山。在曹縣東二十五里。縣志：青山上如覆盂。其左有古帝者之祠，有樹盈抱，人不能名，居民嘗取土祛疫祟〔一〕。

景山。在曹縣東南四十里。水經注：黄河枝溝自己氏又北，逕景山東，即詩所謂「景山與京」，又云「陟彼景山，松柏丸丸」。左傳言湯有景亳之命是也。寰宇記：景山，在楚丘城北三十八里。

曹南山。在曹縣南八里。俗名土山。詩經曹風「南山朝隮」。傳：「南山，曹南山也。」王充論衡：大山雨天下，小山雨一國，曹之南山，則雨一國之山也。元和志：在濟陰縣東二十里。

左山。在曹縣西北五十里，山南即舊州治。寰宇記：左岡在濟陰城東北五里。岡阜連屬，林木交映，以近左城，故以名焉。舊志：即陶丘之別阜，與曹州及定陶接界。相傳左丘明父葬此。

髳山。在定陶縣西北十里，接菏澤縣界。寰宇記：古曹國葬地，自曹叔振鐸至伯陽二十五代皆葬此，連屬十五里，髳髴如山。舊志：山下兩陵對峙，其中有隙，謂之阿谷。

青山。在濮州東三十里。下有青山峒，居民依焉。其東北連屬者曰杏花岡。

箕山。在濮州東五十里。俗譌爲許由讓位避居處。

歷山。在濮州東南七十里，接菏澤縣界。水經注：雷澤西南十里許，有小山孤立峻上，亭亭傑峙，謂之歷山。山北有小阜，南屬池。澤之東北有陶墟，郭緣生言舜耕陶所在。墟阜連屬，濱帶瓠河也。鄭玄曰：「歷山在河東，今有舜井。」皇甫謐曰：「或言今濟陰歷山是也，與雷澤相比。」元和志：歷山在雷澤縣西北十六里，史記曰「舜耕歷山，皆讓畔」。羅泌歷山考：歷山有四，雷澤不聞有二。今曹、濮間有豢龍井、定陶城，皆其蹤也。舊志：歷山之東有再熟、成都二鄉，取「一種再熟，三年成都」之義。

卧牛山。在范縣舊治西北三里。地勢高厚，延袤數里。

冠石山。在朝城縣東南。

金線嶺。在鄆城縣東十里許。發脈自梁山，東西横亘三十餘里。府志：嶺多垂柳如線，故名。

鳳凰嶺。在范縣南三十里。陵阜五六，錯綜拱列，望之若翔鳳然。

馬陵。在濮州北三十里。按：春秋成公七年諸侯同盟於馬陵。杜注：「衛地。陽平元城縣東南有地名馬陵。」是馬陵當在今直隸元城縣。又史記：魏惠王三十年，齊孫臏擊魏，大敗之馬陵，殺其將龐涓。注：虞喜志林云：「鄄城東北六十餘里有馬陵，澗谷深阻，可以伏兵。」但元城在戰國屬魏，鄄城則屬齊。按是時孫臏入魏已三日，龐涓始反逐之，臏縱却走，亦不應退至齊地。而虞喜言之鑿鑿，似亦不爲無據，姑從舊志兩存之。

項城阜。在濮州南三十里。相傳項梁嘗屯兵於此。漢書秦二世二年，項梁大破秦軍東阿，又西破秦軍濮陽東，秦軍收入濮陽，是也。

黄陵岡。在曹縣西南六十里。黄河經其下。宋嘉定十三年，蒙古陷濟南，金兵屯黄陵岡。元至正十一年，賈魯開黄河故道，自黄陵岡南達白茅，又自黄陵岡西至楊柳村，合於故道，凡二百八十里有奇。岡之下即黄陵渡。二十一年，察罕復汴梁，據黄陵渡。明弘治十年，河決黄陵岡，壞張秋運道。劉大夏乃築隄於曹、單二縣，以護漕河。

龍岡。在曹縣東北五十里。縣志：一名卧龍岡。

陶丘。在定陶縣西南七里。書禹貢：濟水東出於陶丘北。爾雅：丘再成曰「陶」。漢書地理志：陶丘在定陶縣西南。有陶丘亭。水經注：陶丘亭在陶丘南，墨子以爲釜丘。竹書紀年魏襄王十九年，薛侯來會於釜丘者也。

敦丘。在觀城縣南二十里。見寰宇記。

黄水。自河南考城縣流入，逕曹縣北，又東逕城武縣南、單縣東南，又東南流入江蘇豐縣界。水經注：黄水自外黄東北逕定陶縣南，又東逕城武之楚丘亭北，又東逕郜亭北、城武南，又東逕平樂故城南，右合包水，即豐水之上源也。豐水上承大薺陂〔二〕，東逕己氏，又東逕單父故城南，又東至平樂縣合包水。今故流已湮。

古濟水。書禹貢：濟東出陶丘北，又東北至於菏。自漢以後，故道有二：一自今河南儀封縣界流入，經曹縣北三十里，東北流逕定陶縣南，謂之南濟；一自今直隸東明縣界流入，逕府治南，謂之北濟。二水至鉅野合流，北經鄆城縣南，又東北流入東平州界。水經：濟水者，又東過濟陽縣，北濟也；又東過冤朐縣南，又東過定陶縣南，南濟也。濟水又東北，菏水東出焉。濟水又東逕秦相魏冉冢南，又東北逕定陶恭王陵南，又東北逕定陶縣故城南，又屈從縣東北流，南濟也。濟水又東至乘氏縣西，分爲二：南爲菏水，北爲濟瀆。北濟又東北逕冤朐故城北，又東北與濮水合。濟水故瀆又北，右合洪水，又東北過壽張縣西界。按：酈注濟水至乘氏西分爲二，其一水南流者，即菏水也；其一東北流入鉅野澤，則濟瀆也。又云逕乘氏縣與濟渠、濮溝合，是南濟爲瀆，北濟爲渠也。二水至鉅野始合，又合濮水，自此不分南北，通謂之濟水故瀆矣。濟多伏流，今自定陶以西遺迹多湮。

氾水〔三〕。在曹縣北四十里，與定陶縣分界。史記高祖紀：漢五年即位氾水之陽。注：張晏曰：「氾水在濟陰界。」水經注：氾水西分濟瀆，東北逕濟陰郡南，又東合於河瀆，又東北逕定陶縣南，又東北合黄水枝渠。

古濮水。在濮州西南六十里，菏澤縣北。水經注：濮水逕濮陽故城南，又東逕濟陰離狐縣故城南。又東逕葭密縣故城北，又東北逕鹿城南，又東與句瀆首受濮水枝渠於句陽縣東，南逕句陽縣故城南〔四〕，又東入乘氏縣，左會濮水，與濟同入鉅野。濮水枝津上承濮渠，東逕鉏丘城南〔五〕，又東逕浚城南，西北去濮陽三十五里〔六〕，又東逕句陽縣西，句瀆出焉。又東北逕句陽縣之小成陽縣故東垂亭西〔七〕，而北入瓠河。

黑羊山水。在觀城縣西北。自直隸開州流入。縣志：水自澶、濮漸流入觀。明嘉靖間，由黑迷寨北夾道疏兩渠，以分其流。時或浸城爲患，後於城塹外築隄護之，水從隄外稍折而東達馬頰，始無泛濫之患。

武水。在朝城縣北。元和志：武河在朝城縣東十步。縣志：武河發源縣北八里，流入聊城縣界。按：水經注：即古漯水。

黃河。自河南開封府儀封縣界流入。經曹縣、單縣南，東流入江蘇徐州府碭山縣界。府境河凡三徙，自漢至唐、宋，河從今直隸開州界流入，經濮州北、觀城縣南，東北流經范縣西北，與朝城縣接境。又東北流入兖州府陽穀縣界。水經注：河水自濮陽東北逕衛國縣南〔八〕，東爲郭口津，又東逕鄄城縣北，又東北逕范縣之秦亭西，又東北逕委粟津，左會浮水故瀆，又東逕武陽縣東、范縣西，又東北流爲倉亭津。元和志：黃河在鄄城縣北二十一里，臨黃縣南三十六里，朝城縣東二十九里。宋史河渠志：濮州有任村，東、西、南、北凡四埽，此宋以前河流逕府境之故道也。金、元以後，河自今儀封縣界流入，逕曹縣東北，流逕定陶縣東南、府治東南，又東北流逕鄆城縣西，東去濮州六十里，又北逕范縣西，又東北流入兖州府陽穀縣界。今定陶縣西三十五里，府治東五里，鄆城縣西二十五里，濮州東六十里，皆有黃河故道，即其地。明洪武初，徐達於今府治東五里之雙河口分支流通運。永樂九年，疏河流東北入會通河。弘治八年，都御史劉大夏築塞曹縣之黃陵岡及荆隆口等七處，修建長隄，黃河始不復北流入運，即今河流之道。經曹、單二縣南俱四十里，曹至單岸長九十里，單至碭山岸長六十里，有長隄護之是也。弘治十三年河溢，曹、單被害。正德四年，河決曹縣之温家口、馮家口，遂決楊家口，經曹、單二縣城下，直趨豐、沛。工部侍郎李鏜治之。八年，決曹縣以西天仙廟、孫家口，從曹縣城北東行。十年，決曹縣之焦家潭。十四年，城武、單縣二城圮於河，改遷。嘉靖六年，決曹縣之楊家口、梁靖口，衝入雞鳴臺。七年，決曹縣胡村寺，分道入運。十四年，都御史劉天和添築縷水隄，起曹縣八里灣，至單縣侯家林。二十五年，決曹縣，溢入城武、金鄉、魚臺等縣。二十六年，河決，湮没曹縣城。三十六年，城復湮没，河決北大隄，由城武、金鄉入運。三十八年、四十四年，復大決曹縣。萬曆五年，決曹縣韋家樓。十五年，決荆隆口，衝潰曹縣白茅村長隄。二十一年以後，連決單縣之黃堌口。二十年，決單縣蘇莊。三十五年，決單縣東南。崇禎二年，決曹縣十四鋪口。四年，決單縣流河口。五年至十年，連決曹縣曹家口。本朝順治元年，決單縣柳河口。二年，決曹縣流通口。七年，決荆隆口、朱源塞口。康熙元年，決曹縣石香爐口。八年，決曹縣牛氏屯及單縣瞧龍寺，俱旋決旋塞。三十八年及四十二年，屢經聖祖仁皇帝巡視河工，指授方略，加築曹、單之太行隄，河流自是順軌。雍正四年，總河齊蘇勒奏於曹縣芝蔴莊上流築挑水大壩一；莊後舊有月隄，又接築隔隄二百八十丈；北岸衛家樓月隄後，亦築隔隄五百四十丈。乾隆四年五月，河決趙家集，從總河白鍾山請，修築隄岸，加增高厚；復築月隄一道，長七百一十丈，並改舊隄爲二隄，以資保障；又添設曹儀通判一員，督率修防。乾隆二十二年，復以南岸閻家集折灣北注，因於鍾家窑灘地灣處開挑引河。二十六年七月，河水漫溢，復於十四堡補築大隄一百九十八丈，二十堡補築月隄三百四十丈，南岸劉家莊復開引河，使河身徑直，溜勢東注，於是洪流益慶安瀾矣。按：全河備考：河北決，必害魚臺、濟寧、東平、臨清以及鄆、濮、恩、德；南決，必害豐、沛、蕭、碭、徐、邳以及亳、泗、歸、潁。其受決之處，必曰曹、單，其次則魚臺、城武、沛縣差多，而亦必連曹、單。是南北之間，三省之會，曹、單爲之樞的也。新志：境内險要諸工，曹縣則史家樓、戴家樓、沈家店、銅奶奶廟、後梁家隄、熊普廟、陳家樓、黄奶奶廟、石香爐大王廟、高家隄，單縣則趙家莊、鄧家水口、鄭家隄，尤修防所宜加謹焉。

冷莊河。自府治東，與灉河俱東北流，逕鄆城縣，至葛皮口，流入壽張縣界。

灉河。舊爲河水支流。在府城南二十五里。自直隸東明縣流入，又東北流經鄆城縣西南四十五里，又北經濮州南，又東北流入壽張縣界。禹貢：兖州，灉、沮會同。爾雅：水自河出爲灉。元和志：灉水、沮水，皆出濮州雷澤縣西北平地，去縣十四里。州志：王炎謂禹貢灉出曹州是也。黄陵之決，灉爲河伯所有〔九〕，今河去灉存。雨水大發時，可通舟楫。

古淶河。在單縣東。流入金鄉縣界。石晉時所開。北抵濟河，南通徐、沛，即宋之漕河也。元末湮廢。

運河。在鉅野縣東北。南自濟寧州之火頭灣，北至嘉祥縣之大長溝，河岸長二十五里。

柳河。在曹縣東南二十五里，定陶縣西南十里。傳爲虞舜陶處，有古隄岸。定陶縣志：舊有舜廟，今爲河濱寺。

賈魯河。在曹縣西四十里。自黄陵岡至楊青村。元至正中，工部尚書賈魯所開。兖州府志：賈魯河即金龍決河所由入徐道也。

魏河。在濮州南二十里。自直隸開州流入；又有決河在州南四十里，自直隸東明縣流入；小流河在州東南五十里，自菏澤縣流入。舊志：三河至州境舊城北范縣界，達於漕河，然皆乾渠，非常流也。州境地最下，一遇水潦，則河南滑縣一帶諸水由開州溢入州境下流，又以運道不敢輕洩，故水患獨多。

古瓠子河。自直隸開州流入，逕濮州南，又東流經鄆城縣南，又東北流入壽張縣界。史記河渠書：元光中，河決瓠子，帝親臨塞之，東南注鉅野，通於淮、泗。後二十歲，乃發卒數萬人塞之。天子自臨決河，沉白馬玉璧，卒塞瓠子，築宮其上，名曰宣房宮。而河道北行，復禹舊迹，梁、楚之地復安。水經注：瓠河水自濮陽東逕桃城南，又東南逕清丘北，又東逕句陽之成陽城北，都關縣故城羊里亭南，爲羊里水。又東，右會濮水枝津，又東逕垂亭北，又左逕雷澤北，與濮水俱東流，又逕陽晉城南，又逕城都城南，又東逕黎丘縣故城南，又東逕秺縣故城南，又東逕鄆城縣南，又東北逕范縣，與濟、濮枝津合。寰宇記：瓠子河在臨濮縣南二十里，歲久湮塞。

浮水故瀆。在觀城縣南。自直隸開州流入，又東北逕朝城縣界入河，即澶水也。水經：浮水故瀆東絶大河故瀆，東逕五鹿之野，又東逕衛國故城南〔一〇〕，又東逕河牧城而東北出，又東北入東武陽東入河。

靈聖湖。在菏澤縣南四十五里。土阜下有穴，穴中有水，相傳昔人失物於濟水伏流處，至此得之，以爲靈異。

范蠡湖。在定陶縣西南隅。地窪下多水，俗傳爲陶公養魚處。

鉅野澤。在鉅野縣北五里。亦曰巨澤。濟水故瀆所入也。禹貢：大野既瀦。周禮職方氏：藪曰大野。左傳哀公十四年：春，西狩於大野。杜預注：「大野在高平鉅野縣東北大澤是也。」爾雅：十藪，魯有大野。水經注：鉅野，湖澤廣大，南通洙、泗，北連清、濟。舊縣城正在澤中，衍東北出爲大野矣。昔西狩獲麟於是處也。寰宇記：南北三百里，東西百餘里，一名大野澤。

縣志：五代以後，河水南徙，匯於鉅野，連南旺、蜀山諸湖，方數百里。至元末爲河水所決，遂涸。

雷澤。在濮州東南，接雷澤縣界。書禹貢：雷夏既澤。周禮職方氏：兖州，其浸盧濰。注：「盧濰，當爲『雷雍』，字之誤也。」雷夏在成陽。史記五帝本紀：舜耕歷山，漁雷澤。注：鄭玄曰：「雷夏，兖州澤。今屬濟陰。」漢書地理志：濟陰郡成陽，雷澤在西北。山海經：澤中有雷神，龍身而人頰，鼓其腹則雷。水經注：雷澤在大成陽縣故城西北一十餘里〔一一〕。昔華胥履大迹處也。其陂東西二十餘里，南北十五里，即舜所漁也。元和志：雷澤縣因雷夏澤爲名，在縣北郭外。

菏澤。在定陶縣北。禹貢：導菏澤，又濟溢爲滎，東出於陶丘北，又東至於菏。漢書地理志：濟陰郡，菏澤在定陶東。括地志：菏澤在濟陰縣東北九十里故定陶城東，今名龍池，亦名九卿陂。宋史河渠志：廣濟河，導菏水自開封歷陳留、曹、濟、鄆〔一二〕，其廣五丈。

大瀦潭。在范縣東南五十里。相傳即大野澤之餘流也。府志：潭久涸，雨潦即成巨浸。

墨龍潭。在范縣南十五里。相傳潭有龍，能興雲雨。宋熙寧中，禱雨有應，封其神爲妙應，立廟於潭之北。

古龍潭。在觀城縣東南十三里。瀠洄於馬陵隄之陰，四野之水，藉以爲壑，盈則順隄而東，由范縣入竹口陂。

虎牢池。在菏澤縣西南三十里。亦名龍湫。四壁突起，即呂都也。內有深淵，廣可三頃，大旱不竭，禱雨輒應。

放鶴池。在觀城縣西南二十五里，接直隸清豐縣界。今四角池。寰宇記：觀城縣放鶴池，相傳衛懿公養鶴之所。

大禰溝。在菏澤縣西南二十里。詩邶風「飲餞于禰」，即此〔一三〕。寰宇記：大禰溝，在曹州冤句縣北七十里。王應麟詩考：「禰」，韓詩作「坭」。州志：大禰溝，亦名冤水。漢冤句縣以此名。

黄水枝溝。在定陶縣東。水經注：俗謂之界溝。北逕元氏故城西，又北逕景山東，又北逕楚丘城西，又東北至成武〔一四〕。

黄溝。在觀城縣南。元和志：臨黄縣以北臨黄溝，因以爲名。寰宇記：在臨黄縣之北。西自觀城縣流入，東有山，支水出焉。東入虎掌溝，又東南入黄河。

胡柳陂。在濮州西南，接直隸開州界。司馬光通鑑：梁貞明四年，晉王存勗自濮州引兵西，營於胡柳陂。胡三省注：「陂在濮州西南臨濮縣界。」地理志：胡柳陂，濮陽地名，去陂西十里有馬軍寨〔一五〕，土人謌爲黄柳陂。互見大名府。

大張陂。在觀城縣北十里。其地窪下，每遇雨潦，即成巨浸。

吕井。在單縣。有二井：一在城北隅，一在城内。相傳金大定間，吕仙翁來遊，水初苦澁，擲瓦礫其中，遂甘洌。二井相去二里許。

古蹟

乘氏故城。今府治。後魏縣也。漢乘氏在鉅野縣界，宋廢。後魏太和十二年復置。取漢故乘氏縣爲名。隋屬濟陰郡。唐屬曹州。元和志：乘氏縣南至曹州五十四里〔一六〕。金志：大定八年，遷曹州治於古乘氏城。金史康元弼傳：河決曹、濮，遣元弼相視，改築於北原。明洪武元年省縣入州，又以水患徙安陵集。二年徙盤石鎮。今爲曹州府治。

吕都故城。在菏澤縣西南。漢置縣，屬濟陰郡。州志：漢吕后割濟南郡爲吕國，封吕台爲王，此其所都也。後漢省入冤句。延熹二年，封尚書令虞放爲冤句吕都亭侯是也。今名吕陵集，在府西南三十里。

冤句故城。在菏澤縣西南。漢縣，屬濟陰郡。亦作宛朐。景帝封楚元王子埶爲宛朐侯〔一七〕。史記：黄帝得寶鼎宛朐是也。晉屬濟陽郡。魏仍屬濟陰郡。隋因之。唐屬曹州。乾符初，黄巢倡亂於此。宋元祐元年改曰宛亭縣，屬興仁府。金圮於河。

葭密故城。在菏澤縣西南三十五里。漢置縣，屬濟陰郡。後漢省。府志：今名葭密寨。

句陽故城。在菏澤縣北。春秋時宋穀丘邑。春秋桓公十二年：公會宋公、燕人，盟於穀丘。左傳：盟於句瀆之丘。註：「即穀丘也。」漢置句陽縣，屬濟陰郡。後漢省。寰宇記：句陽故城在乘氏北三十五里。舊志：今名句陽店。

平樂故城。在單縣東四十里。漢縣。昭帝元年封梁敬王子遷爲平樂侯國，屬山陽郡。後漢省。水經注：黄溝逕平樂故城南。魏書地形志：離狐有平樂城。寰宇記：有漢平城在單父縣東四十里，即平樂城也。

單父故城。在單縣南一里。春秋時魯邑。宓子賤、巫馬期皆嘗爲邑宰。秦置單父縣，屬碭郡。史記：吕后父吕公，單人也。後漢建武十三年，封劉茂爲侯邑。明始改爲單縣。嘉靖二年，以河患移於今治。

郜成故城。在城武縣東南十八里。本周時郜國。富辰所謂「郜、雍、曹、滕，文之昭也」。後附庸於宋。春秋隱公十年：公敗宋師於菅，取郜。漢置郜成縣，屬山陽郡。後漢省入城武〔一八〕。魏書地形志：北濟陰郡城武治郜城。水經注：黄溝逕城武縣故城南，又東北逕郜城北。春秋桓公二年經書「取郜大鼎於宋」。闞駰十三州志曰：今城武縣東南有郜城，俗謂之北郜。又泡水逕東孟諸澤，東北逕卬城縣故城南，地理志曰「山陽縣」也，王莽更名之曰郜城矣，故世有南郜、北郜之論也。又東逕單父故城南。寰宇記：南郜在北郜南二里。按：今本漢志有郜城縣無卬城縣，與水經注不同。水經注以在城武東南爲宋邑，謂之北郜，在單縣之西爲漢縣，謂之南郜，相去亦不止二里。寰宇記則以水經注之北郜爲南郜，謂即漢縣，而北郜不知所在。

秺縣故城。在城武縣西北。漢縣，屬濟陰郡。武帝征和二年，封商丘成爲侯邑。又昭帝始元二年，封金日磾爲秺侯。後漢省入成武縣〔一九〕。孟康曰：「成武縣有秺城。」元和志：故城在成武縣西北二十九里。

黎縣故縣。在鄆城縣西。春秋時黎國地。詩序：黎侯寓於衛。左傳哀公十一年：衛太叔疾置其妻之娣於犂。「黎」、

「犂」古字通也。漢文帝封召奴爲黎侯，後爲黎縣，屬東郡。孟康曰：「即詩黎侯國。」水經注：瓠河東逕黎縣故城南，世謂之黎侯城。昔黎侯寓衛，作詩曰：「胡爲乎泥中？」毛云：「泥中，邑名。」疑即此城。元和志：黎城在鄆城西四十五里。

楚丘故城。在曹縣東南。春秋時己氏邑。左傳哀公十一年：衛侯入於戎州己氏。杜預注：「戎，邑。己氏，戎人姓。」漢置己氏縣，屬梁國。後漢屬濟陰郡。晉屬濟陽郡。後魏末改屬沛郡。北齊郡、縣俱廢。隋開皇六年改置楚丘城，屬梁郡。唐屬宋州。宋屬應天府。金屬歸德府，後改隸單州。元屬曹州。明洪武初省入。又春秋左傳隱公七年：戎伐凡伯於楚丘。僖公二年：諸侯城楚丘，以封衛。又詩衛風：「定之方中，作于楚宮。」漢志：成武縣有楚丘亭，齊桓公所城，遷衛於此。元和志：楚丘故城在楚丘縣北三十里。

蒙澤故城。在曹縣南十里。即古貫地。春秋僖公二年秋：九月，齊侯、宋公、江人、黄人盟於貫。注：「貫，宋地。梁國蒙縣西北有貰城〔二〇〕。『貰』與『貫』字相似。」漢元帝封梁敬王子宣爲貰鄉侯。隋初爲濟陰縣地。開皇六年分置黄縣於此。十八年改爲蒙澤縣，大業初廢。唐武德四年復置蒙澤縣，屬曹州。貞觀初廢入濟陰。括地志：貰城，今名蒙澤城，在濟陰縣南五十六里。

薄縣故城。在曹縣南二十餘里，曹南山之陽。古北亳邑。漢志山陽郡薄縣，注：如淳曰：「薄縣即亳也。」後漢書梁節王暢傳：建初四年，以濟陰之薄益梁。郡國志：薄縣屬梁國，湯所都也。晉省。杜預左傳注：蒙縣西北有薄城。帝王世紀：蒙有北亳。寰宇記：亳城在楚丘縣西北伊尹墳西十里。

濟陽故城。在曹縣西南五十里。舊唐書地理志：武德四年，分冤句縣西界置，屬杞州。貞觀元年廢入冤句。

濟陰故城。在曹縣西北。本漢定陶縣地。哀帝時，葬定陶恭王於此，謂之葬城，世謂之左城，以在左山南也。後魏謂之孝昌城。地形志：西兗州，孝昌三年置，治定陶縣，後徙左城，領郡二：沛郡、濟陰郡。又，沛郡，興和二年置，治孝昌城。後齊郡廢。後周爲曹州治。隋改置濟陰縣於此，仍爲曹州治。金大定八年，城爲河所没，遷曹州治古乘氏縣，並濟陰縣亦移治焉，而故城遂墟。

定陶故城。在定陶縣西北四里。周武王弟振鐸封於曹，以爲都邑。春秋哀公八年：宋滅曹，遂爲宋邑。十四年：宋向魋入於曹，以叛，亦曰陶。史記：范蠡居陶，自謂陶朱公。戰國策：楚人説頃襄王外擊定陶，則魏之東外棄。又秦穰侯邑於此，所謂侵剛、壽以廣其陶邑者。秦置定陶縣。漢五年，彭越爲梁王，都定陶。後爲濟陰郡治。唐省爲定陶鎮。元和志：古曹國，在濟陰縣東北四十七里，即定陶也。寰宇記：周廣順中，於定陶建廪庾，榷鹽鹺之利。宋乾德元年，東疏菏水，轉漕兵食，於鎮置發運務。開寶元年改爲轉運司。太平興國二年，轉運使和峴奏升定陶鎮爲廣濟軍。四年，轉運使張去華又請分曹、單、濮、濟四州之境置定陶縣以隸軍。舊志：元至順二年，河決，漂没城廬，尋復遭兵燬。明洪武四年徙於今治地。

鄄城故城。在濮州東二十里。春秋衛邑。莊公十四年，單伯會齊侯、宋公、衛侯、鄭伯於鄄。注：「鄄，衛地。今東郡鄄城也。」史記趙成侯十年，攻衛，取鄄。即此。後爲齊邑。威王八年，趙伐齊，取鄄。宣王八年，與魏惠王會於鄄。漢置鄄城縣，屬濟陰郡。三國魏志：初平三年，曹操領兗州牧，治鄄城。又，曹植初封鄄城侯。晉亦爲鄄城縣，屬濮陽國。晉八王故事：東海王越治鄄城，城無故自壞七十餘丈，越惡之，移治濮陽。慕容燕置東郡於此。苻秦爲兗州治。後魏爲濮陽郡治。隋開皇初郡廢。十六年置濮州。大業二年，廢濮州入東平郡。唐武德四年，討平王世充，重置濮州鄄城縣。後皆爲州、郡治。寰宇記：濮州濮陽郡，今理鄄城縣。東至鄆州一百八十里，南至曹州二百十五里〔二〕，北渡河至魏府一百六十里。州志：即濮州舊城。明正統十三年爲河水所壞。景泰二年徙今治。

成陽故城。在濮州東南，與曹州接界。史記「堯遊成陽」，即此。又，秦昭襄王十七年，成陽君入朝。又，沛公西畧地，道碭，至成陽與杠里。又，曹參擊王離於成陽南。皆此成陽也。漢曰成陽縣，屬濟陰郡。高祖封奚意爲侯邑。後漢仍爲縣。和帝永光二年，封皇弟淑爲成陽王，六年國除。晉屬濟陰郡。後魏屬濮陽郡。北齊廢。隋開皇十六年復置，更名雷澤，屬東平郡。括地志：雷澤縣，本漢成陽縣，古成伯國，周武王封弟叔武於此。後遷於城之陽，故名。元和志：濮州雷澤縣，西北至州九十里。宋因之。金貞元二年省爲鎮，入鄄城。按：「成」，或作「郕」，又譌作「城」，皆非是。

城都故城。在濮州東南。漢河平二年，封王商爲侯國，屬山陽郡。後漢省。

都關故城。在濮州東南。秦置縣。漢屬山陽郡。史記「周勃擊秦軍，追至濮陽，下鄄城，攻都關、定陶」是也。後漢省。水經注：瓠子北有都關縣故城。

臨濮故城。在濮州南六十里。隋開皇十六年析雷澤置臨濮縣。大業初省。唐武德四年復置，屬濮州。元和志：縣北至州六十里，分鄄城南界、雷澤西界置，以臨濮水爲名。宋因之。金貞元二年廢爲鎮，入鄄城。或謂之小濮。蒙古南侵，嘗駐兵於小濮，即此。今爲臨濮集。又，長城廢縣亦在州南。舊唐書「武德四年，析臨濮置長城縣。明年復并入焉」是也。

廩丘故城。在范縣東南。春秋時齊邑。左傳襄公二十六年〔二二〕：公侵齊，攻廩丘之郛。哀公二十年：公會齊人於廩丘。二十四年：臧石會晉師，取廩丘〔二三〕。注：「今東郡廩丘縣故城是。」史記：齊宣王五十一年，田會以廩丘叛入趙。趙敬侯三年，救魏於廩丘，大敗齊人。漢置廩丘縣，屬東郡。後漢屬濟陰郡。晉屬濮陽國，兼爲兖州治。後魏屬濮陽郡。水經注：瓠河之北，即廩丘縣也。隋屬鄆州。大業初省入鄆城縣。唐武德四年，又析雷澤縣置廩城縣，屬鄆州。八年省。寰宇記：廩丘故城在雷澤縣北。縣志：城在縣東南七十里義東堡。

臨黄故城。在觀城縣東南。後魏置縣。地形志：頓丘郡臨黄，太平真君三年併衛國，太和十九年復。北齊省。隋開皇六年復置，屬武陽郡。唐書地理志：武德五年，以臨黄屬莘州。貞觀元年州廢，縣還屬。元和志：澶州臨黄縣，西至州六十七里，漢觀縣地。後漢改觀縣爲衛縣。後魏孝文帝分衛縣置臨黄縣，以北臨黄溝，因以爲名。大曆初，又割屬澶州。寰宇記：臨黄廢縣在觀城縣東七十二里。舊志：臨黄集在州北。

畔觀故城。在觀城縣西。本古觀國。左傳昭公元年：趙孟曰：「虞有三苗，夏有觀、扈。」杜預注：「觀國，今頓丘衛縣。」

楚語：士亹曰：「啓有五觀。」注：「啓子，太康昆弟也。觀，音灌。」史記田齊世家：魏惠王獻灌以和。又平準書：河決觀，以其地臨河津，亦曰觀津。穰侯傳：取趙氏觀津。樂毅傳：趙封毅於觀津。皆即此地。漢置畔觀縣，屬東郡。後漢建武十三年改封周後姬常爲衛公，國於此，因曰衛國縣。晉改入頓丘郡。水經：河水東逕衛國縣故城南，古斟觀。隋復改曰觀城，屬武陽郡。唐初入澶州。貞觀十七年，與州俱廢。大曆七年，析樂昌、臨黄二縣復置於觀城店。元和志：澶州觀城縣西至州二十四里。寰宇記：在澶州東北七十里。王存九域志：在澶州東九十里。按：觀城，以寰宇記、九域志至州道里考之，蓋累徙而東，非漢、唐故縣矣。

東武陽故城。在朝城縣西。漢置縣。地理志東郡東武陽，注：應劭曰：「武水之陽也。」後漢初平二年，袁紹表曹操爲東郡太守，治武陽。又，臧洪爲東郡太守，治東武陽。袁紹圍洪，洪死之。水經注：漯水逕武陽新城東，曹操所治。又東北逕武陽縣故城南，臧洪治此。晉永嘉初，兖州刺史苟晞破盜汲桑於東武陽，是也。後魏曰武陽縣。隋因之。唐曰朝城，屬魏州。元和志：魏州朝城縣，西北至州一百里。宋史河渠志：明道二年，徙大名之朝城縣於杜婆村〔二四〕。縣志：故朝城縣在今縣西四十里。

范縣故城。在今范縣東南。春秋屬晉，爲范武子士會邑。戰國屬齊，孟子自范之齊是也。漢置范縣，屬東郡。水經注：瓠河自鄄城東北，東南逕范縣故城南。漢興平中，靳允爲范令。曹太祖征陶謙於徐州，張邈迎吕布，郡縣響應。程昱説允曰：「君必固范，我守東阿，田單之功可立。」即斯邑也。北齊縣廢。隋復置。唐屬濮州。元和志：濮州范縣，西南至州六十里。縣志：明洪武二十三年，河決城壞，徙今治，即唐莊宗新軍栅地也。舊城在縣東南二十里，城墟如故，一塔孤存，風景較今治爲勝。

鉅野舊城。在鉅野縣南。舊志：元至正八年，濟寧路當河水之衝，徙路於濟州，徙鉅野於城北邢家務，蓋即今縣治。

乘氏廢縣。在鉅野縣西南。春秋時乘丘地。莊公十年，公敗宋師於乘丘。戰國策：張儀謂魏王：「齊伐趙，取乘丘。」史記：周安王二年，三晉伐楚，至乘丘而還。漢置乘氏縣，屬濟陰郡。景帝封梁孝王少子買爲侯邑。應劭曰：「乘氏，故乘丘也。」後漢和帝封梁商爲乘氏侯。晉屬濟陽郡。寰宇記：漢乘氏故城在鉅野縣南五十七里。後魏太和中移治句陽縣界，而故縣遂廢。隋開皇十六年，又析鉅野置乘丘縣。大業初復省。

河上廢縣。在觀城縣東北。後漢志衛國縣有河牧城。隋開皇十六年，分臨黄置河上縣於此。大業初省。

戎城。在菏澤縣西南。春秋隱公二年：公會戎於潛。注：「濟陽縣東南有戎城。」

煮棗城。在菏澤縣西南。史記：蘇秦説魏襄王曰：「大王之國，東有淮、潁、煮棗。」注：徐廣曰：「在冤句。」又，樊噲從攻項籍煮棗。後漢書郡國志：濟陰郡冤句有煮棗城。水經注：北濟自濟陽縣北，東北逕煮棗城南。

漆園城。在菏澤縣北。史記：莊周嘗爲蒙漆園吏。括地志：漆園故城在曹州冤句北十七里。寰宇記：漆園城在冤句北五十里。舊常置監。城北有莊周釣魚臺。按：漆園、煮棗二城，原統志載入直隸大名府東明縣。考諸書所記，二城並在冤句。冤句乃今菏澤縣地，而東明於金初因河爲患，曾省入冤句，尋復移還。是東明之在冤句，乃暫時徙附，不得以冤句舊地誤屬東明也。因删大名所載，改敘於此。又原志，濮州東南載有莊周釣魚臺。考濮州東南境即菏澤北境，今併於漆園城下附載焉。

大鄉城。在菏澤縣北。魏書地形志：乘氏有大鄉城。寰宇記：大鄉故城在乘氏縣西北三里，故老言古之鄸城也。金史地理志：濟陰縣有鄸城。

重丘城。在菏澤縣東北。左傳襄公十七年：衛孫蒯田于曹隧，飲馬于重丘。寰宇記：城在乘氏縣東北三十一里，一名廩丘。

梁丘城。在城武縣東北二十五里，與金鄉縣接界。魯西南境邑也。春秋莊公三十有二年：宋公、齊侯遇于梁丘。註：「在高平昌邑縣西南。」漢書地理志：昌邑有梁丘鄉。後漢書郡國志：有梁丘城。括地志：城在成武縣東北三十二里。

古郠城。在郠城縣東十六里。魯西境邑。亦曰西郠。左傳成公四年：城郠〔二五〕。註：「郠，魯西邑。東郡廩丘縣東有鄆城。」公羊傳作「運」。京相璠曰：「廩丘縣東八十里有鄆城。」郡國志：廩丘有運城，自後縣皆治此。金史地理志：濟州鄆城〔二六〕，大定六年徙治盤溝村以避河決。即今治也。

陽晉城。在鄆城縣西。故衛邑。戰國策：張儀說楚曰：「秦刼衛，取陽晉，則趙不南。」水經註：陽晉城在廩丘東南十餘里，與都關爲左右。括地志：城在乘氏縣西北三十七里。

安陽城。在曹縣東。史記項羽本紀：宋義救趙，行至安陽不進。又，傅寬傳：從攻安陽。註：「今宋州楚丘縣西十里安陽故城是也。」魏書地形志：沛郡己氏有安陽城。寰宇記：安陽城在楚丘縣北三十里。

三鬷城。在曹縣西南。即三鬷國。尚書大傳：夏師敗績，湯從之，遂伐三鬷。孔安國傳：「即今定陶。」後漢書郡國志：定陶有三鬷亭。元和志：三鬷亭在濟陰縣東北四十里。寰宇記：在定陶縣東北二十里。

安陵城。在曹縣西北五十里。水經註：秦相魏冉卒於陶，因葬焉，世謂之安平陵。後因置安陵鎮。明洪武初嘗移州治於此。

莘故城。在曹縣北。史記夏本紀：鯀納有莘氏女，生禹。又，伊尹耕於有莘之野。元和志：莘仲故城在濟陰東南三十里。古莘國也。府志：縣北十八里有莘塚集。

荆城。寰宇記：在定陶縣東北二十里。戰國時龐涓與孫臏相持處。又十里爲孟海公城。隋末孟海公陷曹州時所築。縣志：今爲荆州店。

偃朱城。在濮州東二十五里。本名朱家阜。括地志：偃朱故城在鄄城縣西北十五里，即舜避丹朱處。

堯城。在濮州東南三十五里。括地志：故堯城在鄄城縣北十五里。寰宇記：在鄄城縣東北五里。

洮城。在濮州南。春秋僖公八年：公會王人、齊侯、宋公、衛侯、許男、曹伯、陳世子，款盟於洮。注：「洮，曹地。」左傳僖公三十一年：分曹地，自洮以南，東傅於濟。水經註：瓠子故瀆東逕洮城南。今鄄城西南五十里有桃城，或謂之洮也。

高魚城。在范縣東南，與鄆城縣接界。左傳襄公二十六年〔二七〕：齊烏餘襲我高魚。注：「高魚城在廩丘縣東北〔二八〕。」後漢書郡國志：廩丘有高魚城。水經注：今廩丘東北有故高魚城，俗謂之交魚城，謂羊角城爲角逐城，皆非也。通鑑：梁朱友恭敗朱瑄於高梧。胡三省注：「即高魚也。」

中城。在范縣南。春秋成公九年：城中城。注：「魯邑也，在東郡廩丘縣西南。」

顧城。在范縣南三十里。詩商頌：韋、顧既伐。元和志：故顧城在范縣東二十八里，夏之顧國也。

羊角城。在范縣南七十里。一名義城。左傳襄公二十六年：齊烏餘以廩丘奔晉，襲衛羊角，取之。注：「今廩丘縣所治羊角是。」晉書地理志：廩丘有羊角城。水經注：廩丘縣南瓠河北有羊角城。京相璠曰：「衛邑也。」

諸馮。在菏澤縣南五十里。相傳即舜生處。又舜井在縣東北二十五里。路史：曹、濮間有舜豢龍井。

姚墟。在濮州南。孝經援神契曰：舜生於姚墟。應劭曰：「與雷澤相近。」水經注：雷澤東北有姚墟，郭緣生言舜耕陶所在。括地志：在雷澤縣東三十里。

獲麟堆。在鉅野縣東十二里。

桂陵。在菏澤縣東北二十里。史記：齊田忌大破魏師於桂陵。寰宇記：乘氏縣有桂陵，即田忌破魏處。

漢祖壇。在定陶縣西北十里。漢書：高帝即皇帝位汜水之陽。注：張晏曰：「在濟陰界，取其泛愛洪大而潤下也。」師古曰：「據叔孫通傳曰『爲皇帝於定陶』，則此水在濟陰是也。」寰宇記：在縣東北二十里。

項城阜。在定陶縣北三十里。楚項梁破章邯屯兵處。其地有高阜。

呂堌村。在單縣南。寰宇記：漢呂后，單父人。今漢平城南六十里有呂堌村。

戚姬村。在定陶縣北十五里。漢戚夫人之故里也。唐梁載言十道志〔二九〕：「高帝畧地至定陶，獲焉。」縣今有戚堌村。

行臺村。在濮州東北。五代梁貞明四年，晉王軍於麻家渡〔三〇〕，梁將賀瓌等屯濮州北行臺村，相持不戰。五年，賀瓌攻德勝南城，爲晉將李建及所敗〔三一〕，退保行臺村。即此地。又，州西北有潘張村，即梁王彦章破德勝南城，進攻潘張村也。

歸來園。在鉅野縣南。宋晁補之自主管鴻慶宫還家，葺歸來園，自號「歸來子」。

清風觀、明月樓。舊志：在曹縣。今無考。北史：邢邵爲西兖州刺史，繕修觀宇，頗爲壯麗。皆爲之名題，有清風觀、明月樓，而不擾公私。

披雲樓。在曹縣北。宋知州郭概建，陳師道有記。

半月臺。在單縣東舊城東。唐少府陶沔所築。李白詩：「陶公有逸興，不與常人俱。築臺像半月，迴出高城隅。」

琴臺。在單縣東南一里舊城北。寰宇記：琴臺在單父縣北一里，高三丈。即子賤彈琴之所。

聽政臺。在單父縣舊城南。一作聽訟臺。寰宇記：巫馬期碑在單父縣聽訟臺上。

彭越臺。在定陶縣北五里。府志：亦曰梁王臺。相傳漢梁王彭越所築。今高阜隆起，即故址也。

陳思王臺。在濮州東。寰宇記：在鄄城縣西二十里。曹植爲鄄城侯，因築於此。

會臺。在濮州東南二十五里。州志：春秋齊桓公再會諸侯於鄄，即此。

古咸亭。在鉅野縣南。左傳桓公七年：焚咸丘。註：「高平鉅野縣西有咸亭。」

古郥亭〔三二〕。在鉅野縣西南。左傳定公十三年：齊侯、衛侯次於垂葭，實郥氏。註：「高平鉅野縣西南有郥城。」

古秦亭。在范縣南三里。春秋莊公三十一年：築臺於秦。注：「東平范縣西北有秦亭。」水經注：瓠河受河於范縣西北，東南經秦亭南。按：地形志東平郡與范縣俱治秦城，即秦亭也。

駐蹕亭。在城武縣西北。府志：漢高帝駐蹕於此，斷碑尚存。

懷賢堂。在城武縣治内。宋王禹偁嘗佐此邑，邑人思之，因構堂焉。

二賢堂。在朝城縣南門外。漢末臧洪守東郡，與司馬陳容俱爲袁紹所害，後人爲立此堂以祀之。

子賤碑。在單縣治。志勝：舊名林臺。高適詩「於焉見層碑，突兀長城東」。

關隘

盧津關。在濮州西北，與觀城縣分界。舊爲黄河所經。水經注：鄄城在河南十八里，河南岸有新城，宋寧朔將軍王玄謨前鋒入河所築；北岸有新臺，鴻基層廣，高數丈，衛宣公所築。大河經此，謂之盧津關。臺東有小城，崎嶇臺側，臺址枕河，俗謂之邸閣城，疑故關津都尉治也。元和志：盧津關，今名高陵津，在臨黄縣東南三十五里。

沙土集巡司。在菏澤縣東五十里。本朝乾隆三十四年移鉅野縣安興寨巡司駐此。

安陵鎮巡司。在曹縣西北五十里。水經注：秦相魏冉卒於陶，因葬焉，世謂之安平陵〔三三〕。舊置安陵鎮。明洪武初爲曹州治，尋移治於盤石鎮，遂設巡司於此。本朝因之。

合蔡鎮。在鉅野縣西北六十里。宋史河渠志：五丈河下接濟州合蔡鎮。九域志：鉅野有合蔡鎮。

瓠河鎮。在濮州東南。唐景福初，朱全忠擊天平帥朱瑄，屯軍瓠河，即此。九域志：雷澤縣有瓠河鎮。又，鄄城縣有張、郭二鎮，臨濮縣有徐村鎮。

安定鎮。在范縣界。金史地理志：濮州范縣，鎮一：安定。

武鄉鎮。在觀城縣界。金史地理志：觀城，鎮一：武鄉。

安興寨。在鉅野縣西八十里。舊置巡司。本朝乾隆三十四年移駐菏澤縣沙土集。

王村寨。今濮州治。州志：後唐同光四年，指揮使潘環守王村寨，以芻粟數百萬附李嗣源於大梁，即此。明景泰二年，知州毛晟遷州治於此。

第五寨。在范縣東三十里。縣志：梁王彦章率兵拒唐，列寨以守，此爲第五寨。又，北寨在今縣北半里，後唐莊宗新軍寨地也。今爲居民湊集之地。

水堡寨。在范縣東南七十里。其地濮、鄆雜處，明置巡司，今裁。

桃源集。在菏澤縣西南六十里。本朝設督捕同知駐此。

黄堽集。在單縣西南二十五里。本朝嘉慶四年移糧河通判駐此。

王家集。在單縣西南七十里。本朝嘉慶四年設同知駐此。

劉家口。在曹縣西南九十里。有縣丞駐此。

津梁

倉亭津。在范縣東北。古大河濟渡處，久湮。水經注：河水於范縣東北流爲倉亭津。郭緣生述征記曰：倉亭津在范縣界，去東阿六十里。魏土地記曰：津在武陽縣東北七十里。

雙河閘橋。在菏澤縣東五里。又，新閘橋在縣東二十里。皆孔道。

望仙橋。在單縣東。亦名漢河橋，跨涞水河。

孫家口橋。在單縣西南。

杜家河橋。在單縣北。

豐樂橋。在城武縣東隄口，通金鄉縣。又，文明橋在縣東南隄口，通單縣；新河橋在縣北隄口，通鉅野縣。

秦梁橋。在鉅野縣金山之西。府志：俗傳秦始皇東遊時所造。

文盛橋。在鄆城縣東三十五里。

潘溪渡橋。在鄆城縣西北十八里。明永樂初建，爲往來要道。

周橋。在曹縣東北。隋大業九年，濟陰孟海公作亂，據周橋，尋據曹、戴二州。唐武德四年，竇建德克周橋，擒海公。戴州，即今城武縣也。

魏河橋。在濮州南二十里。又，州東有永濟石橋，跨魏河。

水保河橋。在范縣東南七十里水保西。

邢家橋。在范縣南四十里洪、魏二河合流處，爲濟、鄆、曹、濮通道〔三四〕。

隄堰

太行隄。在曹、單二縣南。舊名南長隄。西自河南儀封縣界入境，起芝蔴莊，東至江蘇徐州豐縣界。在曹縣境八十里，單縣境七十七里。明弘治十年，都御史劉大夏創築，以防護河流。其後歷年增修，每三里設一鋪，夾隄植柳，遠望如雲山之勢。本朝乾隆十七年重加修築，並將順隄河流疏治通暢。

縷水隄。在曹、單二縣太行隄之南。俗名二隄。北距太行隄、南距臨河隄各十里。計自曹縣遥月隄起，東至江蘇豐縣界，長百二里，明季所築。舊爲河防首重之隄，後改攔水壩爲臨河長隄，而此隄次之。

臨河隄。在曹、單二縣縷水隄之南，黄河北岸。初爲攔水壩，斷續不一，惟險要處增築以護縷水隄者。後因縷隄之外攔壩之内村莊漸稠，防禦逾急，遂將各壩接築長隄，名臨河隄，歲有修繕。俗又稱三隄。在單縣境者計六十里，在曹縣境者舊隄凡十有七，後又加增月隄，凡二十有二。

舊老隄。在曹縣西。自直隸東明縣白茅村東南至遥月隄，長八十八里，今多殘缺。又，北大隄在縣北，自魏家灣起，至城武縣苟村集止。在縣境者長六十二里。又，攔水壩隄在縣東，自劉家樓起，至單縣大壩止，長五十里。縣境長隄有四，所謂北大隄、太行隄、縷水隄、攔水壩是也。

濟隄。在曹州北三十五里。

護城隄。在城武縣城外。明嘉靖間築，以防河患。城之南即黄河舊隄增築，西自曹縣界，東抵大雙堌集，延袤凡三十餘里。其東、西、北三面並環抱縣城。嘉靖二十六年，河決城壞，改築。本朝順治初，河決荆隆口，城賴隄以安。至曹州府護城隄，明嘉靖元年築；曹縣、定陶縣、鉅野縣、觀城縣護城隄，俱明正德間築；鄆城縣護城隄，本朝康熙間築；單縣護城隄，明嘉靖間築；今並時加修飭。

金隄。在濮州南。迤西而東，北抵東阿之安平鎮，即漢隄故址也。

馬陵隄。在觀城縣東南十五里。又五里接濮州界。

黄河渡。在曹縣境内。凡二百二十餘里。渡口有六，曰武家口、曹家口、王家口、蔚邢口、劉家口、李家口，皆津要處也。

陵墓

唐堯陵。在菏澤縣東北五十里舊雷澤城西，與濮州接界。高四丈五尺，廣二十餘丈。上有廟。吕氏春秋：堯葬穀陵。漢書地理志：成陽有堯冢、靈臺〔三五〕。劉向曰：「堯葬濟陰丘壠。」後漢元和二年，東巡狩，遣使祀堯於成陽靈臺。又，延光三年，復使使者祀焉。皇覽云：堯冢在濟陰成陽。皇甫謐曰：「穀林即成陽也。」水經注：成陽城西二里有堯陵，陵南一里有堯母陵，皆立廟，四周列水潭而不流，水澤通泉，泉不耗竭，至豐魚筍，不敢採捕。前並列數碑，古柏數株，檀櫝成林。二陵南北列，馳道逕通，皆以甎砌之。堯陵東城西五十餘步中山夫人祠，堯妃也。石壁堦墀仍舊，南、西、北三面長櫟連蔭，扶疏里餘。自漢迄晉，二千石丞尉多刊石述敘。元和志：陵在雷澤縣西三里。文獻通考：曹州東北有堯冢。歐陽修集古録載，後漢濟陰堯母靈臺廟，請敕本州致祭，置守陵五户。自金末河決，其祀移於東平州盧泉山之陽，然堯陵自在曹、濮之間，不在東平也。宋神宗時，知濮州韓鐸言，堯陵在本州雷澤縣東穀林山，陵南有堯母靈臺廟，請敕本州致祭，置守陵户，俾奉洒掃。詔給守陵立户。則堯陵有確據矣。

商湯陵。在濮州南土山。陵有廟，祀湯，以伊尹、萊朱配。皇覽：湯冢在濟陽薄縣，冢四方八十步，高七步，上平。

按：今廟祀在偃師。互見河南府。

漢

定陶恭皇陵。在曹縣西北五十里濟陰城北。哀帝追尊王爲恭皇，周丘爲城，以爲陵邑。水經：濟水又東北，經定陶恭王陵南。

丁太后陵。在曹縣恭皇陵側。舊志：漢哀帝建平二年，起丁太后陵於恭皇之國，送葬定陶。王莽時，貶號丁姬，掘平其冢。時有羣燕數千，啣土投丁姬竁中，今墳冢巍然。有二碑，世謂之長隧陵，蓋後漢時改葬。

古

蚩尤墓。元和志：在鉅野縣東北九里。皇覽曰：鉅野縣有蚩尤肩髀冢。黄帝殺蚩尤於涿鹿之野，身首異處，故别葬焉。

夏

莘仲君墓。在曹縣北十八里莘冢集。

商

伊尹墓。在曹縣東南楚丘城西二十餘里。墓前有廟。皇覽：己氏城有平和鄉，鄉有伊尹冢。寰宇記：在楚丘城西十四里。

萊朱墓。在曹縣南二十里。俗名宋天堌。舊有萊朱廟。

周

甯武子墓。在菏澤縣西北二十五里。舊有祠，今爲水所没。

子夏墓。在菏澤縣北十里。有高阜，土人稱爲卜堌。墓前有祠。

仲山甫墓。在菏澤縣東北堯陵之東，與濮州接界。水經注：中山夫人祠南有仲山甫冢，冢西有廟，石羊、虎破碎略盡。

慎到墓。在曹州。寰宇記：在濟陰西南四里。

子臧墓。在曹州安陵集。

魏冉墓。在曹縣冉堌村，世謂之安平陵。水經：濟水又東，逕秦相魏冉冢南。按：冉爲相，封於穰，益封陶。後免相就封邑，卒於陶，葬焉。

左君墓。在曹縣西北左山上。府志：相傳左丘明父葬此。墓前有祠，宋盛琳撰碑。

仲弓墓。在曹縣東北五十里冉堌村。墓前有冉子祠，明弘治間知縣鄒魯建。又，范縣西北二十五里有仲弓墓。

曹叔振鐸墓。在定陶縣髣山。曹伯十五世咸葬於此。

陶朱公墓。在定陶縣東北五里。按：肥城、滕縣皆有陶山，稱朱公墓在焉。水經注所指則在此。

項梁墓。在定陶縣北五里。

士會墓。明統志：在范縣東三十里。

閔子騫墓。在范縣東南二十里孟村。見寰宇記。又，濟南府歷城縣東五里亦有墓。本朝嘉慶十四年，知縣唐晟重修，糧道孫星衍撰碑記。

左伯桃墓。在范縣東南六十里新安村。

田子方墓。在范縣東南六十里。

扁鵲墓。元和志：在朝城縣羅城西北隅。

衛靈公墓。在觀城縣東南四十二里。魏書地形志：頓丘郡衛國有衛靈公冢。

漢

魯恭墓。在鉅野縣東南。漢司隸校尉也。

彭越墓。在鉅野縣東南五十里。

戚姬墓。在定陶縣東北十五里，地名戚堌。

臧洪墓。在朝城縣西南二里。

竇氏冢。在觀城縣南八里。明統志：竇后父冢也。

三國 魏

董昭墓。在曹縣。寰宇記：在濟陰縣東二十里。又，舊志載王粲墓在濮州南，引元和志云「在縣南五十二里」。按：任城距濮州二百餘里，而襄陽耆舊傳載粲墓在襄陽，是元和志所言尚不足據，況任城更與濮無涉乎！因删。

唐

劉祥道墓。在觀城縣東十五里薛家屯。

魏長賢墓。在觀城縣東南。元和志：墓在臨黄縣南十五里。貞觀七年追贈定州刺史，即魏徵父也。

五代　梁

葛從周墓。在濮州舊治西十里。

宋

李迪墓。在濮州東南三十里。

畢士安墓。在觀城縣西南二里。

元

王國賓墓。在觀城縣東二里。趙孟頫有碑銘。

楚惟善墓。在朝城縣東二里。

明

李秉墓。在曹縣東北三十里冉堌集。成化間賜葬。

劉忠墓。在濮州南八十里瓠水之陽。

汪東墓。在朝城縣西南一里。

十貞墓。在菏澤縣隆化集東北。崇禎十五年冬，曹濮兵變，有千總杜龍與弟杜撰出城徵餉。城潰，龍妻朱氏、撰妻莊氏積薪自焚；龍妾黄氏、朱氏，女二姐，莊氏子能寬，姪能容，姪女七姐，僕婦一、婢二，俱投火死。龍、撰歸，檢遺骸不能辨，乃合一坵，時人題曰「十貞墓」。本朝順治初年建坊表焉。

祠廟

吴周二侯祠。在府學西。祀知州吴邦相、周爀，明萬曆中建。

王令公祠。在府城望岳門外。祀知州王圻，明萬曆間建。

園客祠。在曹州西南。見寰宇記，今無考。園客事詳仙釋。

卞公祠。在菏澤縣。明萬曆間建，祀晉尚書令卞壼及二子眕、盱。

華陀祠。在菏澤縣東南隅。

莊子祠。在菏澤縣西北四十里。唐貞觀二年建。舊名南華觀。

何公祠。在單縣西門外。明嘉靖二十六年，御史何鰲平妖賊有功，邑人立祠祀之。

孟令公祠。在曹縣東街。祀知縣孟習孔，明萬曆間建。曹苦賦累，習孔與王圻平之，曹人感其德，故繼王而祀焉。

扁鵲祠。在曹縣東南四十里衆堌集。宋神宗時建。

河伯祠。在曹縣西南三十里武家口。明隆慶初河決，禱而止，因建祠。

澹臺子羽祠。在曹縣東北三十里龍頭岡。

濟瀆祠。在濮州西北。

帝堯廟。在菏澤縣東北六十里故雷澤城西，下即堯陵。舊有漢時四碑，一爲永康元年濟陰太守孟郁修廟碑，一爲建寧五年成陽靈臺碑，一爲熹平四年堯廟碑，一爲熹平四年堯母廟碑。

帝舜廟。在濮州東北五十里歷山上。明萬曆中建。以春秋上戊日致祭。

湯王廟。在曹州南十八里曹南山。

盤庚廟。在曹縣西南十里盤庚村。

宓子賤廟。在單縣東南一里。唐大中九年重建。又，二賢祠在舊城北臺上，宋慶曆四年建，祀宓子賤、巫馬期。

曹叔廟。在定陶縣北十二里髣山。祀曹叔振鐸。宋元豐中追封豐澤侯，每歲三月二十八日致祭。

天妃廟。在曹縣楊晉口。祀海神。

寺觀

興化禪寺。在菏澤縣南五十里。隋仁壽中建，初號法源寺，有寶乘塔。宋慶曆中重建。

普照寺。在單縣治西北。本在舊城五老坊，金明昌間古淵禪師建。明宣德中重修，御賜大藏經及璽書。嘉靖五年移建今所。

濟覺寺。在鄆城縣治西。明末，居民掘地，見殿宇形址及石羅漢十八尊、石幢一座，有「乾德年」字。

大豐寺。在曹縣西五十里塔灣鎮。有大乘塔石刻云：「大唐貞觀某年，尉遲恭奉敕監修。」

龍泉寺。在曹縣北十五里。元至正間碑云「古有北亭龍泉寺」。按：有北，即空桑，是爲北亳。

寧國寺〔三六〕。在朝城縣治西。唐貞元間建。寺有古塔及石燕井、金蓮池。

太清觀。在曹縣莘仲集。金初建。

瑞雲宫。在曹縣楚丘。舊名寶元觀。元至元中賜今名。

校勘記

〔一〕居民嘗取土祛疫祟　「土」，原脱，據乾隆志卷一四四曹州府山川（下同卷簡稱乾隆志）補。

〔二〕豐水上承大薺陂　「陂」，原作「坡」，據乾隆志及水經注卷二五泗水改。
〔三〕汜水　「汜」，原作「氾」，乾隆志同。按，此即漢高祖即位之汜水，史記正義謂「音敷劍反」，張晏曰：「取其汜愛弘大而潤下。」則字當作「汜」，與源自河南鞏縣之氾水有異。因據改。下文同改。
〔四〕又東與句瀆首受濮水枝渠於句陽縣東南逕句陽縣故城南　「句陽縣東南逕」七字原脱，乾隆志同，據水經注卷八濟水補。按，戴震校水經注，謂「瀆」下脱「合」字，「首」上當另補「瀆」字。
〔五〕東逕鉏丘城南　「鉏」，乾隆志同。按，戴震校水經注，以「鉏」爲誤刻，改作「沮」。
〔六〕又東逕浚城南西北去濮陽三十五里　「浚」，原作「峻」，據乾隆志及水經注卷二四瓠子河改。「西」，原作「而」，乾隆志同，據水經注卷二四瓠子河改。
〔七〕又東北逕句陽縣之小成陽縣故東垂亭西　乾隆志同。按，戴震校水經注以爲「小成陽」下「縣故」二字衍文。
〔八〕河水自濮陽東北逕衛國縣南　「衛」，原作「魏」，乾隆志同，據水經注卷五河水改。
〔九〕灉爲河伯所有　「河伯」，原作「河北」，據乾隆志改。
〔一〇〕又東逕衛國故城南　「衛」，原作「魏」，乾隆志同，據水經注卷五河水改。按，此引水經文當是水經注文，戴震校作注文是也。
〔一一〕雷澤在大成陽縣故城西北一十餘里　「一」，原作「二」，據乾隆志及水經注卷二四瓠子河改。
〔一二〕導菏水自開封歷陳留曹濟鄆　「歷」，原脱，乾隆志同，據宋史卷九四河渠志補。
〔一三〕詩邶風飲餞于禰即此　「邶」，原作「邲」，乾隆志同，顯誤，據詩經改。
〔一四〕又東北至成武　「成」，原作「城」，據乾隆志及水經注卷八濟水改。按，參本志上卷校勘記〔三〕。
〔一五〕去陂西十里有馬軍寨　「寨」，原作「塞」，據乾隆志及讀史方輿紀要卷三四山東五改。
〔一六〕乘氏縣南至曹州五十四里　「氏」原脱，「曹州」下原衍「府」字，乾隆志同，據元和郡縣志卷一一河南道曹州補、删。

〔一七〕景帝封楚元王子埶爲宛朐侯　「埶」，原作「執」，乾隆志同，據漢書卷一五上王子侯表改。按，「埶」，師古曰「音藝」，亦即「藝」之異體。

〔一八〕後漢省入城武　「城」，乾隆志同，後漢書卷二一郡國志作「成」，是。按，本條下文「城武」皆當作「成武」，以今名改古名，殊未當。

〔一九〕後漢省入成武縣　「成」，原作「城」，據乾隆志改。

〔二〇〕梁國蒙縣西北有貰城　「貰」，原作「貫」，據乾隆志及春秋左傳杜預注改。

〔二一〕南至曹州二百十五里　乾隆志同，太平寰宇記卷一四濮州「二百十五」作「二百一十」。

〔二二〕左傳襄公二十六年　乾隆志同。按，此「襄公二十六年」誤，查下文「公侵齊，攻廩丘之郛」，實出哀公八年傳文。乾隆志何以誤作襄公二十六年，殊不可解，本志沿訛亦未察。

〔二三〕臧石會晉師取廩丘　「石」，原作「爲」，乾隆志同，據左傳哀公二十四年改。

〔二四〕徙大名之朝城縣於杜婆村　「杜」，原作「社」，據乾隆志及宋史卷九一河渠志改。

〔二五〕城鄆　原作「鄆城」，乾隆志同，據左傳成公四年乙。

〔二六〕濟州鄆城　「鄆」，原作「鄲」，據乾隆志及金史卷二五地理志改。

〔二七〕左傳襄公二十六年　「二十六年」，原作「二十七年」，乾隆志同。查下引左傳文實出襄公二十六年，蓋誤刻，今據改。

〔二八〕高魚城在廩丘縣東北　「魚」，原作「餘」，據乾隆志及上文改。

〔二九〕唐梁載言十道志　「載」，原作「德」，乾隆志同，據新唐書卷五八藝文志改。

〔三〇〕晉王軍於麻家渡　「家」，原作「城」，乾隆志同，據舊五代史卷九梁末帝紀改。

〔三一〕爲晉將李建及所敗　「及」，原作「極」，乾隆志同，據舊五代史卷六五李建及傳改。

〔三二〕古郹亭　「郹」，原作「郥」，乾隆志同，據左傳定公十三年改。下文同改。

〔三三〕世謂之安平陵　「安平」，原作「平安」，據水經注卷七濟水乙。按，本卷古蹟「安陵城」條及陵墓「魏冉墓」條皆作「安平陵」，是也。

〔三四〕爲濟鄆曹濮通道　「道」，原作「河」，據乾隆志改。

〔三五〕成陽有堯冢靈臺　「靈」，原作「陵」，乾隆志同，據漢書卷二八上地理志改。

〔三六〕寧國寺　「寧」，原作「安」，據乾隆志改。按，本志避清宣宗諱改字。

大清一統志卷一百八十二

曹州府二

名宦

漢

蕭由。蘭陵人。成帝時舉賢良，爲定陶令。時哀帝爲定陶王，由多失王指。哀帝立，免由爲庶人。

第五種。長陵人。永壽中拜高密侯相，以能换爲衛相。

臧洪。射陽人。獻帝時爲青州刺史。袁紹歎其能，徙爲東郡太守，治東武陽。曹操圍張超於雍丘，洪欲救超，而紹不聽，由是怨紹，絶不與通。紹興兵圍之，洪自度不免，呼吏士謂曰：「袁紹無道，所圖不軌，洪於大義不得不死。諸君可先城未破，將妻子出。」將吏皆垂泣曰：「何忍舍明府去也！」後無食，殺其愛妾以食兵，將士男女相枕而死，莫有離叛。城陷，紹生執洪，知洪終不爲己用，殺之。

陳容。射陽人。隨臧洪爲東郡丞。城未破，洪使歸紹。及紹殺洪時，容謂紹曰：「將軍舉大事，欲爲天下除暴而專先誅忠義，豈合天意？」紹使人牽出謂曰：「汝非臧洪儔，空復爾爲？」容顧曰：「夫仁義豈有常所？蹈之則君子，背之則小人。今日願與臧洪同日死，不願與將軍同日生。」復見殺。

三國　魏

程昱。東阿人。魏武征徐州，使昱與荀彧留守鄄城。時張邈等叛迎吕布，郡縣響應，惟鄄城、范、東阿不動。布使氾嶷取范，昱乃歸，過范，説其令靳允刺殺氾嶷，歸勒兵守，卒完三城，以待魏武。魏武表昱爲東平相，屯范。

夏侯惇。譙人。魏武時爲濟陰太守。大旱，蝗起，惇乃斷太壽水作陂，身自負土，率將士種稻，民賴其利。

鄭袤。開封人。文帝時爲濟陰太守。下車旌表孝悌，敬禮賢能，興立庠序，開誘後進。徵拜侍中，百姓戀慕，涕泣路隅。

吴

虞昺。餘姚人。濟陰太守。抑强扶弱，甚著威風。

晉

文立。臨江人。泰始初拜濟陰太守，政事修明。

華譚。廣陵人。武帝時爲鄄城令。過濮水，作莊子贊，以示功曹。廷掾張巡爲作答教，文甚美，譚異而薦之。又舉寒族周訪爲孝廉，訪果立功名。時以譚爲知人。

南北朝　魏

董騰。孝文時爲鄄城令。在任廉貞，勤恤百姓。兖州刺史鄭羲申表稱薦之。

高祐。渤海人。孝文時出爲西兗州刺史。祐以郡國雖有太學，縣黨宜有黌序，乃縣立講學，黨立教學，村立小學。又令一家之中自立一碓，五家之外共造一井，以給行客，不聽婦人寄舂取水。又設禁賊之方，令五五相保，盜發則連坐，風化大行，寇盜止息。

刁雙。饒安人。肅宗末，除西兗州刺史。時盜賊蜂起，州人張桃弓等招聚亡命，公行刼掠。雙至，陳諭禍福，桃弓歸罪。後有盜發，雙悉令追捕，州境清肅。

邢邵。鄚人。宣武時除西兗州刺史。在州有善政，桴鼓不鳴，吏人奸伏，守令長短，無不知之。不營生産，不擾公私，吏民爲立生祠，勒碑頌德。及代，父老及嫗媪皆遠相攀追，號泣不絶。

隋

乞伏慧。鮮卑人。高祖受禪，拜曹州刺史。曹俗，人多奸隱，户口簿帳恒不以實，慧下車按察，得户數萬。

郎茂。新市人。高祖時爲衛國令。時有繫囚二百，茂親自究審，數日釋免者百餘人。有民人張元豫與從父弟思蘭不睦，丞尉請加嚴法。茂曰：「元豫兄弟本相憎疾，又坐得罪，彌益其忿，非化民之意也。」於是遣縣中耆舊更往敦諭，元豫等各生感悔，詣縣請罪，遂相親睦。

張允濟。北海人。爲武陽令，以愛利爲行。元武民以牸牛依婦家〔一〕，孳十餘犢，而婦家不與。民訴縣，縣不能決，乃詣允濟。允濟命左右縛民，蒙其首，過婦家云捕盜牛者，命盡出牛質所來。婦家不知，遽曰：「此壻家牛，我無豫。」即遣左右撤蒙，曰：「可以此牛還壻。」婦家叩頭服罪。允濟過道旁，有姆廬守所蒔葱，因教曰：「第還舍，脱有盜，當告令。」俄大亡葱，允濟召十里内男女驗之，果得盜者。有行人夜發，遺袍道中，行十餘里乃寤。人曰：「吾境未嘗拾遺，可還取之。」既而得袍。舉政尤異，遷高陽郡丞。

唐

鄭德本。貞觀中爲曹州刺史，與滄州刺史薛大鼎、瀛州刺史賈敦頤齊名。謝壯稱爲「鐺脚刺史」。

韋濟。陽武人。開元初調鄄城令。或言吏部選縣令非其人，有詔問所以安人者，對凡二百人，濟第一。於是擢濟醴泉令。

嚴挺之。華陰人。開元中以太原少尹改濮州刺史。所治皆威嚴，吏重足脅息。

賈賁。閬州刺史璿之子。爲單父尉，率兵擊賊將張通晤於宋州，引兵與張巡合。時雍丘令狐潮舉縣附賊，行部淮陽，賁遂入雍丘。潮還攻之，賁趨門，爲衆躪死。

薛從。龍門人。濮州刺史。儲粟二萬斛以備凶災。於是山東大水，詔右司郎中趙傑爲賑卹使，傑表其才。

孔祖舜。山陰人。爲城武令，雉馴於庭。

丘弘禮。僖宗時爲天平軍節度使。朱全忠陷曹州，弘禮死之。

五代　梁

李珽。燉煌人。太祖即位，出知曹州。素號難治，前刺史十餘輩皆坐事廢，珽至以治聞，遷許州留後。會歲饑，盜刼汴、宋間，曹州尤甚，復遣珽治之。旋詔拜左諫議大夫。

晉

石敬暉。高祖從弟。爲曹州防禦使。以廉儉稱。

趙玭。澶州人。天福中，調濮州司户參軍。刺史白重進以其年少，故試以事，因以滯獄授之。玭爲平決，悉能中理。

周

吕餘慶。安次人。爲濮州録事參軍。時宋太祖領同州節制，聞餘慶有才，奏爲從事。世宗問曰：「得非嘗爲濮州糾曹者乎？」即以爲定國軍掌書記。世宗嘗鎮澶淵，濮爲屬郡，故知其爲人也。

宋

侯涉。長山人。建隆初爲冤句令，以清幹聞。節度使袁彦頗爲不法，涉抗章言之。

安守忠。晉陽人。開寶初爲濮州刺史。會河決澶州，守忠副潁州團練使曹翰護役，河決遂塞。後拜濮州團練使。

王禹偁。濟州鉅野人。太平興國八年擢進士，授成武主簿〔二〕，歷遷右拾遺、直史館。獻端拱箴，以寓規諷。時北庭未靖，復獻禦戎十策。端拱二年，親試貢士，拜左司諫、知制誥。以抗疏雪徐鉉事，坐貶商州團練副使。復直昭文館〔三〕，出知單州。多惠政，召爲禮部員外郎，邑人搆懷賢堂，志去思焉。後復知黄州，至郡卒。

柳開。大名人。太宗時知曹州，有政績。

安德裕。河南人。太平興國中知廣濟軍。城新建，德裕作軍記及圖經三卷，優詔嘉奬。

李及。范陽人。通判曹州。民趙諫素無賴，持郡短長，縱爲姦利。及受命，諫在京師謁及，及不之見，謾罵而去。投匿名書誣及，因毀朝政。會主封者發諫事，命及察其狀，及條上諫前後所爲不道，詔御史治，斬於都市。及由是知名。

楊偉。浦城人。真宗時通判單州。巡檢卒李素合州卒二百餘人謀殺巡檢使，州將不敢出，偉挺身往問曰：「若屬何爲而反？」俱曰：「將有訴於州，非反也。」偉曰：「持兵來，非反而何？若屬皆有父母妻子，以一朝忿而欲魚肉之乎？」悉令投兵坐，籍首惡十餘人，斬之。

謝濤。富陽人。真宗時知曹州。屬縣賦税，多輸睢陽助兵食，屬歲霖潦，苦於轉送。濤奏留曹賦，由廣濟河以輸京師，詔從之。一時稱便。

張存。冀州人。天禧中知朝城縣。寇準爲守，異之。中丞王曙薦爲殿中侍御史。

郭中錫。魏人。知博州。州兵出戍，有入脅衆爲亂者，中錫戮一人，黥二人，乃定。奏至，仁宗曰：「小官臨事如此，豈易得？」即爲御史臺推直官。京東盜執濮州通判井淵，遷中錫知州事，未閱月，悉擒兇盜。召爲侍御史。

陳希亮。眉州人。仁宗時，盜起冤句，上以爲憂，乃以希亮知曹州。不逾月，悉擒其黨。

王德用。趙州人。仁宗時，孔道輔言德用得士心，不宜久典機密，遂罷知曹州。或謂之曰：「孔中丞害公，今死矣。」德用曰：「中丞言官，豈害我者？朝廷亡一忠臣，可惜也。」

呂公著。壽州人。皇祐中知單州。率五鼓起，秉燭視案牘，黎明出廳決民訟，賓僚至者無拘時，以故郡無留事，下情易通，爲政不嚴而肅。

范諷。齊州人。慶曆中知廣濟軍。民避水隄居，凡給徭於官者，諷悉寬縱，使護其家，奏除其租賦。

田諒。青州人。慶曆間知朝城縣。時值兵興大河北，賦調繁急，諒安集流亡，期月而邑大治。

李參。須城人。仁宗時知濮州。時稱能吏，神宗久知其才，書姓名於殿柱。

謝茂迪。宣和二年爲范令，盜賊不敢入境。

劉攽〔四〕。新喻人。神宗時知曹州。曹爲盜區，重法不能止。攽曰：「民不畏死，奈何以死懼之？」至則治尚寬平，盜亦止息。

李迨。東平人。通判濟州。高宗以大元帥過濟，郡守自以才不及，遜迨行州事，應辦軍需無闕。會勸進，乘輿儀物皆未備，迨諳熟典故，裁定其制，不日而辦。

楊粹中。正定人。建炎初，金兵大入，粹中知濮州，固守不下。尼雅哈以濮小郡易之，將官杜端乘其不意，夜擣其營。尼雅哈跣足走，遂急攻城，凡三十三日而陷。粹中不屈死，守禦官杜績亦死之。贈粹中徽猷閣待制。「尼雅哈」舊作「粘罕」，今改正。

韓世忠。延安人。以功授單州團練使。高宗時，討單州魚臺賊，羣盜悉平。

張亢。臨濮人。爲曹州鈐轄，馭軍嚴明。

孫構。博平人。爲廣濟軍判官。歲入圭田粟六百石，構止受百石，餘以畀學官。

黄介。分寧人。辟廣濟簿尉，平反死囚，尹不能抗。

金

毛碩。甘陵人。皇統中知曹州。有書生投書於碩，辭涉謗訕，僚屬皆不能堪。碩延之上座，謝曰：「使碩嘗聞斯言，庶乎寡過！」士論嘉之。

那蘭呼拉勒。大名路人。爲曹州刺史。豪民璞薩索和立私渡於定陶，逃兵盜刼，皆籍爲囊槖，累任莫敢問。那蘭呼拉勒捕治之，窮究其黨，闔境肅然。「那蘭呼拉勒」舊作「納蘭胡魯剌」，「璞薩索和」舊作「僕散掃合」，今俱改正。

馬驤。禹城人。貞祐中爲曹州濟陰令。元克曹州，驤被執，搒掠求金。驤曰：「吾書生，何從得是？」又使跪，曰：「吾膝不能屈，欲殺即殺，得死爲大金鬼足矣。」遂死。贈泰定軍節度副使，仍樹碑於州，以時致祭。

元

岳存。太祖時，治楚丘數年，有惠政。

蓋苗。元城人。延祐五年，授濟寧路單州判官。州多繫囚，苗請疏決之，知州以部使未報，不可決。苗曰：「設使者有問，請身任其責。」乃勉從之。歲饑，郡府遣苗至户部以請，户部難之。苗伏中書堂下，出糠餅以示曰：「濟寧民率食此，况不得此食者尤多，豈可坐視不救乎？」因泣下。時宰悟，凡被災者，皆獲賑焉。有官粟五百石陳腐，以借諸民，及秋，郡責償甚急。苗曰：「官粟苗所貫，今民饑不能償，苗請代還。」乃已其責。單州税糧，歲輸館陶倉，距單五百餘里，民甚苦之。是秋館陶大熟，苗先期令民糴粟倉下，省民力什之伍。

明

鍾亮。麻城人。洪武中知定陶縣。勤政惠民，邑無廢事。秩滿，升通政司經歷，民詣闕奏留，遣還，仍知縣事。歷任十八年，升河南府同知。

范希正。吴縣人。宣德中知曹縣。莅政嚴明，以姦吏搆誣被遣，邑民詣闕請留。累賜璽書獎勞，給路費，升從六品，仍知縣事。正統中，山東旱饑，大理丞張驥安撫東省。先是，希正募民出粟數萬石，收貯備荒，至是賴以全活甚衆。驥以聞，并奏復設曹州，薦希正營建。事畢，即升知州。再考，請老。州人祠之。

毛晟。秀水人。景泰中知濮州。初，州城爲河水所壞。晟至，奏徙州治於王村集，經營建置，功集而民不擾。

伍禮。臨川人。天順初知曹縣。遇事明決。時有翊聖夫人矯旨籍曹、定諸處田數千頃，遣家僮入州，禮力拒不聽，被誣就遣。後得白，歷再考，擢知南陽府。

張浩。滄州人。天順間任曹州同知。廉潔無私，吏不能欺。於修舉廢墜，興學勸士，尤拳拳不倦。時稱州佐之賢，浩爲第一。

孫賓。交河人。成化中知定陶縣。值縣治傾圮，出公帑鳩工役創築，咸中程度，一邑更新，民不告勞。

王肅。滑縣人。成化中知曹縣。愛民教士，鋭意興除。時城郭圮壞，肅舉工修葺，並境内隄防，多所增築，一邑賴之。

江元。開化人。成化間爲曹縣教諭。以五經教士，尤精於易。閔祭器之缺，鑄造悉訪古制，併作銘以識。

林暻。懷安人。成化中出爲曹州同知。才識明敏，訟牘紛委，剖決如流。

鄒魯。江津人。弘治間知曹縣。優於文學，才復迅發，裁決縣事，迎刃而解。

郝芹。安邑人。正德中知定陶。廉正勤敏，釐革宿弊。洞悉民間疾苦，寬賦役，修學校，繕城池，復剛介無所畏避，豪權爲之屏跡。

趙景鸞。臨潁人。正德間知曹縣。爲政廉平。時護城隄壞，議大修築，悉樹以柳。民難之，鸞曰：「民難慮始，可以樂成。」違衆而舉。明年，河大決，水深丈餘，與隄平，邑免漂溺。

紀洪。綏德人。正統間知定陶縣。巨寇劉六、劉七所過披靡，薄定陶，洪率敢死士屢擊却之。劉六率衆數萬，誓必破定陶。會洪他出，夜分馳歸，坑路設伏，部署嚴整，謂妻子曰：「萬一力竭，無辱賊手。」乃積薪圍宅，命城破即火之。涕泣誓衆，衆殊致死。賊屢攻取，皆敗挫，乃引去。城賴以全。

孟勳。棗强人。正德間任曹州判官，署州事。時流賊攻刼，州守禦無備，勳率衆死守，撤扉爲陴，晝夜巡警，賊不敢近，居民安堵。

王圻。嘉定人。嘉靖中以御史謫知曹州。盡心勤職，愛民如子。定條鞭法，著爲令甲，賦役不擾，官民稱便。

劉倫。榆林衛人。嘉靖間知定陶縣。有幹才。在任建置增修，民不勞擾。精騎射，每寇至，父子策馬追獲之，盜賊屏迹。

張養志。陳州人。萬曆中知曹州。奉檄均地，養志就尺算地，析一畝而四之，多寡均調，民不煩而事濟。爲法簡而可久，吏無所容其奸，曹人頌之。

成伯龍。長垣人。萬曆中知曹縣。剖決如流，老吏讋服。賦入，額外不益累黍，治事尅期而辦。在任九載，擢考功主事。

孟習孔。武昌人。萬曆中知曹縣。曹自王圻平賦以後，民與里書又陰爲奸。習孔盡得其情，更立「一串鈴法」，以救條鞭之病，遵行至今。

李友楊。永城人。萬曆中知曹縣。重厚寬簡，不事苛察。曹多盜，下車，即訪積盜，貰其死用之，責以緝捕，大盜巢穴一空，境内帖然。

周燸。莆田人。萬曆間知曹州。嚴飭吏胥，擊去巨猾。又嚴行保甲，未幾，增户五百餘。曹之尤累者，有俵馬、兑軍、收頭三役，一一畫區，請用「一串鈴法」，至今便之。

吴邦相。杭州人。萬曆間知曹州。立法平糴，招徠流移，吏胥無敢作奸，境内大治。

張慎言。陽城人。萬曆中知曹縣。申明鄉約，廣積倉穀。歲再饑，慎言設廠作糜。周行眺視郊陌間，令俱樹榆柳，行者得以休息。以治行第一，擢御史。

李恪。安邑人。崇禎間爲曹州兵備僉事。值歲饑疫，恪盡心撫卹，曹民賴之。壬午城破，殉節死。

張其瑾。洛陽人。崇禎間知濮州。民困重賦，疏請蠲租。後殉壬午之難。

吴光寅。黄岡人。崇禎十三年知范縣。爲治嚴明，豪惡斂迹，僅一年，坐累落職。未歸，壬午殉難。又，蔣德俊，泉州人，崇禎壬午知范縣，城破死之。高其讓，萬泉左衛人，知范縣，李自成陷東昌，抗節不屈死。

趙應昌。永昌人。崇禎十六年知朝城縣。手擒巨賊米至等，闖賊僞檄至，應昌不屈死之。

本朝

線緡。奉天人。順治初知曹州。治尚簡易，勸開荒地，歲不下數百頃。後土賊竊發，鄰境鼿隉，而曹獨獲安。

宋賢都。奉天人。順治五年知城武縣。時李化鯨之變，起於倉卒，賢都不及防，初以甘言誘之，化鯨遂不爲備。進攻曹縣，賢都募死士，夜薄其營。化鯨覺，復攻城武，賢都力戰而死，闔門二十八人皆被害。邑人爲建祠祀焉。

尚自察。四川人。順治五年任城武教諭。李化鯨陷城，知縣宋賢都戰死，自察代署縣事。選諸生有才幹者，廣集民兵捍禦。賊懈則擊之，可撫則招之。旬月賊平，以勞卒於官。士民哀之，請祀名宦。

李文學。奉天人。順治六年知定陶縣。時李化鯨餘黨邢可觀猶負固榆園，文學莅任甫三月，邢賊剽掠至境。文學禦之於白塔陂，身被數創而死。賊見文學挺身敢戰，疑城中有備，不敢攻而去。城賴以全。

蔡廷瑓。廣寧人。初以拔貢授兗州訓導，署張秋捕盜通判。擒土寇丁惟嶽，論功升曹縣教諭。李化鯨陷城，廷瑓力戰死之。

馬之英。桐城人。知定陶縣。值李化鯨陷城後，民物凋敝，之英招集拊循，數年漸復其舊。又以僞印事，邑中株連數百人，之英委曲移訊，無辜盡釋，邑人感之。

門可榮。正紅旗漢軍人。康熙十年知曹縣。曹俗健訟，可榮鎮静廉明，人相戒不敢犯。邑苦河患，可榮莅任之明年，河南徙，雨雹不至城市，飛蝗越境而過，四虎渡河，嘉穀一莖五穗，人稱爲「濟陰五異」云。

黄秉中。海城人。康熙二十年知范縣。初莅任，值邑中已三月不雨，秉中徒步拜禱，甘霖立沛。闡揚節孝，必先寒微；税糧每歲全完，不用鞭扑。去任後，民感而祀之。

張成福。長垣人。康熙中，由布衣任曹州參將。值饑民附流寇焚掠，所在殘破。賊以數萬攻小宋集，至紙房集，成福躬冒矢石，斬獲數千級。賊復攻破陸屯、兩桃村、朱堽寺等處，成福乘夜獲渠魁陳德等，河北遂平。事聞，授副將，旋擢河北山東總兵官、左都督。卒，入祀曹州名宦祠。

楊文乾。鑲白旗漢軍人。康熙五十三年知曹州。聽斷明決，嘗疏引河歸入賈魯舊河，至今邑無瀦水之患。

楊雲漢。滋陽人。嘉慶十一年任曹縣城守營千總。李文成之亂，賊黨先至雲漢署，雲漢持鎗出戰，陷入圍中，陣亡。妻高氏、媳顧氏俱殉。事聞，議卹，贈雲騎尉，入祀昭忠祠。

姚國旃。歙縣人。嘉慶十二年知曹縣，以東河秋汛安瀾，在事出力，加同知銜。十八年九月，河南滑匪李文成倡亂，曹縣匪黨朱成貴等潛與勾結，國旃捕獲成貴弟成珍械省，續獲夥匪趙廣春等九名繫於獄。成貴逃逸，即於次日糾衆入城，釋獄囚，國旃出禦之，被戕死。兄國林，姪大綜，媳馮氏、尚氏，姪媳王氏，并幼孫男女二人，以及馮氏母馮程氏，壻張士鈞，幕友吳星萃、吳煥，二子中、惠，並僕從二十八人，皆死於難。事聞，贈雲騎尉，照同知例議卹，入祀昭忠祠。

人物

漢

魏相。定陶人。舉賢良，以對策高第，爲茂陵令。遷河南太守。宣帝即位，徵爲大司農，遷御史大夫。上言霍氏驕奢放縱，宜損奪其權。又請上書者去副封，以防壅蔽。地節中拜丞相，封高平侯。條漢興以來便宜行事，及賈誼、晁錯、董仲舒等所言，請施行之。又采易象及明堂月令奏之，請選明經通知陰陽者，明言所職，以和陰陽。每敕掾吏出，輒白四方異聞，或有逆賊災變，相輒奏言。與丙吉同心輔政，上皆重之。卒，謚憲侯。

曹曾。濟陰人。光武時爲諫議大夫。斲石爲倉以藏書，時號「曹氏書倉」。

魏霸。句陽人。兄弟同居，州里慕其雍和。建初中，舉孝廉。和帝時，爲鉅鹿太守。以簡樸寬恕爲政，掾吏有過，先誨其失，不改乃罷之。吏或相毀，霸輒稱他吏之長，終不及人短，譖訟遂息。永元中，拜將作大匠，典作順陵。吏皆懷恩，力作倍功。累官至光禄大夫。

孫斌。衛國人。第五種爲衛相，斌爲門下掾，種善遇之。種遷兖州刺史，中常侍單超以事陷種，徙朔方。超外孫董援爲朔方太守，蓄怒以待。斌具聞超謀，將俠客晨夜追種，及之於太原，遮險格殺送吏。因下馬與種，斌自步從，一日一夜，行四百餘里，遂得脱歸。

謝弼。武陽人。中直方正，爲鄉邑所宗。建寧初，詔舉有道之士，對策除郎中。時青蛇見前殿，大風拔木，詔公卿以下陳得失。弼上封事，左右惡其言，出爲廣陵郡丞。去官歸家。中常侍曹節從子紹爲東郡太守，忿疾於弼，以他罪按死獄中。後趙謙奏弼忠節，收紹斬之。

孫期。成武人。少習京氏易、古文尚書。家貧，事母至孝，牧豕以養，遠方學者皆執經壟畔從之，里落化其仁讓。黄巾賊起，相約不犯孫先生舍。郡舉方正，遣使齎羊酒請期，期驅豕入草不顧。司徒黄琬特辟，不行，終於家。

張馴。定陶人。通春秋左氏傳，以大夏侯尚書教授，拜議郎，與蔡邕共奏定六經文字。擢侍中，典領秘書，甚見寵異。多因便宜，陳政得失，朝廷嘉之。遷丹陽太守，有惠政，徵拜尚書，遷大司農。

陳宮。武陽人。剛直烈壯。初從曹操，後自疑，乃從吕布。每爲布畫策，不能用。布敗，操縊殺之。

三國　魏

樂進。衛國人。從魏武擊吕布、張超、橋蕤有功，封廣昌亭侯。從征張繡、袁紹，皆破之。魏武表稱曰：「武力既宏，計畧周備。每臨戰攻，無堅不陷。」累遷右將軍。卒，謚成侯。子綝，果毅有父風，官至揚州刺史。

李典。鉅野人。從魏武屢戰有功，遷破虜將軍，封都亭侯。典好學問，貴儒雅，不與諸將争功。敬賢士大夫，恂恂若不及，軍中稱其長者。薨，謚曰愍。

吴質。濟陰人。才學通博，爲五官中郎將，及諸侯所禮愛。出爲朝歌長，遷元城令。文帝時官至震威將軍，假節都督河北諸軍事，封列侯。

董昭。定陶人〔五〕。舉孝廉，歷任柏人令。事魏武，歷魏郡太守，贊謀居多。太和中，行司徒事，疏陳末流之弊，畧曰：「年少不復以學問爲本，專更以交遊爲業；國士不以孝弟清修爲首，乃以趨勢遊利爲先。此皆刑之所不赦也。」帝因發詔斥免諸葛誕等。卒，謚定侯。

王觀。廩丘人。少孤貧厲志，魏武召爲丞相文學掾〔六〕。累遷涿州太守。明帝幸許昌，召爲治書侍御史，典行臺獄。時多有倉卒喜怒，而觀不阿意順旨。遷尚書，徙少府。少府統三尚方御府内藏之寶，曹爽等奢放，多有干求，憚觀守法，徙爲太僕。累封陽鄉侯，遷司空，歸里卒。

晉

郄詵。單父人。父晞，尚書左丞。詵博學多才，瓌偉倜儻，不拘細行。泰始中，詔天下舉賢良直言之士，太守文立舉詵應選，以對策上第，拜議郎。母憂去職，召爲征東參軍，徙尚書郎，轉車騎從事中郎。吏部尚書崔洪薦詵爲左丞，及在職，嘗以事劾洪，洪怨詵，詵以正拒之，洪聞而慚服。累遷雍州刺史。武帝於東堂會送，問詵曰：「卿自以爲何如？」詵對曰：「臣舉賢良，對策爲天下第一，猶桂林之一枝，崑山之片玉。」詵在任，威嚴明斷，有聲譽。

卞粹。冤句人。以清辨鑒察稱。兄弟六人，並登宰府，世稱「卞氏六龍，元仁無雙」。惠帝時，歷侍中、中書令，進爵爲公。及長沙王乂專權，粹立朝正色，乂忌而害之。

卞壼。粹子。弱冠有名譽。元帝鎮建鄴，召爲從事中郎，委以選舉。後以功封建興縣公，尋遷領軍將軍。勤於吏事，不苟同時好，屢正色於朝。斷裁切直，不畏强禦，及庾亮將徵蘇峻，壼固争之，亮不納，峻果稱兵。詔以壼都督諸軍，與峻大戰於陵西。壼發背創未合，力疾厲衆苦戰，遂死之。二子眕、盱，見父歿，相隨赴賊，同時見害。峻平，贈忠貞，祀以太牢。

吳隱之。鄄城人，質六世孫。博涉文史，介立有清標。年十餘，丁父憂，每號泣，行人爲之流涕。事母孝謹，及執喪，哀毁過禮。解褐，輔國功曹。兄坦之，爲袁真功曹。真敗，將及禍，隱之請桓温，乞代兄命，温矜而釋之。累遷晉陵太守，在郡清儉。隆安中，爲廣州刺史，清操逾勵。後拜度支尚書。以竹篷爲屏風，坐無氈席，家人紡績以供朝夕。義熙九年卒。追贈左光禄大夫，加散騎常侍。子延之，復勵清操，爲鄱陽太守。延之弟及子爲州縣者，常以廉慎爲門法。

南北朝　齊

吴苞。鄄城人。善三禮、老、莊。宋泰始中過江〔七〕，聚徒教學。冠黄葛巾，竹麈尾，蔬食二十餘年。齊隆昌時，徵爲太學博士，不就。始安王遥光爲立館於鍾山下教授〔八〕，朝士多到門焉。

梁

卞華。冤句人。壼六世孫。幼孤貧好學，召補國子生。通周易，徧習六經，與平原明山賓、會稽賀瑒同業友善。江左以來，鍾律絶學，至華乃通。遷尚書議曹郎，出爲吴令。

江子一。濟陽人。晉江統七世孫。家貧，以孝聞。起家爲王國侍郎、奉朝請，尋遷左丞。上封事，極言得失，武帝甚善之。侯景攻陷歷陽，自横江將渡。子一率舟師千餘人欲邀之。其副董桃生走，子一乃退還南洲，收餘衆，與弟左丞子四、東宫主帥子五並力戰。子一直抵賊營，刺賊，賊解其肩而去。子四、子五相謂曰：「與兄俱出，何面目獨旋？」皆免冑赴賊死。侯景平，元帝各追贈賜謚。

魏

竇瑾。衛國人。少以文學知名，自中書博士爲中書侍郎，賜爵繁陽子。參軍國謀，屢有功，進爵衛國侯，轉西部尚書。拜長安鎮將、毘陵公。在鎮八年，甚著威惠。徵爲殿中、都官，典左右執法，太武歎曰：「國之良輔，毘陵公之謂矣！」出爲冀州刺史〔九〕，清約沖素，著稱當時。

李彪。衛國人。少孤貧，好學不倦。孝文初，爲中書博士，累遷秘書丞，參著作事。上封事七條，帝皆施行。遷秘書令，加員外散騎常侍，使於齊。前後六度銜命，南人奇其謇博。尋爲御史中尉，剛直多糾劾，豪右屏氣。帝嘗謂羣臣曰：「吾之有李生，猶漢之有汲黯。」後車駕南伐，兼度支尚書，與僕射李沖等意議乖異，沖表劾之，遂除名。卒，贈汾州刺史。

董徵。衛國人。好古學，尚雅素。年十七，師清河監伯陽，受論語、毛詩、春秋、周易，就河内高望崇受周官〔一〇〕，後於博陵劉獻之遍受諸經。數年之中，大義精練，講授生徒。太和末，爲四門小學博士，歷官司農少卿、光禄大夫。

温子昇。其先太原人。祖恭之，避難歸魏，家於濟陰冤句。子昇博覽百家，文章清婉。熙平初，對策高第，補御史。臺中文筆，皆子昇爲之。歷官散騎常侍、中軍大將軍。梁使寫子昇文筆傳於江外，梁武稱之曰：「曹植、陸機復生北土。恨我辭人，數窮百六。」濟陰王暉業嘗云〔一一〕：「江左文人，宋有顔延之、謝靈運，梁有沈約、任昉，我子昇足以陵顔轢謝，含任吐沈。」

周

李昶。彪孫。幼解屬文，初謁周文，周文奇之。累遷黄門侍郎，封臨黄縣伯。周文嘗謂曰：「卿祖昔在中朝爲御史中尉，卿操尚貞固，理應不墜家風。」乃奏昶爲御史中尉，兵馬處分，專以委之。詔册文章，皆昶所奏也。昶以父在江南，身寓關右，自少及終，不飲酒聽樂，時論以此稱焉。

隋

翟普林。楚丘人。事親盡孝，躬耕色養，鄉里稱楚丘先生。父母疾，不解衣者七旬。大業初，父母俱終，廬墓側，負土爲墳，盛冬不衣絮，惟著單縗而已。有二犬隨之墓側，普林哀，犬亦悲號，見者嗟異。司隸奏聞，授孝陽令。

唐

王雄誕。濟陰人。少强果，膂力絶人。杜伏威用之，戰多捷。伏威使輔公祏擊李子通〔一二〕，雄誕爲副，擒子通於陳，獻京師。又討歙州汪華及蘇州聞人遂安，皆降之。授歙州總管，封宜春郡公。公祏將爲逆，拘之別室，雄誕厲聲罵，遂縊殺之。雄誕愛人撫士，每破城，無絲毫犯。死之日，江南人皆流涕。高祖嘉其節，以子世果襲封。太宗時，贈大將軍，謚曰忠。

劉林甫。觀城人。武德時爲内史舍人，與蕭瑀等撰定律令，著律議萬餘言，歷中書吏部侍郎，賜爵樂平縣男。唐沿隋制，十一月選集，至春停。日薄事叢，有司不及研諦，林甫請四時聽選，隨到輒擬，於是官無滯人。始天下初定州府，詔使以赤牒授官，至是罷，悉集吏部，調至萬員。林甫隨才銓録〔一三〕，咸以爲宜，論者方隋高孝基。

賈敦頤。冤句人。貞觀中歷遷刺史，在職清潔。永徽中刺洛州，豪右占田踰制，敦頤舉所没三千餘頃以賦貧民。弟敦實，咸亨初爲洛州長史，亦有遺愛。人先後爲之立石，號「棠棣碑」。

劉祥道。林甫子。少襲爵，歷御史中丞，遷吏部黄門侍郎，知選事。釐補敝缺，上疏陳六事，遷司刑太常伯。每覆大獄，必欷歔累歎，奏決日，爲再不食。詔巡察關内道，多振冤滯。麟德元年，拜右相。數陳老病，罷爲司禮太常伯。從高宗封泰山，禮成，進爵廣平郡公。卒，謚曰宣。

劉齊賢。祥道子。襲爵，由侍御史出爲晉州司馬。帝以其方直，尊憚之。時將軍史興宗從獵苑中，言晉州出佳鷂，可捕取。帝曰：「齊賢豈捕鷂人耶？」累遷黄門侍郎，修國史。永淳元年，進同中書門下平章事。武后時，代裴炎爲侍中，辨炎不反，后怒，貶吉州長史，爲酷吏所陷死。齊賢三世至兩省侍郎、典選。從父應道，吏部郎中〔一四〕；從父弟令植，禮部侍郎〔一五〕。凡八人，前後歷吏部郎中、員外，世以爲罕。

王玄感。鄄城人。擢明經高第，調博城丞。紀王慎爲兗州都督，厚加禮，敕其子東平王續往受業。天授中，稍遷左衛率府録事，兼直弘文館。武后時，享明堂，封嵩山，詔與韋叔夏等草儀具，衆推練洽。轉四門博士，所撰書糾繆、春秋振滯、禮繩愆等凡數十百篇。魏知古見其書歎曰：「五經指南也。」徐堅、劉知幾等聯疏薦之，下詔褒美，以爲儒宗。拜太子司議郎，兼崇賢館學士，加朝散大夫，卒。

杜暹。濮陽人。父承志，武后時爲天官員外郎。見羅織獄興，移疾去。自高祖至暹，五世同居，暹尤恭謹，事繼母孝。擢明經第，補婺州參軍，以清節顯。累官安西副大都護。守邊四年，撫戎練士，爲夷夏所樂。歷禮部尚書，封魏縣侯，謚貞孝。

吴溆。濮陽人。章敬皇后弟也。代宗立，擢太子詹事，封濮陽郡公。建中初，遷金吾大將軍。溆循循有禮讓，見重朝廷，時以爲材當所位。朱泚反，溆持節慰曉，被害。贈太子太保，謚曰忠。

吴湊。溆弟。由布衣與兄溆同日開府，授太子詹事，封濮陽郡公，累進左金吾大將軍。湊才敏鋭，而謙畏自將。帝數顧訪，尤見委信。元載當國久，愎狀日肆，帝陰欲誅，顧左右無可與計，即召湊圖之，收載賜死。德宗初，出爲福建觀察使，還爲京兆尹。湊彊力拘儉，未嘗擾民，上下愛向。卒，謚曰成。

張直。范人。父壽張令，赴調長安。值巢寇亂，不知所終。時道路榛梗，直徒行乞食，求父所在，積十年不得，發哀行服。躬耕海濱，以周易、春秋教授學者，號逍遥先生。

劉晏。曹州人。七歲獻頌行在，張説試之曰：「國瑞也。」即授秘書省正字。天寶中，舉賢良方正。上元初，以御史中丞兼度支、鹽鐵等使。廣德初，進吏部尚書、同平章事，尋爲轉運、租庸等使。時中外艱食，晏凡所經歷，必究利病之由；出納錢穀，必委士類。嘗言户口多，則賦税自廣，故理財以養民爲先。晏有精力，多機智，變通有無，曲盡其妙。楊炎執政，與晏有隙，貶忠州刺史，復搆誅晏，天下冤之。

五代　梁

葛從周。鄄城人。從太祖攻蔡州。太祖墜馬，從周扶復騎，與敵步鬬，身被數創。太祖用爲大將，擒朱宣，走朱瑾。表爲兖州留後，畧地山東，五日而下洺、邢、磁三州，乃兼邢州留後。劉仁恭攻魏，從周隨梁主救魏，敗之，爲泰寧軍節度使，招降劉鄩。太祖即位，拜左金吾衛上將軍。末帝初，封陳留郡王，卒。

賀瓌。濮州人。末帝時爲招討使。晉兵以輕騎襲濮州，瓌自行臺躡之，戰於胡柳陂，斬其將周德威，盡取其輜重。以疾卒。

周

翟光鄴。鄄城人。父景珂，倜儻有膽氣，仕至樞密副使，出知永興軍，卒於官。光鄴爲人沈默多謀，事繼母以孝。雖貴，不營財産。嘗假官舍以居，雍睦親族，與均有無。臨政以寬静休息爲意。病亟，戒左右以尸歸洛，無久留以煩軍府。既卒，州人上書乞留葬立祠，不許。

王贇。觀城人。少爲小吏〔一六〕，累遷本州馬步軍都虞候〔一七〕。周世宗鎮澶淵，每決囚，贇引律令辨晰中理，即署右職。及即位，累遷右驍衛將軍、三司副使。時張美爲使，世宗問：「京城衛兵歲廩幾何？」美不能對，贇代奏甚悉。及征關南，以贇領河北計度使。五代以來，姑息藩鎮，有司不敢繩以法。贇所至，發摘奸狀，無所畏忌，振舉綱領，號爲稱職。

宋

張昭。范人。直之子。未冠，徧讀九經，盡通其義。後至贊皇，遇程生，授史學，能馳騁上下數十百年事，著十代興亡論。躬耕負米以養親。宋初，拜吏部尚書，進封鄭國公，致仕。昭博通學術，書無不覽，兼善天文、風角、太一、卜相、兵法、釋老之説。尤好纂述，自唐、晉至宋，專筆削典章之任，著嘉善集五十卷、名臣事迹五卷。

王著。單父人。性豁達，幼能屬文。宋初爲中書舍人。建隆二年知貢舉。時亳州獻紫芝，鄆州獲白兔，隴中貢鸚鵡，著獻頌，因以規諫，詔褒之。乾德六年爲翰林學士，加兵部郎中。開寶二年卒。著少有俊才，善與人交好，延譽後進，當世士大夫稱之。

譚延美。朝城人。太平興國初爲蘄州刺史。雍熙三年北伐，爲行營都監。出飛狐北遇敵，延美麾軍直進，敗之。徙知寧遠軍。遼兵抵城下，延美開門以示之，不敢入，遂引去。咸平中，以左領軍衛上將軍致仕。

錢守俊。雷澤人。少勇鷙，乾德中爲殿前班都知，從征太原。方戰，矢中左足，拔而復進，格鬭不已。還，遷馬步軍副軍都頭。太平興國中，從征范陽。師還，道遇敵，戰於徐河，斬首千級，奪馬百匹。雍熙二年北征，出飛狐道，邊騎雲集，守俊按甲從容進戰，大敗之。累授左領軍衛大將軍，領潘州防禦使，卒。

張齊賢。冤句人。孤貧力學，有遠志。太祖幸西都，齊賢以布衣獻策馬前，召至行宮，齊賢以手畫地，條陳十事。帝還，語太宗曰：「我幸西都，惟得一張齊賢，異時可輔汝爲相也。」太宗時，擢進士，名稍後，一榜盡與京官。累遷左拾遺。車駕北征，齊賢上疏，謂「擇卒不如擇將，任力不如任人」。又陳安民之策，謂「凡賦斂苛重者，宜改正之，爲聖朝之法」。六年，爲江南西路轉運使，前代弊政論免之。雍熙三年北伐，齊賢請行，即知代州。遼兵來，設伏敗之。淳化二年參知政事，尋同平章事。真宗即位，以兵部尚書、同平章事，嘗從容言皇王之道，而推本其所以然。出判河陽，拜右僕射。代還，請老，以司空致仕。卒，謚文定。

姚坦。濟陰人。開寶中擢第。太平興國八年，以部曹郎中爲益王府翊善。王於邸中爲假山，費數百萬，召賓僚宴飲觀之，坦獨俯首。王强使視之，坦曰：「但見血山耳。」王驚問。坦曰：「州縣催科，鞭笞流血，此皆租稅所爲，非血山而何？」時太宗亦爲假山，聞而毁之，且召慰諭。景德初，知鄧州，被詔嘉奬。

戚同文。楚丘人。幼孤，祖母攜育外氏。祖母卒，晝夜哀號，不食數日，鄉里爲之感動。徧誦五經，讀書累年不解帶。將軍趙直厚加敬禮，爲築室聚徒，學者不遠千里。同文純質，尚信義，力濟貧乏，未嘗言人短。好爲詩，有孟諸集。二子維、綸，並以文行名。

張詠。鄄城人。少任氣，不拘小節。太平興國五年登進士乙科，累轉太常博士。太宗聞其强幹，出知益州。詠爲政，恩威並用，蜀民畏而愛之。咸平初，入拜給事中。二年，以工部侍郎出知杭州。屬歲歉，民多鬻私鹽，詠悉寬之。真宗以詠前在蜀治行優異，復命知益州。會遣謝濤巡撫西蜀，上令傳諭詠曰：「得卿在蜀，朕無西顧憂矣。」歷知昇州。代還，抗論請誅丁謂、王欽若。章三上，出知陳州。卒，謚曰忠。詠剛方自任，樂爲奇節。真宗嘗稱其材任將帥，以疾不盡其用。自號乖崖，有集十卷。

戚綸。同文子。太平興國八年進士。累遷光禄寺丞。真宗即位，命爲秘閣校理，拜右正言、龍圖閣待制。留意吏治，每便殿請對，或中夜召見，多所敷啓，恩寵甚盛。樂於薦士，每奏十數人，皆當時名士。有集十卷。又前後奏議別爲論思集十卷。

邢昺。濟陰人。太宗時擢九經及第。真宗初，置翰林侍講學士，以昺爲之，命坐講春秋於殿上。因敷陳時事，或詔對詢訪至夜分。尋召昺與杜鎬、孫奭等校定三禮、三傳、孝經、論語、爾雅等書義疏。以老請補外。上以久在講席，使以工部尚書知曹州，卒。

任中正。濟陰人。進士及第，通判大名府。轉運使陳緯舉以自代，太宗曰：「朕自知之。」中正軀幹頎長，帝擇大笏長緋衣賜之。至部，歲大稔，租賦、平糴皆盈羡〔一八〕，發運使欲悉調餉京師，中正曰：「今偶餘，或稍歉，則永爲民患矣！」乃止。調兩浙轉運使。歲饑，不俟詔，發廩賑之。祥符九年，參知政事。仁宗時，累遷禮部尚書。弟中師，官至樞密副使、太子少傅。

晁補之。濟州鉅野人。善屬文。從父官杭州，萃錢塘山川風物，著七述以謁通判蘇軾。軾先欲有所賦，讀之歎曰：「可以閣筆矣！」由是知名。試開封，及禮部別院，皆第一。神宗閲其文曰：「是深於經術者，可革浮薄。」調國子監教授。元祐初，除秘書省正字，出判揚州。召爲著作佐郎。章惇當國，出知齊州。徽宗立，復以著作召。黨論起，又出知河中府，徙湖、密、果三州，主管鴻慶宮。還家，葺歸來園，自號歸來子。大觀末，出黨籍，起知達、泗二州，卒。補之才氣飄逸，尤精楚辭。從弟詠之，以廕入官，調揚州司法參軍，未上。時蘇軾守揚州，補之倅州事，以其詩文獻軾。軾曰：「有才若此，獨不令我一識面耶？」乃具參軍禮入謁。軾顧坐客曰：「奇才也！」復舉進士，爲河中教授。元符末，應詔上書論事，罷官。久之，爲京兆府録事。秩滿，提點崇福宮。有文集五十卷。

馬元方。鄄城人。淳化三年進士及第，知萬年縣。諸將討李繼遷，關輔轉餉，踰瀚海多失亡，獨元方所部全十九。遷殿中丞。户部使陳恕奏爲判官。元方言：「方春民貧，請貸庫錢，至秋冬令以絹輸官。」行之，公私果便。因下其法諸路。官至兵部侍郎。

徐起。鄄城人。舉進士，累官開封、三司度支判官，出爲荆湖北路轉運使。部有戍卒，殺人繫獄，其徒欲劫之。起聞，亟往按誅之，分其徒隸他州。爲徐州轉運使，募富室得米十七萬斛，賑餓殍；又移粟以贍河北、京西者凡三百萬。徙江東，請開長淮舊浦，以便漕運。累遷秘書監，知湖州，卒。

邊肅。楚丘人。舉進士，累遷工部郎中，出知曹州，徙邢州。會敵兵大至，城堞傾圮，無守禦具。真宗在澶州，密詔聽便宜南保他城。肅匿詔不發，督丁壯登陴固守，勒兵以待。敵至，出擊之，小勝。敵莫測，引去。時他鎮閉壁不出，老幼趨城者，肅悉開門納之。擢樞密直學士，歷泰寧軍節度副使。

侯義。楚丘人。傭身事母盡孝，里人有葬親而返舍者，母泣曰：「我死，其若是乎？」義曰：「母勿悲，義斷不忍也。」及母卒，竭力營葬，晝則負土築墳，夜則痛哭墓側。踰年，墳間瓜異蔕同實，木連理，巨蛇繞其廬，野鴿依而不去。有盜刦其衣服，既而愧悔，悉送還之。

王能。定陶人。咸平初，爲濟州團練使，知静戎軍。建議決鮑河，斷長城口，北注雄州塘水，爲戎馬限，方舟通漕，以實塞下。又開方田於静戎、順安之境，敵來輒擊走之。真宗稱其宣力公家。祥符初，以副都指揮領曹州觀察使。天禧初，進彰義節度使，卒。

燕肅。濟陰人。以寇準薦爲著作佐郎，歷官判尚書刑部。建言：「京師大辟必覆奏，而州郡疑獄上請者多爲法司所駁，且得不應奏之罪。願如京師，概得覆奏。」詔許之。其後上請者多得貸，自肅始。肅言太常鐘磬益不協，乃詔與李照、宋祁同按王樸律，即刻剔考擊，試之聲皆協。肅喜爲詩，性精巧，能畫，嘗造指南、記里鼓二車及欹器以獻。又上蓮花漏法，世推其精密。子度，有心計。初知陳留縣，累遷諫議大夫。凡六佐大農。慶曆中，三司請榷河北鹽，度言：「川、陝不榷酒，河北不禁鹽，此祖宗順民不易之制。」議遂寢。孫英，歷户部尚書。靖康間知河陽。金兵至，被害。

李迪。其先趙郡人。曾祖在欽，徙家於濮。迪深厚有氣局，舉進士第一，授將作監丞，累遷翰林學士。時頻旱蝗，迪請發内藏庫，以佐國用。他日召對龍圖閣，真宗謂迪曰：「曹瑋在秦州，屢請益兵，第怯耳。」迪對曰：「瑋知珠薩爾欲入寇，故請益兵，非怯也。」探佩囊中方寸小册，取紙筆具疏，某處當留兵若干，餘悉赴塞下。帝曰：「真所謂頗、牧在禁中矣。」未久，珠薩爾果犯邊，帝益重之。天禧中，參知政事。周懷政之誅，帝怒，欲責太子。迪從容奏曰：「陛下有幾子，乃欲爲此事？」上寤，乃獨誅懷政。尋同平章事。寇準既貶，丁謂用事，出知鄆州。仁宗即位，起爲秘書監，復同平章事。景祐中卒，謚文定。帝篆其墓碑曰「遺直之碑」。　「珠薩爾」舊作「唃嘶囉」，今改正。

高弁。雷澤人。弱冠，從种放學於終南山。又學古文於柳開，與張景齊名。舉進士，累官侍御史，諫修玉清、昭應宫，降知廣濟軍。歷知陝州，卒。弁性孝友，爲文章多祖六經及孟子。喜言仁義，有帝則三篇，爲世所傳。與李迪、賈同、陸參、朱頔、尹焞相友善。石延年、劉潛，其門人也。

張奎。臨濮人。中進士，累遷殿中丞。會泰州鹽課虧錢數十萬，事連十一州，詔奎往按。還，奏三司發鈔稽緩，非諸州罪。因言鹽法設重禁爲民病，於是悉除所負。母卒，廬於墓，自負土，植松柏。服終，累加樞密直學士，歷知鄆州。奎治身有法度，風力精强，所至有治績，吏不敢欺。

張亢。奎弟。少豪邁，有奇節。事兄奎甚謹。進士及第，爲應天府推官，通判鎮戎軍。上論西北攻守之計，既而遼人聚兵幽、涿間，遂使知安肅軍。元昊反，累遷右騏驥，歷知鄜州。上疏言軍政，復多施用。會夏人引兵屯玻璃堡，縱遊騎鈔麟、府間，徙亢爲并州都鈐轄，管勾麟府軍馬事。遂戰於兔毛川。亢突兵轉戰，敵大潰。築五堡，麟、府之路始通。後知代州，兼河東沿邊安撫事。終徐州總管。亢輕財好施，人樂爲之用。馭軍嚴明，所至有風績。民圖像祀之。

杜曾。濮州人。爲吏號知法。嘗言：「國朝因唐大中制，故殺，人雖已傷未死、已死更生〔一九〕，皆論如已殺。夫殺人者死，傷人者刑，先王不易之典。律雖謀殺已傷則絞，蓋甚其陰致賊害耳。至故殺，初無殺意，須已死乃有殺名。無殺名而用殺法〔二〇〕，則與謀殺孰辨？請格勿用。」又言：「近世赦令，殺人已傷未死者，皆得原減，非律意。請傷者從律保辜法，死限内者論如已殺勿赦〔二一〕。」皆著爲令。

馬默。成武人。家貧，徒走詣徂徠，從石介學。介語諸生曰：「馬君他日必爲名臣。」登進士第，知須城縣。鄆守張方平委以事。還，薦爲監察御史裏行。遇事輒言，無顧時議。尊崇濮王，呂誨等力爭，悉出補外。默請還之，不報。神宗即位，通判懷州，有善政。召爲三司鹽鐵判官。以論新法不便，出知濟、兖二州。還，提舉三司帳司。爲神宗言用兵形勢，及指畫河北山川道里，應對如流。神宗將用之，大臣滋不悦，以提點京東刑獄。默性剛嚴疾惡，部吏有望風投檄去者。歷知徐州，召爲司農少卿。司馬光爲相，問默以復鄉差衙前法如何〔二二〕？默曰：「不可。如常平，自漢爲良法，豈宜盡廢？去其害民者可也。」除河東轉運司，移兖州，以寶文閣待制致仕。

李紘。楚丘人。第進士，歷知於潛、南安、剡，俱有惠政。拜監察御史。紘有吏才，復篤於友誼。范仲淹被謫，朝士無送者，紘獨出郊餞之。與劉顔爲友，顔死，請移任子恩，官顔之子。人皆以爲難。弟緯，起家三班借職，累遷至河北緣邊安撫副使。

李柬之。迪子。獻文召試，賜進士出身。累擢侍御史，知雜事。柬之少受知於寇凖，至是論凖保護之功。仁宗惻然，即賜其碑曰「旌忠」。英宗即位，富弼薦其學行，帝勞之曰：「卿通識耆儒，方咨訪以輔不逮，豈止經術而已？」拜太子太保，致仕。柬之出都門，即幅巾白衣以見客。再遷少卿，卒。從弟肅之，歷官龍圖閣直學士。内行修飭，母喪，廬墓三年。季弟承之，生而孤，肅之鞠育誨道，至於成人。遂相繼爲侍從，帝稱其一門忠孝。承之性嚴重，有忠節，歷官户部尚書。

李及之。迪弟子。由蔭登第。歷通判河南府，入判刑部。撰次唐史有益治體者，爲君臣龜鑑八十卷。王堯臣上其書，韓琦亦以館職薦之，除秘閣。及之吏事精明，所居皆稱職。以大中大夫致仕。

王疇。濟陰人。父博文〔一一三〕，歷知州郡，爲政務平恕，至同知樞密院事。疇中進士第，遷翰林學士，修唐書。仁宗獵近郊，疇引十事以諫。遷給事中。英宗即位，屢上疏，請御朝聽政。太后還政，疇請講求尊崇母后之禮。及議配饗，請奉仁宗配饗明堂，朝廷以疇論事有補，器異之。累遷樞密副使。疇性介特，勵風操，坐立嶷然。卒，謚忠簡。

李師中。緯子。年十五，上封事，言時政，由是知名。舉進士，知洛川縣，遷中允，提點廣西刑獄，攝帥事。邊人化德，畫像事之，稱李大夫，不敢名。熙寧初，拜天章閣待制，知秦州。持重總大體，歷知瀛州。乞召司馬光、蘇軾等置左右，又言時政得失，吕惠卿排之，貶和州團練使，卒。初，包拯參知政事，或云：「朝廷自此多事矣。」師中曰：「包何能爲？今知鄞縣王安石，眼多白，甚似王敦，他日亂天下，必斯人也。」每進見，多陳天人之際、君臣大節，以進賢退不肖爲課相法。杜衍、范仲淹、富弼，皆薦其有王佐才。

張燾。奎子。舉進士，通判鈞州，累遷陝西都轉運使，加龍圖閣直學士，知成都府。由給事中易通議大夫，卒。燾才智敏給，嘗從范仲淹使河東，至汾州，民數百趨訴，仲淹以付肅。方與客弈，局未終，處決已竟。英宗時，三司奏事，帝詰鑄錢本末，皆不能對。肅悉論無隱，帝顧左右，識其姓名。

和斌。鄄城人。爲德順軍指揮使，從狄青南征。師還，張破賊陣形於殿廷，仁宗拊勞，擢文思副使〔二四〕，權廣西鈐轄。改秦鳳，廣西以蠻事乞留，秦州亦請之，詔留廣西。累歲，徙涇原。召對，議者謂交州可取，斌力言有害無益，願戒邊臣無妄動。神宗嘆曰：「卿質直如此，乃知兩路争卿爲不誣矣！」歷官步軍都虞候。斌老於爲將，以忠信得邊人心，嶺南珍貨，一無所蓄。邊吏欲希功，或謀報啓釁，斌折其奸謀，故所至無事，士大夫稱之。

張守約。濮州人。歐陽修薦其有智畧，知邊事，歷知融、定、河、岷、環、邠、涇七州，皆有惠愛可紀。以神龍衛四廂都指揮使召還〔二五〕，道卒。神宗嘗問武臣可任者，以燕達、劉昌祚、王崇極等對，後皆爲名將，時稱知人。

李孝基。柬之子。進士高第，唱名至墀下，仁宗顧侍臣曰：「此李迪孫也。能世其家，可尚也。」晏殊、富弼薦其才任館閣，欲一見之，孝基竟不往。知汝陰、雍丘二縣，通判閬州、舒州，歷知隨州。所治雖劇，事來亟斷，甫日中，庭已空矣。或問其術，曰：「無他，省事耳。」累官光禄卿，與父柬之同謝事，纔年五十。士大夫美之，以比二疏云。

杜純。鄄城人。少有成人之操。伯父殁官南海上，柩不能還，純白父請往，如期而喪至。以廕爲泉州司法參軍。熙寧初，充審刑詳議官。或議復肉刑，先以刖代死刑之輕者，純不可，事遂寢。秦帥郭逵與王韶訟，純受詔推鞫，得韶罪。王安石主韶，變其獄，免純官。元祐元年，范純仁、韓維交薦之，除河北轉運判官。初更役書，司馬光稱其議論詳盡，與之書曰：「足下在彼，朝廷無河北憂。」官至集賢殿修撰。

杜紘。純弟。起進士，爲永年令〔二六〕。神宗聞其才，用爲大理評斷官。紘每議獄，必傅經義。累遷大理卿，權刑部侍郎，加集賢殿修撰。爲江淮發運使，知鄆州，徙應天府，卒。紘事兄純禮甚備，在鄆州聞訃，泣曰：「兄教我成立，今亡，不得臨，死不瞑矣。」適詣闕，迎其柩於都門，哀動行路。悉以俸錢給寡嫂，推恩官其子若孫一人。宦京師，里人馬隨調選，病卧逆旅，紘載以歸，竟死，爲治喪第中。其風義蓋天性云。

竇卞。冤句人。舉進士，通判汝州，歷開封府推官。方禁銷金爲衣，卒捕得之，以中禁爲言。卞奏曰：「真宗行此制，自掖庭始，不正以法，無以示天下。」英宗從其請。出知深州。熙寧初，河決滹沱，流民接踵，卞不待報，發粟給之。時發卒築武彊，卒惰，主者笞之，不服。卞命斬之，以聞，有詔嘉獎。官至天章閣待制。

金

賀揚廷。濟陰人。天德間經義進士，以廉能遷刑部侍郎，轉山東西路提刑使。性疾惡，纖介不少容。歷洺州防禦使，洺人爲之立石頌德。

商衡。曹州人。至寧元年進士第一，歷遷監察御史。内族清奕努守盱眙，爲李全所敗，置不問。衡言：「敗軍之將，必正典刑。不爾，無以謝天下。」曹温以掖庭親舊干預權利，衡歷數其罪，哀宗爲之動容，出温爲汝州防禦使。天興初，關陝行省徒單武丹等敗鐵嶺，衡爲秦藍帥府經歷，招集潰軍，爲敵所得。望闕瞻拜，引佩刀自刎。「清奕努」舊作「慶山奴」，「徒單武丹」舊作「徒單兀典」，今俱改正。

任天寵。定陶人。明昌中進士。貞祐初，以秘書監兼户部侍郎，改中都路轉運使。時京城戒嚴，糧運艱阻，天寵悉力營辦，出家資以濟饑者，全活甚衆。遷户部尚書。及中都不守，天寵走南京，中道遇敵，死之。謚純肅。

元

商挺。衡之子。元世祖聞其名，召對稱旨。間陪宴，語字而不名，因言：「李璮城朐山，東平爲饋米萬石，率十石致一，且車因泥淖，後期當死，何重困民若是！何不輸沂州，使璮軍自取食耶？」世祖曰：「愛民若此，忍不卿從乎？」世祖北還，挺與廉希憲密贊大計。既即位，命同宣撫陝、蜀。帝嘗數其前後大計，凡十有七，累遷樞密院副使。卒，謚文定。挺有五子：琥、璘、瑭、瓛、琦，琥、琦最知名。

朱汝諧。濮州人。父子明，嘗命與兄汝弼別產。父卒，汝弼家盡廢，汝諧乞請共居。仲父子昭、子玉貧病，汝諧迎至家，奉湯藥，甘旨甚謹，後卒，喪葬盡禮。鄉人賢之。州縣以名聞，詔旌其閭。

張企誠。曹州人。與弟企賢事繼母如所生。至正間，山東兵亂，企誠兄弟扶母坐箕中，肩舁而行，日夜跋涉，賊相戒不犯。歲荒歉，拾野菜爲食，於母供奉不乏。

明

李仕魯。濮州人。自幼嗜學，聞婺人朱公遷得朱子之傳，負笈從之遊。洪武初，詔求傳朱學者，有司以仕魯應。除黃州府同知，期年以治聞，詔爲大理寺卿。時有僧碧峯者，求爲僧建職司，帝欲許之。仕魯三上章諫，不聽，頓首帝前曰：「陛下既信其教，無怪臣言之不入也。願還陛下笏，乞歸田里。」帝大怒，命衛士捽毆之，立死。

楚樟。朝城人。資性明敏，博通經書。洪武初，以明經舉任本縣訓導。教人有法，士多成材。擢詹事府府丞。

商暠〔二七〕。定陶人。洪武初仕監察御史。直言時政，彈劾權貴，無所回護。

李秉。曹縣人。正統中進士，歷官僉都御史，巡撫宣府及蘇、松，大著聲績。提督建州軍務，討平寇亂，拜吏部尚書，進太子少保。鋭意澄清，權貴請託，皆不聽，以是被陷。林居二十年，卒，謚襄敏。

馮昱。濮州人。正統中由舉人授監察御史。錦衣衛指揮門達怙寵弄權，昱首抗論列其罪，達遂伏法。官至河南按察使副使。

李木。曹州人。景泰中進士，官禮科給事中，繩糾得體。累遷南光禄少卿。至性友愛，兄子早孤，教養如子，先業盡以付之。

王禮。朝城人。早喪父，事母至孝，食非手調不以進。母殁，哀毁過禮，廬墓三年，手種松柏成林。有二蛇遊其側，馴習自如。景泰中旌表。

魏元。朝城人。天順進士，授禮科給事中。成化初，萬貴妃兄弟驕横，元列其罪，疏七上不報。官至江西右參政。

王珣。曹縣人。成化中進士，授太康知縣，以治行擢御史。行部蘇、松。例獲盗三百，升四品俸，時以盗詿誤者至數十人，珣按非實，多所平反，曰：「吾不能殺人以進階也。」後至副都御史，巡撫寧夏，議濬賀蘭山渠，以廣屯田。子崇文、崇獻，皆至巡撫。

石巍。曹縣人。成化中進士，官至蘇州知府。以文公家禮與時俗多不合，乃遠酌禮經，近依律例，成書行之，曹人奉爲文獻。

陳九疇。曹州人。善騎射，多權略。弘治中進士，授刑部主事，升肅州兵備。土魯番入寇，九疇出奇兵襲其營〔二八〕，俘斬甚衆。尋升陝西按察使。番人萬餘入寇，九疇以三千兵追至瓜州，盡俘其衆，論功第一。王瓊忌其功，嗾進貢番使誣奏，坐九疇罪。後武宗悟，從末減，遣戍鐵嶺。嘉靖初，起陝西僉都御史。時番主素爾坦莽肅兒等大舉入犯，九疇驍騎大敗之。進副都御使，以病歸。天啓間，追謚忠襄。「素爾坦莽肅兒」舊作「速檀滿速兒」，今改正。

宋顯章。濮州人。爲諸生，有醇行。父殁廬墓。正德六年，流賊至曰：「此孝子里也。」相戒勿犯。年四十卒，無子，妻辛氏殮畢，自經以殉。有司建節孝坊祀之。

蘇祐。濮州人。嘉靖進士，除吴縣令，拜監察御史，出按宣大。大同兵變，捕首惡斬之，乃定。累遷副都御史，巡撫山西，入爲刑部、兵部侍郎，總督宣大。罷歸。前後歷官俱有能名，爲詩奔放自喜，齊、魯間推之。二子：濂、淡，亦工於詩。

江東。朝城人。嘉靖進士，授工部主事，歷巡撫遼東，總督宣大，免歸。南京兵變，起爲兵部侍郎，往按治，誅首惡。江南倭亂，奉詔討平之。擢南京兵部尚書，改户部。俺答圍大同右衛，糧餉告絶，命東總督宣大，齎米三萬斛往救。東令士各持火器，倍道趨進，距右衛百里許，晝鳴鼓發銃，夜列萬炬燭天，敵驚，隨解圍去。累加太子太保。卒於邊，謚恭襄。東倜儻有謀，推誠御下，人樂爲用。

曹邦輔。定陶人。嘉靖中進士，歷知元城、南和縣，以政績擢御史，巡按陝西。疏邊臣諱寇狀，逮者七人。後爲河南副使、浙江按察、應天巡撫。親平巨寇，趙文華求賕不得，誣陷謫戍。

何爾健。定陶人。萬曆中進士，知鄢陵縣。捐資活飢民數十萬，召爲御史。會籍没張瑺，力諫出無罪者萬餘人。出按遼左，大璫高淮横虐，爾健收其黨，杖殺之。官至大理寺丞。

楚煙。曹縣人。天啓中進士，知龍溪縣。蕩平海寇，調贊皇，升户部主事。謝政歸。崇禎末，城破被執，賊知其貧，欲縱之，煙立求死，遂見害。本朝乾隆四十一年，賜謚節愍。子鳳苞，以身蔽父，先被數創死。妻趙氏，亦觸柱死。

劉太清。定陶人。天啓中，以明經知望江縣。剿除巨寇黄文鼎，一城安堵。以忤權貴歸。崇禎末，殉節死。

葉廷秀。濮州人。天啓進士。崇禎中，歷户部主事。黄道周被逮，廷秀初未相識，抗疏論救。帝怒，杖之百，遣戍福建。乃受業劉宗周之門，篤志正學。羣臣交章薦之，終未任用。

朱廷焕。單人。以進士歷官大名府知府。崇禎甲申，賊劉宗敏移檄諭降，廷焕作書辭其父，然後縛僞使，以大礮向賊營擊之。賊怒，城陷，支解之。本朝乾隆四十一年，賜謚烈愍。

本朝

馮穆。鄆城人。順治元年，以貢生授江西宜黄知縣。金聲桓叛，穆拒守，城陷，抗節死。

武韜。曹人。順治丙戌一甲二名武進士，授山西蒲州營遊擊。姜瓖叛，韜身先士卒力戰，繼之以死守，殺賊百餘。力竭，被執，猶駡不絶口，遂遇害。

朱纁。單人。廷焕子。以父死難，終身不御羅綺。事母備極色養，與兄同居八十年，翕好無間。邑中有大興作，必竭資以襄民力。殁之日，鄉人有感慟失聲者。

朱應麟。單人。幼有至性。父病，籲天求減己壽以代，父疾果瘳。好施與，助舉喪葬者數十計，代完娶者十餘人，而贖榆林賊之擄婦，拒李化鯨之寇掠，鄉人尤頌其德。

何覲。菏澤人。康熙丁未進士。年十二，父死兵難。覲哀憤欲自縊，門客勸以宗嗣大義且母在，乃扶櫬奉母歸里，干戈搶攘中，色養備至。官至内閣中書舍人。

李泰。單人。性純孝。十七，居親喪，哀毁骨立。推所有田産、奴僕，與姊及甥共之。歲饑，捐錢粟數千金助賑，存活無算，邑人咸德之。

王衮。曹縣人。金吾前衛指揮。邑有巨蟒，爲人害，衮斬之，害遂息。

杜冠玉。濮州人。乾隆丙辰恩貢。以保舉孝廉，選授蒙陰教諭。髫齡即知孝弟大義，及長，窮究經史，期於身體力行。或問處家之道，曰：「不争財，不私妻子而已。」生平於不遷怒一言尤所體察，鄉黨咸服其量。殁後，人私稱爲和毅先生。其他周䘏貧乏，見義必爲，不可枚舉。在官時，奬勵人材，培植寒士，尤爲當世所稱道。乾隆三十九年，入祀鄉賢祠。

趙樹屏。單縣監生。少有至性，最得兩親歡。父母有疾，昕夕曾不蹔離。父歿，痛絶者三，遂成嘔血之疾，然猶日侍慈闈，夜依父墓，六七年間，率以爲常。母石氏病革，哀毁愈甚。後與父塋合葬，廬墓終身。其手植松楸，慈烏巢其上，遇樹屏號泣，烏亦羣聚哀鳴，人以爲至孝之感。

流寓

唐

蕭穎士。梁鄱陽王七世孫。補秘書正字，奉使括遺書趙、衛間，久不報，爲有司劾免，流客濮陽。於是尹徵、王恒、盧異、盧士式、賈邕、趙匡、閻士和、柳并等〔二九〕，皆執弟子禮，以次受業，號蕭夫子。

宋

畢士安。雲中人。父乂，終觀城令，因家焉。士安少好學，事繼母祝氏以孝，祝氏曰：「學必求良師友。」乃與如宋，又如鄭，得楊璞、韓丕、劉錫爲友，因爲鄭人。

范仲淹。蘇州人。依戚同文，因寓楚丘。後又與楚丘李紘爲石交〔三〇〕。

陳師道。彭城人。善爲文。紹聖初，其婦翁郭概知曹州，因來寓曹數年。與教官晁無斁多唱和。

范純禮。吴人。崇寧中貶静江軍節度副使。徐州安置，徙單州。

列女

唐

賈孝女。鄄城人。年十五，父爲族人元基所殺，弟彊仁尚幼，孝女不肯嫁，躬撫育之。彊仁能自樹立，教伺元基殺之，取其心告父墓。彊仁詣縣言狀，有司論死，孝女詣闕，請代弟死。高宗閔嘆，詔並免之。

晉

卞壼妻裴氏。壼二子：眕、盱，同死父難。裴撫二子屍，哭曰：「父爲忠臣，汝爲孝子，復何恨乎！」

宋

焦孝女。定陶人。家貧，父早喪，女與母居。性純愨，事母至孝。母疾，思食燎麥。時隆冬，女號泣求於郊原，忽新吐麥穗，歸以奉母，母疾遂瘳。人以爲孝誠所感，立祠祀之。

劉潛妻姜氏。定陶人。潛以進士知蓬萊縣。代還，母抱疾卒，潛一慟遂絶。妻撫潛屍，哀號而死。時人傷之曰：「子死於孝，妻死於義。」

元

丁從信妻李氏。鄄城人，名冬兒。年二十三夫歿，服闋，父母呼歸，欲再爲擇婿，冬兒不從，詣從信冢哭〔三二〕，入室更新衣，自經死。

明

馬州妻寇氏。曹州人。年二十，流賊卒至，欲犯之。寇瞋目大罵，賊以槊貫其子脅之，罵益厲。賊支解之。嘉靖中旌表。又，李興女名梅，賊脅以刃，不從，見殺。

陳玲妻劉氏。曹人。嫁未幾，夫故。劉日夜號泣，欲以身殉。家人防之，稍懈，自縊柩傍。

田增妻徐氏。曹人。年十七，增亡。其姑陳亦少寡，泣謂曰：「吾夫與子皆歿，相依者婦耳。然汝甚少，忍相誤乎？」徐抱姑大哭，以死自誓。家貧，十指拮据以養姑。嘉靖中表其門。

李世資妻張氏。曹人。夫亡，食貧撫孤。後其子又卒。張與婦陳，兩孀相守，教孫成名。有司上其節，詔旌其門。

魏禮妻李氏。曹州人。禮死，家貧無倚。李託身兄弟家，紡績操作以給。守節三十餘年。

竇璉妻張氏。單人。夫避水渡河溺死，張聞之，身入水負其屍還，遂自縊。邑人哀之。

孔良弼妻喬氏。定陶人。二十六而寡，撫二孤堅守，親授句讀，後皆成名。良弼弟良臣亦早卒，妻劉年二十四，亦教孤成立。旌曰「雙烈」。

邢隆妻孫氏。范人。隆出賈，流賊至，母老不能行，孫侍姑不去，賊欲污之。孫曰：「吾儒家女，誓不從賊。」賊刳其腹而死。又，蔣養正妻張氏，土寇陷城，養正縊死，張攜女子、婢妾七人俱投井死。李廷揖妻吕氏，廷揖守城，死於賊，吕攜幼女哭屍傍，鄰婦促之避賊，吕曰：「夫死，安所之乎？」抱女投井，一婢隨之俱死。吴一脈妻李氏，爲賊所掠，迫挾上馬，自投於地，賊刃其胸死。丁孔熺妻徐氏，聞孔熺死於兵，自縊死。

岳爾高妻孟氏。朝城人。崇禎壬午城陷，爾高及長子中瑾皆殉難。孟聞變，以幼子付僕嫗，自與子婦吕氏及二女俱投井死。

郭憲妻趙氏。曹人。年二十四夫死，無子，誓志守節。正德辛未，流賊掠曹，迫之不從，遇害。同縣李聘儒妻王氏、胡瓚女俱爲賊所掠，痛罵被殺。

杜龍妻朱氏。菏澤人。與龍弟諸生杜撰妻莊氏，崇禎十五年冬，曹州罹兵變，時龍千總，與撰出城徵餉，城潰，朱氏、莊氏積薪自焚。龍妾黄氏、朱氏，女二姐，姪女七姐及僕婦、婢婦俱投火死。同縣馬仲妻郭氏、趙錫妻張氏俱夫亡自縊。梁維宇女字同邑辛氏，未嫁，辛病故，女絶粒三日不死，復投環卒。張端女留姐，守正捐軀。

本朝

王化妻汪氏。曹人。順治五年李化鯨之變，化攜氏赴魚池中。家人救之，而化已死，氏翌日蘇，賊見其已溺而置之。迨後撫孤守節七十餘年。同縣和八剛聘妻張氏，未婚而夫歿，聞訃自縊。

紀大青聘妻劉氏。曹人。大青爲兵所掠，久無音耗，兩姓父母欲議改婚，氏遂自縊。

謝國璧妻劉氏。曹人。李化成陷城，氏攜其女投河死。

孫思温妻張氏。單人。年十七守節，壽至百歲。

蘇大魁妻王氏。單人。守正捐軀。同縣馬折桂妻朱氏，夫亡自縊；許經新妻王氏，夫亡，不食死。

張敦雅妻周氏。菏澤人。順治間榆園賊起，敦雅禦賊死。周聞變，往哭之，手擊賊，破其面。賊怒，支解之。康熙年間旌。

楊氏女。菏澤人，名存姐。守正捐軀。同縣烈女張氏、節婦張盤龍妻王氏、李之楨妻陳氏，均康熙年間旌。

劉興邦妻趙氏。單人。興邦任雲南經歷，吳逆兵亂，南北隔絶十年。氏命子宏甲萬里尋親，越二載，興邦卒。氏哀毁盡禮。年百有二歲卒。同縣節婦張炳妻李氏、張柱明繼妻賈氏、劉琦妻張氏及子允昌妻李氏、張穌妻王氏、張資睿妻劉氏、魏君佐妻楊氏、趙元曠妻劉氏、朱伯琛妻徐氏與妾劉氏、吳乘龍妻馬氏，均康熙年間旌。

譚瑜聘妻邵氏。城武人。未婚而夫卒，聞訃自縊。同縣節婦王配京妻劉氏、李壯妻朱氏、孫長庚妻李氏、管景輿妻陳氏、孟尚志妻李氏與子浩妻張氏、祝爾壽妻王氏、李繪妻吕氏、張翮妻王氏、楊天培妻張氏與子大伸妻邵氏，均康熙年間旌。

潘九鉉妻張氏。城武人。明崇禎十五年，九鉉爲賊所擄。氏年二十七，矢志不辱，身受數刃，復甦。後城陷，投井不溺，以節終。同縣生員李飛龍妻侯氏，夫殁，子三歲，家人私語「少婦食貧，將不克終」，氏聞之，取刃立斷三指，自誓守節。王夢楨繼妻曹氏，適夢楨爲賊所害，子幼，氏隱恨欲報讐，直走賊巢，尋尸歸葬。並訴賊狀於官，捕獲正法，手刃賊肉以祭夫墓。均康熙年間旌。

段氏女。鉅野人。許字鄆城王大有，未婚而大有卒。女聞訃，自經。康熙年間旌。

劉心泰妻徐氏。鄆城人。守正捐軀。同縣烈婦黄都陽妻牛氏、黄鉉妻周氏，均康熙年間旌。

李一原妻董氏。曹人。夫故，色養孀姑。姑多病，冬日思得櫻桃，氏夢獻，姑亦夢食，病尋愈。又於秋日思食冰，氏貯水祝天，天忽雨雹，姑食愈病。及姑年老，卧病絶粒，氏亦不食。姑殁，氏一痛而絶。同縣烈婦車永德妻秦氏、張戀妻常氏、黄曰事妻石氏、孫爲則妻劉氏、王學聚妻趙氏、朱持興妻季氏、趙乾健妻胡氏，均康熙年間旌。

馬大用妻李氏。定陶人。夫亡守節，以孝聞。夜有盜入室，縛翁姑，氏冒白刃，急籲祈免。賊義之，翁姑獲全。同縣節婦朱弓錫妻馬氏、侯相妻楊氏，均康熙年間旌。

殷秉智妻樊氏。濮州人。夫歿，翼日自經以殉。同縣節婦葛天民妻苗氏、李培基妻陳氏，均康熙年間旌。

何瓚妻連氏。菏澤人。夫亡守節。同縣李敏馨妻王氏、黃嘉柱妻李氏、胡方新妻何氏、魏興廉妻孔氏、劉維英妻吳氏、蕭垓妻何氏、魏崇廉妻許氏、李儀繼妻張氏、王端妻張氏，均雍正年間旌。

李國謨妻程氏。單人。夫亡守節。同縣朱梘妻李氏、謝衡妻黃氏、黃楷妻劉氏、張行貴妻黃氏、王淳妻劉氏、李青如妻葛氏、謝心典妻劉氏，均雍正年間旌。

樊建勳妻牛氏。鄆城人。夫亡守節。同縣張桓妻劉氏、楊晼妻張氏、丁秉智妻陳氏、譚文謨妻馮氏、生員李承祐妻王氏、趙永美妻祝氏、李色親繼妻年氏、李倫繼妻翁氏、劉瀚妻王氏與子綏祉妻馬氏、常汴妻顧氏與子存禮妻董氏、單文英妻吳氏、王應顯妻江氏，均雍正年間旌。

張坦妻沙氏。曹人。守正捐軀。同縣節婦邵東妻趙氏，均雍正年間旌。

李垣岐繼妻韓氏。菏澤人。夫亡守節。同縣田萬全妻趙氏、王化醇妻侯氏、楊淑震妻李氏、周渭洛妻吳氏、朱廷英妻武氏、王斌妻楊氏、施其學妻夏氏、王允恭妻董氏、何文熛妻田氏、陳遂妻趙氏、段二妻朱氏、莊繼宗妻卞氏，均乾隆年間旌。

孟琭章妻朱氏。單人。夫亡守節。同縣劉樸妻魏氏、劉爍妻張氏、劉銑妻趙氏、劉起元妻陳氏、朱允恭妻王氏、劉逢震妻李氏、胡自强妻劉氏、王肅德妻張氏、張椝妻徐氏、權茂德妻陳氏、袁以倬妻龐氏、許璋妻李氏、張國脉妻郭氏、張棻妻劉氏、許都妻謝氏、色安妻劉氏、朱允和繼妻賈氏、李希麟妻張氏、丁宏濟妻陳氏、常華妻王氏、盧善先妻劉氏、盧鴻嗣妻黃氏、吳穎妻閻氏、時宗儒妻李氏、黃榧妻劉氏、朱爾靖繼妻李氏、黃魯妻牛氏、林英妻孫氏、單京妻張氏、劉峵妻郭氏、張蒲妻朱氏、石中榮繼妻朱氏、朱淑琪妾孔氏、朱涑妻劉氏、劉毅妾張氏、管某妻羅氏，烈女孫宏吉女、張賢友女、張君輔女，均乾隆年間旌。

賀永安聘妻劉氏。城武人。未于歸而夫歿，聞訃自縊。同縣節婦李全妻侯氏、劉夢嘉妻耿氏、李鈍妻曹氏、王人龍妻董氏、楊士循妻宋氏、曹峯越妻劉氏、岳鴻儒妻蘇氏、王沂妻徐氏、李璜繼妻程氏、劉育倬妻李氏、宋昱妻高氏、張奎先妻田氏、徐思邁妻申氏、步先登妻賈氏，均乾隆年間旌。

李元正妻吳氏。鉅野人。元正亡，氏事祖姑那氏及姑馬氏，以孝聞。家遭回祿，姑老不能行。氏相守不去。室焚而氏與姑無恙，人以爲節孝所感。同縣節婦楊登雲妻王氏、軒轅善世妻魏氏、傅和説妻孫氏、宗璽妻李氏、魏京妻郝氏、鄒淳妻張氏、鄒文車妻趙氏、鄒麗正繼妻王氏、姚成年妻商氏、田復振妻張氏、丁肇修妻李氏、丁慎修妻魏氏、丁端修妻吕氏、徐某妻傅氏、姚某妻李氏，均乾隆年間旌。

牛弘道妻殷氏。鄆城人。夫亡守節。同縣曾貞禕妻朱氏、曾貞璠妻刁氏、劉守恪妻薛氏、王成周妻宋氏，烈婦張孝友妻王氏、陳二玉妻宋氏、吳孫氏，均乾隆年間旌。

葛銓妻何氏。曹人。夫亡守節。同縣安于陛妻鄭氏、孫維周妻姜氏、孫璧妻劉氏、劉曰桂妻王氏、王謨妻楊氏、王懷仁妻李氏、張永祚繼妻崔氏、張煥妻王氏、徐坦繼妻陳氏、袁修永繼妻武氏、陳狗妻鹿氏，均乾隆年間旌。

蘇友楷妻劉氏。定陶人。夫亡守節。同縣祝志恭繼妻黄氏、潘迴妻秦氏、馬大蕃繼妻朱氏、李其綱妻劉氏、祝志禮妻朱氏，均乾隆年間旌。

毛伯梁妻宗氏。濮州人。夫亡守節。同州祝天騏妻楊氏，與子贊周妻周氏、史永光妻梁氏與夫弟恒光妻蘇氏、陳大行妻孫氏、路鴻業妻郝氏、毛會正妻蘇氏、任某妻李氏、張某妻李氏，均乾隆年間旌。

范舍義妻孟氏。范人。夫亡守節。同縣吳東齊妻李氏、孫榮成妻王氏、張九妻郭氏，均乾隆年間旌。

馬廷輔妻于氏。觀城人。夫歿無子，因勸翁娶妾，生子三日而妾亡。氏仰天泣祝，乳忽涌出，子賴以存。同縣節婦王某妻李氏、李興遠妻梅氏，均乾隆年間旌。

牛玉貴妻張氏。朝城人。夫亡，爲營喪葬事畢，投井死。同縣吕銓妻王氏、生員趙謙妻岳氏、張夫朝妻靳氏、鞏學詩妻謝氏、邵中秋妻前氏，均乾隆年間旌。

朱構聘妻祁氏。菏澤人，祁中仁女。名仲祉。未婚，夫殁。往弔其家，包土築墳，自成冠笄之禮。未幾，翁姑相繼逝，一無所依。歸母家守貞三十餘年。同縣節婦何埰妻蕭氏、何文烮繼妻常氏、張嘉祥妻崔氏、陳檠妾宫氏、許柳梅妻張氏，烈婦石李氏、盧成氏，烈女趙泳安女，名隱姐，均嘉慶年間旌。

王氏女。單人。王伯嶺妹。守正捐軀。同縣烈婦喬美玉妻李氏，烈女王大成女，節婦張王氏、趙克類妻霍氏、蘇廷健妻齊氏、張弼宸妻李氏、張繼常妻劉氏、朱颺召妻蘇氏、石學孟妻陳氏、劉人鵬妻謝氏、孟興洛妻高氏、楊世鐘妻張氏，均嘉慶年間旌。

張緒祖聘妻周氏。城武人。未婚而夫殁，聞訃飲泣不食。越三日自經。同縣節婦王嘉汾妻黄氏、宋尚質妻王氏、姚學泰妻李氏、徐模妻劉氏、李世英妻王氏、李龍才妻康氏、王邢氏，烈女艾朝鳳女，名書妮；傅鳴臣女，均嘉慶年間旌。

郝氏女。鉅野人。郝西忠女。守正捐軀。同縣節婦田緝宗妻王氏、王希韓妻孫氏、丁玉振妻高氏、畢耀曾妻陶氏、王大恒妻程氏、畢永健妻田氏、姚田妻鄒氏，均嘉慶年間旌。

李光族妻徐氏。鄆城人。守正捐軀。同縣烈婦高光洽妻邢氏、陳殿舉妻張氏、胡韓氏、劉平泰母李氏，烈女馬大妮、宫魏姐，節婦侯夢熊妻李氏、侯文彪妻王氏、禚係柱妻吕氏，均嘉慶年間旌。

宋成信妻李氏。曹人。遇暴被殺。同縣節婦武鏻妻袁氏、韓世榮妻謝氏、韋謙妻崔氏、高熙妻張氏、張甲春聘妻王氏，烈婦劉吴氏，均嘉慶年間旌。

史克先妻牛氏。定陶人。夫亡守節。同縣張鳳彩妻王氏、趙嵐妻蘇氏，均嘉慶年間旌。

韓體教妻劉氏。濮州人。夫亡守節，與子王石聘妻馬氏均嘉慶年間旌。

孫宗尼妻石氏。范人。夫亡守節。同縣徐兆吉妻宋氏，均嘉慶年間旌。

谷倉妻王氏。觀城人。夫亡殉節。嘉慶年間旌。

吳河妻劉氏。朝城人。夫亡守節。同縣王乾一妻吳氏、陳性鑑妻王氏，均嘉慶年間旌。

仙釋

漢

薊子訓。建安人。客濟陰冤句。嘗抱鄰家嬰兒，誤墜地死，埋之。月餘，復抱兒歸。其父母大恐，發瘞視之，但見衣被。過滎陽，車騾忽斃，子訓以杖叩之，騾蹶然興。子訓去，惟見白雲騰起。時有百歲翁，言兒時見訓賣藥會稽市中，貌已如此。

園客。濟陰人。嘗種五色香草，積數十年食其實。一日有五色蛾止香樹梢，客收而以布薦之，生桑蠶。至蠶時有好女夜至，自稱客妻，與客俱收蠶，得百二十頭，繭皆如甕大。繅一枚，六七日始盡。訖則俱去，莫知所在。故濟陰人世祠桑蠶，設祀室焉。

唐

趙州和尚。曹州人。姓郝，名從穗。攜錫徧歷諸方。年八十，始往趙州東觀音院，積四十年。凡舉問者，皆爲敷揚。乾寧四年逝。其徒稱爲真濟禪師。

臨濟。南華人。姓邢，名義元。初在黄檗和尚坐下，行業純一，得佛法大意。後住鎮州臨濟院坐化。其夕月色如晝，由西北昇太極，見者皆望空而拜。

宋

甄棲真。字道淵。單父人。應進士舉不第，遂棄業，讀道家書以自樂。出遊京師，因入建隆觀爲道士。後遇許元陽授鍊形養元之訣，行之二三年，漸返童顔。攀高躡危，輕若飛舉。乾興元年秋，謂其徒曰：「此歲之暮，吾當逝矣。」即宫西北隅，自甃殯室，室成，不食一月，衣紙衣，卧甎榻卒。及久，形如生，衆始驚傳以爲屍解。棲真自號曰神光子，與海蟾子以詩往還。有養生秘術，曰還金篇。

王老志。臨濮人。事親以孝聞。爲轉運小吏，不受賄謝。遇異人於丐中，自言鍾離先生，與之丹。服之而狂，遂棄妻子，結草廬田間，時爲人言休咎。政和三年，召至京師，封洞微先生。復歸濮死。

明

仙桐道人。嘗遊曹南定清寺。敝衣垢面，形如醉狂。寺有枯桐，桐止存根，道人趺坐根上，曰：「此樹由我再生。」索水噀之。越三日，頓發枝，踰月扶疏，圍五六尺許。

土産

絹。府境出。唐書地理志：曹州土貢綿、絹。元和志：濮州開元貢絹。濮州志：土産絲、絹、綿、綢。

柿餅。府志：菏澤縣出。俗稱爲「耿餅」。其得名之由未詳。

牡丹。府志：牡丹種至數百，蓋土性所宜。花時爛若雲錦。牡丹自宋時初盛於洛，再盛於亳，百年來最盛於曹，與亳爲近，易致佳種也。

瓜蔞仁。府志：菏澤縣出。

澤瀉。府志：單縣出。

薏苡仁。縣志：定陶縣出。

枸杞。濮州志：濮州出。

葶藶子。唐書地理志：曹州土貢葶藶子。今惟濮州出。

校勘記

〔一〕元武民以牸牛依婦家　「牸」，原作「特」，乾隆志卷一四五曹州府名宦（下同卷簡稱乾隆志）同，據新唐書卷一九七循吏傳改。

〔二〕授成武主簿　「成」，原作「城」，據乾隆志及宋史卷二九三王禹偁傳改。

〔三〕復直昭文館　「昭」，原作「崇」，乾隆志同，據宋史卷二九三王禹偁傳改。

〔四〕劉攽　「攽」，原作「邠」，據乾隆志及宋史卷三一九劉攽傳改。下文同改。

〔五〕董昭定陶人　「定」，原作「安」，據乾隆志及三國志卷一四董昭傳改。

〔六〕魏武召爲丞相文學掾　「掾」，原作「椽」，據乾隆志及三國志卷二四王觀傳改。

〔七〕宋泰始中過江　「泰」，原作「太」，乾隆志同，據南齊書卷五四吴苞傳改。

〔八〕始安王遥光爲立館於鍾山下教授　「立」，原作「主」，乾隆志同，據南史卷七六吴苞傳改。

〔九〕出爲冀州刺史　「冀」，原作「翼」，據乾隆志及魏書卷四十六竇瑾傳改。

〔一〇〕就河内高望崇受周官　「内」，原作「南」，乾隆志同，據魏書卷八四董徵傳改。

〔一一〕濟陰王暉業嘗云　「陰」，原作「寧」，乾隆志同，據魏書卷八五温子昇傳改。

〔一二〕伏威使輔公祏擊李子通　「祏」，原作「祐」，乾隆志作「初」，皆誤，據新唐書卷九二王雄誕傳改。下文同改。

〔一三〕林甫隨才銓録　「甫」，原脱，乾隆志同，據新唐書卷一〇六劉祥道傳補。按，林甫爲劉祥道之父。

〔一四〕從父應道吏部郎中　「吏」，原脱，據乾隆志及新唐書卷一〇六劉齊賢傳補。

〔一五〕從父弟令植禮部侍郎　「侍」，原脱，乾隆志同，據新唐書卷一〇六劉齊賢傳補。

〔一六〕少爲小吏　「吏」，原作「史」，據乾隆志及宋史卷二七四王贊傳改。

〔一七〕累遷本州馬步軍都虞候　「虞候」，原作「尉使」，據宋史卷二七四王贊傳改。

〔一八〕租賦平糴皆盈羨　「糴」，原作「糶」，據乾隆志及宋史卷二八八任中正傳改。

〔一九〕人雖已傷未死已死更生　「傷」，原作「死」，乾隆志同，據宋史卷三〇〇杜曾傳改。

〔二〇〕無殺名而用殺法　「用」，原作「有」，乾隆志同，據宋史卷三〇〇杜曾傳改。

〔二一〕死限内者論如已殺勿赦　「内」、「如」，原皆無，乾隆志同，據宋史卷三〇〇杜曾傳補。

〔二二〕問默以復鄉差衙前法如何　「衙」，原作「衛」，乾隆志同，據宋史卷三四四馬默傳改。

〔二三〕父博文　「博」，原作「傳」，據乾隆志及宋史卷二九一王博文傳改。

〔二四〕擢文思副使　「思」，原作「恩」，乾隆志同，據宋史卷三五〇和斌傳改。

〔二五〕以神龍衛四廂都指揮使召還　「廂」，原作「廟」，乾隆志作「衛」，皆誤，據宋史卷三五〇張守約傳改。

〔二六〕爲永年令　「年」，原作「平」，乾隆志同，據宋史卷三三〇杜紘傳改。

〔二七〕商暠　「暠」，原作「嵩」，據乾隆志及雍正山東通志卷一五之一選舉志改。

〔二八〕九疇出奇兵襲其營　「九」，原無，乾隆志同，據文例補。

〔二九〕柳并等　「并」，原作「穎」，據乾隆志及新唐書卷二〇二蕭穎士傳改。按，柳并亦附傳於新唐書蕭穎士傳後。

〔三〇〕後又與楚丘李紘爲石交　「紘」，原作「絃」，據乾隆志改。按，本卷人物有李紘小傳，云「范仲淹被謫，朝士無送者，紘獨出郊餞之」，「石交」之謂也。

〔三一〕詣從信冢哭　「冢」，原作「家」，據乾隆志改。按，乾隆志此句下尚有「日暮還從信家」一句。

濟寧直隸州圖

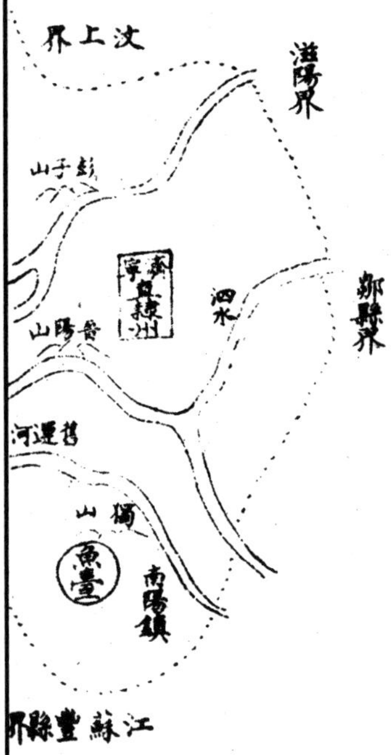
汶上界
滋陽界
彭子山
濟寧直隸州
泗水
鄒縣界
晉陽山
舊運河
獨山
魚臺
南陽鎮
江蘇豐縣界

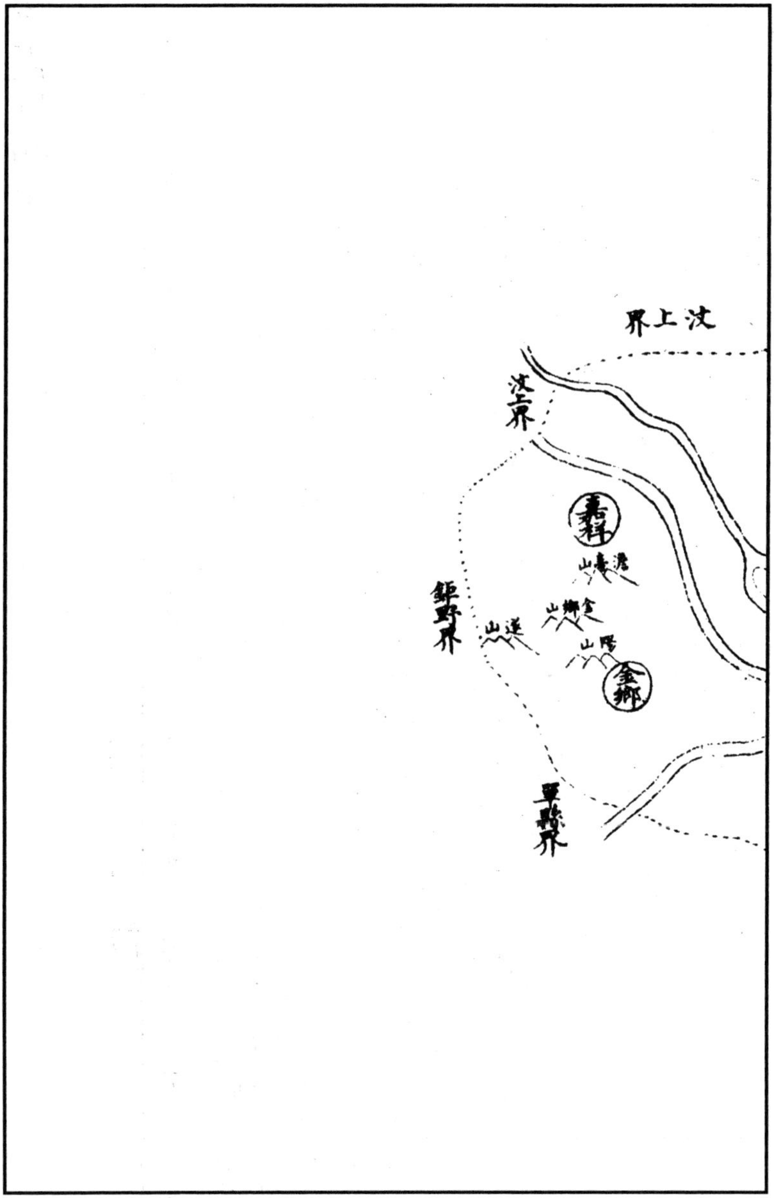
汶上界
汶上界
嘉祥
金鄉山
金鄉
鉅野界
單縣界

濟寧直隸州表

	濟寧直隸州		
秦	碭郡地。		亢父縣
兩漢	任城國 後漢元和初置。	任城縣 屬東平國。後漢國治。	亢父縣 屬東平國。後漢屬任城國。
三國		任城縣	亢父縣
晉	永嘉後廢。	任城縣 屬高平郡。	亢父縣
南北朝	高平郡 魏神龜初置任城郡。齊天保七年改名。	任城縣 宋省。魏神龜初復置，郡治。	亢父縣 宋屬高平郡。魏屬任城郡。齊省。
隋	開皇初廢。	任城縣 屬魯郡。	
唐		任城縣 屬兗州。	
五代		任城縣 周屬濟州。	
宋金附	濟州 金天德二年移來治。	任城縣 金爲州治。	
元	濟寧路 至元六年徙治鉅野。八年升爲濟寧府。尋復徙。十二年復置州。十六年改路。	任城縣	
明	濟寧州 洪武初改路爲府。十八年降爲州，屬兗州府。	洪武十八年省入州。	

續表

金鄉縣				
			昌邑縣	
金鄉縣 後漢分置，屬山陽郡。	東緡縣 屬山陽郡。	山陽郡 初置昌邑國。宣帝改名，治昌邑。	昌邑縣 初屬梁國。宣帝時爲郡治。後漢兼爲兗州治。	防東縣 後漢置，屬山陽郡。
金鄉縣	東緡縣	山陽郡	昌邑縣	防東縣
金鄉縣 屬高平國。	省入昌邑。	高平國 改名，仍治昌邑。	昌邑縣 國治。	省。
金鄉縣		宋徙治高平。	昌邑縣 宋省入金鄉。	
金鄉縣 屬濟陰郡。			開皇十六年復置，屬曹州。大業初省。	
金鄉縣 武德四年置金州。五年州廢，移戴州來治。貞觀十七年屬兗州。				
金鄉縣 周廣順二年改屬濟州。				
金鄉縣				
金鄉縣 屬濟寧路。				
金鄉縣 屬兗州府。				

嘉祥縣	魚臺縣
碭郡地。 爰戚縣	方與縣 湖陵縣
任城、鉅野二縣地。 爰戚縣屬山陽郡。後漢省。	方與縣屬山陽郡。 湖陵縣屬山陽郡。後漢元和元年改曰湖陸。
	方與縣 湖陸縣
高平郡地。	方與縣屬高平國。 湖陸縣屬高平國。
	方與縣齊省。 省。
	方與縣開皇十六年復置，屬彭城郡。
東平郡地。	魚臺縣屬兗州。寶應元年改名。
	魚臺縣後唐屬單州。
嘉祥縣金皇統中析置，屬濟州。	魚臺縣
嘉祥縣初屬東平路，後仍屬濟州。	魚臺縣屬濟州。至元二年省入金鄉。三年復置。
嘉祥縣屬兗州府。	魚臺縣洪武十八年屬兗州府。

大清一統志卷一百八十三

濟寧直隸州

在山東省治西南一百八十里。東西距一百四十里，南北距一百八十里。東至兗州府鄒縣界四十里，西至曹州府鉅野縣界一百里，南至江蘇徐州府豐縣界一百四十里，北至兗州府汶上縣界四十五里。東南至兗州府滋陽縣界四十里，西南至曹州府單縣界一百二十里，東北至兗州府滋陽縣界五十里，西北至兗州府汶上縣界四十五里。本州境東西距八十里，南北距一百五里。東至兗州府鄒縣界四十里，西至嘉祥縣界四十里，南至魚臺縣界六十里，北至兗州府汶上縣界四十五里。東南至兗州府鄒縣界四十里，西南至金鄉縣界六十里，東北至兗州府滋陽縣界五十里，西北至兗州府汶上縣界四十五里。自州治至京師一千二百里。

分野

天文房、心分野，大火之次。

建置沿革

禹貢徐、兗二州之域，春秋任國，戰國屬齊，秦屬碭郡。漢置任城縣，屬東平國。後漢元和初分置任城國。晉永嘉後以縣屬高平郡。宋初因之，後廢。後魏神䴥初置任城郡，并置縣爲郡治。北齊天保七年改郡曰高平。隋開皇初郡復廢，縣屬魯郡。唐屬兗州。五代周屬濟州。宋因之。金天德二年移州治任城。元初仍曰濟州。至元六年徙治鉅野。八年，升爲濟寧府，還治任城。尋復徙。十二年，復置濟州，屬濟寧府。十五年，移府來治，而徙州治鉅野，尋復故。十六年，升爲濟寧路。明洪武元年改路爲府，十八年降爲州，縣省入，屬兗州府。本朝因之。雍正二年升爲直隸州。領嘉祥、鉅野、鄆城。八年，仍屬兗州府。乾隆四十一年，仍升爲直隸州，屬山東省。領汶上、嘉祥、魚臺。四十五年，以汶上還屬兗州府，割金鄉來屬。領縣三。

金鄉縣。在州西南九十里。東西距五十五里，南北距七十里。東至魚臺縣界十五里，西至曹州府城武縣界四十里，南至江蘇徐州府豐縣界三十里，北至嘉祥縣界四十里。東南至江蘇徐州府豐縣界二十五里，西南至曹州府單縣界三十里，東北至濟寧州治一百里，西北至曹州府鉅野縣治九十里。秦置昌邑縣。漢置山陽郡，治昌邑，兼領東緡縣。後漢分置金鄉縣。晉改山陽爲高平國，仍治昌邑，領金鄉縣。劉宋移高平郡，治高平，省昌邑入金鄉屬之。隋屬濟陰郡。唐武德四年於縣置金州。五年州廢，又移戴州治此。貞觀十七年州廢，縣屬兗州。五代周廣順二年，改屬濟州。宋、金因之。元屬濟寧路。明初屬濟寧府。洪武十八年改屬兗州府。本朝因之。乾隆四十五年改屬濟寧州。

嘉祥縣。在州西五十里。東西距三十五里，南北距七十五里。東至濟寧州界十里，西至曹州府鉅野縣界二十五里，南至金鄉縣界五十里，北至兗州府汶上縣界二十五里。東南至魚臺縣治一百十里，西南至曹州府城武縣治一百里，東北至兗州府汶上縣治九十里，西北至曹州府鄆城縣治九十里。古大野地。秦屬碭郡。漢爲任城、鉅野二縣地。晉、宋屬高平郡。唐屬東平郡。金皇統中析鉅野山口鎮置嘉祥縣，屬濟州。元屬東平路。至元三年還屬濟州。明洪武四年屬濟寧府。十八年降府爲州，屬兗州府。

本朝因之。雍正二年分隸濟寧州，八年改屬曹州，十三年仍屬兗州府。乾隆四十一年改屬濟寧州。

魚臺縣。在州南一百一十里。東西距一百三十五里，南北距六十里。東至兗州府滕縣界一百里，西至金鄉縣界三十五里，南至江蘇徐州府豐縣界二十里，北至濟寧州界四十里。東南至江蘇徐州府沛縣治六十里，西南至曹州府單縣治一百二十里，東北至兗州府鄒縣治一百五十里，西北至金鄉縣治五十里。春秋魯棠邑地。戰國爲宋方與邑。秦置方與縣。漢屬山陽郡。後漢因之。晉屬高平國。宋及後魏因之。北齊廢。隋開皇十六年復置，屬彭城郡。唐初屬金州，尋屬戴州。貞觀十七年改屬兗州。寶應元年改縣曰魚臺。五代後唐以縣屬兗州。宋、金因之。元太宗七年屬濟州。至元二年省入金鄉縣，三年復置。明初屬徐州，尋屬濟南府。洪武十八年改屬兗州府。本朝初因之。乾隆四十一年改屬濟寧州。

形勢

南通江、淮，北連河、濟。控邳、徐之津要，振宋、衛之咽喉。顧祖禹讀史方輿紀要。高塹深隍，水陸交會，南北衝要之區。舊志。

風俗

土俗古遠，風流清高。賢良間生，掩映天下。李白任城廳壁記。氓務耕種，愿樸畏法。急公賦，怯爭訟。舊志。

城池

濟寧州城。周九里，門四，池廣四丈五尺。明洪武三年改築。本朝康熙年間修。乾隆三十六年，高宗純皇帝東巡，有御製過濟寧城詩。嘉慶十六年重修。

金鄉縣城。周七里有奇，門四，池廣四丈六尺，外爲重隄，周十一里。明萬曆六年因舊址甃甎。本朝康熙十二年修。四十九年、乾隆三十六年重修。

嘉祥縣城。周四里，門五，池廣里許。創自金皇統間。明成化初改築，崇禎間甃石。本朝康熙年間修，乾隆五十六年重修。

魚臺縣城。周七里，外環以隄。本元泰定中築。本朝乾隆二十二年，城圮於水，移建董家店。周三里有奇，門三，池廣三丈。

學校

濟寧州學。在州治東北。元至元間建。明洪武、正統間修。本朝順治、康熙年間屢修。入學額數二十名。

金鄉縣學。在縣治東。金大定間建。本朝康熙五年修。入學額數十五名。

嘉祥縣學。在縣治南。元至元三年建，後圮。明洪武三年復建。嘉靖九年，兵備道嚴時道撤城隍廟改建。三十四年仍還故址。本朝順治八年重建。入學額數十二名。

魚臺縣學。在縣治西北。明洪武二年建。本朝康熙三十年修。入學額數二十名。

講德書院。在州治東北。本朝康熙二十年建。

任城書院。在州治東。本朝乾隆二十八年建。

山陽書院。在金鄉縣治東。本朝乾隆二十五年重建。

曾子書院。在嘉祥縣南南武山下。相傳曾子讀書處。

崇德書院。在魚臺縣東二十里穀亭鎮。

户口

原額人丁九萬二千三百一十五，今滋生男婦大小共八十八萬九千三百五十名口，計民户共十七萬三千三百三户。

田賦

田地三萬三千二百七十五頃八十六畝一分六釐有奇，額徵地丁正、雜銀六萬九千三十兩六錢四分六釐，麥改米三百七十九石五斗二升一合九勺，米一萬一千四十五石五斗四升五合七勺。

山川

兩城山。在州東南五十里，蜿蜒如屏，下臨南陽湖。其東又有馬陵、牛來二山。

承注山。在州南四十里。元和志：在任城縣東南七十六里。相傳女媧生處。下有女媧廟。

縉雲山。在州西南三十里。北瞰重湖，西聯九十九峯，漕河繞其左，有登臨之勝。一名晉陽山。

彭子山。在州西北三十里。一作彭山。運河帆檣，近在几席，頗稱勝境。其對峙者爲曠山，在州西北二十里。

陽山。在金鄉縣西北二十五里。山石堅可作碑碣。蜿蜒而東，兩峯相峙，中有隘口。其北有石屏，葛山在其後，魚山在其右。以在羣山之陽，因名。

金鄉山。在金鄉縣西北三十七里，接曹州府鉅野縣界。縣以此名。水經注：金鄉數山皆空中，穴口謂之隧，戴延之西征記曰：焦氏山北數山，有漢司隸校尉魯恭穿山得白蛇、白兔，不以葬，更葬山南，鑿而得金，故曰金鄉山。冢前石廟四壁皆青石隱起，自書契以來，忠臣、孝子、貞婦，孔子及弟子七十二人形像皆刻石記之，文字分明。府志：山陰有清凉洞，架十餘丈，內鑿石作四小閣，相傳秦始皇避暑宫也。山上有泉，其西有橋曰秦梁，相傳亦始皇所造。

郗山。在嘉祥縣東南五里。縣志：相傳晉郗鑒居此，俗謂之登臺。又縣有二青山：大青山在縣西南十五里，迤南相接者曰焦氏山；小青山在縣西八里，在運河西岸，亦謂之嘉祥山。

壘山。在嘉祥縣東南五里。頂有澗深丈許。其北爲卧龍山。縣西十里，又有西卧龍山。

華林山。在嘉祥縣東南十五里。山北高嶺，上有寨基，又名東寨山，亦曰龍華山。華林泉出山下，流瀉成渠，農田賴以灌溉。其東爲東磨山，頂平可耕，山圓如磨。又縣南二十餘里有青龍山，二十四里有雲頭山，二十五里有大鼎山，山南麓有圓城。

澹臺山。在嘉祥縣南三里。縣志：相傳澹臺滅明家此。

塔山。在嘉祥縣南二十里。高出縣境羣山上，有石塔。其相接者曰范山、小金山、富山。

崱山。在嘉祥縣南四十里。其山崱嵂高大，横亘數里，因名。

南武山。在嘉祥縣南四十五里。其南有曾子墓。

挾山。在嘉祥縣西南二十里，與焦氏山相連。上有聖水井，冬夏不盈涸。

郎山。在嘉祥縣西南三十五里。山頂平曠，約十餘畝，周迴皆有隄形。今亦曰狼山。

遂山。在嘉祥縣西南五十三里。其西有古洞，深二里，秉燭可入，亦名滿家洞。又平山，在縣西五十五里。山巔四平如掌，泉土甘肥，可以耕稼。

垞山。在嘉祥縣西北十里，與小青山相連。上有伏羲廟。

萌山。在嘉祥縣東北。峯巖秀拔，石如萌芽，左右舒翼，縣治實枕之。稍東爲横山、獨坐山、柏山，皆在城外，而山麓相接。

獨山。在魚臺縣東北黄山前。巍然獨秀，故名。又有廟山，以伏羲廟故名。與獨山相峙。

黄山。在魚臺縣東北五十里。山有黄良等九泉。其後有雲寨山，左有鳳凰山，旁有平山、兖山。

金莎嶺。在金鄉縣東一里，官道左。西自曹縣、定陶，東抵魚臺，綿亘三百餘里，因地異名，實一嶺也。上有莎草，映日如金，故名。

春城堆。在金鄉縣東三里。其形崎嶇如城。

魚坨堆。在金鄉縣西八里。其形如魚。

菏水。故道自曹州府鉅野縣流逕金鄉縣北，又東逕魚臺縣南七里，入於泗水。禹貢：浮於淮、泗，達於菏。桑欽水經：濟水至乘氏縣西分爲二，南爲菏水，北爲濟瀆。又其一水東流者，過乘氏縣南，又東過昌邑縣北，又東逕金鄉縣南，又東過東緡縣北，又東過朱鮪冢，又東過方與縣北，爲菏水。東逕重鄉城南注，又東逕武棠亭北，又東逕泥母亭北，又東與鉅野黄水合，又東逕秦梁，又東過湖陸縣南，東入於泗。又曰菏水，即泲水之所苞注以成湖澤者也。而東與泗水合於穀亭城下，俗謂之黄水口。元和志：魚臺縣菏水，即濟水也。一名五丈溝。西自金鄉縣界流入，去縣十里，又東南流合泗水。按：菏即濟水分流。其上流在今曹州府及定陶、鉅野二縣界。禹貢所謂「導菏澤及濟水，東至于菏」是也。而其下流則自金鄉、方與至湖陸，以合於泗。方與、湖陸即今魚臺縣地，禹貢所謂「浮于淮、泗，達于菏」，蓋自泗至菏、自菏至濟也。又按：水經濟水東過方與縣北，爲菏水；泗水南過方與縣東，菏水從西來注之。是菏水入泗當在今魚臺縣南境。舊志作「東逕魚臺縣北入泗」，于水道未協，今從縣志。

運河。在州境自兖州府滕縣東南六十里，西北逕魚臺縣東北三十里，折而北，逕濟寧州西三里，與嘉祥縣分界。本朝康熙間，濟寧東岸舊隄圮廢，河臣靳輔建議修築，自石佛閘起，至魯橋沙州寺止；又修嘉祥縣尹家溝石閘，以蓄蜀山湖之水。乾隆四年增築蜀山湖東面、馬場湖北面圈隄。十四年，修建濟寧汛、董家口滚水壩三十丈，分泗河暴漲之水入蜀山湖濟運。二十三年，因魚臺縣地勢窪下，昭陽、蜀山兩湖受水過大，擇辛莊橋土堅之所建滚水壩二十丈，以洩水勢濟運。由是十八水口宣洩得宜，而上游汶、泗諸水道咸資輓運矣。康熙二十四年，聖祖仁皇帝南巡，御製閱河隄詩。四十八年，有御製舟過濟寧州詩、過八閘詩。乾隆三十年、四十九年，高宗純皇帝南巡，俱有御製過濟寧詩。按：今兖境漕渠所資之水，在汶、沂、泗、洸。兖州府志云：金口之堰修，而泗水盡入於漕；戴村之堰修，而汶水盡入於漕。蓋漕之利，尤在汶與泗也。餘詳兖州府卷。

舊運河。在魚臺縣東北二十里，昭陽湖西。即泗水故道也。顧祖禹川瀆異同考：自沛縣北湖陸城閘十二里至孟陽閘，又十八里至八里灣閘，又十八里至穀亭閘，又十八里至南陽閘，此舊運河所經之道也。河防志：舊運河在昭陽湖西岸，由沛縣城東，至孟陽泊入境。又北二十里至於穀亭鎮，又北二十里爲廣運閘，明初所開牛頭河是也。嘉靖四十三年，河決飛雲橋，運道告阻，乃開夏鎮新河，以達南陽，此渠不復行舟。既而曹、單決口塞，河水亦絶，惟牛頭河下流運渠暴漲，則溢而入也。

新開河。自曹州府城武縣北，東南流逕金鄉縣南三十里，魚臺縣西北二十里，又東南至江蘇沛縣界。河防志：長一百有六里。舊以土沙壅塞，不能洩水以濟運。本朝康熙二十九年，疏濬深廣，自是宣洩無患。又汶上縣西南二十里，亦有新開河，明正統八年鑿以洩山谷之水，西流入運河。

牛頭河。自本州流逕魚臺縣東北，至塌場口入於舊運河。縣志：明初開此以資運道，故建永通閘於此。正統以後，防塌場口之潰，故建廣運閘於南。漕渠水盛，由此行舟；黄河自曹州雙河口來，亦由此入運。自運渠東徙，河水南流，此河與故渠同塞。

馬場湖〔一〕。在本州西十里，運河東岸。周四十里，洸、泗二水所匯也。北接蜀山湖，西臨運河。有安居、十里斗門閘二座，以備蓄洩。

涞河。在金鄉縣北〔二〕。縣志：從單縣入金鄉，石晉時所開，首受汴水，北抵濟河，南通徐沛，即宋之漕河也。元末湮廢。又有壽河，在金鄉縣治東，四豬環流，源通涞水，今僅存遺迹。

澹臺河。在嘉祥縣南三里，黄河支流。自曹州府鉅野縣入境，經澹臺山下，東流入蓮花池。池在城南四里，長可三里，其水清瑩，冬夏不涸。雨潦時，澹臺河水注焉，雨止則塞。

桓公溝。在金鄉縣北。故道自曹州府鉅野縣流入，又東南至魚臺縣入菏水。晉書桓温傳：太和四年，悉衆北伐，次金鄉。時亢旱，水道不通，乃鑿鉅野三百餘里，以通舟運。水經注：黄水東逕鉅野縣北，又東逕咸亭北，又東南逕任城郡之亢父縣故城西，其中謂之桓公溝。南至方與縣入於菏水。

宣聖墨池。在本州魯橋閘下。俗名硯瓦溝。

南池。在州南。其上有少陵祠。唐杜甫同任城許主簿遊南池詩「秋水通溝洫，城隅進小船」，即此。乾隆三十年，巡漕御史沈廷芳奏請賜額，御賜「蓋臣詩史」四字。三十年、三十六年、四十一年、四十五年、四十九年，高宗純皇帝經此，俱有御製南池詩，又南池少陵祠詩。

浣筆泉。在州東門外。州志：舊傳李白浣筆處。

蘆溝泉。在州東南六十五里，入南陽閘。又州南六十里，有托基泉，入棗林閘；馬林泉，入魯橋閘。

泥河泉。在魚臺縣東二十五里，東南經沛縣界入漕；又縣東北四十里黄山下有黄良等泉，由三岔河會流；東北六十里，有聖母池等五泉，至張家橋會流；東北九十里，有東龍等五泉，至集泉橋會流。皆入於運河。

古蹟

亢父故城。在州南五十里。本齊地。戰國策：蘇秦曰：「秦之攻齊也，倍韓、魏之地，過衛陽晉之道，徑乎亢父之險，車不得方軌，騎不得比行。」秦置亢父縣。史記：二世二年，項梁引軍攻亢父。漢屬東平國。後漢改屬任城國。晉因之。宋改屬高平郡。後魏屬任城郡。後齊廢。水經注：黄水又東逕亢父故城西。

防東故城。在金鄉縣西南。後漢置縣，屬山陽郡。晉省。後漢書張儉傳：中常侍侯覽家在防東。注：「縣名，屬山陽郡。故城今在兗州金鄉縣南。」按：古有西防城，在縣西，其南即單縣境。本春秋時宋防邑地，後謂之西防城。後漢置防東縣，在西防之東，故名。春秋隱公十年：公敗宋師於菅，取防。杜預註：「高平昌邑縣西南有西防城。」後漢書劉永傳：永遣使拜西防賊帥山陽佼彊爲橫行將軍。蓋延傳：延率平敵將軍龐萌攻西防，拔之。注：「西防，縣名，春秋宋之西防城。故城在今宋州單縣地。」寰宇記：西防故城在單父縣北四十九里。漢爲防，置兵戍於此，故城在今縣北，猶存。今考漢志無西防縣，後漢書注爲「縣名」，誤。

昌邑故城。在金鄉縣西北四十里。本秦縣。漢初屬梁國。景帝三年，周亞夫引兵東北壁昌邑中。六年，分梁爲山陽國治此。武帝天漢四年，更爲昌邑國。宣帝時復爲山陽郡治。後漢因之，又移兗州刺史治此。晉爲高平國治。宋移高平郡治高平縣，以昌邑省入金鄉。隋開皇十六年，復分置昌邑縣，屬曹州。大業初省。元和志：昌邑故城在金鄉縣西北四十二里。其中城周十餘里，外城周三十餘里，中有鐵柱，出地數尺。金史地理志：金鄉縣有昌邑鎮。按：府志昌邑城在縣西，東西六里，南北六里。縣志在縣西南。今從元和志。

東緡故城。在金鄉縣東北二十里。本夏時緡國。春秋屬宋。春秋僖公二十三年：齊侯伐宋，圍緡。注：「緡，宋邑。高平昌邑縣東南有東緡城。」水經注：濟水又東，逕東緡縣故城北，故宋地。應劭十三州記曰，山陽有東緡縣，鄒衍曰「余登緡城以望宋都」者也。後漢世祖建武十一年，封馮異長子璋爲侯國也。晉省入昌邑。元和志：兗州金鄉縣，本漢東緡縣地，屬山陽郡，即古之緡國。左傳曰：夏桀爲仍之會，有緡叛之。陳留風俗傳曰：東緡縣者，故陽武户牖鄉也。漢丞相陳平即此鄉人也。按：兩漢時，陳留郡有東昬縣，乃故陽武户牖鄉，非山陽郡之東緡也。元和志誤。

爰戚故城。在嘉祥縣西南。秦縣也。漢初曹參攻爰戚。又，周勃攻爰戚，畧東緡。漢高祖六年，封功臣趙成爲侯國，屬山陽郡。史記正義曰：「近亢父。」

嘉祥故城。在嘉祥縣西二十五里。即宋鉅野縣之山口鎮。金置縣於此。舊傳魯哀公時獲麟處，因名嘉祥。正隆初，縣圮於水，徙治横山之南。大定十五年，又徙於萌山之下，即今治也。

湖陵故城。在魚臺縣東南六十里，與江蘇沛縣接界。戰國時宋湖陵邑。秦置湖陵縣。史記：項梁擊敗秦嘉，進至湖陵。漢屬山陽郡。後漢元和初，封東平王蒼子爲侯國，改曰湖陸。後漢書注：湖陵故城在方與縣東，一名湖陸。晉屬高平國。苻堅嘗置兖州於此〔三〕。南北朝省入高平郡。崔鴻十六國春秋：苻堅建元十五年，以毛盛爲兖州刺史，鎮湖陸。魏書地形志：高平郡，高平有湖陸城。寰宇記：湖陵故城在今魚臺縣東南六十里。

方與故城。在魚臺縣北。春秋時宋之方與邑。戰國策楚人説頃襄王外擊定陶〔四〕，則大宋、方與二郡者舉矣。秦置方與縣。史記：二世二年，秦嘉立景駒爲楚王，引兵之方與。元和志：兖州魚臺縣東北至州一百九十里，本漢方與縣，屬山陽郡。高齊文宣帝廢。隋開皇十六年復置方與縣，屬戴州。貞觀十七年廢戴州，縣屬兖州。寶應元年，改爲魚臺縣，因縣北有魯君觀魚臺爲名。縣理城即漢方與城也。寰宇記：魚臺縣，唐元和四年八月，淄青李師道請移縣置於黄臺市。即今治也。縣北有小城，即故縣治。按：隋志方與縣屬彭城郡，元和志云屬戴州，誤。

任城廢縣。在本州治。本任國，太昊後，風姓。戰國時爲齊附庸。孟子「季任爲任處守」是也。

邿城。在本州東南。左傳襄公十三年：取邿。注：「小國也。任城亢父縣有邿亭。」按：漢志作詩亭。

邾婁城。在州南十里。春秋哀公六年：城邾、瑕。注：「任城亢父縣北有邾婁城。」寰宇記：在任城縣南二十里。

司馬城。在金鄉縣境。寰宇記：金鄉縣司馬城在邑界。郡國志云城内有鐵碑，云「漢浮陽侯司馬耀所封邑」。

茅鄉城。在金鄉縣西南。古茅國，周公子所封。左傳僖公二十四年：富辰曰〔五〕：「凡、蔣、邢、茅、胙、祭，周公之裔也。」注：「高平昌邑縣西有茅鄉，後爲邾邑。」哀公七年，季康子伐邾，茅成子請告於吴，不許，成子以茅叛。水經注：高平縣西三十里有故茅鄉城。

雞黍城。在金鄉縣西南三十五里。縣志：漢功曹范式故宅也，基址尚存。式與汝南張劭有雞黍之約，故名。

焦城。在嘉祥縣南十五里青山之東。縣志：俗傳周武王封神農之後於焦，即此。今其地爲焦城村云。

武城。在嘉祥縣南四十五里南武山下。俗傳爲曾子故里。今訛爲阿城。按：魯有二武城：東武城即今東昌府之武城縣，南武城即今沂州府之費縣。而府志又據南武山載入，未敢臆斷。詳見「曾子墓」下。

郗鑒城。在魚臺縣東南，故湖陵城西。水經注：泗水又東逕郗鑒所築城北，又東逕湖陸城南。

費亭城。在魚臺縣西南。春秋時，魯大夫費伯食邑也。晉書地道記：湖陸西有費亭城，又西有極亭。隱公二年無駭入極，即此。

重鄉城。在魚臺縣西北十一里。左傳僖公三十一年：取濟西田，分曹地也。使臧文仲往宿於重館。注：「高平方與縣西北有重鄉城。」漢書王子侯表：重鄉侯少柏，東平思王孫。元始元年封。水經注：濟水東逕重鄉城南。左傳所謂臧文仲宿於重館者也。

郎城。在魚臺縣東北八十里，接滕縣界。春秋時魯邑。古名郁郎亭，今曰郁郎村。左傳隱公元年：費伯帥師城郎。注：「郎，魯邑。高平方與縣東南有郁郎亭。」括地志：郎亭在滕縣西五十三里。

甲父亭。在金鄉縣南。左傳昭公十六年：齊侯伐徐，徐人行成，賂以甲父之鼎。注：「甲父，古國名。高平昌邑縣東南有甲父亭。」

泥母亭。在魚臺縣東十二里。春秋僖公七年：公會齊侯、宋公、陳世子款、鄭世子華盟於甯母。注：「高平方與縣東有泥母亭，音如『甯』。」後漢書郡國志：山陽郡方與有泥母亭，或曰古甯母。

問津亭。在魚臺縣西北三十里。今名桀溺里，即子路問津處。

武唐亭。在魚臺縣北十二里。唐，一作「棠」。春秋隱公二年：公及戎盟於唐。五年：公觀魚於棠。注：「高平方與縣北有武唐亭、魯侯觀魚臺。」水經注：菏水又東逕武唐亭北，公羊以爲濟上邑也。城有臺，高二丈許，其下臨水，昔魯侯觀魚於棠，謂此也。在方與縣故城北十里。元和志：魚臺縣因縣北有魯君觀魚臺爲名。觀魚臺即武唐亭也，在縣北十三里。寰宇記：觀魚臺高一丈五尺，周迴一里。

射戟臺。在州南門外。舊志：相傳呂布射戟援昭烈處，臺有古碑。

琴堂。在嘉祥縣治東。金太和中蘇思忠建。縣志：舊傳曾子鼓琴於此。

太白樓。在州南城上。唐李白遊任城，縣令賀知章觴白於此，後人因建樓焉。咸通間，沈光有記。本朝乾隆三十年、三十六年、四十一年、四十五年、四十九年，高宗純皇帝南巡，迴蹕經此，俱有御製太白樓詩。

關隘

魯橋鎮。在州東南六十里。唐咸通十年，徐卒龐勛等作亂，兖州發兵戍守魯橋鎮。九域志：任城有魯橋、山口二鎮。明初置巡司，今裁。

黄隊鎮。在魚臺縣。九域志：魚臺縣有黄隊鎮，今廢。

穀亭鎮。在魚臺縣東二十里甯母亭東。水經注菏水東與泗水合於湖陵縣西六十里穀庭城下，即此。後謌曰穀亭，亦曰谷亭。舊置穀亭閘及河橋水驛、穀亭遞運所。北至濟寧，南至沛縣，俱九十里，爲漕運往來要地。明隆慶中，運河東徙，省遞運所及閘，而移驛於南陽鎮，遂廢。

南陽鎮。在魚臺縣東北四十里。明隆慶初，新運河成，自穀亭移建於此，爲往來津要。本朝設守備及管河主簿駐此。

滿家硐。在嘉祥縣西南四十五里。即遂山洞。本朝設千總戍守。

南城水驛。在州南門外。舊有驛丞，今裁。

河橋水驛。在魚臺縣東北三十里南陽鎮。明隆慶初自穀亭鎮移此。舊有驛丞，今裁。

津梁

姜家橋。在州東十三里，跨泗水。

兩川橋。在州東南魯橋鎮。

廣惠橋。在金鄉縣西門外。

魯翟橋。在嘉祥縣東南五里。

澹臺橋。在嘉祥縣南三里澹臺山下。

雙龍橋。在魚臺縣東南五十里，跨沙河上。

隄堰

蘇家壩。在魚臺縣東南五十里沙河鎮。北遏滕縣境内大烏諸泉流，以達漕河。又有南陽壩，在縣東北二十里舊運河上，今廢。

天井閘。在州城東南洸、泗二水交注處也。其東南爲在城閘、趙村閘、石佛閘、新店閘、仲家淺閘、棗林閘，俱有閘官。又安居、十里斗門閘二座，在馬場湖南，運河東岸〔六〕。

棗林閘。在魚臺縣東北四十里。又南陽閘在縣東北三十里，俱在新運河上，有閘官。又利建閘在縣東五十里，舊名宋家口；邢莊閘在縣東南六十里，亦在新運河上。

陵墓

古

女媧陵。在本州治。元和志：在任城縣東南三十九里。

伏羲陵。在魚臺縣東北七十里鳧山南。其前有廟。九域志兖、單皆有伏羲陵。路史又云陵在山陽。今曲阜、鄒、滕、嘉祥境内俱有伏羲廟，以此故也。按：本朝遣官祭告女媧陵，在山西平陽府趙城縣，伏羲陵在河南陳州府淮寧縣。舊志沿明統志載入此，未免附會，姑存俟考。

曾子墓。在嘉祥縣南武山之陽。按：曾子居武城，子游爲武城宰，參考諸書及祠墓所在，當在今費縣。通志亦繫之費，而兖州府志又稱嘉祥縣南四十五里有南武山，山南有曾子墓，山東南三里許有南武城，蓋因明成化元年山東守臣上言，嘉祥南武山西南有漁者誤陷入一穴中，得懸棺，其前有石碣，鐫「曾參之墓」，奉詔封樹丘陵，於是始有嘉祥縣之南武城。傳聞互異，姑依舊志存之。澹臺滅明墓倣此。

澹臺滅明墓。在嘉祥縣南。又沂州府費縣東北三十里亦有澹臺墓。

漢

灌嬰墓。在州東三十里。地名灌塚。

何休墓。在州北二十里。

昌邑王墓。在金鄉縣西北四十里。

朱鮪墓。在金鄉縣西五里。水經注：朱鮪墓北有石廟。夢溪筆談：今之衣服非古，惟朱鮪石堂所刻衣冠真漢制也。

晁錯墓。在嘉祥縣南十五里〔七〕。按：錯不應葬此。蓋宋鉅野晁補之祖墓，俗誤傳耳。

范式墓。在嘉祥縣南二十五里大鼎山前。水經注：秦王陵東南范巨卿墓石柱猶存。即今地也。有廬江太守范府君碑。今移置州學內。

三國 魏

王粲墓。在魚臺縣東北十里。

唐

任城王道宗墓。在州南二十里。

宋

李演墓。在州西二里。有碑。

祠廟

樊子祠。在州東郝家村内。

漕河神祠。在州城南天井閘上，即分水口也。本名禹王廟，明正德中更今名。本朝乾隆三十年，高宗純皇帝南巡，迴蹕水程經此。御書額曰「泝源明德」。又分水口有關帝廟，新建，御書額曰「赫濯同欽」。

報功祠。在州南天井閘東。祀明萊陽伯周長、平江伯陳瑄、侍郎金純。

范張祠。在金鄉縣東門外。明萬曆六年建，祀漢范式、張劭。

言子祠。在嘉祥縣南四十五里崱山西。

仲子廟。在州南四十里。漢更始初，子路後裔避亂，自泗水流寓濟寧，因建廟橫坊村，即今仲家淺也。世襲博士，有祭田六十五頃三十八畝，廟户二十一户。本朝康熙四十八年，聖祖仁皇帝南巡，御製仲子廟詩。乾隆三十年，高宗純皇帝南巡，賜額曰「賢詣升堂」。

宗聖曾子廟。在嘉祥縣南四十五里南武山下。不知創於何時。明正統中修，弘治中增擴其制。門人陽膚、沈猶行以下皆從祀焉。正德間，山東僉事錢鉉訪得曾子之後一人於嘉祥保山中〔八〕，欲請於朝未果。嘉靖十二年，吏部侍郎顧鼎臣奏求曾氏嫡派，得質粹於江西永豐縣，遷居嘉祥，至十八年授以五經博士，世襲奉祀。

寺觀

普照寺。在州城西北隅。齊、梁古刹也。有六楞唐碑，載寶曆二年修。又有金党懷英隸書二碑。本朝康熙年間修。

光善寺。在金鄉縣東。

法雲寺。在嘉祥縣南十五里青山之陽。後有法雲泉，甚佳。

護國報恩寺。在嘉祥縣南三十里蜀山。唐貞元中建，有石羅漢數百。

長壽寺。在魚臺縣東五十里。元皇慶中建。

白鶴觀。在金鄉縣東。唐高宗東封，有白鶴下焉，詔郡縣爲觀，以「白鶴」名。有唐先天、金大定碑記。

名宦

漢

袁安。汝陽人。明帝時除陰平長、任城令，所在吏人畏而愛之。

秦彭。茂陵人。建初元年遷山陽太守。以禮訓人，不任刑罰。爲人設四誡以定六親、長幼之禮，有遵奉教化者，擢爲鄉三老以勸勉之。吏有過咎，罷遣而已，不加恥辱。百姓懷愛，莫有欺犯。興起稻田數十頃，每於農月，親度頃畝，分别肥瘠，差爲三品，各立文簿，藏之鄉縣，於是姦吏無所容詐。詔以所立條式，並下州郡。在職六年，遷潁川太守。

劉祐。安國人。桓帝時爲任城令。兖州舉爲尤異。

宋

劉顔。彭城人。除任城主簿。歲饑，發大姓所積粟，活數千人。李迪知兖州，辟顔爲從事。

石延年。幽州人，家於宋城。真宗時知金鄉縣，有治名。

徐處仁。穀熟人。知濟州金鄉縣。以薦者言召見，徽宗問京東歲事，處仁以旱蝗對。問：「邑有盜賊乎？」曰：「有之。」

帝謂處仁不欺。

明

方克勤。寧海人。太祖徵爲濟寧知府。時始詔民墾荒，閱三歲乃税。吏徵率不俟期，民輒棄去，田復荒。克勤與民約，税如期，置田爲九等，吏不得爲奸，野以日闢。又立社學數百區，葺孔子廟堂，教化興起。視事三年，户增數倍，一郡饒足。克勤爲治，以德化爲本，不喜近名，嘗曰：「近名必立威，立威必殃民，吾不忍也。」

戴琰〔九〕。澠池人。成化時知魚臺縣。才識敏練，興利除弊，知無不爲，人服其明斷。

本朝

李順昌。直隸新安人。康熙元年任濟寧知州。州爲運道咽喉，夫役旁午，額設之外，向派里中，每因一夫而擾及一里。順昌爲均輸之法，先定保甲，按日而遞役之，民困以蘇。

羅大美。閬中人。康熙十五年任魚臺知縣。因歲荒，代民墊解以省追呼，久而免其償。十七年，奉文協濟彭口，派夫百名，大美力請豁除，後遂永免爲例。

陳士凱。全州人。康熙三十八年授魚臺知縣。邑瀕河，多水患。士凱設爲拯濟之法，委曲詳盡，民不知勞。

人物

漢

張長安。山陽人。事王式，授詩，爲博士。論石渠，至淮陽中尉。兄子游卿爲諫議大夫，以詩授元帝。

張就。山陽人。受詩泰山栗豐，至大官，徒衆尤盛。

張無故。山陽人。從平陵張山拊受尚書。無故善修章句，爲廣陵太傅，守小夏侯説文。

丁恭。東緡人。習公羊嚴氏春秋，學義精明。建武初爲諫議大夫、博士，封關内侯，遷少府。諸生自遠方至者，著録數千人，當世稱爲大儒。歷官至騎都尉，光武每事諮訪焉。

范式。金鄉人。少游太學，與汝南張劭爲友，並告歸鄉里。式謂劭曰：「後二年當過拜尊親。」乃共刻期日。後期方至，劭白母設饌候之，其日式果到，升堂拜飲而别。後劭卒，式忽夢見劭呼曰：「巨卿，吾以某日死，當以爾時葬。」式寤悲泣，便馳往赴之，未到喪已發，柩不肯進。移時，式至，執紼引柩，於是乃前。後到京師，受業太學。時諸生長沙陳平子與式未相見，被病將亡，謂其妻曰：「山陽范巨卿，烈士也，可以託死。」乃裂素爲書以遺式。式乃營護平子妻兒，身自送喪於臨湘，哭别而去。後舉州茂才，四遷荆州刺史。後遷廬江太守，卒於官。

鄭均。任城人。兄爲縣吏，頗受禮遺，均脱身爲傭，得錢帛歸，以與兄曰：「物盡可復得，爲吏坐贓，終身捐棄。」兄感其言，遂爲廉潔。均好義篤實，養寡嫂孤兒，恩禮敦至。不應州郡辟召。肅宗朝公車特徵，拜議郎，稱病乞歸。帝東巡，過任城，幸均舍，敕賜尚書禄，以終其身。時人號爲「白衣尚書」。

魏應。任城人。少好學，習魯詩。建初四年拜五官中郎將，經明行修。弟子自遠方至，著録數十人，肅宗甚重之。時會諸儒於白虎觀，講論五經同異，使應專掌難問。帝親臨稱制，如石渠故事。再遷騎都尉，卒於官。

張匡。山陽人。習韓詩，作章句。後舉有道博士，徵不就。

度尚。湖陸人。爲郡上計吏，拜郎中，歷遷文安令。延熹五年，長沙、零陵賊合七八千人，自稱「將軍」，入桂陽、蒼梧、南海、交阯。尚書朱穆舉尚，自右校令擢爲荆州刺史。桂陽賊帥畏尚威名，徙入山谷。尚窮追數百里，入南海破其三屯，遂平之。七年，封右鄉侯，遷桂陽太守。明年，徵還京師。時荆州兵朱蓋等與桂陽賊明蘭等復攻桂陽，焚燒郡縣，於是以尚爲中郎將，發兵討擊，大破之。復以尚爲荆州刺史，後爲遼東太守。延熹九年，卒於官。

單颺。湖陸人。以孤特清苦自立，善明天官算術。舉孝廉，歷官尚書。

三國　漢

伊籍。山陽人。隨先主入益州，以爲左將軍從事中郎，遣使於吴。孫權聞其才辯，欲逆折以辭。籍適入拜，權曰：「勞事無道之君。」籍即對曰：「一拜一起，未足爲勞。」機捷類如此。後遷昭文將軍，與諸葛亮、法正、劉巴、李嚴共造蜀科。蜀科之制，由此五人焉。

魏

涼茂〔一〇〕。昌邑人。少好學，論議常據經典，以處是非。魏國初建，歷官尚書僕射、中尉奉常。文帝在東宮，爲太子太傳，甚見敬禮。後卒於官。

滿寵。昌邑人。從太祖力戰有功。文帝即位，破吴於江陵，拜伏波將軍，歷封昌邑侯。太和三年，以前將軍代曹休都督揚州諸軍事，拜征東將軍。時孫權歲來合肥，寵屢擊退之。景初二年，以年老徵還，遷太尉。寵不治産業，家無餘財。卒，謚景侯。子偉嗣。偉以格度知名，官至衛尉。

王弼。山陽人。好論儒道，辭才逸辨，注易及老子，爲尚書郎。年二十餘卒。

晉

虞溥。昌邑人。專心墳籍，注春秋經傳，撰江表傳及文章、詩賦數十篇。卒於洛。

郗鑒。金鄉人。少孤貧，專覽經籍，以儒雅著名。於時所在饑荒，州中之士有感其恩義者，相與資贍。鑒復分所得，以恤宗族及鄉曲孤老，賴而全濟者甚多。明帝即位，王敦專制，内外危逼，仗鑒爲外援，假節鎮合肥。敦忌之。徵還，遂與帝謀滅敦。錢鳳攻逼京都，鑒以尚書令領諸屯營，鳳等平。封高平侯。帝以其有器望，萬幾動静輒問之。累官至太尉。卒謚文成。

郗愔。鑒子。性至孝，居父母憂，殆將滅性。與姊夫王羲之、高士許詢並有邁世之風。簡文帝輔政，累遷都督徐兖青幽揚州晉陵諸軍事，領齊、兖二州刺史。雖居藩鎮，非其好也。及帝踐阼，就加鎮軍都督浙江東五郡軍事。久之，以年老乞骸骨。卒贈侍中、司空，謚文穆。子超，字景興，一字嘉賓。卓犖不羈，善談論，年四十二先愔卒。

南北朝　宋

檀道濟。金鄉人。少孤，居喪備禮，奉兄姊以和謹稱。武帝北伐，道濟爲前鋒，所獲俘囚皆擇而遣之，中原感悦，歸者甚衆。文帝侵魏，以道濟都督征討諸軍事，轉戰多捷，威名甚重。朝廷疑之，文帝寢疾，彭城王義康矯詔收付廷尉。道濟見收，脱幘投地曰：「乃壞汝萬里長城！」

齊

檀超。金鄉人。好談詠，自比晉郗超。高帝賞愛之，以超與驃騎記室江淹掌史職。上表立條例，史功未就，卒。

魏

徐招。金鄉人。少好法律及朝廷舊事，發言措筆，辨析秋毫。永安初，射策甲科，除員外散騎常侍，領尚書儀曹郎中。尒朱世隆屯兵河橋，莊帝以招爲行臺左丞，自武牢北渡，引馬場、河内之衆以抗世隆。後尒朱兆得招，鎖送洛陽。仲遠將斬之，招曰：「不虧君命，得死爲幸。」仲遠釋之。後卒於度支尚書。

隋

游元。任城人。爲治書侍御史。宇文述等敗績，元按其狀。述遣家僮造請，元不之見，按之愈急。帝嘉其公正。奉使黎陽。楊玄感作逆，屢脅以兵，竟不屈見害。

唐

郗純。金鄉人。舉進士，拔萃制策皆高第。張九齡、李邕素稱之。自拾遺七遷至中書舍人，處事不回，爲宰相元載所忌。

時魚朝恩以牙將李琮署兩街功德使，恃勢辱京兆尹崔昭。純詣載，請速處其罪，載不納，遂辭疾還東都。德宗立，召爲太子左庶子、集賢殿學士，不拜。改詹事，致仕卒。

郗士美。純子。年十二，通五經、史記、漢書。父友蕭穎士、顔真卿、柳芳嘗曰：「吾曹異日當交二郗之間矣。」歷昭義節度使。昭義自李抱真以來皆武臣，私廚月費米六千石，羊千首，酒數十斛，潞人困甚。士美至，悉去之。又盧從史時，日具三百人膳，以餉牙兵，士美亦罷之。討王承宗，大將王獻恣横逗撓，士美即斬以徇。親鼓之，大破賊，下三營，環柏鄉。時諸鎮兵合十餘萬，多玩寇犯法，獨士美兵鋭整，最先有功，威震兩河。以疾召拜工部尚書，後檢校刑部尚書，爲忠武節度。卒，贈尚書左僕射，謚曰景。

宋

李邴。任城人。徽宗時遷翰林學士。命賦詩，高麗使者請傳録以歸。高宗即位，召爲兵部侍郎。時苗、劉迫上遜位，邴諭以逆順禍福之理，密勸殿帥王元以禁旅擊賊。紹興五年，邴條上戰陣、守備、措畫、綏懷五事，不報。閒居十七年，卒，謚文敏。有草堂集一百卷。

金

李演。任城人。泰和六年進士第一，除應奉翰林文字。再丁父母憂，居鄉里。貞祐初，任城被兵，演墨衰爲濟州刺史，畫守禦策，召集州人爲兵。搏戰三日，衆皆市人不能戰，逃散，演被執。大將見其冠服非常，且知其名，問之曰：「汝李應奉乎？」演答曰：「我是也。」使之跪，不肯。以好語撫之，亦不聽。許之官禄，演曰：「我書生也，本朝何負於我，而利人之官禄哉？」大將怒，擊折其脛，遂曳出殺之。時年三十餘。贈濟州刺史，詔有司爲立碑云。

元

馬紹。金鄉人。至元間拜參知政事，屢進讜言。都城種苜蓿地，分給居民，權勢因取爲己有，以一區授紹，紹獨不取。桑哥敗迹，其所嘗行賂者，索其籍閲之，獨無紹名。元貞元年，遷中書右丞，行江浙省事。大德三年，移河南省事。卒。

明

朱清。濟寧人。天順四年進士，爲南京兵科給事中。時軍政不肅，壯者投權門，老弱備行伍，清奉詔覈閲，彈劾不避權勢。或勸隱默自全，清曰：「某受天子耳目寄，顧惟身家自利乎？」卒見忤權貴，謫四川布政照磨。

曹玉。嘉祥人。弘治中進士。授御史，巡按廬、揚等處。秉公執法，爲當道所不容，遷陝西僉事。會雲南有思田之變，命玉往撫慰之。玉至，思田降，論功當遷，忌者抑之，不果。已而致仕。正德初，特以平雲南功加俸一級召用，而玉卒。

胡汝桂。金鄉人。嘉靖中進士，由刑部主事歷吏部文選郎中，擢太常少卿。好學慕古，與同志者講陽明之學，月旦爲會，海内翕然稱之。

靳學顔。濟寧人。嘉靖進士。由南陽推官歷吉安知府，治行冠一時。隆慶時，入爲太僕卿，巡撫山西。應詔陳選兵、鑄錢、積穀，深切時務，累擢吏部左侍郎。學顔内行修潔，淡於世味，見高拱以首輔掌銓政，多專恣，遂謝病歸。卒。

仙豸。濟寧人。嘉靖中舉人，知聞喜縣。清正不避豪强，凡有益於民者，知無不爲。在職二年，謝病歸。周濟族黨，人高其義。

王法湯。魚臺人。崇禎十四年，土寇掠穀亭，法湯父嘉言肘間縛數十金攜法湯出，遇賊搜金，以爲富翁也，縛而撻之。法湯跪泣求免，賊不聽，撻嘉言至死。法湯泣罵不已，賊怒，支解之。時法湯年十餘歲。

本朝

楊宗震。本州人。順治丙戌進士，授陝西興安知州。招徠安集，疆域晏如。歷遷江南驛鹽道。時江洋適有寇氛，宗震造理戰船，毫不擾民，而軍需猝辦。尋以勞勩，卒於官。

楊以元。金鄉人。孝友著聞，乾隆年間旌。

張淑渠。本州人。乾隆戊辰進士，歷官山西州縣，升任潞安府知府。淑渠天性純篤，治尚體要，所得廉俸，悉以培養士民，周卹親友鄉黨。後將舊置地畝設立義田，一倣范文正公遺規。恐久而廢弛，呈官刊石，以期不朽。卒祀鄉賢祠。

徐萬安。本州人。由行伍洊升陝西建安堡都司。嘉慶四年隨勦邪匪，多著戰功。後力竭遇害。事聞，賜卹，廕雲騎尉。

流寓

唐

李白。山東人。客任城，與孔巢父、韓準、裴政、張叔明、陶沔居徂徠山，日沈飲，號「竹溪六逸」。

列女

南北朝　宋

檀道濟妻向氏。金鄉人。道濟進司空，鎮壽陽，朝廷疑畏之。元嘉十二年，召道濟入朝，向氏曰：「夫高世之勳，道家所忌，今無事相召，禍其至矣。」後果爲義康所害。

明

吴憲妻李氏。魚臺人。崇禎時流賊起，憲被執，將死。李引頸願以身代，遂遇害，夫竟免於難。

焦繼泉妻張氏。濟寧人。夫亡守節。崇禎甲申，聞流賊陷京師，大慟縊死。同縣劉中行妻任氏，客寓揚州，會城破，呼女同縊死。

本朝

邵純妻高氏。本州人。順治初，土寇掠州境，縛純，拷掠索金。時高避樓上，聞夫急，遂趨而下。賊舍純逼高，高大罵不絶口，賊怒殺之。

徐國柱妻吴氏。本州人。國柱病，有族無賴子乘間誘之，氏不從，遂自縊。

馬氏女。本州人。許字王姓，未婚而王卒，聞訃自縊。

周治皡妻蘇氏。金鄉人。夫亡，自縊死。同縣劉玫妻吴氏、周棨妻李氏，俱夫亡自盡。

金榮貴妻陳氏。嘉祥人。夫亡，守正捐軀。

夏九圍妻王氏。魚臺人。守正捐軀。

王揚庭妻張氏。本州人。年二十八夫亡，孝養舅姑，撫孤至成立。守節四十餘年，順治年間旌。

閔時茂妻魏氏。本州人。夫亡，孝事病翁，撫孤成立。同州節婦李哲妻吕氏、宋慧妻趙氏、汪傑妻程氏、王用霖妻楊氏，均康熙年間旌。

孟輔德妻李氏。金鄉人。夫亡，守節，撫孤歷四十年，與同縣郭昆梅妻李氏均康熙年間旌。

周象巽妻胡氏。金鄉人。年十九夫亡，未殮，縊死，遂同日窆。康熙年間旌。

張筠妻阮氏。嘉祥人。于歸月餘，爲土寇所掠，大罵不受辱。賊怒，殺之。同縣蘇州元女亦駡賊遇害。均康熙年間旌。

劉浩妻董氏。嘉祥人。夫亡縊死。同縣烈婦徐聖躋妻楊氏、烈女鹿氏女名令姑、節婦王鳳帷妻陳氏、監生張箕妻高氏、石毓喬妻高氏，均康熙年間旌。

韓一龍妻陳氏。魚臺人。夫亡，守節。康熙年間旌。

高光妻胡氏。金鄉人。夫亡守節。雍正年間旌。

樊民瞻妻聶氏。魚臺人。早孀，順治初榆園土寇掠穀亭鎮，氏與其女皆自縊。雍正年間旌。

程正善妻孫氏。魚臺人。正善賈於單，惡少詐正善札，以病亟招之。氏曰：「夫之死生，命也。婦人無早夜獨行之理。」遂守正捐軀。雍正年間旌。

李永錫妻周氏。本州人。夫亡守節。同州宗維濂妻張氏、徐守業妻郭氏、劉汝龍妻潘氏、楊洽妻王氏、周森紹妻方氏、劉永智妻張氏、喬世榮妻路氏、尹可法妻聞氏、時超妾王氏、陳際元妻仲氏、李時華妻許氏、路德珣妻張氏、李汝琳妻王氏、趙懋聰妻喬氏、潘呈悦妻陳氏、許嘉賓妻車氏、閻芳名妻張氏、孔大振妻楊氏、宋相博妻邱氏、秦平格繼妻郭氏、劉坤妻劉氏、王惠我妻李氏，烈婦張克梓妻李氏、仲耀清妻陳氏、李鍾柏妻劉氏、賈天爵妻趙氏、宋宏鎮繼妻林氏，均乾隆年間旌。

王氏女。名仙姐。金鄉人。守正捐軀。同縣節婦李永妻楊氏、王振海妻李氏、孫織妻王氏、郝宗哲妻王氏、賈成都妻秦氏、李振琦妻周氏、張廷楨妻范氏、李世燾妻劉氏、宗文秀妻張氏、王克標妻李氏、盧珍妻張氏、趙良楫妻李氏、楊若炯妻杜氏、楊錫瑀妻李氏、王文炳妻李氏、李士聰妻楊氏、蘇奇妻李氏、李瑗妻江氏、周嶐妻鄧氏、劉歆妻趙氏、蘇中保妻江氏、馬溥妻周氏、殷曰昆妻袁氏、李省方妻胡氏、王毓琨妻周氏，均乾隆年間旌。

王藴綬妻丁氏。嘉祥人。與弟婦藴經妻歐氏俱夫亡守節。同縣梁德秀妻張氏、李鵬飛妻趙氏、張珽璘妻高氏、王常亮妻蘇氏，均乾隆年間旌。

王大美妻劉氏。魚臺人。夫亡守節。同縣李中藴妻劉氏、段存貞妻苗氏、屈克昌妻韓氏、王天申妻甄氏、朱雲妻劉氏、朱檀妻楊氏、史通裕妻王氏、劉節妻蔣氏、趙諫妻田氏、任銓妻夏氏、武侍徵妻徐氏、張炳妻劉氏，烈婦方彬妻劉氏，均乾隆年間旌。

王克方繼妻聶氏。本州人。夫亡守節。同州仲振棕妻駱氏、路廷元妻楊氏、蘇克正妻顧氏、張我唯妻鄭氏、張會妻魏氏、文緒光妻岳氏、李洙妻鄭氏、張廷鑑妻陶氏、劉希敬妻馮氏、張書紳妻仲氏、妾孫氏，史瑩川妻林氏、趙思明妻李氏、蘇克峻妻顧氏、朱文濱妻張氏、冷宗盛妻韓氏、冷克俊妻寇氏、杜元炳妻熊氏、孟永錫妻夏氏、史叔燕妻劉氏、烈婦石楷繼妻許氏、王浩妻于氏，均嘉慶年間旌。

李勵寅妻戴氏。金鄉人。夫歿自縊。同縣烈婦劉添才妻陳氏、李東妻李氏、孟廣妻馬氏，節婦周容德妻李氏、程景安妻宗氏、李擴知妻張氏、李長江繼妻季氏、李省方妻胡氏、孫天鏷妻張氏、尋鈞妻張氏、郭松林妻趙氏、郭樹德妻李氏、周鈿妻王氏、周桂林妻趙氏、周桂森妻李氏、李鳳山妻周氏、張漢妻李氏、李徵濟妻張氏、李尚朴妻王氏、李淳妻邱氏、周乾吉妻蘇氏、李次知妻周氏、周士掖妾廖氏、徐大文妻劉氏、張思納妻王氏、芮宗修妻王氏，均嘉慶年間旌。

張氏女。嘉祥人。名來姐。遇暴不從，羞忿自盡。同縣烈婦劉李氏、張魏氏、豆王氏，節婦劉淑顏妻王氏，均嘉慶年間旌。

馬星房妻孔氏。魚臺人。夫亡殉節。同縣烈女李忠仁女、謝映女、李玉龍女，節婦謝昇泰妻楊氏、張維幹妻夏氏、宋有祝繼妻劉氏、王雲官妻劉氏，烈婦路楊氏，均嘉慶年間旌。

土産

絲。繭紬。州境出。

梁公硯。出魚臺縣。其地善爲陶硯，文理細膩而色碧緑，謂之「梁公硯」。

校勘記

〔一〕馬場湖 「湖」，原作「河」，據乾隆志卷一四六濟寧州山川（下同卷簡稱乾隆志）改。按，下文曰「周四十里，洸、泗二水所匯也」，此湖也，非河也。

〔二〕淶河在金鄉縣北 乾隆志同。按，考輿圖，「北」似當作「南」。

〔三〕苻堅嘗置兗州於此 「苻」，原作「符」，據乾隆志改。下同改。按，晉書苻洪載記云：「時有說洪稱尊號者，洪亦以讖文有『艸付應王』，又其孫堅背有『艸付』字，遂改姓苻氏。」故其姓從草不從竹。

〔四〕楚人說頃襄王外擊定陶 「頃」，原作「項」，乾隆志同，據讀史方輿紀要卷三三山東三改。按，楚無「項襄王」，顯是字形相似而誤也。

〔五〕富辰曰 「辰」，原作「宸」，據乾隆志及左傳僖公二十四年改。

〔六〕運河東岸 「河」，原作「湖」，乾隆志同，據本卷山川「馬場湖」條改。

〔七〕在嘉祥縣南十五里 「祥」，原作「鄉」，據乾隆志改。

〔八〕山東僉事錢鉉訪得曾子之後一人於嘉祥保山中 「鉉」，原作「宏」，乾隆志同，據明史卷二八四曾質粹傳及續文獻通考卷四八學校考改。

〔九〕戴琰 「琰」，原作「棪」，據乾隆志改。按，本志避清仁宗諱改字也。

〔一〇〕涼茂 「涼」，原作「梁」，據乾隆志及三國志卷一一涼茂傳改。

臨清直隸州圖

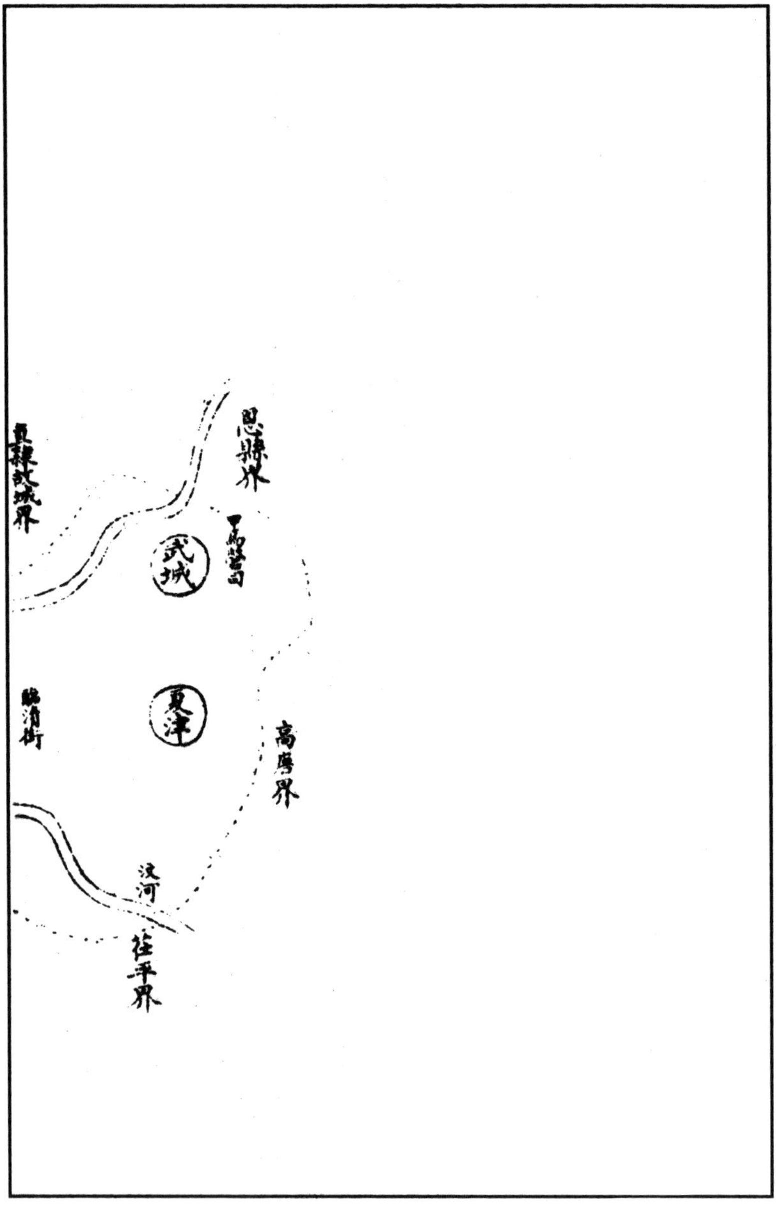
恩縣界
直隸故城界
武城
甲馬營口
夏津
臨清衛
高唐界
汶河
茌平界

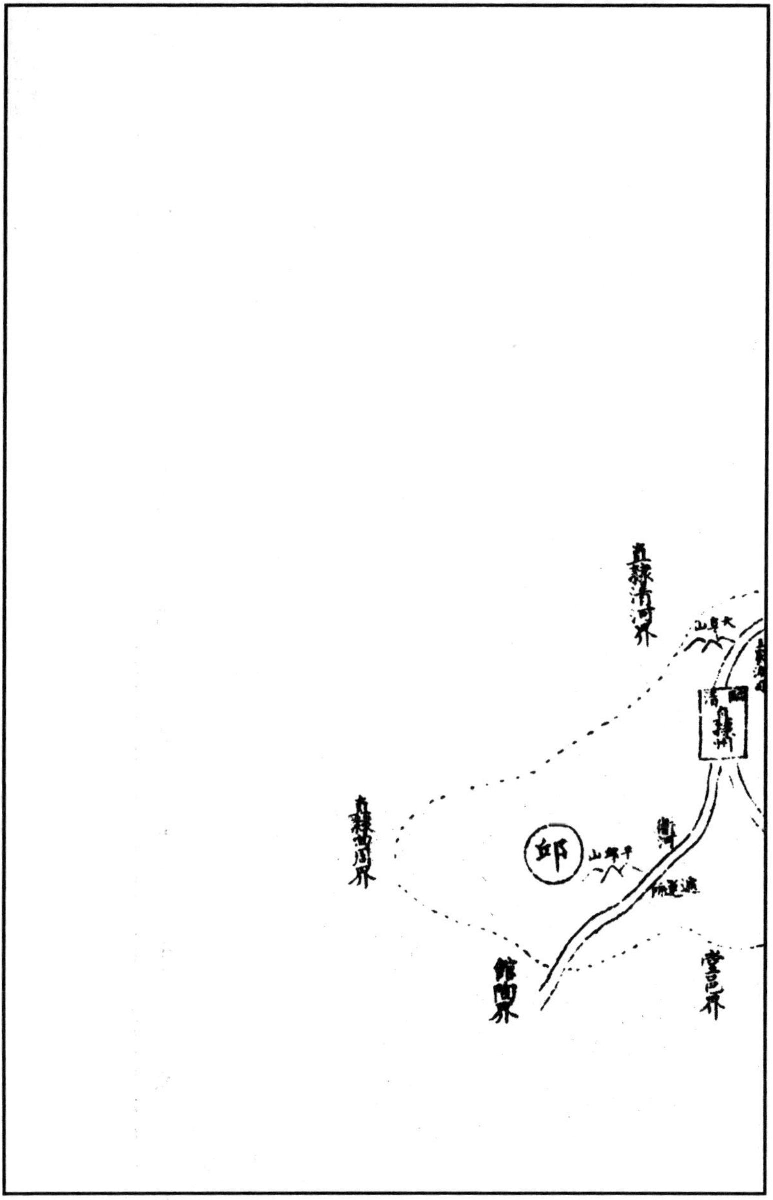
直隸清河界
大阜山
臨清直隸州
衛河
邱
直隸曲周界
館陶界
堂邑界

臨清直隸州表

	臨清直隸州	
秦	東郡地。	
兩漢		清淵縣
三國		清淵縣
晉		清淵縣
南北朝	臨清縣 魏太和二十一年置，屬陽平郡。齊省。	清淵縣 齊徙廢。
隋	臨清縣 開皇六年復置，屬清河郡。十六年分置沙丘縣。大業初省。	
唐	臨清縣 屬貝州。大曆七年改屬瀛州。	永濟縣 大曆七年置，屬貝州。
五代	臨清縣 後唐改屬興唐府。	永濟縣
宋金附	臨清縣 宋屬大名府。熙寧五年省入宗城。尋復置。金屬恩州。	初屬大名府。熙寧五年省。
元	臨清縣 至元中改屬濮州。	
明	臨清州 弘治二年升州，屬東昌府。	

續表

武城縣	夏津縣
東武城縣 屬清河郡。後漢屬清河國。 復陽縣 屬清河郡。後漢省。	
東武城縣	
武城縣 太康中去「東」字。	清河縣地。
武城縣 齊天保七年徙廢。 侯城縣 魏分置，屬清河郡。	
武城縣 開皇初復置，屬清河郡。	鄃縣 開皇十六年改置，屬清河郡。
武城縣 移治，屬貝州。	夏津縣 天寶元年改名，屬貝州。
武城縣	夏津縣 漢屬大名府。
武城縣 宋大觀中移今治，屬恩州。	夏津縣
武城縣 至元七年改屬高唐州。	夏津縣 初屬東平路。至元七年改屬高唐州。
武城縣	夏津縣

續表

	丘縣
信鄉侯國 屬清河郡。後漢省。	平恩侯國 屬魏郡。後漢爲縣。南曲縣 屬廣平郡。後漢省。
	平恩縣
	平恩縣 屬廣平郡。
	平恩縣 齊天保七年徙治斥漳城。
	平恩縣 開皇六年還治，屬武安郡。
	平恩縣 屬洺州。
	平恩縣
	平恩縣 金省入曲周。
	丘縣 至元二十六年改置，屬東昌路。
	丘縣 初屬東昌府。弘治二年改屬臨清州。

大清一統志卷一百八十四

臨清直隸州

在山東省治西一百十里。東西距一百五十二里，南北距一百三十里。東至東昌府高唐州界八十二里，西至直隸廣平府曲周縣界七十里，南至東昌府堂邑縣界四十里，北至直隸河間府故城縣界九十里。東南至東昌府茌平縣界九十里，西南至東昌府館陶縣界三十里，東北至東昌府恩縣界九十里，西北至直隸廣平府清河縣界五十里。本州境東西距八十二里，南北距五十五里。東至東昌府清平縣界十二里，西至直隸廣平府曲周縣界七十里，南至東昌府堂邑縣界四十里，北至直隸廣平府清河縣界十五里。東南至東昌府清平縣界二十里，西南至東昌府館陶縣界三十里，東北至夏津縣界三十里，西北至直隸廣平府清河縣界二十里。自州治至京師七百六十里。

分野

天文女、虚、危分野，玄枵之次，兼營室、東壁之分。

建置沿革

禹貢兗州之域，春秋時衛地，戰國時爲趙之東鄙，秦屬東郡。漢置清淵縣，屬魏郡，後漢因之。

三國魏改屬陽平郡，晉因之。後魏太和二十一年析置臨清縣，仍屬陽平郡。北齊縣廢。隋開皇六年復置，屬貝州。大業初屬清河郡。唐屬貝州。大曆七年改屬瀛州。貞元末還屬貝州。五代後唐改屬興唐府。宋屬河北東路大名府。熙寧五年省爲鎮，入宗城。尋復置。金改屬恩州。元至元中改屬濮州。明洪武二年改屬東昌府。弘治二年升爲州，仍屬東昌府，本朝因之。乾隆四十一年升爲直隸州，屬山東省。領縣三。

武城縣。在州東北七十里。東西距五十里，南北距七十里。東至恩縣界十五里，西至直隸冀州南宫縣界三十五里，南至夏津縣界二十里，北至直隸河間府故城縣界五十里。東南至夏津縣界二十五里，西南至直隸廣平府清河縣界十五里，東北至直隸故城縣界五十里，西北至直隸冀州棗强縣界四十里。戰國時趙武城邑。漢置東武城縣，屬清河郡。後漢屬清河國。晉曰武城縣，後魏因之。北齊天保七年徙廢。隋開皇初復置武城縣，仍屬清河郡。唐屬貝州。宋屬恩州，金因之。元初隸東平路，至元七年改屬高唐州，明因之。本朝初屬東昌府，乾隆四十一年改屬臨清州。

夏津縣。在州東四十里。東西距七十里，南北距四十七里。東至東昌府高唐州界三十里，西至直隸廣平府清河縣界四十里，南至東昌府清平縣界十二里，北至東昌府恩縣界三十五里。東南至東昌府高唐州界三十里，西南至東昌府清平縣界三十里，東北至東昌府恩縣界三十里，西北至武城縣界二十五里。漢置信鄉侯國，屬清河郡。後漢省爲甘陵縣地。晉、魏爲清河縣地。隋開皇十六年改置鄃縣，屬清河郡。唐初屬貝州。天寶元年改曰夏津。五代漢改屬大名府，宋、金皆因之。元初屬東平路，至元七年改屬高唐州，明因之。本朝初屬東昌府，乾隆四十一年改屬臨清州。

丘縣。在州西南四十里。東西距十七里，南北距二十五里。東至東昌府館陶縣界十二里，西至直隸廣平府曲周縣界五里，南至直隸曲周縣界五里，北至直隸曲周縣界二十里。東南至東昌府館陶縣界十六里，西南至直隸曲周縣界八里，東北至東昌府館陶縣界十八里，西北至直隸曲周縣界三十里。漢置平恩侯國，屬魏郡。後漢爲縣。晉改屬廣平郡，後魏因之。隋屬武安郡。唐屬洺州，宋因之。金省入曲周縣。元至元二十六年改置丘縣，屬東昌路。明屬東昌府，弘治二年改屬臨清州。本朝屬東昌府，乾隆四十一年改屬臨清州。

形勢

連城依阜，百肆堵安。兩水交渠，千檣雲集。闗察五方之客，牐通七省之漕。通志。西鄰廣平，北接河間。東南一水，連江引湖，南北襟喉扼要之地。州志。

風俗

人情樸厚，俗有儒學近古之風。文獻通考。士習退讓，民無告訐。州志。

城池

臨清州城。周九里有奇，門四，池廣九尺。明正德間於西、南二面築羅城，嘉靖間廣之，跨汶、衛二水，門六，水門三，月城四。本朝順治六年修，乾隆二十二年、三十四年重修。

武城縣城。周四里，門四，池廣三丈。明成化三年土築。本朝順治六年修。

夏津縣城。周七里，門四，池廣一丈二尺。明天順中土築。本朝順治三年修，康熙十年、乾隆五十六年重修。

丘縣城。周八里，門四，池廣一丈六尺。元至元二十七年土築。本朝順治七年修，康熙元年、乾隆五十五年重修。

學校

臨清州學。在州治東。明正德年建。本朝康熙年間修。入學舊額十五名，乾隆四十八年增一名，嘉慶十二年增二名。

武城縣學。在縣治東南。宋大觀間建。明洪武初重建，天順間修。本朝康熙、雍正年間修。入學額數十二名。

夏津縣學。在縣治東南。明洪武三年建，弘治中修。本朝康熙、雍正年間修。入學額數十二名。

丘縣學。在縣治東南。元大德四年建。明洪武初修。本朝康熙年間修。入學額數十二名。

清源書院。在州治西南。明嘉靖十一年建。本朝乾隆二十年重建。

絃歌書院。在武城縣南。金大定中建於縣西，以邑同子游爲宰處，故建祠以祀之。明隆慶初移建今所，更名道學書院。本朝康熙二十四年重建，仍名絃歌。

户口

原額人丁十一萬六千三百七十一，今滋生男婦大小共九十六萬七千九百十一名口，計民户共十八萬六千九百二十户。又衛所屯户共一萬九千一百二户，男婦大小共十一萬五千八百三十二名口。

田賦

田地三萬七百十三頃二十二畝七分七釐有奇，額徵正、雜銀十一萬六千二百二十四兩九分五釐有奇，麥改米一千六百九石八斗二升四合，米三萬七千十三石六斗三升二合一勺。

山川

大阜山。在州北二里。廣百餘畝，爲州城之主山。

平丘山。在丘縣治東。爾雅：小陵曰丘。縣因以名。

運河。自東昌府清平縣境北流，至州城南，貫城而北，衛河自西來會爲一。又東北逕夏津、武城、恩縣之西，入濟南府德州界，自陽穀縣官窑口鋪入東昌境，北至州境𨻧店。自兖州府陽穀縣至此，長一百七十七里，即元、明以來會通河舊道，皆汶水也，是爲上河，閘凡九。自𨻧店北至直隸吴橋縣降民口，長二百二十七里，皆衛水也，是爲下河，不設閘。今皆謂之運河。明史河渠志：正統十三年，河決沙灣，臨清告涸，侍郎趙榮則請置減水石壩，以蓄運河之水。四年壩壞，運道仍阻，尚書石璞鑿河三里以避決口。明年運河高淺如故，漕舟俱蟻聚臨清上下，都御史徐有貞請置減水閘，開分水河，挑運河。工竣，會通復安。本朝順治九年，河決安平隄，浸及東昌府城，漫堂邑、博平、臨清各隄閘，總河楊方興塞之。康熙六十年，黄、沁並決，修東昌各屬隄岸以衛運河。乾隆三年，修建聊城縣房家口進水閘，以洩白家窪匯聚之水入運；又修博平縣三教堂減水閘，洩運河之水，由運河入馬頰河；十八年，重修聊城縣十里鋪進水閘，以洩曹州府鄆城縣西南諸邑之水入運；三十二年，添建臨清月河單閘，以洩運河之水入衛。凡皆先事綢繆，相機防護，而歲修之工不與焉，此運河所以深通無滯也。康熙二十八年，聖祖仁皇帝南巡經此，有御製詩。乾隆三十年，高宗純皇帝南巡，有御製臨清舟次雜詠詩。迴鑾，有御製臨清舟中口號詩。三十九年，有御製臨清歎詩。四十一年，東巡，有御製臨清歌詩。

衛河。舊名御河，亦名永濟渠，一名白溝，又名清河。自河南輝縣引淇、洹二流，至直隸大名府元城縣入東昌境，東北流逕冠縣西北，又東北逕館陶縣西南會漳河；又東北逕丘縣東南四十里，又東北至臨清州西，與會通河合爲漕河；又東北逕直隸廣平府清河縣界，又東北逕夏津縣西北四十里，又東北逕武城縣西一里，東北入直隸河間府故城縣界，又北逕恩縣西北五十里，又東北入濟南府德州界。自臨清以北，全資此水以濟運，是謂衛河。漢書地理志註：應劭曰：「清河在西北。」水經注：白溝水東北逕趙城西，又東北逕空陵城西，又北逕喬亭城西，東去館陶縣故城十五里，又東北逕平恩縣故城東，又東過清淵縣故城西，又歷縣之西北，爲清淵。清河東北逕廣宗縣故城南，又東北逕界城亭東，又東北逕信鄉西，又東北逕信城縣故城西，又東北逕清陽縣故城西，又東北逕陵鄉西，又東北逕東武城縣故城西，又東北逕復陽縣故城西，又東北流逕棗强縣故城西。元和志：館陶縣白溝水，本名白渠，隋煬帝導爲永濟渠，亦名御河，在漳南縣東五十里。此渠蓋漢屯氏故瀆，隋氏修之，因名永濟。宋史河渠志：皇祐元年，河合永濟渠，注乾寧軍。崇寧元年，詔開臨清縣壩子口，增修御河西隄，開置斗門，決北京、恩、冀、滄州、永静軍積水入御河涸源。明會典：衛河會淇、漳諸水，過臨漳分爲二：其一北出，逕大名至武邑，以入滹沱；其一東流，逕大名東北，出臨清，至直沽會白河入海，長二千餘里，今爲運河。自臨清至直沽凡五衛、十七州縣，淺一百五十七處。明史河渠志：衛河由内黄至山東館陶西，漳水合焉；東北至臨清，與運河合。河流勢盛，運道得之，始無淺阻。永樂五年，臨清隄決，尚書宋禮言河岸低薄，徒事增築無益，乃於魏家灣穿二小渠，以洩於土河，衛河自是無横溢患。正統十四年，河決臨清四閘，御史錢清請濬其南撞圈灣河以達衛，從之。山東通志：明萬曆二年，漳水北溢，館陶之流遂絶。至本朝康熙四十七年，而全漳與衛河合，即今南館陶鎮所出之漳河也。衛合淇、洹諸水，僅成帶川，益以二漳，乃見浩瀚。雙流交注，所益不在汶、濟下矣。按：運河全賴各閘節宣，而衛河則環曲而行，不復置閘，遂有「三灣抵一閘」之説，不知古人用曲之意，全爲漳設。漳水之濁減於黄河，而易淤則相等。但黄河來源甚高，順其所趨，則沙隨水去，遇曲則勢逆而易怒，故其道在逢灣取直；漳水濁輕而來源平坦，若津道徑直，則水浮沙沉，隨路澱積，惟使之多灣，則左衝右激，水不得定，沙亦隨去。治漳之法，所由與治河不同。謹附記。

漳河。在丘縣。本朝順治九年，自直隸廣平元城等處直注丘縣，分爲二道：一從縣西，逕直隸廣宗縣入滹沱河；一從縣東，逕直隸清河縣，北至青縣入運河。康熙四十七年入丘，上流盡塞，而全漳會於東昌府館陶縣。

古屯氏河。在州境。自東昌府館陶縣東北流逕夏津縣之南，又東北逕高唐州及恩縣界。漢書地理志：魏郡館陶，河水别出爲屯氏河，東北至章武入海。過郡四，行千五百里。又，溝洫志：屯氏河東北逕魏郡清河、信都、渤海入海，廣深與大河等。元帝永光五年，河決靈鳴犢口，而屯氏河絶。成帝初，清河都尉馮逡請開屯氏河，使分流殺水力。水經：屯氏河逕館陶縣東，又東北别河出焉，又東逕甘陵之信鄉縣故城南，又東逕甘陵縣故城北，逕靈縣北，又東北逕鄃縣，與鳴犢河故瀆合，又東逕清河郡北，又東北逕陵鄉南，又東北逕東武城縣故城南，又東北逕東陽縣故城南。元和志：屯氏河，俗名毛河，在館陶縣西二里夏津縣北。舊志：今冠縣、館陶、丘縣、茌平、高唐俱有屯氏河故道。又有熙河，在茌平縣北七十里，北流至高唐州，入濟南府禹城縣界。其源無考，蓋即屯氏河也。　按：元和志謂永濟渠南自汲郡引清、淇二水，東北入臨清，此渠蓋漢屯氏故瀆也。後人緣此爲説，清、淇、屯氏遂混而爲一。以水經注考之，屯氏河自大河決出，逕館陶、清淵之東，而東出清河縣之南，清、淇水逕館陶、清淵之西，而出清河之北，今考衛河所行，自臨清以上則皆古清、淇也，自臨清以下行清河縣南則古屯氏也，與元和志之言頗合。然今衛河自武城以下，又皆清、淇所行，非屯氏所能至矣。

馬頰河。在夏津縣東三十里。自曹州府濮州朝城縣流入。東北流逕莘縣西五十里，又北逕堂邑縣西十二里，又北逕清平縣十二里，又東北逕高唐州西北二十里，又東北逕恩縣南二十里津期店，亦名津期河；又逕縣東十二里，東北入濟南府平原縣界。　按：禹貢「九河」之馬頰，孔穎達謂在東光之北，通典云在平原郡界，與今州境無涉。唐時有馬頰河，出澶州清豐縣界，東北流至平昌，合篤馬河，即此河也。宋至和二年，李仲昌議開六塔河，引歸横隴故道。歐陽修言六塔止是別河下流，已爲濱、棣、德、博之患，是宋之六塔實行唐之馬頰，惟李仲昌所開，引商胡決流，使之東南入横隴故道爲異耳。至嘉祐五年，河流派於魏之第五埽二股河，自魏、恩東至於德、滄入海。當時馬頰故道又爲二股河所行。今此河或斷或續，故道具存，蓋即唐之馬頰，宋之六塔、二股也。

沙河。在州南舊城東門外。東北逕夏津縣西十五里，又東北逕武城縣東南十五里，又東北入恩縣界。舊志相傳爲古趙河，無水則積沙，水盛則成河。東流至海，或入高唐馬頰河。

一字河。在武城縣西。河防志：黄河舊經縣境，金明昌五年，河犯武城隄。明年，鑿新河，修石岸十四里有奇，以塞之。元時河自河南原武縣決而東南，此河遂絶。

新河。在武城縣西北，即運河引渠也。本朝乾隆三年，因城東北隅逼近運河，發帑市民地，挑濬引河。自三官廟前至大三里口，計長三百九十丈，引水由西北入運以護城垣。

康臺澤。在丘縣東。魏書地形志：廣平郡平恩縣有康臺澤。元和志：康臺澤在縣東五里。

中洲。在州城西，汶、衛二水相會處。元時即名中洲。其時未有閘、板二閘，止有舊會通河入衛。今則宛在中央，始成洲矣。東曰鼇頭磯，砌以石如鼇頭，築觀音閣其上。新舊四閘，分建左右焉。

廣濟泉。在州西。又有通濟、普惠二泉，俱瀕運河。

晦顯泉。在州南舊城内。又有漱玉、清惠、威武、鎮定、遺澤、洙泗、淵源等泉，各甃石爲井，以助會通河之流。

琉璃井。在州城西南。

古蹟

臨清故城。在今臨清州南。本漢清淵縣地。後魏析置臨清縣。唐屬貝州。元和志：縣東北至貝州六十里。寰宇記：縣在大名府東北一百五十里。州志：宋建炎中患水，移治曹仁鎮。明洪武二年，徙縣治於故縣北八里臨清閘，即今治也。

清淵故城。在州西南。漢置縣，屬魏郡。三國魏改屬陽平郡。晉及後魏因之。北齊改置於貝丘縣界，而故城廢。水經注：淇水又東，過清淵縣故城西，又歷縣之西北，爲清淵，故縣有清淵之名矣。世謂之魚池城，非也。州志：清淵廢縣在臨清州西南四十里。按：舊唐志臨清即漢清泉縣，後魏改名。今考地形志，清淵與臨清並列。元和志亦謂臨清本清泉縣地，其非改名可知。劉昫誤也。

東武城故城。在武城縣西。本戰國時趙邑。漢置東武城縣。晉太康中去「東」字。北齊移縣於故信城縣。隋開皇初改爲清河，别置武城縣於此。唐移治永濟渠西。宋大觀中移於今治。金時以故城爲鎮。元和志：貝州武城縣，西南至州四十二里。

府志：武城縣武城舊治在縣西十里。漢時建。宋大觀間衛河決，徙今治。

復陽故城。在武城縣東北。漢置縣，屬清河郡。後漢省。水經注：清河又東北，逕復陽縣故城西。地理風俗記：東武城西北三十里有復陽亭，故縣也。世名之曰檻城。

鄃縣故城。今夏津縣治。本後魏清河縣地。隋開皇十六年自今德州平原縣界徙置鄃縣於此。唐天寶元年改曰夏津。元和志：貝州夏津縣西北至州九十里。寰宇記：夏津縣在魏府東北二百五十里。府志：夏津縣新縣店在縣西北三十里。隋開皇間改置夏津。唐罹水患，徙今治。按：漢鄃縣在今濟南府平原縣西南。水經注：河水故瀆東逕鄃縣故城東，又東逕平原縣故城西，是也。後漢書馬武傳注亦云鄃縣故城在今德州平原縣西南，後魏時猶治鄃城，自北齊廢後，隋復改置於此，實非漢縣故地。元和志謂夏津即漢鄃縣，而諸志從之，誤也。舊志謂漢鄃縣在夏津界，別以縣西北之孫生鎮爲隋之夏津，唐徙今治。考隋志開皇十六年置夏津縣，大業初廢入清河縣，改北齊之武城爲清河，即今直隸清河縣。今夏津西與清河接界，疑隋所置夏津即在今縣之地，唐時改名當即因此。舊志似非無據。但隋之夏津偶置尋廢，而唐書、元和志但承鄃縣言之，不及夏津，其遺址不可考矣。至隋之鄃縣即唐之夏津，以元和志、寰宇記道里考之〔一〕，即今縣治爲是。舊志云在東北，又謂在西北，皆非也。

信鄉故城。在夏津縣西。漢置縣，亦曰新鄉，爲侯國。後漢省入甘陵。水經注：屯氏河故瀆，東逕甘陵之信鄉縣故城南。地理志曰，順帝更名安平。應劭曰「甘陵西北十七里有信鄉故縣也」。按：漢書地理志注：孟康曰：「順帝更名安平。」水經注亦引之。今考郡國志無此縣。

平恩故城。在丘縣西。漢地節三年封許廣漢爲侯國。後漢曰平恩縣。應劭曰：「縣蓋館陶之別鄉。」舊唐書地理志：平恩縣，隋自斥漳移於平恩故城置。寰宇記：高齊天保七年，徙治斥漳城，在今廣平府威縣。隋開皇六年還治平恩。九域志：縣在洺州東九十里，金省入曲周。金史地理志曲周縣有平恩鎮，是也。元改置今縣。按：丘縣之名，自元時始立，而明統志云，本館陶之別鄉，漢析置丘縣，屬魏郡，不知何據。府志又云，漢置斥丘縣，斥丘即春秋晉乾侯邑，魯昭公所處，在今直隸廣平府成安縣界。闞駰曰：「地多斥鹵，故曰斥丘。」與丘縣無涉也。

南曲故城。在丘縣北。漢置縣，屬廣平郡。後漢省入平恩縣。水經注：衡漳故瀆東北逕南曲縣故城西，應劭曰：「平恩北四十里有南曲亭，故縣也。」

沙丘廢縣。在州西。隋開皇十六年析臨清縣置，大業初省。唐武德五年復置，屬毛州，貞觀元年省。

侯城廢縣。在武城縣西南。本故陵鄉。應劭曰：「東武城西南七十里有陵鄉，故縣也。」後魏置侯城縣，屬清河郡。水經注：清河東北逕陵鄉西，後漢封太僕梁松爲侯國，故世謂之梁侯城，遂立侯城縣治此。

永濟舊縣。在州南。唐置，屬貝州。元和志：縣東北至州一百十里。本漢貝丘縣地，臨清縣之南偏。大曆七年，田承嗣奏於張橋行市置，以西並永濟渠而名。寰宇記：縣在魏府北九十里。熙寧五年省爲鎮，入館陶。尋改屬臨清。

榆陽城。在州境。水經注：淇水東北逕榆陽城北，漢昭帝封江德爲榆陽侯。文穎曰：「邑在魏郡清淵。」

漱玉亭。在州城内。明大學士楊守阯記。又有秀林亭，在城外。

絃歌臺。在武陵縣西十里舊縣。址高九尺，上有子游祠。寰宇記：臺在御河北岸。按：魯武城在今沂州府費縣，已於兖州府古蹟「武城」下詳加辨證，此臺因漢東武城之名，誤爲魯邑，從而傅會，不足據。謹附記。

德星堂。在武城縣。唐崔鄲建。宣宗以其一門孝友，題其堂曰「德星」。

關隘

臨清關。在州運河上。明宣德間設，本朝因之。舊用御史及户部官監收船料商税，今改歸巡撫管理。

王家淺巡司。在州北十五里。本朝乾隆三十六年移裴家圈巡司駐此。

甲馬營巡司。在武城縣東北二十五里。縣志：相傳宋太祖誕生之地。明置巡司，本朝康熙七年裁，尋復設。按：宋史本紀太祖生於洛陽夾馬營，與此地無涉。縣志傅會，不足信也。

曹仁鎮。在州南八里。金史地理志：臨清州有曹仁鎮。州志：宋時嘗移臨清縣治曹仁鎮。今會通渠南宋舊城是。

摇鞍鎮。在州西南六十里。州志：五代漢高祖屯兵處。

饒陽鎮。在武城縣西北三十里。九域志：武城有饒陽、頓宗、竇保、舊縣四鎮。

孫生鎮。在夏津縣北二十五里。金史地理志：夏津縣有孫生鎮。縣志：嘗徙縣於此。一名新縣。

臨清衛。在州治東。明置指揮使。本朝設守備及領運千總。

焦屯堡。在丘縣東。

臨清遞運所〔二〕。在州西南二里。又西南五里有會通税課局。

裴家圈。在夏津縣西四十里。運河所經，爲往來要津。舊置巡司，本朝乾隆三十六年移駐甲馬營。

清源水馬驛。在州城西南隅。舊有驛丞，今裁。

渡河水驛。在州北五十里。

甲馬營水驛。在武城縣東北二十五里運河東岸。舊有驛丞，今裁。

津梁

通濟橋。在州新城内臨清閘東，當汶水北瀉處。明嘉靖二十七年建石橋如閘制，以蓄洩河水。

永濟橋。在州外城内，會通、臨清二閘浮橋也。以木四十丈爲巨筏，絶河横亘，俗名天橋。

廣濟橋。在州西衛河上。

太平橋。在武城縣東門外。

馬頰橋。在夏津縣東南三十里。橋側有龍潭，禱雨輒應。

屯氏河橋。在夏津縣東北三十里。一名董姑橋。又，下官橋在縣東北四十里。

隄堰

古隄。自臨清州南逾會通河而北，繞州城東南，東北入夏津縣境，抱縣城，又東北入恩縣界，繞縣西，入濟南府界。舊志：隄堰亘數百里，其委絶海，蓋古之隄防也。或謂之鯀隄。寰宇記：鯀隄在歷亭縣東三十五里。

衛河隄。在夏津縣西北衛河東岸。舊隄北自武城縣界横河口南，至臨清州界二十里口，計十九處，長五千三百丈有奇。又有新隄，夾衛河兩岸，東岸八處，長一千三百九十八丈有奇；西岸四處，北至武城劉家道口，南至潘家口，長一千八百五十丈。又有月隄，在縣西，衛河之東西兩岸也。外不足以防水患，故重築内隄，歲久缺壞。明嘉靖中三修，本朝順治中修築完固，雍正十年，復培厚以禦河水。

虞公隄。在丘縣西五里。南至張村，北至宋八疃，延亘七十餘里。明正統七年，知縣虞鎬所築，以捍河水。本朝順治中修。

甎閘。在州西南外城内運河上。舊名新開閘。南距戴家灣閘三十里。明正統二年建，本朝康熙二年修。上鎮以石，下固以鐵。四十二年，聖駕南巡，過臨清閘，有御製詩。乾隆十八年重修。今有閘官。其西五里爲南板閘，亦在運河上。明永樂中平江伯陳瑄建。本朝乾隆十一年修。每年十一月十五日，於甎、板二閘間築壩疏淺，間年則一大濬。閘之外即爲汶、衛合流處，舊有會通、臨清二閘，在州治西南運河之北，皆元時所建，明廢。又設有沙灣、潘官屯、觀音觜減水閘三，亦久廢。

陵墓

漢

耿貴人墓。在州西北衛河西十五里。漢安帝母耿氏，尊爲甘陵大貴人，葬此。州志：其地有池，俗稱蓮花池。

許廣漢墓。在丘縣城東。縣志：漢平恩侯許廣漢墓在東郭外。

唐

崔羣墓。在武城縣文廟前。

孫伏伽墓。在武城縣東北三十里。

明

王道墓。在武城縣南二里。

祠廟

陳瑄祠。在州西南。明永樂間瑄疏運河有功，故祠焉。

成湯廟。在丘縣城中東北隅。明天順三年建。春秋上戊致祭。

子游廟。在武城縣西十里。邑人歲時致祭。

汶河神廟。在本州甎閘東。本朝雍正八年敕建。

衛河神廟。在本州廣濟橋南。本朝康熙十四年建。

漳河神廟。有二：一在州城板閘外，本朝康熙六十年建，雍正三年敕封福漕漳河神；一在館陶縣西南四十里館陶鎮，本朝雍正四年建，敕封惠濟漳河神。

寺觀

清涼寺。在州南門外。明成化間建。寺内雙檜連抱，高六七尋，枝幹挺拔，數百年物也。

大寧寺〔三〕。在州治西。明永樂中建。

大雲寺。在夏津縣東二十里。唐時建。

資佛寺。在夏津縣治北。舊有塔，高十二級。明弘治中於塔中掘出石槨金棺，内有水晶瓶，藏舍利七粒。又中一石匣，上刻「太平興國八年定光佛舍利」也。

洪濟寺。在丘縣治東。宋皇祐中建。

無爲觀。在州城南一里運河上。即三官廟。本朝康熙四十二年，聖祖仁皇帝御書是額，因改觀名。乾隆三十年，高宗純皇帝南巡經此，御賜額曰「福祐津途」。三十六年、四十一年、四十五年、四十九年，皆有御製無爲觀詩。

名宦

南北朝　魏

房恭懿。洛陽人。仕齊，歷平恩令。有能名。

唐

賈耽。滄州南皮人。天寶中舉明經，補臨清尉。上書論事，徙太平。

宋

周渭。昭州恭城人。建隆初，擢右贊善大夫。時魏帥符彦卿專恣，朝廷選常參官强幹者莅其屬邑，以渭知永濟縣。彦卿郊迎，渭揖於馬上，就館始與相見，略不降屈。縣有盜，傷人而逸，渭捕獲，并暴廋匿者按誅之，不以送府。

陳琰〔四〕。澶州臨河人。知夏津縣。時轉運使盧士倫，曹利用壻也，怙勢聽獄不以直，訟者不已，付琰評決，琰直之。御史知雜韓億聞其事，奏爲監察御史。

金

劉源。館陶人。以館陶尉升臨清丞。未半載，德化流行，政令清肅，民皆德之。

明

李真卿。永嘉人。洪武間知臨清縣。廉能，善撫字。卒於官，民悲泣，如喪所親，執紼送葬者至三千餘人。

虞鎬。餘姚人。正統四年知丘縣。先是，漳河東泛，漂没田廬。鎬築長隄禦之，水不爲害。後遂名虞公隄。

張翰。京山人。正德初知夏津縣。甫至，即令郭外之民徙居城中曠地。未幾，流賊至，剽掠諸縣，翰率士民固守，賊不能近，遂引去。保障之功，山東稱最。

易時中。晉江人。嘉靖中知夏津縣，有惠政。後遷順天府推官，終養歸，道出夏津，老稚歡迎數舍，争獻果脯。將别，有哭失聲者。

高重光。保定人。崇禎中由貢生爲鄉訓導，有佐平盜功，擢知丘縣。大兵至，抱印赴井死。

本朝

黄道珪。廣東海豐人。康熙二十九年知丘縣。丘土瘠人貧，道珪下車，既除舊弊二十三條。屢遭旱澇，爲請發粟賑濟。有可惠民之事，無不力舉。以勞卒於官。

宋元徵。廬江人。康熙三十三年知夏津縣。廉潔明允。值天旱，疏濬漕河，隨濬隨淤，而漕艘已入境，元徵朝服禱於龍神，水忽騰湧，沙分舟過，不費牽挽，人咸異之。

朱國祥。鑲黄旗漢軍。康熙十三年知夏津縣，凡六年，興利除弊，知無不爲。創設新莊，安插流民，另編爲甲。以卓異升去。三十七年，復知東昌府，夏民聞之，趨迎幾至空市。

阿錫鼐。滿洲鑲白旗人。康熙三十九年以監察御史督理臨清鈔關。性清約，周知商人之瘼，平衡會計，罷偵邏之擾人者。濬河例在季冬，因施粥河上，民忘其寒，州人頌之。

陳留武。鑲白旗漢軍。雍正十年知臨清州，民間不知胥役之擾。又勸民間墾荒田百餘頃，盡成沃壤。設立普濟堂，州人感化，助田百餘畝。後遷知登州府。

人物

漢

趙苞。東武城人。從兄忠爲中常侍，苞深恥門族有宦官名勢，不與交通。初仕州郡，舉孝廉，累遷遼西太守。以到官明年，遣使迎母及妻子，道經柳城，值鮮卑入寇，遂爲所劫質，載以擊郡。苞悲號，謂母曰：「今爲王臣，義不得顧私恩，毁忠節。」母遥謂曰：「人各有命，何得相顧以虧忠義？」苞即時進戰，賊悉摧破，其母、妻皆爲所害。苞殯殮畢，自載歸葬。桓帝遣使弔慰，封鄃侯。苞葬訖，謂鄉人曰：「食禄而避難，非忠也；殺母以全義，非孝也。何面目立於天下？」遂嘔血而死。

三國　魏

崔季珪。東武城人。少尚武事，後就鄭康成受學，歸，以琴書自娱。袁紹辟爲騎都尉，數諫紹不聽。紹卒，二子争欲得季珪，遂稱疾固辭。太祖破袁氏，領冀州牧，辟爲别駕從事。傅文帝於鄴。世子出田獵，變易服乘，季珪書諫，宜燔翳捐褶以塞衆望。魏國初建，拜尚書。時太子未立，臨菑侯有才而愛，太祖密訪於外。季珪答：「春秋之義，立子以長。」遷中尉。季珪聲姿高暢，眉目疏朗，鬚長四尺，甚有威重，朝士瞻望，而太祖亦敬憚焉。會有白季珪傲世怨謗者，遂賜死，爲世所痛惜。

崔林。季珪從弟。少時晚成，季珪異之。太祖定冀州，召除鄔長，累遷御史中丞。文帝踐阼，拜尚書，出爲幽州刺史，遷大鴻臚。龜兹王遣世子來朝，朝廷褒賞甚厚，餘國遣子通使連屬，林恐所遣或非真的，而道路護送，所損滋多，乃移書燉煌喻指，並録前世待遇諸國豐約故事，使有恒常。明帝即位，賜爵關内侯，轉光禄勳、司隸校尉。林爲政推誠，簡存大體，是以去後每輒見思。景初元年，司徒、司空並缺，孟康薦林忠直不回，清儉守約，後年遂爲司空，進封安陽亭侯〔五〕。

南北朝　宋

崔懷順〔六〕。東武城人。父邪利，魯郡太守。元嘉中爲魏所獲，懷順即日遣妻，布衣蔬食，如居喪禮，歲時向北流涕。泰始初，淮北入魏，懷順因此歸北，至代都而邪利已卒，懷順絶而復甦，載喪還青州。徒跣冰雪，天氣寒酷而手足不傷，時人以爲孝感。喪畢，以弟在南齊，建元初逃歸，而弟已亡。懷順孤貧，宗黨哀之，日斂給其斗米。永明中卒。按：清河郡之武城，本漢東武城舊縣，宋時已入於魏。又南徐州、南清河郡有東武城，宋元嘉中僑置，其地在今鎮江。考崔懷順以下六人，本傳或稱東武城人，或稱清河郡人，其文不一。據宋志，永嘉之亂，幽、冀流民相率過江，則此六人實清河武城人，而遷徙南清河郡之東武城者也。以例論之，南朝之人，不應附載北朝郡縣，但僑置郡縣名，表内向不標列，姑依舊統志，各從其原占籍貫存之。附識於此。

齊

崔祖思。季珪七世孫。少有志氣，好讀書。高帝在淮陰，祖思爲上輔國主簿，甚見親待。遷齊國内史。帝受禪，轉給事黄門侍郎〔七〕。武帝即位，祖思啓陳政事，以爲宜修文序，開武校，崇儉素，罷雜伎。上優詔報答，後爲青、冀二州刺史。卒，上深加歎惜。祖思叔父景真，位平昌太守，有惠政。子元祖，有學行，好屬文，歷位驍騎將軍，出爲東海郡太守。

崔慰祖。東武城人。父慶緒，永明中爲梁州刺史。慰祖解褐奉朝請，父喪不食鹽。母曰：「毁不滅性，當不進肴羞耳，如何絶鹽？吾今亦不食矣。」不得已，從之。父梁州貲財千萬，散與宗族。料得父時假貰文疏，悉焚之。好學，聚書至萬卷，鄰里假借未嘗爲辭。建武中，從兄慧景舉慰祖碩學，帝欲試以百里，辭不就。沈約、謝朓嘗於吏部省中，問慰祖地理中所不悉十餘事，慰祖酬據精悉，朓歎曰：「假使班、馬復生，無以過此。」著海岱志，起太公，迄西晉人物，爲四十卷。未成，卒。

梁

崔靈恩。清河武城人。少篤學，偏習五經，尤精三禮、三傳。累遷步兵校尉、國子監博士。聚徒講授，聽者常數百人。性拙樸，無風采，及解析經理，甚有精致。先是，儒者論天，互執渾、蓋二儀，靈恩立義以渾、蓋爲一。出爲桂州刺史，卒於官。集注毛詩二十二卷、周禮四十卷，製三禮義宗四十七卷、左氏經傳義二十二卷、左氏條例十卷、公羊穀梁文句義十卷。

陳

張譏。清河武城人。幼聰俊，有思理。年十四，通孝經、論語。幼喪母，有錯綵經帕，即母之遺製，每歲時輒對帕哽噎不能勝。及丁父憂，居喪過禮。天嘉中爲國子助教，累官東宮學士。譏性恬靜，不求榮利。所居宅，營山池，植花果。講周易、老、莊而教授所撰尚書、周易、毛詩、孝經、論語、老、莊諸義，後主嘗敕就其家寫入秘閣。

張正見。東武城人。幼好學，有清才。累遷尚書度支郎、通直散騎侍郎。有集十四卷，五言詩尤善。

魏

崔宏。魏司空林六世孫。少有俊才，號「冀州神童」。太祖征慕容寶，素聞其名，遣使追求，與語說之，以爲黃門侍郎。與張袞對總機要〔八〕，草創制度，遷吏部尚書。時命有司制官爵，撰朝儀，協音樂，定律令，申科禁，宏總裁之以爲永式。及置八部大夫〔九〕，宏通署三十六曹，勢傾朝廷，而約儉自居，不營產業。帝益重之，厚加餽賜，賜爵白馬侯。太宗將即位，清河王紹聞人心不安，大出財帛，頒賜朝士，宏獨不受。及即位，命宏居門下，虛己訪問。拜天部大人，進爵爲公。卒，贈司空，謚文貞。

崔徽。宏弟。少有文才，與渤海高演俱知名。歷位秘書監，賜爵貝丘侯。樂安王範鎮長安，世祖遷忠清舊德之士，與範俱鎮，以徽爲平西將軍副將〔一〇〕，行樂安王傅，進爵濟南公。徽爲政，務存大體，性好人倫。引接賓客，講論道義，誨誘後進，終日不止。以疾還京師，卒。

崔逞。魏中尉季珪六世孫。少好學，有文才。遭亂孤貧，講誦不廢。歸魏，拜尚書，除御史中丞，以事賜死。太祖深悔之。子頤，累官散騎尚書〔一一〕，賜爵清河侯。爲大鴻臚，持節策拜楊難當，奉使數返，光揚朝命，世祖善之。逞兄適，亦有名於時，爲慕容垂尚書左丞。適曾孫延壽，輕財好施，甚收鄉曲之譽，爲冀州主簿。

崔浩。宏之長子。少好學，博覽經史、玄象、陰陽、百家之言，無不關綜。弱冠爲通直郎，少遷著作郎，太祖常置左右。太宗初，拜博士祭酒，賜爵武城子，恒與經國大謀。後浩進講書傳，論近世人物，帝大悅，賜御縹醪酒十瓢、水精戎鹽一兩〔一二〕，曰：「朕味卿言，若此鹽酒，故與卿同其旨也。」初，浩父病篤，乃翦爪截髮，夜禱北極，求以身代，家人罕有知者。及居喪盡禮。襲爵白馬公。朝廷禮儀、優文策詔、軍國書記，盡關於浩。始光中進東郡公，拜太常卿。時議討赫連昌，擊蠕蠕，朝臣盡不欲行，浩贊成之。大軍既還，加侍中、特進、撫軍大將軍、左光禄大夫，以賞謀謨之功。敕諸尚書，凡軍國大計所不能決者，皆先諮浩，然後行。遷司徒，詔浩總理史務，監秘書事。後被誅。

崔寬。祖彤，隨晉南陽王保避地隴右，遂仕沮渠、李暠。父剖，每慷慨有懷東土。世祖西巡，使寬送款，世祖嘉之，拜寬岐陽令，賜爵沂水男。徵剖詣京師，未至卒。謚元，贈武陵公。寬還京，封安國子。家於武城，居司空林舊墟。後襲爵武陵公，拜陝城鎮將，號曰能政。子衡，少以孝行著稱。爲内秘書中散，襲父爵。蠕蠕犯塞，上書陳備禦之方、便國利民之策，凡五十餘條。除秦州刺史，徙爵齊郡公〔一三〕卒。

崔休。逞玄孫。少孤貧，矯然自立。孝文時，頻遷給事黄門侍郎。休勤學，公事軍旅之隙，手不釋卷。孝文南伐，以休爲尚書左丞，轉長史。宣武初，出爲渤海太守，部内安之，入爲吏部郎中，遷散騎常侍。權兼選任，多所拔擢。後爲司徒右長史，公平清潔，歷幽、青二州刺史，皆以清白稱。累官殿中尚書。久在臺閣，明習典故，每朝廷疑義，咸取正焉。卒，謚文貞。

路侍慶。陽平清淵人。有幹用，爲鄉閭所稱。太和中，除奉朝請。以從兄文舉有才望，因推讓之。孝文遂並拜焉。累遷定州河間王琛長史。琛貪暴肆意，侍慶每進苦言。卒，贈左將軍、安州刺史。

路邕。清淵人。宣武時爲東魏郡太守。涖政清勤。值年儉，自出家粟賑賜貧窘。靈太后下詔褒美，賜廐馬衣被。稍遷南青州刺史，卒。

張讜。東武城人。爲東徐州刺史。以勳賜爵中陸侯。讜性開通，篤於撫恤。青、齊之士，雖疏族末姻，咸相敬視。寵要勢家，無所顧避。高允之徒，甚器待之。卒，贈青州刺史。　按：東武城本漢縣，晉太康中去「東」字，魏志因之。而列傳仍稱東武城人，似乎自相矛盾。考隋志有「武城，舊曰東武城」之文，而北齊列傳亦有稱「東武城人」者，疑魏又嘗加「東」字，但志不具耳。附識於此。

崔亮。東武城人。家貧，傭書自業。李沖薦之，累遷尚書二千石郎。高祖在洛，馳驛徵亮，兼吏部郎，遷中書侍郎，兼尚書左丞。雖歷顯任，其妻不免親事舂簸。世宗親政，遷給事黄門侍郎，仍兼吏部郎。亮自參選事垂將十年，廉慎明決，爲尚書郭祚所委，遷度支尚書，領御史中尉。自遷都之後，經畧四方，又營洛邑，費用甚廣，亮在度支，別立條格，歲省億計。又議修汴、蔡二渠，以通邊運，公私賴焉。歷雍州、定州刺史。以平硤石功，進號鎮北將軍，累轉尚書僕射，卒。

崔光韶。亮從父弟。事親以孝聞。初除奉朝請，與弟光伯操業相侔，特相友愛，遂讓官於光伯。孝文嘉而許之。太和中，遷青州平東府長史。府解，敕知州事。孝莊初，河間邢杲率流民攻逼州郡，州人乞光韶爲長史以鎮之。尋爲東道軍司。及元顥入洛，自河以南，莫不風靡。刺史廣陵王欣集文武議所從，光韶抗言：「元顥受制梁國，稱兵本朝，所宜切齒。」乃斬顥使。遷廷尉卿。時祕書監祖瑩以贓被劾，太尉陽城王徽等爲瑩求寬，光韶執意不回。永安末，遂還鄉里。刺史侯淵謀爲不軌，夜劫光韶，責以謀畧。光韶曰：「起兵須有名義。使君今日舉動，直是作賊耳，知復何計？」淵雖恨之，而不敢害。除征東將軍、金紫光禄大夫。不起，卒於家。

崔隆宗。東武城人。簡率友愛，居喪以孝聞，爲蘭陵、燕二郡太守。仁信待物，檢慎至誠，見重於時。卒，謚曰孝。

北齊

崔冏。逞玄孫。幼好學，汎覽經傳，多技藝，尤工相術。武平中爲散騎常侍。性廉謹恭儉，所得俸秩必分親故。終鴻臚卿。

張晏之。東武城人。祖彝，仕魏，歷官尚書，爵平陸侯。晏之幼孤，有至性，爲母鄭氏教誨，動依禮典。從尒朱榮平元顥，賜爵武城子。高岳征潁川，以爲都督中兵參軍兼記室。晏之文士，兼有武幹，深爲岳所歎賞。齊天保初，行北徐州事，尋即真。爲吏人所愛，百姓制清德頌數篇。

周

崔彦穆。魏司空林九世孫。幼明悟，神采卓然。魏吏部尚書李神儁有知人之鑒，見而嘆曰：「王佐才也。」大統三年，拜滎陽郡守，賜爵千乘縣侯，累遷司農卿。時軍國草創，衆務殷繁，太祖引彦穆入幕府，兼掌文翰。世宗初，進驃騎大將軍，開府儀同三司。陳氏請敦鄰好，詔彦穆使焉，甚爲江表所稱。後加授上大將軍，進爵東郡公。卒。

隋

崔儦。休之孫。少與范陽盧思道、隴西辛德源友善。博覽羣言，解屬文。開皇四年徵授給事郎，累遷員外散騎侍郎。仁壽中卒。

張乾威。晏之子。性聰敏，涉獵羣書。其世父畼之謂人曰：「吾家千里駒也。」開皇中爲晉王屬，王美其才，及即位，授内史舍人，儀同三司。尋拜謁者大夫，從幸江都，以本官攝江都贊治，稱爲幹理。時帝數巡幸，百姓疲弊，乾威上封事以諫，帝不悦，自此見疏。未幾卒。弟乾雄，亦有才器，歷壽春、陽城二縣令〔一四〕，俱有治績。

唐

崔善爲。武城人。巧於曆數。高祖爲太守，以禮接之。及兵起，署大將軍府司户參軍，封清河縣公，擢尚書左丞。用清察稱。傅仁均撰戊寅曆，李淳風詆其疏，帝令善爲考二家得失，多所裁正。貞觀初爲陝州刺史，歷大理、司農二卿。出爲秦州刺史，卒。初，天下既定，羣臣居喪者皆奪服，善爲建言其弊，始許終喪。

孫伏伽。武城人。武德初上疏言事，帝大悦，即以爲治書侍御史。時軍興賦重，伏伽數請蠲損。帝語裴寂曰：「我虚心盡下，冀聞嘉言。若李綱、孫伏伽，可謂誼臣矣。」東都平，大赦天下。又欲責賊支黨，伏伽以爲宜一切加原。又表置諫官，帝皆欽納。太宗即位，封樂安縣男，累遷大理卿。時，司農市木橦，倍值與民，韋悰劾吏隱没。事下大理，伏伽曰：「緣官市貴，故民值賤。臣見司農識大體，不見其罪。」帝顧悰曰：「卿不逮伏伽遠矣。」久之，出爲陝州刺史，致仕卒。

程名振。平恩人。高祖詔授永寧令，使率兵經畧河北。劉黑闥陷洺州，殺名振母、妻。賊平，請手斬黑闥，以其首祭母。

拜營州長史，封東平郡公，轉洺州刺史。太宗征遼東，拜右驍衛將軍、平壤道行軍總管。攻沙卑城，破獨山陣，皆以少擊衆，號爲名將。遷營州都督，擊高麗於貴端水，焚其新城。歷晉、蒲二州刺史，鏤方道總管，卒。

張文瓘。武城人。幼孤，事母、兄以孝友聞。貞觀初，第明經，補并州參軍。時李勣爲長史，嘗歎曰：「稚圭，今之管、蕭，吾所不及。」勣入朝，因極推引。累授東西臺舍人、參知政事。乾封二年，遂與勣同爲宰相，俄知左史事。時高宗造蓬萊、上陽、合璧等宫，復征討四夷，京師養廐馬萬匹，帑廥寖虚。文瓘諫，帝善其言，爲減廐馬數千。兼大理卿，不旬日，斷疑獄四百，抵罪者無怨言。時以執法平恕方戴胄。性嚴正，未嘗回容。諸司奏議，悉心糾駁，帝故委之。新羅叛，將討之，文瓘力疾請息兵、修德，以懷異俗。詔可。卒，謚曰懿。四子：潛、沛、洽、涉，皆至三品，時謂「萬石張家」。兄子錫，久視初爲鳳閣侍郎、同平章事，請還廬陵王，不爲張易之所右。神龍中，遷工部尚書，累封平原郡公，卒。

程務挺。名振子。少從父征討，以勇力聞，拜右領軍衛中郎將。破突厥六萬騎於雲州。阿史那伏念叛，詔裴行儉討之，以務挺副。時伏念屯金牙山，務挺引兵赴之。伏念懼，乃降。遷右武衛將軍，封平原郡公。綏州部落稽胡白鐵余叛〔一五〕，詔務挺討之，生擒白鐵余。後以左武衛大將軍爲單于道安撫大使，突厥憚之，不敢盜邊。武后以譖殺之，突厥聞務挺死，率相慶，爲立祠，每出師輒禱焉。

路敬淳。臨清人。少志學，足不履門。居親喪，倚廬不出者三年。服除，號慟入門，形容癯毁，妻不之識。後擢進士第。天授中，再遷太子司議郎，兼修國史，崇賢館學士。數受詔纂輯慶恤儀典，武后稱之。尤明姓系，著姓略、衣冠系録等百餘篇，自魏、晉以降，推本其來，皆有條序。唐初姓譜學唯敬淳名家，其後柳沖、韋述、蕭穎士、孔至，各有撰次，然皆本之路氏。弟敬潛，少與敬淳齊名，歷懷州録事參軍，位中書舍人。

崔隱甫。武城人。儦曾孫。解褐兵曹參軍，遷殿中侍御史内供奉。浮屠惠範倚太平公主，脅人子女，隱甫劾狀，反爲所擠，貶邛州司馬。明皇立，擢汾州長史，遷洛陽令，累拜御史大夫。帝詔校外官歲考，異時參審，竟春未定，隱甫一日會朝集使，詢逮檢實，其暮皆訖。議者服其敏。遷刑部尚書，累封清河郡公，卒，謚曰忠。始，帝欲相隱甫，謂曰：「牛仙客可與語，卿嘗見否？」對曰：「未也。」帝曰：「可見之。」隱甫終不詣。他日又問，對如初。帝乃不用。隱甫所至，潔介自守，明吏治，在職以强正稱云。

崔琳。武城人。祖義玄，歷官御史大夫，封清丘縣公。琳明政事，開元中與高仲舒同爲中書舍人。侍中宋璟親禮之，每所訪逮，嘗曰：「古事問仲舒，今事問琳，尚何疑？」累遷太子少保。天寶二年卒。秘書監潘肅聞之，泫然曰：「古遺愛也〔一六〕。」琳與弟太子詹事珪、光禄卿瑶，俱列棨戟，世號「三戟崔家」。

崔羣。武城人。未冠舉進士。陸贄主貢舉，梁肅薦其有公輔才，擢甲科。舉賢良方正，累遷右補闕、翰林學士、中書舍人。數陳讜言，憲宗嘉納。元和十三年，以中書侍郎同中書門下平章事。時皇甫鎛言利幸於帝，陰藉左右求宰相，羣數言其佞邪，不可用。既入對，及開元、天寶事，羣言：「安危在出令，存亡繫所任，世謂禄山反爲治亂分時，臣謂罷張九齡、相李林甫則治亂固已分矣。」以是諷帝，故鎛銜之。帝卒相鎛，罷羣爲湖南觀察使。穆宗立，以吏部侍郎召。歷御史大夫，武寧、荆南節度使，拜吏部尚書，卒。

崔邠。武城人。父倕，三世一爨，當時言治家者推其法。至德初，獻賦行在，肅宗異其文。位吏部侍郎。邠第進士，復擢賢良方正，授渭南尉，遷補闕。上疏論裴延齡姦，以鯁亮知名，由中書舍人再遷吏部侍郎。性温裕沈密，行己簡儉，憲宗器之。裴垍薦邠才可宰相，會病不拜。久乃爲太常卿，知吏部尚書銓。故事，太常始視事，大閱四部樂，都人縱觀。邠自第去帽，親導母輿，公卿見者皆避道，都人榮之。卒，謚文簡。

崔郾。邠弟。中進士第，累遷吏部員外郎，下不敢欺。每擬吏，親挾格，褒黜必當，寒遠無留才。三遷諫議大夫。穆宗立，荒於游畋。郾進諫，帝動容慰謝。敬宗嗣位，拜翰林侍講學士，旋進中書舍人。謝曰：「陛下使臣侍講，歷半載不一問經義，臣無功，不足副厚恩。」帝慚謝。與高重類六經要言爲十篇上之，以便觀省。遷禮部侍郎，出爲虢州觀察使，改鄂、岳等州。又觀察浙西，皆有治績。卒，謚曰德。郾不藏貲，有輒周急親舊。居家怡然，子弟自化。五子：瑶、瑰、瑾、珮、璆，俱達官。弟鄲，歷官中書侍郎。崔氏四世緦麻同爨，兄弟六人至三品，郊、郾、鄲凡爲禮部五，吏部再。居光德里，搆便齋，宣宗聞而歎曰：「鄲一門孝友，可爲士族法。」因題曰「德星堂」。

宋

王彦超。臨清人。性温和恭謹，能禮下士。初爲中書令，代還，復爲永興軍節度。乾德二年鎮鳳翔。開寶二年爲右金吾衛上將軍，判街杖事。太平興國六年，封郊國公。彦超語人曰：「人臣七十致仕，古之制也。我當知止。」表求，得請。盡斥去僕妾之冗食者，居處服用，咸遵儉約。卒，贈尚書令。

馬仁瑀。夏津人。善射，挽弓二百斤。宋初以功歷領諸郡防禦使，後爲密州防禦使。太祖征晉陽，命仁瑀率師巡邊，至上谷、漁陽。遼人素聞仁瑀名，不敢出。盜起兖州，賊首周弼、毛襲甚勇悍，仁瑀率十餘卒入泰山，擒弼，盡獲其黨，魯郊遂安。累遷朔州觀察使，判瀛州事。

金

宋九嘉。夏津人。爲人剛直豪邁。少游太學，有能賦聲。從李純甫讀書，爲文有奇氣，與雷淵、李經相伯仲。至寧元年進士，歷藍田、高陵、扶風、三水四縣令，咸以能稱。入爲翰林應奉。正大中以疾去。

明

劉昱。武城人。洪武中由吏科給事中遷右通政，出爲河南左參政。吏民畏憚，改交阯右參政。永樂六年征交阯，從尚書劉儁贊沐晟軍務，被圍，死之。

王士嘉。武城人。永樂初知大同山陰縣。善決疑獄，稱爲神明。歷工部員外郎，擢陝西參政。正統初，召拜禮部右侍郎，致仕。爲人狷介有守，與尚書吴中同里，士嘉薄其爲人，中每見之，不覺自失。

閻閎。臨清人。正德進士，改翰林院庶吉士，授吏科給事中。世宗自藩邸入繼大統，敕車騎由正陽門，閎叩頭曰：「殿下未即位，尚不得由天子門。」嘉靖初，大學士楊廷和以定策功進封伯，又議大賞迎扈諸臣。閎言：「敘援立則威柄移，私隨從則侍御驕，恐累初政。」事遂寢。以劾論權要忤旨，謫雲南蒙自縣丞。累官提學副使。乞歸，卒。

王道。武城人。正德進士，改庶吉士，以事祖母及繼母力辭，改應天教授。擢吏部郎，選法公平，門無私謁。以薦授左春坊諭德，引疾歸。嘉靖間，起南祭酒，歷吏部侍郎。卒於官。

孫維城。丘縣人。隆慶進士。歷知濬縣、太康、任丘三縣，皆有治績。萬曆初，爲南京監察御史，劾僉都御史胡檟媚權奸、殺正士，檟坐落職戍邊。大學士許國欲庇一大僚，屬京察勿劾，維城不可。尋出爲永平知府，累遷赤城兵備，進右布政使，移守宣府。覈減賞費浮冒者，歲積羨銀十四萬，市租五千。秩滿，拜僉都御史，巡撫延綏。與諸酋吉囊卜莊等申約束，條上善後六事，皆如請。尋卒於官。

謝榛。臨清人。刻意爲歌詩，有聞於時。西游彰德，趙康王賓禮之。嘉靖間游京師，脱昌黎盧柟於獄，朝士多其誼。時李攀龍、王世貞等結社燕市，榛以布衣爲之長，稱「七子」。秦、晉諸王争延致之，河南北皆稱謝榛「先生」。

周朝瑞。臨清人。萬曆進士。光宗即位，擢給事中，陳慎初三要。天啓初，與魏大中等極論閹臣沈漼之罪。朝瑞遇事直陳，無所顧忌，中人銜之刺骨。魏忠賢盜柄，遂與楊漣、左光斗等同下獄死。崇禎初，追贈大理卿，謚忠毅。

本朝

汪元度。本州人。篤於孝友，秉性介潔。家貧甚，有友懷金欲贈之，坐談終日，察其詞色，卒不敢出諸手。在鄉里遇人搆怨，善持平，多爲排解。卒，祀鄉賢祠。

蘇俊。武城人。康熙丙辰進士。初授中書舍人，考選兵科給事中。正色立朝，不避貴勢。致仕回籍，閉門自守，爲鄉里表率。卒，祀鄉賢祠。

汪灝。元度子。康熙乙丑進士。授翰林，提督山西學政。絶苞苴，謝請託，士氣丕變。歷官内閣學士、禮部侍郎，巡撫河南。莅事明決，所部肅然。尋以督修河工，積勞成疾，乞歸，卒。

王政。本州生員。乾隆三十九年，壽張逆匪王倫倡亂，犯臨清。政與同州生員李日孜，監生胡師抃，民人黑耿光、馬體恭、馬體乾、趙金階，壽張生員王鳴岡、武生王廷桂，擊賊死之，均議卹如例。

列女

明

宋德成妻姜氏。臨清人。德成知贊黄縣，姜隨之任。巨寇入官署，姜投井。賊出之，逼令食，姜駡曰：「俟官軍勦爾，醢爲脯，吾當食之。」拔簪剔出一目，示賊曰：「吾已成廢人矣，請速殺。」賊怒害之。按：舊志載，武城主簿姚廷尉二女，一名玉果，一名玉香，正德六年流賊陷城，執二女驅之出郭，登舟及中流，並投河。賊去，玉果已死，玉香浮出仍甦。謹附記。

王氏女。武城人。流賊至縣，賊首傳令無入士人家，母因呼女往避舍西王秀才家。女曰：「兒生不識王秀才，何可往？」後遇賊，投路傍眢井。賊誘之，不出，遂死井中。

本朝

喻援妻胡氏。本州人。許配未婚，而援夭。氏堅欲往弔，父母不得已許之。既至，哭拜柩前，謂父曰：「女于歸矣，請終服而後返。」父憐其志，令其母與之偕。三年喪畢，無疾而終。

雲福履妻黑氏。本州人。福履陣亡，氏求遺骸不得，一慟而絶。

胡源渤妻董氏。本州人。年十五，夫亡守節。卒年九十五歲。

閻山妻李氏。本州人。山雙目失明，氏以女紅易粟餬口。山病貧無醫藥，氏翦髮令其子鬻於市。山故，氏守貞不渝。順治初，州經兵燹，子罹於難，氏負孤孫遠遁，夜行二百餘里得免，撫之成立。卒年七十餘。

孟守道妻李氏。武城人。年十七，夫亡守節。壽登一百七歲。

霍慎行妻時氏。夏津人。慎行爲讐家誣訐死，氏痛哭，謂夫弟立行曰：「我女流，不能爲夫鳴冤，當相從地下。兄之讐，惟君圖之！」言訖自刎。立行因連控得白兄冤。同縣李玭妻張氏、王本祥妻李氏，俱遇暴不辱死。

朱健妻班氏。本州人。夫亡守節。同州劉希舜妻李氏、尹峎妻周氏、朱克纘妻廉氏、黑臺妻陳氏、林通澥妻周氏，烈婦劉天哲妻祝氏、趙某妻來氏、胡思抃妻劉氏，均乾隆年間旌。

談氏女。名二妞，武城人。年十六，守正捐軀。同縣節婦米清男妻周氏、張芝妻霍氏、王士彦妻朱氏、米鑑妻柴氏、劉汝杞妻夏氏、王敬修妻吳氏、尤可良妻王氏、劉奇桂妻李氏，烈婦徐林妻安氏、苑成妻王氏，均乾隆年間旌。

張瓚妻姚氏。夏津人。夫亡守節，教子成立。同縣節婦許銓妻賀氏、冉擇先妻王氏、冉秘妻時氏、郭永錫妻潘氏、張希聖妻郭氏，烈婦張彬妻張氏，均乾隆年間旌。

李氏女。名愛姐，丘人。守正捐軀。同縣烈婦劉張氏、李張氏，節婦劉秉信妻霍氏、石唐氏，均乾隆年間旌。

程永煒妻王氏。本州人。夫亡守節。同州徐培妻路氏、孫漢妻閻氏、王錫光妻李氏、王大傳妻張氏、王叔齡妻劉氏、王岫妻劉氏，均嘉慶年間旌。

宋存誠妻王氏。武城人。夫亡守節。同縣蘇綎妻李氏，均嘉慶年間旌。

劉楝妻張氏。夏津人。夫亡守節。嘉慶年間旌。

萬起志妻吳氏。丘人。守正捐軀。同縣節婦劉李氏、石宗文妻唐氏、徐劉氏，均嘉慶年間旌。

土産

絲。

綿。州境俱出。

絹。州出。

羊皮。州出。舊市張家口皮及束鹿小羔皮，硝熟之後，改市西皮，較他處特柔而氣不羶。此水土之異也。

氈。州出。精緻甲於他處。

棉花。州境皆出。舊志：夏津宜木棉。

桃。州産。白露節始熟。樹不高大，三年後即不實，故種桃之地，三歲而一易。俗謂之臨桃。

梨。各縣皆有。其種有紅消、秋白、香水、鵞梨、瓶梨，以州及武城者爲佳。

甎。州出。廠有四，窯有十二。舊設工部司員督理，今改歸臨清州承辦。以體堅、質細、色白、聲清者爲上。

校勘記

〔一〕以元和志寰宇記道里考之　「里」，原作「理」，據乾隆志卷一四七臨清州古蹟（下同卷簡稱乾隆志）改。

〔二〕臨清遞運所　「臨」，原脱，據乾隆志補。

〔三〕大寧寺　「寧」，原作「安」，據乾隆志改。按，本志避清宣宗諱改字也。

〔四〕陳琰　「琰」，原作「棪」，據宋史卷三〇一陳琰傳改。按，本志避清仁宗諱改字也。下文同改。

〔五〕進封安陽亭侯　乾隆志同。按，據三國志卷二四崔林傳，林拜司空，封安陽亭侯，頃之又進封安陽鄉侯。

〔六〕崔懷順　乾隆志同。按，南齊書作「崔懷慎」，南史作「崔懷順」，此從南史也。

〔七〕轉給事黄門侍郎　「事」下原衍「中」字，乾隆志同，據南齊書卷二八崔祖思傳删。

〔八〕與張衮對總機要　「衮」，原作「兖」，據乾隆志及北史卷二一崔宏傳、魏書卷二四崔玄伯傳改。按，張衮，魏書卷二四亦有傳。

〔九〕及置八部大夫　「大夫」，原作「大人」，據乾隆志及北史、魏書崔宏本傳改。

〔一〇〕以徽爲平西將軍副將　「平西」，原作「鎮西」，據乾隆志及北史卷二一、魏書卷二四崔徽傳改。

〔一一〕累官散騎尚書　乾隆志同。按，此蓋據魏書本傳。北史卷二四崔頤傳「尚書」作「常侍」，魏書中華書局點校本據以校改，是也。

〔一二〕水精戎鹽一兩　「精」，原作「晶」，據乾隆志及北史卷二一、魏書卷三五崔浩傳改。

〔一三〕徙爵齊郡公　「齊」，原作「徐」，據乾隆志及魏書卷二四崔衡傳改。

〔一四〕歷壽春陽城二縣令　「城」，原作「地」，據乾隆志及北史卷四三張乾威傳改。

〔一五〕綏州部落稽胡白鐵余叛　「部落稽胡」，乾隆志及新唐書卷一一一程務挺傳無「胡」字。按，周書卷四九稽胡傳云：「稽胡一曰步落稽，蓋匈奴别種，劉元海五部之苗裔也。」則此處當作「部落稽」，或「稽胡」。

〔一六〕古遺愛也　「古」，原無，據乾隆志及新唐書卷一〇九崔琳傳補。